Kohlhammer

Praxis Heilpädagogik – Konzepte und Methoden
Herausgegeben von
Heinrich Greving

Josef Möllers

Psychomotorische Förderung in der Heilpädagogik

Hilfe durch Bewegung

Verlag W. Kohlhammer

Dieses Werk einschließlich aller seiner Teile ist urheberrechtlich geschützt. Jede Verwendung außerhalb der engen Grenzen des Urheberrechts ist ohne Zustimmung des Verlags unzulässig und strafbar. Das gilt insbesondere für Vervielfältigungen, Übersetzungen, Mikroverfilmungen und für die Einspeicherung und Verarbeitung in elektronischen Systemen.

1. Auflage 2015

Alle Rechte vorbehalten
© W. Kohlhammer GmbH, Stuttgart
Gesamtherstellung: W. Kohlhammer GmbH, Stuttgart

Print:
ISBN 978-3-17-025223-3

E-Book-Formate:
pdf: ISBN 978-3-17-025224-0
epub: ISBN 978-3-17-025225-7
mobi: ISBN 978-3-17-025226-4

Für den Inhalt abgedruckter oder verlinkter Websites ist ausschließlich der jeweilige Betreiber verantwortlich. Die W. Kohlhammer GmbH hat keinen Einfluss auf die verknüpften Seiten und übernimmt hierfür keinerlei Haftung.

Inhalt

Inhalt		5
Einleitung		9
1	**Didaktik/Methodik der Heilpädagogik**	11
1.1	Begriffsbestimmungen	11
1.2	Zielgruppe und Einsatzfelder	12
1.3	Humanistisches Menschenbild	14
1.4	Konstruktivistische Perspektive	15
1.5	Personenzentriertheit	17
1.6	Grundaspekte professionellen Handelns	19
	1.6.1 Beziehung und Prozessualität	20
	1.6.2 Fachwissen und Verstehen	21
	1.6.3 Kommunikation und stellvertretendes Agieren	22
	1.6.4 Paradoxien und Grenzen	22
1.7	Aussagen zur Bewegung	24
2	**Psychomotorik und Anwendungsbereiche der Motologie**	28
2.1	Grundbegriffe der Motorik	28
2.2	Geschichtliches zur Psychomotorik in Deutschland	31
2.3	Versuch einer Einordnung: Psychomotorik, Motologie, Motopädagogik, Motothherapie, Psychomotorische Entwicklungsförderung	34
	2.3.1 Psychomotorik	35
	2.3.2 Motologie	37
	2.3.3 Motopädagogik	37
	2.3.4 Motothherapie	38
	2.3.5 Psychomotorische Entwicklungsförderung	39
2.4	Erfahrungsfelder und Kompetenzen der Psychomotorik	41
	2.4.1 Körpererfahrungen	42
	2.4.2 Materialerfahrungen	45
	2.4.3 Sozialerfahrungen	48
2.5	Förderwirkung und Qualitätssicherung	49
3	**Ansätze der Psychomotorik**	57
3.1	Übersicht	57
3.2	Funktionale Perspektive	58

	3.3	Handlungs- bzw. kompetenzorientierte Sichtweise	61
	3.4	Kindzentrierter Ansatz	63
	3.5	Verstehender Ansatz	65
	3.6	Systemisch-konstruktivistische Sichtweise	67

4	**Motodiagnostik**		73
	4.1	Motorische Entwicklung und mögliche Störungen	74
		4.1.1 Phasen und Gesetzmäßigkeiten	74
		4.1.2 Abweichungen in der motorischen Entwicklung	76
		4.1.3 Früherkennung	77
		4.1.4 Robben und Krabbeln	79
		4.1.5 Stehen und Gehen	80
	4.2	Ausgewählte motorische Fähigkeiten und mögliche Störungen	82
		4.2.1 Koordination	83
		4.2.2 Gleichgewicht	86
	4.3	Bedeutung der Motodiagnostik	88
	4.4	Ausgewählte Verfahren der Motoskopie und Motometrie	91
		4.4.1 Motoskopische Verfahren	92
		4.4.2 Motometrische Verfahren	96

5	**Psychomotorik in heilpädagogischen Tätigkeitsfeldern**		100
	5.1	Frühförderung	101
	5.2	(Integrative) Kindertagesstätten	105
	5.3	Beispiel: Kinder mit Körperbehinderungen	107
	5.4	(Förder-)Schule und Inklusion	113
		5.4.1 Beispiel: Bewegtes Lernen	115
		5.4.2 Inklusion	117
	5.5	Psychomotorik-, Elternvereine	120
	5.6	Heimerziehung/Jugendhilfe	121
	5.7	Erwachsene	123
		5.7.1 Klinische Anwendungsfelder	123
		5.7.2 Menschen mit geistiger Behinderung	127
	5.8	Ältere Menschen (Motogeragogik)	131
	5.9	Anforderungen an die Fachkraft und Planungshinweise	140

6	**Ausgewählte methodische Prinzipien**		146
	6.1	Prinzip der Ganzheitlichkeit	147
		6.1.1 Bewegung und Persönlichkeitsentwicklung	148
		6.1.2 Wechselwirkung von Bewegung und Sprache	151
		6.1.3 Übungs- und Spielanregungen: Sandsäckchen, Schwungtuch	156
	6.2	Offenheit der Stundengestaltung	161
		6.2.1 Psychomotorik als dialogisches Geschehen	162
		6.2.2 Bewegungsräume als offene Bewegungsangebote	163

		6.2.3 Übungs- und Spielanregungen: Spielthemen, Bewegungsbaustelle	166
	6.3	Prinzip der Variation im spielerischen Handeln	169
		6.3.1 Stellenwert des Spiels	169
		6.3.2 Beispiele für Variationen	174
		6.3.3 Übungs- und Spielanregungen: Heulrohr, Rollbrett	175
	6.4	Ressourcenorientierung und Ermöglichung von Selbstwirksamkeitserfahrungen	179
		6.4.1 Resilienz und Gesundheitsressourcen (Salutogenese)	180
		6.4.2 Entwicklung und Bedeutung des Selbstkonzepts	184
		6.4.3 Übungs- und Spielanregungen: Schaumstoff-Bausteine	188
	6.5	Hoher Stellenwert der (Körper-)Wahrnehmung	189
		6.5.1 Körpernahsinne (sensorische Integration) und mögliche Störungen	190
		6.5.2 Möglichkeiten zur Förderung der Körperwahrnehmung	197
		6.5.3 Übungs- und Spielanregungen: Trampolin	203
	6.6	Vielseitiger, aber behutsamer Einsatz von geeigneten Materialien	205
		6.6.1 Psychomotorik-Materialien	207
		6.6.2 Alltagsmaterialien	210
		6.6.3 Übungs- und Spielanregungen: Pappteller, Bierdeckel	210
	6.7	Wechsel von Spannung und Entspannung	212
		6.7.1 Verlauf einer Übungseinheit	213
		6.7.2 Aufmerksamkeitsdefizit-/Hyperaktivitätsstörung	214
		6.7.3 Übungs- und Spielanregungen: Entspannungsübungen	218
	6.8	Beachtung kooperativer und sozialer Prozesse im Gruppengeschehen	223
		6.8.1 Soziale Lernprozesse	224
		6.8.2 Abbau von Bewegungsängsten	226
		6.8.3 Übungs- und Spielanregungen: Dreier-Übungen	229
	6.9	Zusammenfassung der Prinzipien	231
Literaturverzeichnis			**232**
Sachwortverzeichnis			**239**

Einleitung

- Julia ist übervorsichtig und traut sich nicht, selbst auf kleinste Hindernisse zu klettern; die Eltern sind besorgt.
- Markus läuft und springt wie ein Tollpatsch, sodass andere Kinder sich häufig über ihn lustig machen.
- Sven ist ständig in Bewegung und raubt seinen Lehrern den letzten Nerv.
- Michael meidet die zahlreichen Schaukel- und Klettergeräte, die im Garten der Kita neu aufgebaut wurden; die Erzieher verstehen das nicht.

Diese kurzen beispielhaften Aussagen belegen anschaulich die vielschichtige Bedeutung von Bewegungserfahrungen für die Persönlichkeitsentwicklung des Kindes und deuten mögliche Auswirkungen von Beeinträchtigungen an. Die Beispiele begründen damit die Notwendigkeit einer psychomotorischen Förderung im Rahmen der Heilpädagogik und geben erste Hinweise auf das breite Spektrum möglicher Begründungszusammenhänge.

Der zunehmende Stellenwert der Psychomotorik in der Heilpädagogik liegt einerseits an der enormen Bedeutung, die der Bewegung und der (Körper-)Wahrnehmung für die Entwicklung des Menschen zugesprochen wird. Andererseits zeigen viele Personen, für die eine heilpädagogische Maßnahme angezeigt ist, häufig auch Auffälligkeiten in der Bewegungsausführung oder der Wahrnehmungsverarbeitung, und somit kann die Psychomotorik einen nicht unwesentlichen Beitrag zur Entwicklungsförderung leisten.

Zudem ist sicherlich ein weiterer Vorteil darin zu sehen, dass Bewegungs- und/oder Wahrnehmungserfahrungen geeignete Chancen bieten, Kontakte zu den zu Betreuenden herzustellen und eine Beziehung aufzubauen. Und durch spielerische Bewegungsgelegenheiten lassen sich Teilnehmer gut motivieren, sie können aktiv und eigenständig tätig werden. Das gilt für alle Altersgruppen, vom Kleinkind in der Kita bis zum alten Menschen im Wohnheim.

Deshalb ist es sinnvoll, im Rahmen der Reihe zur Methodik der Heilpädagogik auch die Psychomotorik in ihren Grundlagen und praktischen Umsetzungsmöglichkeiten vorzustellen.

Das Buch ist im Groben in einen vorrangig theoretischen und einen vorrangig praxisorientierten Teil gegliedert, in den ersten fünf Kapiteln finden die Leser mehr theoretische Erläuterungen, in dem sechsten Kapitel steht dann mehr die praktische Umsetzung im Vordergrund. Da die Wechselwirkungen zwischen Theorie und Praxis so eng sind, ist auch hier die Trennung nicht so stringent durchzuhalten. Praktische Übungsbeispiele und Hinweise zur Eigenerfahrung verdeutlichen theoretische Zusammenhänge, und die praktischen Arbeitsprinzipien werden durch fachtheoretische Erläuterungen begründet und näher beleuchtet.

In den ersten beiden Kapiteln werden Grundlagen zur Didaktik und Methodik der Heilpädagogik und der Psychomotorik dargelegt. Begriffe werden geklärt, und das Konzept der Psychomotorik wird in Verbindung gebracht mit theoretischen Annahmen und Zielsetzungen heilpädagogischen Handelns. Arbeitsfelder und Zielgruppen der Heilpädagogik und die professionelle Haltung der heilpädagogisch Tätigen werden in diesem Zusammenhang erörtert, und darauf aufbauend werden Begründungen für die Psychomotorik als heilpädagogische Methode gegeben, und zahlreiche Zusammenhänge und Verbindungen werden verdeutlicht.

Die Geschichte der Psychomotorik belegt, dass es nicht mehr *die* Psychomotorik gibt, sondern unterschiedliche Ansätze entstanden sind, die im dritten Kapitel besprochen werden. Grundlage heilpädagogischer Arbeit ist die genaue und gezielte Beobachtung, vor allem der motorischen Entwicklung, und die Kenntnis diagnostischer Verfahren. Im vierten Kapitel werden deshalb exemplarisch einige diagnostische Verfahren vorgestellt, die recht bekannt sind und auch für heilpädagogisches Arbeiten Relevanz besitzen.

Im fünften Kapitel werden verschiedenartige Arbeitsbereiche und Aufgaben der Psychomotorik in heilpädagogischen Tätigkeitsfeldern vorgestellt. Zum Abschluss des theoretischen Teils werden für die konkretere Planung von psychomotorischen Übungsstunden Hinweise gegeben und damit der Übergang zum praktischen Teil eingeleitet.

In der praktischen Umsetzung des psychomotorischen Konzepts sind methodisch-didaktische Einstellungen und Verhaltensweisen zu berücksichtigen, die in diesem zweiten Teil (Kap. 6) an acht ausgewählten Prinzipien vorgestellt und begründet werden. Für jeden Aspekt wird der gleiche Aufbau gewählt: Das Prinzip wird benannt, es folgen dazu passende Erläuterungen und Begründungen als Hintergrundwissen. Praktische Übungs- und Spielanregungen machen abschließend deutlich, wie in der Praxis die Umsetzung aussehen kann.

Das Buch wendet sich an diejenigen, die im Rahmen der heilpädagogischen Arbeit auch bzw. besonders die Bewegung in den Vordergrund rücken oder dies beabsichtigen. Und es werden mit dieser Schrift Bewegungsfachkräfte wie Motopäden[1] angesprochen, die vor allem in heilpädagogischen Arbeitsfeldern ihren beruflichen Schwerpunkt haben oder eine solche Tätigkeit anstreben.

---

1 Zur sprachlichen Vereinfachung und damit zur Verbesserung der Lesbarkeit wird im Text stets lediglich eine Geschlechtsform verwendet. Das jeweils andere Geschlecht ist ausdrücklich mitgemeint.

1 Didaktik/Methodik der Heilpädagogik

Um die Relevanz der Psychomotorik als heilpädagogische Methode zu erklären, sollen zunächst einige Merkmale der heilpädagogischen Professionalität und ausgewählte didaktisch-methodische Aspekte der Heilpädagogik erörtert werden. An den Erläuterungen sollen die vielschichtigen Zusammenhänge und Wechselwirkungen zwischen Psychomotorik und Heilpädagogik deutlich werden. Und sie sollen helfen, die Grundgedanken der Psychomotorik bezogen auf eine heilpädagogische Tätigkeit klarer einordnen zu können. Im weiteren Verlauf dieser Schrift werden an anderen Stellen diese Wechselwirkungen und Begründungen zusätzlich mit den Herausforderungen in der Praxis in Verbindung gebracht.

Sie erhalten in diesem Kapitel allerdings keine umfassende Theorie zur Heilpädagogik, dazu kann auf verschiedene Grundlagenbände dieser Reihe (vgl. Greving/Ondracek, 2009, Greving/Schäper, 2013) verwiesen werden.

1.1 Begriffsbestimmungen

Heilpädagogisches Handeln stellt nach Greving/Ondracek (2014, S. 309) eine vordergründig pädagogische Arbeit dar – fallbedingt kann sich die Möglichkeit bzw. die Erforderlichkeit des therapeutisches Wirkens ergeben. Angesprochen werden Kinder, Jugendliche, Erwachsene, die – bedingt durch ihre körperliche, geistige und seelische Beschaffenheit und durch die Reaktionen der sozialen Umwelt auf diese Beschaffenheit – in der subjektiv sinnvollen Gestaltung des Alltags beeinträchtigt sind und nur eingeschränkt am Geschehen in der Gesellschaft teilhaben können.

In eine heilpädagogisch relevante Lebenslage können Menschen deshalb geraten, weil sie weder der gesellschaftlich erwarteten Leistung noch der Anpassungsanforderung gewachsen sind. Dadurch bedingt, sind sie gefährdet, von anderen Personen oder Institutionen dauerhaft abhängig zu sein.

Die Entstehung von beeinträchtigten Lebenslagen kann durch verschiedenartige Belastungen ausgelöst bzw. begünstigt werden. Es können Körperschädigungen oder Schädigungen des zentralen Nervensystems vorliegen, es können Sinnesschädigungen oder Sprachstörungen vorhanden sein, Verhaltensstörungen können infolge seelischer Traumatisierung oder psychischer Erkrankung auftreten. Oft kommen mehrfach kombinierte Belastungen zusammen.

1 Didaktik/Methodik der Heilpädagogik

In den didaktischen Überlegungen der Heilpädagogik wird der Lehr- und Lernprozess vor allem hinsichtlich folgender Elemente hinterfragt (vgl. Greving/Ondracek, 2009, S. 14):

- beteiligte Personen (wer lehrt wen bzw. wer lernt von wem),
- Gründe und Ursachen (wieso und warum wird gelehrt bzw. gelernt),
- Inhalte (was wird gelehrt bzw. gelernt),
- Motive, Anliegen und Ziele (wozu wird gelehrt bzw. gelernt, welches Anliegen bzw. Ziel verfolgen die beteiligten Personen).

Demnach besteht der Stellenwert der Didaktik für heilpädagogisch Tätige darin, dass sie zu einem Klärungsprozess hinsichtlich Personen, Prozessen, Bedingungen, Möglichkeiten und Grenzen im Kontext des heilpädagogischen Handeln beiträgt. Eine solche Orientierung ist deshalb wichtig, weil sie »unentbehrlich für ein begründetes, zielgerichtetes und positiv wirksames (also professionelles) Handeln ist« (Greving/Ondracek, 2009, S. 19). Durch didaktische Erkenntnisse wird die für das professionelle Handeln wichtige Reflexion und Evaluation des Geschehenen erleichtert.

Die Methodik der Heilpädagogik hat das Anliegen, der heilpädagogischen Praxis geeignete methodische Ansätze, konkrete Methoden und Verfahren zur Verfügung zu stellen. Für die heilpädagogische Praxis ist die Aufgabe unverzichtbar. Die erarbeiteten methodischen Vorgehensweisen werden zumeist aus anderen Fachgebieten übernommen und für die Bedürfnisse der heilpädagogischen Praxis nutzbar gemacht.

Die heilpädagogisch Tätigen erwarten von der Methodik Hinweise auf gute und schlechte Methoden. Aber die Vielschichtigkeit der individuellen und situationsbedingten Ausprägung der heilpädagogischen Herausforderung lässt eine solch verallgemeinernde Aussage nicht zu. Es gibt nicht die Methode an sich, sondern die Bedeutung der Methode für die beteiligten Personen sowie die Art und Weise ihrer Anwendung seitens des Heilpädagogen sind entscheidend für ihre Effizienz und letztendlich auch für die Bewertung, ob sie gut oder schlecht ist (vgl. ebd., S. 21).

Zwischen Didaktik und Methodik besteht ein Verhältnis der Wechselwirkung, ein interdependentes Verhältnis. Diese beiden Zugänge zu Fragen der heilpädagogischen Praxis stellen zwei Seiten der gleichen Münze dar. »Gemeinsam verfolgen sie das Ziel, den heilpädagogisch Tätigen eine handlungsleitende Orientierung und heilpädagogisch relevante methodische Ausstattung für die berufliche Tätigkeit zu vermitteln« (ebd., S. 23).

1.2 Zielgruppe und Einsatzfelder

Das Arbeitsfeld der Behindertenpädagogik stellt den wesentlichen Schwerpunkt der heilpädagogischen Praxis dar. Angesprochen werden Personen in beeinträchtigter Lebenslage infolge von (z. B. körperlichen, geistigen oder Sinnes-)Schädigungen bzw. Behinderungen und der Reaktionen im Umfeld darauf. Für diese Personengruppe können oft im Rahmen der allgemeinen pädagogischen Regelangebote die erforderlichen Lern- bzw. Entwicklungsmöglichkeiten und -voraussetzungen nicht gesichert werden. Das Hauptanliegen besteht in der »Entbeeinträchtigung« (Greving/Ondracek, 2009, S. 180) der Lebenslage mittels verschiedenartiger (Früh-) Förder- und Assistenzmaßnahmen mit dem Ziel der Schaffung von Bildungs- und gesellschaftlichen Integrationschancen für betroffene Menschen.

Die Einsatzfelder der Heilpädagogen sind heute weit über die ihnen traditionell zugewiesenen Bereiche für Menschen mit Behinderung gestreut. So hat sich das heilpädagogische System in den letzten Jahren zunehmend ausdifferenziert.

Menschen mit Verhaltensweisen, die in der sozialen Umwelt kaum akzeptiert werden, stellen eine weitere heilpädagogisch relevante Personengruppe dar. Sie werden im Rahmen von Einrichtungen und Maßnahmen der Erziehungshilfe bzw. Kinder- und Jugendpsychiatrie (Heranwachsende) oder aber der Psychiatrie (Erwachsene) betreut. Neben anderen Fachpersonen arbeiten hier auch Heilpädagogen.

Weiterhin befinden sich chronisch psychisch kranke Menschen, alte Menschen mit Demenzerkrankung, Menschen mit Hirnverletzung oder Menschen mit Drogenabhängigkeit manchmal in einer beeinträchtigten Lebenslage. Auch für sie existieren Institutionen, die ihnen helfen und sie unterstützen: stationäre und ambulante Maßnahmen, Reha-Kliniken, Altenheime, gerontopsychiatrische Abteilungen. Hier bieten sich für Heilpädagoginnen ebenfalls nützlich Arbeitsfelder.

So gibt es insgesamt ein sehr ausdifferenziertes System heilpädagogisch ausgerichteter Einrichtungen und Maßnahmen. Aus dieser Tatsache entsteht das Problem bei der Darstellung der Einsatzfelder. Um einen Überblick und eine Orientierung zu behalten, gibt es zahlreiche Bestrebungen, die Arbeitsfelder systematisch zu erfassen. Aber: Nach welchen Kriterien sollen sie gegliedert werden, um eine gute Übersicht zu gewähren? Man kann unterschiedliche Gesichtspunkte verwenden, z. B. das Alter der zu betreuenden Personen, die Art der Schädigung bzw. Beeinträchtigung oder die Handlungsschwerpunkte. Dieses Vorgehen erweist sich allerdings in der Umsetzung manchmal als schwierig, weil nicht alle bestehenden Einsatzmöglichkeiten erfasst werden und die Aufstellung außerdem ziemlich unübersichtlich ist.

Beispielhaft werden hier in Anlehnung an Speck einige Orientierungspunkte vorgestellt, die eine Gliederung und damit eine gewisse Übersicht ermöglichen (Speck, 2003, S. 336, Greving/Ondracek, 2009, S. 182 f.):

- *Kriterium Lebensalter und Entwicklungsaufgaben:* Folgende Einrichtungen lassen sich danach unterscheiden: frühe Hilfen wie Frühförderung, Vorschulerziehung, Kindergärten; Einrichtungen der schulischen Erziehung und Bildung wie Förderschulen, sonderpädagogische Förderzentren, Integrationsklassen und -schulen; Einrichtungen der beruflichen Rehabilitation; Einrichtungen der Erwachsenenbildung, wie Kursangebote in Volkshochschulen und Behinderteneinrichtungen; Einrichtungen der Altenbildung.
- *Kriterium professionelle Aufgaben:* Folgende Aufgabenschwerpunkte lassen sich beispielsweise hierunter nennen: Prophylaxe, Beratung und Begleitung, Erziehung und Unterricht, soziale und rechtliche Hilfe, Therapie und Pflege, heilpädagogisch verankerte Familienentlastung/-unterstützung.

- *Kriterium spezifische Behinderung:* Einrichtungen können danach unterschieden werden, für welche Personengruppen oder Menschen mit einer bestimmten Art der Behinderung (z. B. Blindheit, Autismus, Körperbehinderung) sie spezielle Unterstützung anbieten.
- *Kriterium Lebensort, Spiel-, Lern- und Arbeitsort:* Hierunter fallen heilpädagogische Einrichtungen und Maßnahmen, die dort wirken, wo die zu betreuenden Personen ihr alltägliches Leben vollziehen: in der Familie, in Wohngemeinschaften, im Heim, in der Schule, in der Werkstatt oder in unterstützter Beschäftigung.

Greving/Ondracek (2014, S. 409 ff.) bieten eine Systematik an, welche die Arbeitsfelder und Einsatzorte nach den hauptsächlichen Gebieten der Einflussnahme von Heilpädagogen auf die beeinträchtigte Lage der zu betreuenden Menschen gliedert, und geben folgende Übersicht:

- *Bereich des Wohnens:* Wohnstätten, betreute Wohnformen, das Leben in eigener Wohnung, Maßnahmen und Heime der Erziehungshilfe, heilpädagogische Heime und Pflegestätten, Wohnbereiche für demenzerkrankte Personen.
- *Bereich des Arbeitens:* Werkstätten für Menschen mit Behinderung
- *Bereich des Behandelns:* Frühförderstellen, neuro- bzw. sozialpädiatrische Zentren, heilpädagogische Tagesstätten, Förder- und integrative Kindergärten, Kinder- und Jugendpsychiatrische Kliniken, Erziehungsberatungsstellen, Rehabilitationseinrichtungen, heilpädagogische Praxen bzw. Ambulanzen
- *Weitere relevante Einsatzbereiche:* Organisation und Verwaltung, Fachausbildung, Fort- und Weiterbildung, Ehrenamt (Vereine, Interessenlobby usw.)

Eine abschließende kritische Bemerkung: Die dargestellten spezialisierten Praxisbereiche weisen einen Zwiespalt auf – einerseits befriedigen sie fachmännisch die besonderen Erziehungs- und Bildungsansprüche von Menschen mit Behinderung. Zugleich tragen sie auch zur sozialen Exklusion der Anspruchsträger bei (vgl. Greving/Ondracek, 2009, S. 181). Weiteres dazu im Kapitel Inklusion (Kap. 5.4).

Viele der genannten heilpädagogisch relevanten Handlungs- und Tätigkeitsfelder sind auch Einsatzorte, an denen die Methode der Psychomotorik in sinnvoller Weise zum Einsatz kommt. In einem späteren Kapitel werden deshalb einige ausgewählte Arbeitsfelder nochmals aufgegriffen und aus Sicht der Psychomotorik genauer vorgestellt.

1.3 Humanistisches Menschenbild

Im Menschenbild können die Annahmen und Überzeugungen davon zusammengefasst werden, was der Mensch von Natur aus ist oder zu sein scheint, wie seine Umwelt zu verstehen ist und welche Werte besonders bedeutsam sind. Im Menschenbild drückt sich die Vorstellung oder das Bild aus, das jemand vom Wesen des Menschen hat.

Im Humanismus offenbart sich ein Menschenbild, welches besonders die Wertvorstellungen und die Würde des Menschen, die Toleranz und die Selbstverwirklichung hervorhebt. Für den Heilpädagogen ist der Wert des menschlichen Wesens unantastbar – er achtet jeden Menschen als Person.

Die humanistische Perspektive auf die Heilpädagogik und das heilpädagogische Handeln stellt nach Greving/Ondracek (2009, S. 45) ein »Grundcharakteristikum des heilpädagogisches Selbstverständnisses« dar. Heilpädagogik stützt sich auf ein Menschenbild, welches nach Auffassung der Autoren folgende Aspekte aufweist:

- Menschen haben einen einzigartigen Wert und eine unverlierbare Würde.
- Der Mensch ist auch ein endliches und fehlerhaftes Wesen. Demnach gehören auch physische und psychische Beeinträchtigungen zum Menschsein dazu.
- Jeder Mensch ist ein unverwechselbares Individuum mit eigenen physischen, emotionalen, psychischen und sozialen Eigenschaften – er empfindet, denkt und handelt als ein unteilbares Wesen in einer Einheit von Körper – Geist – Seele.
- Jeder Mensch ist ein soziales Wesen – hineingeboren in ein soziales, ökologisches und kulturelles Umfeld. Er steht in seiner Entwicklung in einer steten Auseinandersetzung mit sich selbst und seiner Umwelt, um sich seinen Anlagen und Neigungen entsprechend entwickeln zu können.
- Allen Menschen sind die gleichen elementaren Bedürfnisse eigen: sich wohl und sicher zu fühlen, einer Gemeinschaft anzugehören, geliebt zu werden, sich Ausdruck zu verleihen und in der Welt etwas zu bewirken.
(vgl. Greving/Ondracek, 2009, S. 56)

Diese Eckpunkte des Menschseins sind Grundlage für das Empfinden, Denken und Handeln von Heilpädagogen, und dieses Menschenbild umfasst alle Menschen – egal ob mit oder ohne Behinderung. Denn die Einzigartigkeit und Würde gilt für alle.

Als Konsequenz aus diesen Überlegungen ergibt sich für die heilpädagogisch Tätigen, sich zu bemühen, die ganz persönliche Eigenart der Betroffenen ernst zu nehmen, ihre Ausdrucksweise zu verstehen und sich an den individuellen Fähigkeiten und Bedürfnissen der Betroffenen zu orientieren. Die Heilpädagogen engagieren sich bei jedem einzelnen unterstützend, fördernd und begleitend hinsichtlich der Persönlichkeitsbildung, des Erhaltens des Selbstwertgefühls und der Selbstbestimmung. Auch gehört es zu den Aufgaben, sich dafür einzusetzen, dass alle Betroffenen die Möglichkeit bekommen, ganz »normal« zu leben, zu handeln und am gesellschaftlichen Geschehen teilzuhaben.

1.4 Konstruktivistische Perspektive

Die grundlegende Perspektive der Heilpädagogik soll mit der konstruktivistischen Sichtweise erweitert werden. Die Verknüpfung der Blickwinkel des Humanismus mit demjenigen des Konstruktivismus soll dazu dienen, eine begründete professionelle

Handlungsweise in relevanten heilpädagogischen Tätigkeitsfeldern zu ermöglichen. Beide Sichtweisen stellen den Mensch als Individuum mit seinem Alltagswissen und Können in den Mittelpunkt der Erkenntnis sowie in den Mittelpunkt der Handlungen. Während der Humanismus den Menschen in all seinen biografischen und subjektiven Vollzügen in den Blick nimmt, befasst sich der Konstruktivismus mit seiner individuellen Wahrnehmung und Deutung der Welt.

Es würde den Umfang und den inhaltlichen Rahmen dieses Buches sprengen, umfassend das Theoriegebäude des Konstruktivismus darzulegen. Für grundlegende Aussagen zum Konstruktivismus sei hier auf Greving/Ondracek (2009, S. 60 ff.) verwiesen. Hier so viel: Die Bezeichnung »Konstruktivismus« wird als Sammelbegriff für unterschiedliche erkenntnistheoretische Konzepte verwendet, die davon ausgehen, dass Menschen mit ihren Wahrnehmungen nicht einfach eine objektiv existierende Welt abbilden können, sondern sie erst subjektiv konstruieren. Der Konstruktivismus fragt, wie man Wissen über die Welt erlangt, und geht davon aus, dass es keine von vornherein gegebene Objektivität gibt. Menschen konstruieren, bewerten und beobachten im Laufe ihres Lebens ihre Geschichte immer wieder neu.

Da Erkennen und Handeln immer miteinander verbunden und untrennbar aufeinander bezogen sind, stellt der Konstruktivismus nicht nur einen Erkenntnisansatz dar, er kann auch als Handlungstheorie gelten. Im heilpädagogischen Handeln bewegen sich die beteiligten Individuen in einem »fortschreitenden Zirkel eines wechselseitigen Erkenntnisprozesses zwischen Handeln und Erkennen und Erkennen und Handeln aufeinander zu. Hierdurch entsteht eine (wie auch immer gestaltete) Identität der Handlungspartner« (Greving/Ondracek, 2009, S. 65).

Nach den Vorstellungen des Konstruktivismus erfolgen die Handlungen der beteiligten Personen auf dem Hintergrund eines ganz bestimmten Sinns: Der Mensch ist individuell und subjektiv davon überzeugt, dass das, was er tut, für ihn (und vielleicht auch für andere) sinnvoll und sinnhaft gestaltbar ist. Alle Handlungen und Vollzüge sind sozial eingebunden und von der Geschichte und der je aktuellen Befindlichkeit der Partner abhängig. Und jede Konstruktion der Wirklichkeit wird immer im kommunikativen Prozess zwischen Einzelnen und Gruppen ausgehandelt bzw. erarbeitet.

Diese Grundannahmen bedeuten somit: Alles Wissen und alles Tun sind subjektiv und nicht von dieser Subjektivität lösbar. Wahrnehmungs- und Erkenntnisprozesse sind Konstruktionsleistungen eines immer wieder aktiven Subjekts. Das Subjekt handelt deshalb, weil ihm das Handeln in der Sache als sinnvoll erscheint bzw. weil es von diesem Handeln mit Sinn erfüllt wird. »Die Unterschiedlichkeit und Widersprüchlichkeit des Handelns in der Verfolgung eines bestimmten Ziels ist also als Normalfall und nicht als Ausnahme zu betrachten (Greving/Ondracek, 2009, S. 68).

Aus diesen Vorstellungen ergeben sich Hinweise auf weitere didaktisch/methodische Überlegungen in der Heilpädagogik und Auswirkungen auf das heilpädagogische Handeln selbst. Die didaktisch-methodischen Ziele sind immer vom Blickwinkel beider Partner zu betrachten. Dies ist deswegen erforderlich, weil diese Ziele nicht unbedingt von beiden Partnern gleich gesehen werden.

Ausgehend von der Erkenntnis, dass Beobachtungen sich also als Konstruktion von Wirklichkeit darstellen, ist es für die heilpädagogischen Einflussnahmen sehr wichtig, ob es den Handlungspartnern gelingt, die Prozesse der Beobachtung zu reflektieren bzw. einen Perspektivenwechsel vorzunehmen. Und es ist zu berücksichtigen, dass die Kommunikation des einen Handlungspartners auch immer die Kommunikation des anderen beeinflusst.

Die Annahmen erfordern vom Heilpädagogen zudem auch eine intensive Auseinandersetzung mit der eigenen professionellen Identität. Auf dem Hintergrund eigener biografischer Erfahrungen gilt es, die eigenen Konstruktionsleistungen nachzuvollziehen und aufzudecken. Das, was geschieht, ereignet sich vor allem im Kontext der eigenen Geschichte. Diese Zusammenhänge erfordern vom Heilpädagogen deshalb ein hohes Maß an Flexibilität und Reflexivität.

Die beiden grundlegenden Sichtweisen des Humanismus und des Konstruktivismus sind auch in der Psychomotorik wiederzufinden; auf diese wird in entsprechenden Kapiteln Bezug genommen (Kap. 3).

1.5 Personenzentriertheit

Zu den relevanten Aufgaben der Didaktik/Methodik der Heilpädagogik gehört die Suche nach den wesentlichen Aspekten der positiven Wirkungen des Handelns. Manche sehen in diesem Zusammenhang die Diagnostik vorrangig, weil sie dem spezifischen heilpädagogischen Handeln eine Orientierung gibt. Andere heben die Bedeutung von speziellen Techniken oder Verfahren hervor. Eine andere Meinung legt den Blick auf die Beeinflussung des Systems, in dem ein Mensch lebt, weil dort die Erschwernisse und Beeinträchtigungen ihre Wurzeln haben.

Die Mannigfaltigkeit der Meinungen, die wichtig ist und sinnvolle Gelegenheiten zu Diskussionen und hilfreiche Präzisierungen bietet, wird durch Ondracek (2013) um eine Betrachtung ergänzt, welche die vorherigen grundlegenden Sichtweisen in geeigneter Weise ergänzen kann. Er hebt besonders die Personenzentriertheit im Sinne von Carl R. Rogers hervor, die im heilpädagogischen Berufsalltag als professionelle Mitmenschlichkeit umgesetzt werden kann (zusammenfassende Ausführungen zur Personenzentriertheit im Sinne von Carl R. Rogers sind z. B. bei Ondracek, in Greving/Schäper, 2013, S. 60 ff., zu finden)

Die personenzentrierte Arbeitsweise ist für die praktisch tätigen Heilpädagoginnen eine natürliche Folge der geschilderten heilpädagogisch relevanten Haltung und im heilpädagogischen Berufsalltag grundlegendes Gebot des professionellen Handelns.

Im Kontext des heilpädagogischen Berufsalltags muss die Personenzentriertheit eine bewusste und tätige sein; dafür muss Mitmenschlichkeit nicht nur eine Überzeugung sein, sondern noch wichtiger ist es, sie im professionellen Handlungskontext auf die bewusste Handlungsebene zu heben. Mitmenschlichkeit praktizieren zwar viele im Sinne von Achtung und Annahme; die Fähigkeit, sich selbst und andere anzunehmen und zu beachten, stellt eigentlich ein natürliches Potenzial jedes Menschen dar. Nur das mitmenschliche Handeln im privaten Alltag findet oft spontan-zufällig, nur ab und zu, unsystematisch und nicht bewusst statt. Dort kommt es darauf an, mit wem der handelnde Mensch gerade zu tun hat, um was es dabei geht, und was ihm wichtig ist. Das spontane Handeln wird stark gesteuert von Automatismen, Gewohnheiten und Übertragungen, also von Kräften, die dem Handelnden nicht bewusst sind. Das Vorhandensein der Mitmenschlichkeit auf der privaten Ebene variiert also in der Kommunikation und Interaktion zum Teil erheblich.

Deshalb reicht es nicht aus, sich im heilpädagogischen Berufsalltag für einen Mitmenschen zu halten und zu glauben, damit wäre die Grundlage der eigenen Wirksamkeit im professionellen Umgang mit den zu unterstützenden Menschen gegeben. Denn es wäre unprofessionell, die eine Person, die mir sehr sympathisch ist, freundlich und engagiert zu unterstützen und eine andere Person, die mir ziemlich auf die Nerven geht, weniger zu beachten und ihr meine Unterstützung nur in minimaler Form zu gewähren oder gar zu verweigern.

Die Form des personenzentrierten Handelns nimmt die subjektive Erlebens-, Denk- und Handlungsweise des zu unterstützenden Menschen bewusst wahr und ernst, stärkt ihn als Person, fördert seine Kontakte (zu sich, zu anderen Menschen, zur Situation) und ist auf partnerschaftliche Mitbeteiligung am Geschehen ausgerichtet.

> »Die positive Wirksamkeit der bewussten Personenzentriertheit besteht darin, dass die Alltagsbewältigung einerseits mit Kampf, Problemen und Misserfolgen weniger belastet und zugleich durch gemeinsames Tun, Kommunikation und Erfolgserlebnisse entlastet wird. Der berufliche Arbeitsalltag wird positiv erlebt und die Zufriedenheit gestärkt. Wir können diese Art der Aufgabenerledigung als verstehende und tätige Mitmenschlichkeit bezeichnen.« (Ondracek, in Greving/Schäper, 2013, S. 59)

Bezogen auf die konkrete heilpädagogische Vorgehensweise bedeuten diese Aussagen, dass viele kurze persönliche Signale der Annahme und Beachtung im Verlauf der Alltagsbewältigung positiv und verstärkend auf das Selbstwertgefühl wirken und die Erlebensqualität der gemeinsam verbrachten Zeit steigern – sowohl bei dem zu betreuenden Menschen als auch bei dem Mitarbeiter.

Hier sind z. B. zu nennen: Gegenübertreten mit einem freundlichen Blickkontakt, Anreden mit Namen, Berührungen – soweit sie zugelassen und toleriert werden –, Zeigen von Interesse am Befinden des anderen, Bieten von Beteiligungsmöglichkeiten und Entscheidungsspielraum, Geben von Lob und Anerkennung, Ermöglichung von gemeinsamen Erlebnissen.

Zusammenfassend können aus den Ausführungen zu den grundlegenden Sichtweisen in der Heilpädagogik fünf Aspekte herausgestellt werden, die für die heilpädagogische Denk- und Handlungsweise (und – so viel sei hier schon vorweggenommen – zu wesentlichen Teilen auch für die Psychomotorik) charakteristisch sind:

- Der Mensch wird als eine Person mit ihrem hohen Wert als unteilbare Einheit gesehen. Diese Auffassung kann als ganzheitliche, humanistische Grundeinstellung bezeichnet werden und beinhaltet das Vertrauen in die eigenen Entwicklungskräfte des Einzelnen.

- Als methodisches Grundelement wird die Beziehung und das gemeinsame Tun gesehen. Auf der Beziehungsebene wirkt das förderliche Klima, das im heilpädagogischen Berufsalltag von tätiger Empathie ausgeht.
- Neben der Interaktion ist ein hauptsächliches Wirkungsfeld die zwischenmenschliche Kommunikation (das Gespräch).
- Im Verstehen der subjektiven Erlebens-, Denk- und Handlungsweise des Gegenüber wird eine Voraussetzung für positive Wirksamkeit der Unterstützung gesehen.
- Als ein wesentliches Wirkungsanliegen kann die Ermutigung betrachtet werden – in einem förderlichen Klima traut sich die Person eher, auch belastende Ereignisse oder Erinnerungen wahrzunehmen. Und im gemeinsamen Tun der heilpädagogischen Einflussnahme traut sich der zu unterstützende Mensch eher, eigenständig zu handeln.

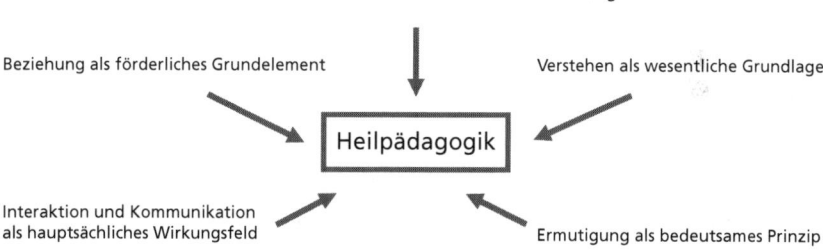

Abb. 1.1: Aspekte der heilpädagogischen Denk- und Handlungsweise

1.6 Grundaspekte professionellen Handelns

Eine heilpädagogische Unterstützung ist nicht primär auf die »Reparatur« von organischen oder funktionalen Schädigungen des Menschen ausgerichtet. Das ist oft auch gar nicht möglich. Sie beschäftigt sich besonders mit den Reaktionen des sozialen Umfelds auf die von der Durchschnittsnorm abweichende organische, biologische und psychische Ausstattung sowie auf das Verhalten des betreffenden Menschen. Damit ist nicht gesagt, dass die sog. funktionale Ertüchtigung in der Heilpädagogik keinen Platz hat. Die Mobilisierung von Restfunktionen sowie Anbahnung von Kompensationen für nicht wieder herstellbare geistige, sinnliche, motorische oder sprachliche Möglichkeiten stellen eine wichtige Aufgabe der heilpädagogischen Arbeit dar.

Ein solch umfangreiches und komplexes Anliegen verlangt zwangsläufig nach Professionalität in der Umsetzung. Heilpädagogische Handlungsprofessionalität kann durch folgende Merkmale kurz gekennzeichnet werden: Das Handeln ist begründet, zielgerichtet, planmäßig, gekonnt durchgeführt und reflektiert.

Es können zudem auch diverse Kompetenzen benannt werden, die das heilpädagogische Handeln auszeichnen. Diese werden allerdings von Autor zu Autor recht uneinheitlich definiert und klassifiziert. Häufig wird von Grundkompetenzen gesprochen, die in vier Hauptbereiche als Fach-, Methoden-, Sozial- und Selbstkompetenz aufgeteilt werden und mit berufsrelevanten Inhalten gefüllt werden können. Wer also demnach als heilpädagogisch tätige Fachperson über Grundkompetenzen verfügt, soll

- über heilpädagogisches Grundwissen sowie heilpädagogisches Spezialwissen verfügen (Fachkompetenz),
- die Kenntnisse und Fähigkeit besitzen, verschiedene Methoden entsprechend den Erfordernissen einzusetzen (Methodenkompetenz),
- Beziehungen aufbauen, aufrechterhalten oder beenden können und im Team kooperativ mitarbeiten können (Sozialkompetenz),
- eigenes Empfinden, Denken und Handeln reflektieren und hinterfragen, sich bewusst steuern sowie sich weiterentwickeln können (Selbstkompetenz). (vgl. Greving/Ondracek, 2009, S. 101 f.).

Nachfolgend sollen einige relevante Elemente der Professionalität genauer betrachtet und erörtert werden, sie sind allerdings nicht nur als ausschließlich Heilpädagogisches zu betrachten, vielmehr haben sie auch Relevanz für andere Berufe auf den Feldern des Sozialwesens (also auch für psychomotorisch Tätige, davon wird in weiteren Kapiteln noch ausführlicher zu sprechen sein). Nur weisen sie vor allem im heilpädagogischen Kontext eine entsprechende Gewichtung auf.

»Sie also zu kennen und im Berufsalltag bewusst zu nutzen, zu reflektieren und auch kritisch zu hinterfragen, kennzeichnet die Professionalität des heilpädagogischen Handelns. Denn nur so kann der Heilpädagoge begründet, gezielt, systematisch und kritisch das eigene Vorgehen steuern, variieren und weiter im Sinne eines professionellen Handelns kultivieren.« (Greving/Ondracek, 2009, S. 36)

1.6.1 Beziehung und Prozessualität

Ein wesentlicher Bestandteil der pädagogischen Mittel ist die persönliche Wirkung auf der Beziehungsebene. Dies trifft bei der Heilpädagogik in besonderem Maße zu. Es ist unumstritten, dass die Nachhaltigkeit pädagogischer Einflussnahme von der Beziehung zwischen dem Klienten und dem Pädagogen abhängig ist und dass die Art der persönlichen Präsens des Pädagogen für die Beziehung ausschlaggebend ist: Tritt der Pädagoge als Mitmensch auf, kann eine positive Beziehung entstehen und seine fachliche Wirkung nachhaltig unterstützen. Er könnte aber auch auf der Grundlage seines Fachwissens oder seiner Lebenserfahrung als Machtmensch auftreten, dann ist eine negative Beziehung vorprogrammiert, die seiner fachlichen Wirkung nachhaltig im Wege steht.

Wie schon erwähnt, wirkt die personenzentrierte Arbeitsweise auf den zu unterstützenden Menschen positiv vor allem durch eine ehrlich annehmende, verstehende, nichtbewertende und einschätzbare Präsenz der Fachperson und kann nur im Rahmen einer Beziehung entstehen. Die heilpädagogische Beziehung ist also bedeutsames Fundament für eine heilpädagogische Begleitung des Menschen, vor allem des Kindes. Sie ist die grundlegende Voraussetzung für eine Pädagogik und Erziehung, welche unter erschwerten Bedingungen wirksam werden soll und werden kann. Sie unterstützt, wenn sie gelingt, den Prozess der Identitätsentwicklung. Das Besondere dieser Verbindung liegt darin, dass nicht nur das Resultat, sondern bereits der Prozess für die Bemessung der Arbeitsqualität ausschlaggebend ist. »Der begründete, bewusste und reflektierte Umgang mit diesen beiden Elementen zeichnet eine wesentliche Basis der heilpädagogischen Professionalität aus« (Greving/Ondracek, 2009, S. 37).

1.6.2 Fachwissen und Verstehen

Weitere wichtige Komponenten des professionellen Handelns sind:

- die wissenschaftliche Kompetenz (Verständnis, kritische Reflexion und Anwendung von Theorien) sowie
- die hermeneutische Kompetenz (Verstehen einer persönlichen Lebenslage, die durch Schädigung, Beeinträchtigung der Funktionalität und die damit oft einhergehende Einschränkung der Teilhabe gekennzeichnet ist)

Beide Komponenten müssen miteinander verbunden werden. Die Professionalität in der Heilpädagogik kann nicht allein auf dem Expertentum des heilpädagogisch Tätigen beruhen. Denn das Expertentum birgt zwangsläufig die Gefahr der Bevormundung des Klienten in sich.

Die im vorigen Kapitel geforderte Personenzentriertheit ist eine nicht blind helfend agierende, sondern empathisch orientierte Mitmenschlichkeit. Sie stellt den zu unterstützenden Menschen als Person in den Mittelpunkt, nicht so sehr seine Taten bzw. sein Verhalten, sondern seine aktuell vorhandenen Gefühle, seine Gedanken, seine Wichtigkeiten, sein Anliegen usw. Aufgabe ist es, diese subjektiven Aspekte zu verstehen, um unterstützend handeln zu können. Auch das Aushalten belastender Verhaltensweisen und Interaktionen wird durch das Begreifen der subjektiven Erlebens-, Denk- und Handlungsweise ermöglicht.

Basis dieses Verstehens sind Empathie, Beobachtung, Reflexion, Kommunikation und Evaluation. Der Sinnzusammenhang von Problemlagen, z. B. von problematischen Verhaltensweisen, kann aus der Lebensgeschichte, dem Lebenskontext und der Funktion in der aktuellen Situation erschlossen werden. Diese mehrperspektivistische Sicht vermeidet eine rein personenbezogene und kategoriale Perspektive.

> »Doch erst wenn das Fallverstehen über die Erfahrung und Intuition als subjektivem Verstehen hinausgeht und disziplinäres und wissenschaftliches Wissen integriert, kann von Professionalität gesprochen werden. Professionalisiertes Fallverstehen integriert dabei vier Hauptebenen: die Betroffenen-, die Struktur-, die Fachkraft- und die disziplinäre Ebene.« (Wüllenweber, 2009, S. 78)

Im heilpädagogischen Alltag ist es somit wichtig, sich um das hermeneutische Fallverstehen in Form einer stellvertretenden Deutung zu bemühen, statt den Experten zu spielen. Im Hintergrund dieser Vorgehensweise steht das bereits mehrfach erwähnte Menschenbild des Nutzers als autonom handlungsfähiges Subjekt. Der Aspekt der Stellvertretung bezieht sich vor allem auf die Tatsache, dass der Nutzer das Fachwissen meist nicht hat und folglich die Erfassung und Einordnung seiner Lebenslage nur begrenzt durchführen kann. Stellvertretend für ihn hat der Heilpädagoge sich das spezifische Wissen angeeignet und stellt es nun in dem Deutungsprozess dem Nutzer zur Verfügung.

1.6.3 Kommunikation und stellvertretendes Agieren

Der Heilpädagoge handelt kommunikativ; die kommunikative Komponente ist erforderlich, weil sie eine fallgerechte Problembearbeitung ermöglicht. Dabei ist leicht einsehbar, dass ein Vertrauensverhältnis zwischen den beteiligten Personen eine wichtige Bedingung ist.

Grundlage des heilpädagogischen Handelns ist der fördernde Dialog von Personen, die aufeinander bezogen agieren – der Heilpädagoge und die zu unterstützenden Personen. Das verlangt den heilpädagogisch Tätigen eine bewusste Handhabung der eigenen Beziehungsbereitschaft und die gezielte Entfaltung der Beziehungsfähigkeit ab.

Die Kommunikation kann auf verbaler und/oder non-verbaler Art erfolgen. Dabei ist elementar wichtig, dass die Sprache im Einklang mit den non-verbalen Formen der Kommunikation steht. Also das, was ich sage, wird unterstützt durch meinen Blickkontakt, meine Gestik und Mimik und durch meine Körpersprache – und umgekehrt. Manchmal ist man auch einzig auf Formen der unterstützenden Kommunikation angewiesen, wenn Personen nicht sprechen können (oder nicht wollen).

Die Lebenslage des Nutzers und seine Probleme können zwar mit Unterstützung des Heilpädagogen gedeutet, erfasst und eingeordnet, jedoch nicht »für ihn ohne ihn« gelöst werden. In jedem Fall muss der Nutzer die Bereitschaft erkennen lassen, an der Lösung seines Problems kooperativ mitzuarbeiten.

Es ist nicht auszuschließen, dass die heilpädagogische Einflussnahme unter bestimmten Bedingungen auch in der Form des stellvertretenden Agierens durchgeführt werden muss: Pädagogisches Handeln ist oft nicht aufschiebbar, sondern Interventionen müssen unmittelbar erfolgen. In solchen Situationen wird oft intuitiv-routiniert statt verstehend-analytisch vorgegangen. Im Nachhinein müssen allerdings eine Reflexion des durchgeführten Handelns sowie eine Begründung gegenüber dem Nutzer erfolgen.

1.6.4 Paradoxien und Grenzen

Ein wichtiges Merkmal des heilpädagogischen Handelns kann man als Widersprüchlichkeit der beruflichen Tätigkeit im sozialen Feld bezeichnen. Es geht darum, dass der heilpädagogisch Tätige während einer Interaktion mit Nutzern fast ständig in einer zwiespältigen Situation steht, die er aushalten und in der er sich für die eine oder für die andere Alternative entscheiden muss.

Im heilpädagogischen Berufsalltag können folgende Paradoxien zur Entstehung von Handlungs-, Beziehungs-, Kooperations- und anderen Problemen beitragen (vgl. Greving/Ondracek, 2009, S. 40 f.):

- Einerseits Beziehung pflegen von Mensch zu Mensch und andererseits professionelle Techniken anwenden.
- Einerseits Hilfe zur Selbsthilfe leisten sowie die Selbstständigkeit fördern und zugleich wissen, dass die geleistete Hilfe die Gefahr der Abhängigkeit und Unselbstständigkeit steigert.
- Einerseits den Nutzer als Person respektieren, ihn nicht beeinflussen wollen und zugleich eine Verhaltensänderungsaufgabe haben und an dessen Erfüllung gezielt arbeiten müssen.
- Einerseits den Einblick in mögliche belastende Entwicklungen in den Lebenslagen des Nutzers haben und andererseits diese verschweigen, um ihn zu schützen.
- Einerseits pädagogische Aufgaben verfolgen (Potenziale entfalten, Entwicklung unterstützen, Persönlichkeit ausbilden) und andererseits Schädigungen und Defekte mit therapeutischen Mitteln zu beseitigen versuchen.
- Einerseits als Person dem Nutzer »auf Augenhöhe« als einen gleichwertigen Menschen begegnen und andererseits der Träger von vielen Machtelementen sein und diese auch einsetzen müssen.

Besonders bezogen auf die Aspekte »Ressourcenorientiert und defektbeachtend« befindet sich die Didaktik/Methodik der Heilpädagogik in einer zwiespältigen Lage.

> »Einerseits muss sie der Teilhabeproklamation der heilpädagogischen Theorie Rechnung tragen und andererseits muss sie das praktische Tun auch auf den defektorientierten Verringerungs- bzw. Überwindungsauftrag ausrichten. Im Klartext bedeutet es: Auch wenn die heilpädagogische Theorie sagt: ›Wir sollen nicht defekt-, sondern ressourcenorientiert sein‹ kommt die heilpädagogische Praxis an dem Phänomen der Schädigung bzw. Störung nicht vorbei.« (Greving/Ondracek, 2009, S. 160)

Mit den widersprüchlichen Anforderungen geht einher, dass das heilpädagogische Handeln immer in bestimmten Grenzsituationen stattfindet und mit ganz bestimmten Grenzen sich konkretisiert. Grenzen zeigen sich beispielsweise als Barrieren, wie sie vielfach noch in den Köpfen der Gesellschaft vorhanden sind, so dass heilpädagogische Handlungen nicht konform umgesetzt werden können. Oder es kommt zu Grenzen der Handlungsfelder, welche in der jeweiligen Geschichte der Handlungsfelder bzw. der Institutionen grundgelegt sind. Oder beim Aufeinandertreffen unterschiedlicher Berufsgruppen kann es zu unterschiedlichen Vorstellungen und Grenzerfahrungen kommen, welche eine gemeinsame Kommunikation und das gemeinsame Handeln erschweren oder unmöglich machen.

Auch können Grenzen und Widersprüchlichkeiten benannt werden, die sich als berufstypische Herausforderungen zeigen (vgl. Schäper, in Greving/Schäper, 2013,

S. 31). Die Praxis heilpädagogischen Handelns ist häufig in besonderer Weise mit erschwerten Lebensbedingungen konfrontiert: Menschen mit Behinderungen leben dauerhaft mit Grenzen, die sowohl in spezifischen individuellen Beeinträchtigungen als auch gesellschaftlichen Benachteiligungsmechanismen begründet sind. Kinder und Jugendliche mit Verhaltensstörungen erleben Grenzen der Tragfähigkeit familiärer Beziehungen und der Bindungsfähigkeit ihrer Bezugspersonen. Mitarbeitende in Einrichtungen müssen mit gesetzten ökonomischen Grenzen umgehen. Heilpädagogen erleben Ausgrenzung und Benachteiligung von Menschen mit Behinderungen und erarbeiten mit ihnen gemeinsam Möglichkeiten der Teilhabe. Gleichzeitig sehen sie sich vielfach mit Vorwürfen konfrontiert, als »Sonder«-Disziplin Inklusionsverhinderer zu sein. Diese und viele andere berufstypische Situationen und Herausforderungen brauchen deshalb (ethische) Reflexionen.

Im Überblick werden die Merkmale der Handlungsprofessionalität heilpädagogischen Arbeitens als Zusammenfassung schematisch dargestellt:

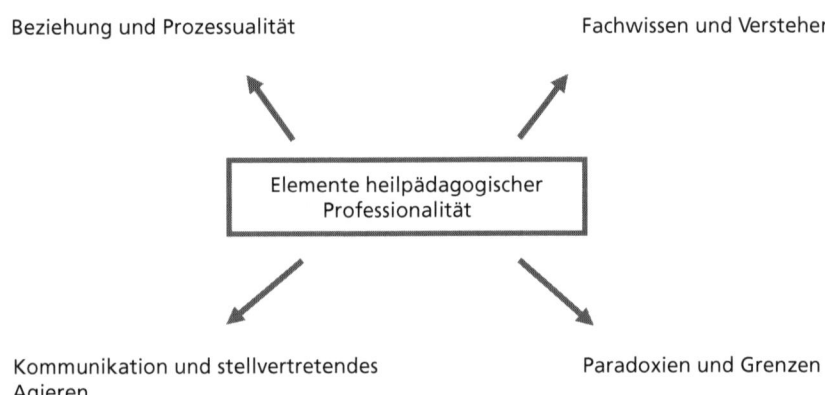

Abb. 1.2: Elemente heilpädagogischer Professionalität (leicht verändert nach Greving/ Ondracek, 2009, S. 35 ff.)

1.7 Aussagen zur Bewegung

Dieses Kapitel wird abgeschlossen mit exemplarischen Aussagen, die sich darauf beziehen, wie die Bedeutung der Bewegung in heilpädagogischen theoretischen Abhandlungen eingeschätzt wird. Aussagen zur Bewegung bzw. Psychomotorik sind in vielen konzeptionellen Grundlegungen heilpädagogischen Handelns zu finden. Exemplarisch wird an vier Beispielen der Blick darauf gerichtet, an welchen Stellen Bewegung genannt und welche Bedeutung eingefordert wird. Damit ist auch der Übergang zum nächsten Kapitel angelegt.

1.7 Aussagen zur Bewegung

a) Kobi sieht die Psychomotorik als einen von sechs intrapersonalen Fähigkeitsbereichen. In diesen Bereichen stellt er Prozesse der Veränderung und Erschwerung der Fähigkeiten und Handlungsweisen vor dem Hintergrund einer Behinderung dar. Er unterscheidet und differenziert sechs intrapersonale Fähigkeitsbereiche, in welchen heilpädagogisch bedeutsame Behinderungen in Erscheinung treten können: Psychomotorik, Perzeption, Kognition, Sprache, Affektivität, Soziabilität (Kobi, 2004, S. 170).

Die Bereiche sind nicht getrennt voneinander zu betrachten, sie beeinflussen sich wechselseitig und verweisen aufeinander. Das verdeutlicht er an zahlreichen Beispielen (vgl. ebd., S. 206 f.). Den Schwerpunkt des psychomotorischen Trainings sieht Kobi in der Förderung der Koordination (einschließlich Rhythmus, Flexibilität, Geschwindigkeit, Geschicklichkeit, Kraft, Gleichgewicht, Ausdauer). Verbindungen der Psychomotorik zur Perzeption ergeben sich beispielsweise dadurch, dass durch Bewegung Geräusche erzeugt, Figuren gelaufen oder Raum- und Zeitdimensionen erschlossen werden können. Oder wenn Bewegungen nach akustischen, optischen oder taktilen Zeichen gesteuert werden.

Zusammenhänge zur Sprache werden nach Kobi etwa dadurch deutlich, wenn Bewegungsfolgen in Sprache gefasst oder durch Sprechen begleitet werden. Oder wenn Bewegungen nach bestimmten Hinweisen oder Anweisungen ausgeführt werden sollen. Wenn Bewegungsplanung in wechselnden Raum- und Zeitverhältnissen gefordert ist, wenn Bewegungsprobleme gelöst werden sollen, wenn mit Bewegungsideen experimentiert wird, dann sind Zusammenhänge zwischen Psychomotorik und Kognition erkennbar. Verbindungen zur Soziabilität sieht Kobi beispielsweise in der Koordination von Bewegungsabläufen zwischen Partnern, bei gemeinsam aufeinander abgestimmten Bewegungen oder wenn Bewegungen des Partners nachgeahmt oder weitergeführt werden.

(Die Zusammenhänge werden an vielen weiteren Beispielen vor allem in Kapitel 6 erläutert.)

b) Gröschke entwickelt eine Systematik heilpädagogischer Handlungskonzepte, indem er mögliche Grundphänomene personaler Existenz analysiert (vgl. Gröschke, 1997, S. 185 ff.). Als Grundphänomene skizziert er: die Leiblichkeit, die Entwicklung, das Spiel, das Lernen, die Tätigkeit, die Sprachlichkeit und auch die Bewegung.

Zur Bewegung (vgl. Gröschke, 1997, S. 207 ff.). stellt er grundsätzlich fest, dass der menschliche Leib immer ein bewegter Leib ist. Die Bewegung ist Ausdruck von Lebendigkeit in allen menschlichen Bereichen, von der Grobmotorik bis hin zu scheinbar kaum noch wahrnehmbaren Bewegungsabläufen menschlichen Verhaltens.

Vor dem Hintergrund des Leitkonzepts der Entwicklungsförderung entwickelt Gröschke dann unterschiedliche Aufgabenschwerpunkte, welche wiederum die Grundphänomene der Personalexistenz aufnehmen. Aus dem Schwerpunkt der Leiblichkeit entsteht somit beispielsweise die Förderpflege und die basale Aktivierung, aus dem Schwerpunkt des Spielens die heilpädagogische Spielförderung. Aus dem Schwerpunkt der Bewegung wird ausdrücklich die psychomotorische Entwicklungsförderung benannt.

Mit diesem Modell legt Gröschke eine in sich logisch und stringente Begründung konzeptionellen Handelns vor, welche auf die Alltagsgestaltung der beteiligten Menschen, also sowohl der Heilpädagoginnen als auch der Menschen mit Behinderung etc., verweist.

> »Ethisch begründet, anthropologisch durchdrungen und pragmatisch ausgerichtet, stellen diese Dimensionen somit die grundlegende Orientierung dar, von welcher aus heilpädagogische Praxiskonzepte weiterentwickelt worden sind.« (vgl. Greving, in Greving/Schäper, 2013, S. 17)

c) Heilpädagogisch zu handeln bedeutet, alles dafür zu tun, dass Menschen mit Behinderungen von der sozialen Umwelt in ihrer Unterschiedlichkeit als Personen in und trotz ihrer Unterschiedlichkeit angenommen werden. Dabei ist die Minderung bzw. Überwindung der Beeinträchtigung und Einschränkungen vor allem auf dem Gebiet der Kommunikations- und Interaktionsprozesse sowie der Alltagsfähigkeiten und -fertigkeiten von Bedeutung. Bedeutsames Anliegen der Heilpädagogik ist es, zu einer subjektiv möglichen Entfaltung und Selbstständigkeit in Alltagsangelegenheiten zu verhelfen.

Bundschuh/Heimlich/Krawitz (2002, S. 119 ff.) betonen in diesem Zusammenhang auch die unmittelbare Unterstützung bei der Entfaltung von Potenzialen. Dabei werden neben den Förderbedürfnissen im Bereich der emotionalen, kommunikativen und kognitiven Kompetenzen auch die psychomotorischen Kompetenzen hervorgehoben; zudem werden pädagogische Hilfen z. B. als Ausgleich von Teilleistungsschwächen genannt.

d) Theunissen und Wüllenweber (2009) haben Handlungskonzepte und Methoden in Heilpädagogik und Behindertenhilfe nach verschiedenen Schwerpunkten für die Arbeit mit Kindern, Jugendlichen und Erwachsenen mit Behinderung vorgestellt. Sie geben einen Überblick über ein breites Spektrum unterschiedlicher Handlungsmodelle. Und sie beurteilen diese Vielfalt positiv: »Es ist daher erlaubt, hier von einer Stärke der Heilpädagogik zu sprechen« (Wüllenweber, 2009, S. 77).

Sie bieten beispielsweise Methoden an zur Förderung lebenspraktischer Fähigkeiten und individuelle Handlungskonzepte zum Wohlbefinden und zur Körperarbeit. Einen Schwerpunkt bilden Methoden zur Förderung der Motorik und Wahrnehmung, worunter neben der heilpädagogischen Rhythmik, der sensorischen Integration, der Basalen Stimulation auch die Psychomotorik und Motopädagogik vorgestellt werden.

Auch sie betonen die Notwendigkeit der Professionalität heilpädagogischen Handelns und verweisen darauf, dass erst die Kenntnis und die gekonnte Anwendung spezifischer Handlungs- und Wissensmodelle bei der jeweiligen Fachkraft die angestrebte Professionalität ermöglicht. »Dabei ist die rein intuitive Aneignung nicht hinreichend, die Anwendung muss fachlich begründet und reflektiert sein« (ebd.).

Zusammenfassend kann festgehalten werden, dass in der heilpädagogischen Theorie die Bedeutung von Bewegungserfahrungen anerkannt wird, Wechselwirkungen und Zusammenhänge von Bewegung mit anderen Persönlichkeitsbereichen klar formuliert werden und der Förderung von Bewegungsfertigkeiten und -fähigkeiten eine wichtige Funktion für die Persönlichkeitsentwicklung des Menschen zugewiesen wird. Auch kann es zur Professionalität heilpädagogischen Handelns in nicht unerheblichem Maße beitragen, diese Zusammenhänge zu kennen und in der Praxis heilpädagogischen Handeln diese reflektierend zu berücksichtigen.

2 Psychomotorik und Anwendungsbereiche der Motologie

Sie erhalten in diesem Kapitel erste Erkenntnisse über theoretische Aspekte der Psychomotorik. Begriffe werden eingebettet in die Geschichte und in die Systematik des Wissenschaftszweiges der Motologie. Sie lernen verschiedenartige Fachbegriffe kennen und Sie werden vertraut gemacht mit den Erfahrungsfeldern, Inhaltsbereichen und Zielsetzungen der Psychomotorik. Ein Überblick über (mögliche) Förderwirkungen kann Ihnen helfen, psychomotorische Prozesse im Sinne professionellen Handelns zielgerichteter zu initiieren und zu reflektieren.

2.1 Grundbegriffe der Motorik

Aus physikalischer Sicht bezeichnet Bewegung jede Ortsveränderung eines Körpers in der Zeit. In dieser Schrift ist nur die menschliche Bewegung gemeint, d. h. eine menschliche Tätigkeit, die in Ortsveränderungen des menschlichen Körpers bzw. seiner Teile zum Ausdruck kommt.

Aber schon ein Blick auf den Sprachgebrauch zeigt, dass der Begriff Bewegung mehr als die Ortsveränderung eines menschlichen Körpers in der Zeit umschreibt.

Wir sprechen von Bewegung als Lebensmotor, von äußerer Bewegung oder innerer Bewegung. Wir sind ständig in Bewegung, bewegen uns auf andere zu, erleben Bewegungsmöglichkeiten bzw. erfahren Einschränkungen, setzen uns in Bewegung, organisieren Bewegungsspiele und gestalten Bewegungsräume. Wir wollen ein Leben lang in Bewegung bleiben. Das Verb bewegen kann sowohl aktiv (ich bewege etwas) als auch passiv (ich werde bewegt) gebraucht werden; wobei Letzteres sowohl physikalisch (Ortsbewegung) als auch emotional (angerührt sein) verstanden werden kann.

Dies zeigt, dass der zentrale Begriff menschlicher Bewegung nicht auf eine einfache Bedeutung reduziert werden kann, sondern einen komplexen, reichhaltigen Begriff des Lebens darstellt. Diese Komplexität kann systematisch geklärt werden, indem Motorik auf unterschiedlichen wissenschaftlichen Ebenen oder aus unterschiedlichen Zugängen betrachtet wird.

Zur Verdeutlichung motorischer Prozesse unterteilen manche Autoren die Motorik in verschiedenen Dimensionen. Leyendecker (2005, S. 13 ff.) gibt zur

2.1 Grundbegriffe der Motorik

Erklärung der Motorik vier Dimensionen der Motorik an: Neuro-, Sensu-, Psycho-, Soziomotorik. Damit sind aber nicht methodische Verfahren, sondern spezifische Merkmale menschlicher motorischer Prozesse gemeint, vor allem in der Reihenfolge der frühkindlichen Entwicklung:

Neuromotorik: Menschliche Bewegung äußert sich in der Änderung von Stellung, Lage oder Spannungszustand des Bewegungsapparates, d. h. das Skelett mit Gelenken, Bändern und die Skelettmuskulatur. Diese Vorgänge werden durch das zentrale Nervensystem (Gehirn und Rückenmark) sowie dessen Leitungsbahnen (Motoneuronen) gesteuert und durch Sinnesempfindungen (Sensuneuronen) zurückgemeldet. Die Neuromotorik bietet Erklärungen für nervliche Grundlagen motorischer Bewegungssteuerung, sensorischer Bewegungsempfindungen, der Organisation von Reflexen und der Koordination von Bewegungsmustern. Neuromotorik wird vor allem auf die Phase bezogen, in der die infantilen Reflexe oder besser frühkindlichen Reaktionen die Motorik ausmachen.

Sensumotorik: Dieser Begriff kann auch »Sensomotorik« geschrieben werden. Beide Schreibweisen sind möglich; Sensumotorik ist die korrekte altlateinische Form, und Sensomotorik ist an das spätere (mittelalterliche) Latein bzw. den Gebrauch in romanischen Sprachen angelehnt. Im Weiteren wird sensomotorisch geschrieben, weil es die gebräuchlichere Schreibweise ist.

Mit Sensomotorik wird der wichtige Zusammenhang von Wahrnehmung und Bewegung gekennzeichnet. Die Koordination von Wahrnehmung und Bewegung ist eine grundlegende Entwicklungsaufgabe. Vom Säuglingsalter an sind Wahrnehmungen und Bewegungen aufeinander abzustimmen und zu koordinieren. Das funktioniert natürlich anfangs noch nicht so gut, da die Bewegungssteuerung noch nicht ausgereift ist, stellt aber eine der »spannendsten Elemente der kindlichen Entwicklung« (Leyendecker, 2005, S. 14) dar.

Der Zusammenhang von Wahrnehmung und Bewegung ist nicht nur als ein einfacher Prozess von Informationsaufnahme, zentraler Verarbeitung und motorischer Reaktion zu betrachten; denn die motorischen (Re-)Aktionen werden selbst wieder wahrgenommen und bilden den Ausgangspunkt weiterer sensomotorischer Prozesse. Insofern bilden Wahrnehmung und Bewegung eine Einheit: Die Wahrnehmung ändert sich unter der Bewegung, und Bewegung ermöglicht die Wahrnehmung.

Psychomotorik: Stimmungen und Gefühle, Gedanken und Vorstellungen drücken sich in Bewegung und Körperhaltungen aus. Das heißt, Bewegung steht in enger Beziehung zu kognitiven und emotionalen Vorgängen. Der Zusammenhang beider Prozesse – der Kognition wie der Emotion – mit der Motorik wird unter dem Begriff der Psychomotorik zusammengefasst.

Ideengeschichtlich hat die Psychomotorik eine lange Tradition. Bereits im frühen 19. Jahrhundert hatten die französischen Ärzte Itard und Seguin ein Förderkonzept für entwicklungsbeeinträchtigte und behinderte Kinder entwickelt. Darin spielten neben einer systematischen Sinnesschulung auch spezielle Übungen, etwa Tast- und Geschicklichkeitsübungen, eine Rolle.

Diese Gedanken wurden im Erziehungskonzept von Maria Montessori zu Übungen mit speziellen Sinnesmaterialien und selbsttätigem Lernen weiterentwickelt. Aus diesen Ansätzen sowie Anregungen aus der Rhythmik (z. B. von Scheiblauer) entwickelte in Deutschland Kiphard Ende der 50er Jahre die »psychomotorische Übungsbehandlung«, welche auf den genannten Zusammenhängen beruht.

Mit dem Begriff der *Soziomotorik* wird Bewegung als Mittel der sozialen Kommunikation gekennzeichnet. Durch die Körpersprache und die Wahrnehmung körpersprachlicher Zeichen ist die Soziomotorik ein bedeutsames Feld zwischenmenschlicher Interaktion. Sie gewinnt ihre eigentliche Bedeutung vor dem Hintergrund der Bewertung durch Gruppen und durch gesellschaftliche Beurteilungen. Mit den Mitteln unserer Körpersprache gestalten wir Kommunikation. Dabei kann die Körpersprache auch von dem abweichen, was wir durch unsere mündliche Sprache vermitteln wollen.

Insgesamt betrachtet haben Körper und Bewegung in jeder Lebensphase einen besonderen Stellenwert in der menschlichen Entwicklung – aber je nach Lebensphase ist er unterschiedlich ausgeprägt. In der Kindheit, während sich die Persönlichkeit herausbildet, spielen Bewegung und Wahrnehmung eine herausragende Rolle. Das ist die Lebensphase, in der auch die Psychomotorik besonders verankert ist und beitragen kann, gestörte oder schwierige Entwicklungsverläufe »nachzubessern«. Während der Jugend haben Bewegung und Wahrnehmung einen geringer werdenden Einfluss. In der langen Phase des Erwachsenseins spielt die Bewegung eine untergeordnete Rolle, sie steht »zur Verfügung«, wir benützen sie, um unser Leben zu realisieren. Wir können beispielsweise die Bewegung in unser Leben einbeziehen, um unsere körperliche und seelische Befindlichkeit zu verbessern, weil wir wissen, dass Bewegungsmangel zu einer Vielzahl von Krankheiten führt. In der Phase der beginnenden Veränderungen (ab ca. 60 Jahren) nimmt der Einfluss der Bewegung wieder zu. Bewegung trägt entscheidend dazu bei, den Prozess des Alterns zu verlangsamen. Nun wird Bewegung letztlich zum Gradmesser für unsere Selbstständigkeit. Wenn im Alter die motorischen Fähigkeiten nachlassen, sind wir wieder darauf angewiesen, Hilfe zu bekommen.

Mit dem Begriff der Psychomotorik war die Einheit körperlich-motorischer und psychisch-geistiger Prozesse in der Entwicklung des Menschen beschrieben worden. Seit dem Engagement von E. J. Kiphard wird unter Psychomotorik jedoch hauptsächlich ein pädagogisch-therapeutisches Konzept verstanden, welches über die Bewegung emotionale, motivationale, perzeptive, kognitive, soziale und kommunikative Aspekte der Persönlichkeit zu beeinflussen versucht. Mit dem Bestreben und der Möglichkeit, dieses Förderkonzept therapeutisch, pädagogisch oder heilpädagogisch zu nutzen, findet sie heute ein sehr breites Anwendungsfeld in der Förderung und Unterstützung von Menschen aller Altersstufen.

Doch was bedeutet der Begriff genau? Wie ist dieser Ansatz entstanden? Was sind Merkmale dieses Konzepts, und worin grenzt es sich ab? Wann kann das, was z. B. Kindern in Bewegung angeboten wird, als psychomotorisch bezeichnet werden? Welche Fördereffekte sind zu verzeichnen, und wie sind Wirkungen zu erklären? In den folgenden Kapiteln soll diesen Fragen nachgegangen werden.

2.2 Geschichtliches zur Psychomotorik in Deutschland

Die Geschichte der Psychomotorik ist eng mit dem Namen Ernst Jonny Kiphard (1923–2010) verbunden. Er gilt als Begründer der Psychomotorik in Deutschland, und für viele Psychomotoriker ist er eine Art Leitfigur. Zu Anfang sollen hier einige Informationen zu seiner beeindruckenden Lebensgeschichte aufgezeichnet werden.

Kiphard wurde am 1. Dezember 1923 in Eisenach geboren. Schon früh entdeckte er das Turnen für sich. Sein Leben war bereits in der Jugendzeit von Sport, Bewegung und Akrobatik geprägt. Von 1954 bis 1957 studierte Kiphard an der Sporthochschule in Köln – neben Sport auch Philosophie, Psychologie und Pädagogik – und schloss das Studium 1957 als Diplom-Sportlehrer ab. 1976 promovierte er zum Dr. phil. an der Universität Bremen. 1980 erhielt E. J. Kiphard den Ruf als ordentlicher Professor für den Bereich »Prävention und Rehabilitation« an das Institut für Sportwissenschaft der Universität Frankfurt. Er arbeitete dort bis zum Wintersemester 1989/1990. Ernst J. Kiphard starb im Jahr 2010 im Alter von 86 Jahren.

Kiphard hatte ursprünglich vor, nach dem Sportstudium eine Schule für Akrobatik und Artistik zu gründen. Zuvor war er einige Jahre beim Zirkus und dort als Trapez-Akrobat und Clown aufgetreten. Als er aber während des Studiums im Rahmen eines Sonderfaches Fördermaßnahmen bei verschiedentlich behinderten Kindern durchführte, wurde ihm klar, dass bei diesen Kindern seine Lebensaufgabe liegen sollte.

Im Rückblick auf die Entwicklungsgeschichte der psychomotorischen Grundidee erinnerte er sich an einen 13-jährigen Spastiker mit Hemiplegie (Halbseitenlähmung). Er sollte bei diesem die behinderte Körperseite, vor allem die spastische Hand, durch verschiedene Übungen, z. B. durch das Rollen und Wegschlagen eines Balles, trainieren. Doch dieses rein funktional begründete Üben führte zu frustrierenden Erlebnissen und in der Folge sogar zu Verhaltensauffälligkeiten, z. B. fing der Junge an zu stottern oder biss sich in die eigenen Lippen. Kiphard ließ den Jungen schließlich zur Entlastung seine nichtbehinderte Hand beim Zurückschlagen der Wasserbälle benutzen. Die Erfolge spornten ihn deutlich an, und seine motorischen Fähigkeiten und sein Selbstwertgefühl verbesserten sich insgesamt. Kiphard handelte entgegen seinem Auftrag nicht mehr defektorientiert, sondern sah in dem Jugendlichen eine ganzheitliche psycho-physische und psycho-motorische Persönlichkeit (vgl. Kiphard, 2002, S. 25).

Nach seinem Sportstudium hat er sich dann nicht das Trainieren leistungsstarker Heranwachsender zur Aufgabe gemacht, sondern er wollte sich den Kindern und Jugendlichen widmen, denen es kaum ermöglicht wurde, über Bewegung und Sport Erfolgserlebnisse und Freude zu erfahren. Kiphard wollte den vorherrschenden Einstellungen über diese Kinder eine andere Sichtweise entgegensetzen, die nicht die Defizite und Beeinträchtigungen, sondern die Fähigkeiten und Stärken, die Bedürfnisse und Wünsche dieser Kinder in den Vordergrund rückte.

Kiphard forderte in vielen seiner Schriften Sportpädagogen auf, sich einmal in die Lage bewegungsbeeinträchtigter Schüler hineinzuversetzen,

> »denen die Motorik nicht Quelle der Fröhlichkeit und der erfolgreichen Lebensbewältigung ist, sondern Quelle ständiger schmerzlicher Misserfolge und aussichtsloser Schindereien. Es ist oft ein regelrechtes Spießrutenlaufen, wenn diese Kinder, von allen missachtet, gehänselt und schikaniert, um ihr bisschen Selbstvertrauen ringen.« (Kiphard, 1989, S. 138)

Im Jahre 1955 stellte Kiphard sich also erstmals der Aufgabe, sensomotorisch entwicklungsgestörte und in ihrer psychomotorischen Entfaltung behinderte Kinder über das Mittel der Bewegung in ihrer Gesamtentwicklung zu fördern. Als Sportlehrer erzielte er mit seinen Vorstellungen und Vorgehensweisen beeindruckende Erfolge an der Jugendpsychiatrischen Klinik in Gütersloh, später in Hamm. Als Charakteristikum dieser neuen ganzheitlichen Bewegungsförderung bezeichnete Kiphard das ständige Beobachten des individuellen Bewegungsverhaltens der einzelnen Kinder, um so im Laufe der Zeit von diesen Verhaltensäußerungen Rückschlüsse auf innerseelische Probleme und Konflikte ziehen zu können. Kiphard erkannte, dass Gefühle und psychische Empfindungen sich nach außen im Bewegungsverhalten ausdrücken und wählte für diese zwei Seiten des Geschehens den Begriff »Psychomotorik« (vgl. Kiphard, 2000, S. 11).

In seinem 1960 erschienenen Buch »Bewegung heilt« versuchte Kiphard, die Grundzüge seiner so gut funktionierenden Praxis in systematischer Form darzustellen. Diese Veröffentlichung gilt auch für viele als die Geburtsstunde der deutschen Psychomotorik.

Kiphard stellte für das Grundkonzept der Psychomotorik aus vielen bekannten Übungsbereichen das Brauchbarste unter heilpädagogischen Aspekten zusammen. So trug er in der Psychomotorik wesentliche Elemente aus den Übungsbereichen der Rhythmik, der Gymnastik, des Turnens und des Sports, der Sinnesschulung und des Rollenspiels zur Förderung entwicklungsrückständiger Kinder bei.

Kiphard war es auch, der im Jahre 1961 das Trampolin als ein bewegungs- und koordinationsschulendes Gerät in die Psychomotorische Übungsbehandlung einführte. Es war damals ein recht unkonventionelles und neues Therapieinstrument, das von den bewegungsbeeinträchtigten Kindern und Jugendlichen begeistert begrüßt und täglich in die Übungsbehandlung aufgenommen wurde. Die bewegungsdiagnostischen Möglichkeiten des Trampolinspringens wurden erst im Laufe der Jahre bewusst, als die Bewegungsverhalten gesunder und leicht hirngeschädigter Kinder miteinander verglichen wurden. In den folgenden Jahren wurde durch Filme und schriftliche Publikationen der Grund gelegt zu dem bis heute verwendeten Trampolinkoordinationstest für Kinder (TKT).

Auch sind mit dem Namen Kiphard die Entwicklung und Konstruktion von weiteren Testverfahren verbunden. Seit den 1960er Jahren arbeitete er an der Entwicklung von motometrischen (die Bewegung messenden) und motoskopischen (die Bewegung beobachtenden) Tests. Er veröffentlichte beispielsweise den »Körperkoordinationstest für Kinder – KTK« (Kiphard/Schilling, 1974), dessen Entwicklung etwa zehn Jahre in Anspruch genommen hat (Weiteres siehe unter Diagnostik, Kap. 4).

Kiphard betonte immer wieder die besondere Stellung des Therapeuten/Pädagogen/Übungsleiters. Für den Umgang mit den Kindern forderte er ein motivierendes und einfühlsames Verhalten. Um Kinder aus der Reserve zu locken, müsse ihnen immer wieder Vertrauen entgegengebracht werden. Die therapeutische Grundhaltung sollte seiner Auffassung nach geduldig, offen, humorvoll und liebevoll sein, und diese Eigenschaften sollten überzeugend gelebt und in den Situationen spürbar sein.

Auf Initiative von Kiphard wurde im Jahre 1976 der »Aktionskreis Psychomotorik« als gemeinnütziger Verein in Hamm/Westfalen gegründet, ein bundesweiter Zusammenschluss von Bewegungsfachleuten, Ärzten, Therapeuten und Wissenschaftlern, die daran interessiert sind, das Berufsfeld abzustecken, seine Inhalte zu bestimmen und lehrbar zu machen. Bis heute gibt es zahlreiche Fachtagungen und Veröffentlichungen, zudem wurde eine 200-stündige Zusatzqualifikation entwickelt.

Die vielen Bildungsangebote des Aktionskreises führten 1990 zur Gründung der Akademie für Motopädagogik und Mototherapie als eigenständige Fortbildungseinrichtung. Seitdem bietet die Akademie anerkannte Fortbildungen und Qualifizierungskurse auf vielen Gebieten der Psychomotorik an und ist die größte Einrichtung für psychomotorische Weiterbildungen in Deutschland. 2008 wurde sie in »Deutsche Akademie für Psychomotorik« umbenannt.

Im Jahre 1976 gab der Aktionskreis Psychomotorik erstmals die Zeitschrift »Psychomotorik« heraus. Ab 1978 änderte sich die Zeitschriftenlandschaft durch die Herausgabe von zwei Zeitschriften, der eher praktisch orientierten »Praxis der Psychomotorik« und der eher theoretisch orientierten Zeitschrift »motorik«. Beide Zeitschriften gibt es heute noch unter den genannten Bezeichnungen.

Ein weiterer Meilenstein in der Entwicklung der Psychomotorik ist die erste Motopädenausbildung ab 1977 in Dortmund. Heute existieren zahlreiche Fachschulausbildungen von ein- bis dreijähriger Dauer mit pädagogischen und therapeutischen Schwerpunktsetzungen in vielen Bundesländern. Die erfolgreichen Absolventen können sich staatlich geprüfte Motopäden nennen.

Um die Erfolge der Psychomotorik zu begründen, brauchte man die Legitimationskraft der Wissenschaft. Zudem waren differenzierte Konzepte der Diagnostik, Förderung und Therapie notwendig, um die damalige Psychomotorik auf ein vergleichbares Niveau wie andere anerkannte Verfahren zu heben. Mit der Errichtung des Diplom-Aufbaustudienganges Motologie an der Philipps-Universität in Marburg hatte die Motologie endgültig den Sprung von der Meisterlehre zur Wissenschaft erreicht. Den Lehrstuhl baute Prof. Dr. Friedhelm Schilling auf und leitete ihn bis 2002. Hier erwirbt man den Abschluss als Motologe.

Psychomotorische Schwerpunkte in Hochschulausbildungen sind in den weiteren Jahren hinzugekommen, beispielsweise in den universitären Ausbildungen zum Sonderpädagogen bzw. Diplom- oder Heilpädagogen und in mehreren Fachhochschulstudiengängen für psychosoziale Berufe und für die Arbeit mit Menschen mit Behinderungen.

Für die gemeinsame Verbreitung der Idee der Psychomotorik gründete der Aktionskreis Psychomotorik 2006 zusammen mit den Berufsverbänden der Motologen und Motopäden die Deutsche Gesellschaft für Psychomotorik e. V. Die europäische Perspektive eröffnete sich mit der Gründung des Europäischen Forums für Psychomotorik im Rahmen des 1. Europäischen Kongresses 1996 in Marburg.

Deutlich wird aus der Geschichte, dass die psychomotorische Idee aus der Praxis entstanden ist. Erst danach wurde nach und nach eine theoretische Fundierung begründet. Theorie und Praxis haben sich gegenseitig positiv befruchtet und sind aufeinander bezogen. Das ist auch gut so und sollte auch so bleiben.

Und was Greving/Ondracek für die Heilpädagogik einfordern, kann auch ohne Abstriche für die Psychomotorik formuliert werden: »Ein wechselseitiges Hinhören muss angestrebt werden, wenn nicht die Praxis ihrer theoretischen Impulse und die Theorie nicht ihrer handlungsrelevanten Verortung verlustig gehen soll« (Greving/Ondracek, 2005, S. 68).

Zu den Hinweisen im Text (Motopädie-Fachschulen, Vereine und Verbände, Fortbildungsangebote) gibt es beispielsweise vom »Niedersächsischen Institut für frühkindliche Bildung und Entwicklung (www.nifbe.de) eine ausführliche Datenbank (Wissenslandkarten – Psychomotorik).

2.3 Versuch einer Einordnung: Psychomotorik, Motologie, Motopädagogik, Mototherapie, Psychomotorische Entwicklungsförderung

Unter den Fachleuten der Psychomotorik gibt es viel Einigkeit in grundlegenden Überzeugungen, aber oft wenig Einigkeit in der Sprache. Ein Blick in die Fachliteratur zeigt, dass eine Vielzahl von Fachbegriffen benutzt wird, die das Anliegen der Förderung mit den Mitteln der Bewegung umschreibt. Einige sprechen von Psychomotorik oder psychomotorischer (Entwicklungs-)Förderung, andere benutzen die Begriffe Motopädagogik oder Mototherapie. Zur Klärung sollen hier einige Zusammenhänge verdeutlicht werden. Der Versuch einer Einordnung soll helfen, Begriffe zu verstehen und zu einer fachgerechten Verständigung beizutragen.

Ein Teil der Sprachverwirrung entsteht wesentlich dadurch, dass der Begriff Psychomotorik in unterschiedlicher Bedeutung benutzt wird. Der Begriff wird benutzt zur Beschreibung von Entwicklungsverläufen (von Neuromotorik zur Psychomotorik und Soziomotorik) und auch als Begriff aus der (Sport-)Motorikforschung. In manchen Umschreibungen wird Psychomotorik als Begriff gebraucht, der die Einheit von körperlichen und seelischen Prozessen bezeichnen soll. Wenn von der Psychomotorik des Kindes gesprochen wird, sind die Ganzheitlichkeit und Unteilbarkeit körperlich-seelischer Prozesse gemeint.

In dem Großteil der Fachliteratur (so auch in dieser Schrift) wird Psychomotorik als Konzept der Entwicklungsförderung verstanden, in der Nachfolge der psychomotorischen Übungsbehandlung nach Kiphard. Dieser Begriff bezeichnet ein

Verfahren bzw. eine Verfahrensgruppe, deren Hauptinhalt Bewegungsprozesse sind und in denen die Wechselwirkungen von psychischen und motorischen Prozessen zugrunde gelegt werden.

Mit Renate Zimmer (vgl. 2006, S. 19 f.) wird die Auffassung vertreten, dass im Gegensatz zu den Bezeichnungen Motopädagogik und Mototherapie der Begriff Psychomotorik historisch gewachsener, international gebräuchlicher und letztlich inhaltlich klarer definiert ist. Auch weist dieser Begriff deutlich auf den Anteil des Wahrnehmens, Erlebens, Fühlens und Denkens bei Bewegungshandlungen sowie auf die Notwendigkeit hin, Bewegungshandlungen immer als ganzheitliche Äußerungen des Menschen zu betrachten.

Psychomotorik im Rahmen der Heilpädagogik wird somit hier als Bezeichnung für ein pädagogisch und therapeutisch wirksames Konzept verstanden, das die Wechselwirkung psychischer und motorischer Prozesse nutzt. Über Bewegungsangebote soll versucht werden, eine Beziehung zum Teilnehmer aufzubauen, seine motorischen Fähigkeiten zu verbessern, seine psychischen Kompetenzen positiv zu beeinflussen und seine sozial-emotionale Entwicklung zu unterstützen.

2.3.1 Psychomotorik

Der Begriff »Psychomotorik« setzt sich aus den beiden Wortstämmen »Psyche« und »Motorik« zusammen und beschreibt damit Zusammenhänge von Bewegen mit Wahrnehmen, Erleben, Lernen und Handeln.

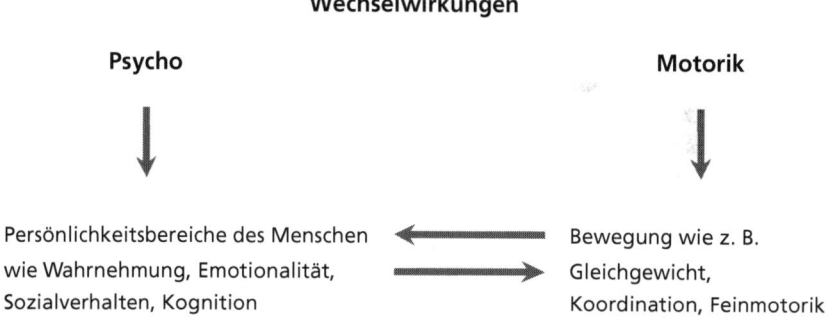

Abb. 2.1: Bedeutung des Begriffes Psychomotorik

Es geht um mehr als um das, was umgangssprachlich unter Motorik verstanden wird. Es geht nicht nur um eine Verbesserung koordinativer Fähigkeiten, es geht nicht nur um eine Ausdifferenzierung einzelner Wahrnehmungsleistungen und nicht nur um konditionelle Verbesserungen oder um eine gesundheitsfördernde Wirkung motorischer Beanspruchung. Vielmehr wird durch die Begriffskombination »Psycho-Motorik« die Blickrichtung auf die Verbindung und auf die Wechselwirkung verschiedener Persönlichkeitsbereiche gelegt.

Der Begriff der Psychomotorik zielt also zunächst auf die Zusammenhänge zwischen alldem, was einerseits unter Psyche, Geist, Seele, Verstand zu verstehen ist und andererseits unter Motorik, Bewegung, Wahrnehmung und Körper: die Verknüpfung und Einheit zwischen seelischen und körperlichen Prozessen.

Die Bewegung hat einen (positiven oder aber negativen) Einfluss auf unsere Psyche. Und unsere psychisch-emotionalen Zustände haben wiederum Einfluss (positiven oder negativen) auf unsere Motorik. Wenn diese Zusammenhänge bekannt sind, kann der Pädagoge oder Therapeut versuchen, durch vielfältige Handlungs- und Problemlösungsmöglichkeiten in speziell dazu arrangierten Bewegungsszenarien einen positiven, also fördernden Einfluss auf die psychischen, auf die sensorischen und motorischen Vorgänge und Funktionen zu nehmen. Einige ausgewählte Definitionen bekannter Autoren, in denen charakteristische Merkmale und Ziele der Psychomotorik benannt sind, sollen diese Begriffsklärung abschließen.

Kiphard ging es darum, den Menschen, das Kind wieder in den Mittelpunkt sporterzieherischen Bemühens zu rücken.

> »Statt einer Leistungs- und Produktorientiertheit, die häufig an den Bedürfnissen der Kinder vorbeigeht, statt einer Defektorientiertheit, die nur Makel, Störungen und Defizite sieht, setzen wir eine Erlebnis- und Persönlichkeitsorientierung, bei der sich die Kinder spielerisch frei und ungezwungen handelnd äußern und entwickeln können.« (Kiphard, 1989, S. 12)

Nach Zimmer wird mit der psychomotorischen Förderung einerseits das Ziel verfolgt, über Bewegungserlebnisse zur Stabilisierung der Persönlichkeit beizutragen – also das Vertrauen in die eigenen Fähigkeiten zu stärken –, andererseits soll jedoch auch eine Bearbeitung motorischer Schwächen und Störungen, aber auch der Probleme des Kindes in der Auseinandersetzung mit sich selbst und der Umwelt ermöglicht werden.

> »Ziel psychomotorischer Förderung ist es, die Eigentätigkeit des Kindes zu fördern, es zum selbstständigen Handeln anzuregen, durch Erfahrungen in der Gruppe zu einer Erweiterung seiner Handlungskompetenz und Kommunikationsfähigkeit beizutragen. Sie beinhaltet spezielle Fördermöglichkeiten vor allem in den Bereichen der Wahrnehmung, des Körpererlebens und des sozialen Lernens, die gerade für bewegungsauffällige Kinder integrierend und fördernd wirken können und ihnen den Zugang zur Bewegung – wieder – erschließen helfen.« (Zimmer, 2006, S. 22 f.)

Eggert und Reichenbach kommen zu der Annahme, dass psychomotorische Förderung dem Kind zu einem Gefühl von Selbstwirksamkeit und Kontrollüberzeugung verhelfen kann, ihm Erfolge vermittelt, Kompetenzen verleiht (ihm das Empfinden von Selbstwirksamkeit vermittelt) und damit das Selbstkonzept stärkt. Zugleich wird das Kind sensibel für den Dialog mit einer bedeutsamen Bezugsperson (dem Pädagogen oder Therapeuten) und für die Arbeit in einer Gruppe, die ihm hilft und es unterstützt. Psychomotorische Förderung beeinflusst auch positiv den Lebenskontext, d. h., sie kann den Kontakt zu den Eltern verbessern und die Akzeptanz des Kindes durch die Eltern erhöhen. »Auf diese Weise wird durch Psychomotorik über die Förderung der Bewegung im Spiel ein wichtiger Beitrag zur Ausbildung eines positiven Selbst- und Weltkonzepts ermöglicht« (Eggert/Reichenbach, 2004, S. 108).

Für Eisenburger kommt es in den psychomotorischen Stunden nicht nur auf das »Was« an, sondern entscheidend auf das »Wie«. »Bewegungsstunden können Begegnungsstunden sein – das ist das ›Herz‹ der Psychomotorik« (Eisenburger, 2005, S. 27).

Zusammenfassend können aus Begriffsbestimmungen und Definitionen verschiedener Autoren Schwerpunkte der inhaltlichen Ausrichtung von psychomotorischen Fördermaßnahmen herausgearbeitet werden, die in vielfältiger Weise miteinander in Wechselwirkung stehen:

- erlebnisorientierte Bewegungsförderung
- vielseitige Wahrnehmungsförderung
- Motivationsförderung
- Beziehungsherstellung und -stabilisierung
- Aufbau eines positiven Selbstkonzepts

2.3.2 Motologie

Im Zusammenhang mit der Konzeption des Aufbaustudienganges hat sich als wissenschaftliche Disziplin zur Erforschung und Durchdringung der menschlichen Bewegung und ihrer Zusammenhänge die Motologie entwickelt und als eigenständige wissenschaftliche Fachdisziplin etabliert. »Die Motologie ist die Lehre der Motorik als Grundlage der Handlungs- und Kommunikationsfähigkeit des Menschen, ihrer Entwicklung, ihrer Störungen und deren Behandlung« (Schilling, 1981, S. 187). Sie befasst sich mit folgenden Aspekten der menschlichen Bewegung:

- ihrer Entwicklung (Motogenese),
- ihren Störungen (Motopathologie),
- deren Erfassung (Motodiagnostik)
- und der Behandlung (Motopädagogik, -therapie).

Gegenstand der Motologie ist die menschliche Motorik als Funktionseinheit von Wahrnehmen, Sprechen, Erleben, Denken, Handeln und Fühlen. Die Fragen der Motologie richten sich dabei auf die Bedeutung der Bewegung und der Körperlichkeit für grundlegende Entwicklungsprozesse über die gesamte Lebensspanne. Hieraus haben sich in der Motologie verschiedene Ansätze zur Förderung der Persönlichkeit und der Gesundheit im ganzen Altersspektrum herausgebildet. Die Motologie sieht es auch als ihre Aufgabe an, einen systematisierenden Überblick über die Konzepte der Psychomotorik und ihrer Hintergründe zu erbringen; sie versucht, die bunte Vielfalt der praktischen Psychomotorik immer wieder nach theoretischen Zusammenhängen zu durchleuchten und Ordnungsvorschläge zu geben.

2.3.3 Motopädagogik

Der Begriff der Motopädagogik entstand (in den 80er Jahren) im Zuge der Professionalisierung der Psychomotorik und der wissenschaftlichen Vereinheitlichung und Systematisierung (Fachgebiet der Motologie). Die davor weitgehend verwendeten Bezeichnungen wie Psychomotorische Erziehung und Psychomotorische Übungsbehandlung sind dabei ersetzt worden durch Motopädagogik bzw. Mototherapie. Beide Begriffe sind der psychomotorischen Tradition verpflichtet. Motopädagogik und Mototherapie realisieren damit als Anwendungsgebiete der Motologie das alte psychomotorische Konzept einer Erziehung bzw. Heilung durch Bewegung.

Der Begriff Motopädagogik schien zunächst den der Psychomotorik zu ersetzen, er konnte sich jedoch nicht umfassend durchsetzen, und in den meisten Veröffentlichungen und im fachlichen Austausch findet eher der Begriff Psychomotorik Verwendung.

Ähnlich wie der Begriff Psychomotorik setzt sich der Begriff Motopädagogik aus den beiden Wörtern Motorik (Bewegung) und Pädagogik (Erziehung) zusammen und bedeutet – wörtlich übersetzt – demnach so viel wie »Erziehung durch Bewegung«.

Wenn von Motopädagogik die Rede ist, wird ihr eher präventiver Charakter zugesprochen, als Anwendungsgebiete werden hauptsächlich die Frühförderung und die vorschulische Erziehung gesehen. In der Motopädagogik wird die Bewegung als Medium eingesetzt, um erzieherische Ziele zu erreichen. Das heißt, die pädagogischen Überlegungen stehen im Vordergrund. Die Bewegungsangebote und das Materialangebot werden als Mittel eingesetzt, um ein bestimmtes erzieherisches Ziel zu erreichen, z. B. Verbesserung der Kulturtechniken, des Verhaltens oder Entwicklung von Normen und Werten.

Ein besonderes Anliegen der Motopädagogik ist die Förderung von sozialen Verhaltensweisen. Demzufolge können Motopäden als Spezialisten in der Bewegungserziehung betrachtet werden, die bewusst, planvoll, methodisch und zielgerichtet vorgehen, um gewünschte Verhaltensänderungen zu erreichen. Motopädagogik wird somit als ganzheitlich orientiertes Konzept der Erziehung durch Wahrnehmung, Erleben und Bewegung verstanden. Die Motopäden suchen nach den Stärken der Klienten und setzen diese auch zur allgemeinen Entwicklungsförderung ein.

2.3.4 Mototherapie

In manchen Einrichtungen werden Heilpädagogen auch mit dem Begriff der Mototherapie konfrontiert. Mit diesem Konzept werden klarer formulierte therapeutische Zielsetzungen verfolgt, dennoch ist die Abgrenzung zur psychomotorischen Förderung und Motopädagogik nicht leicht. Eine eigenständige Ausbildung in Mototherapie gibt es nicht, wohl aber nach der Ausbildung als Motopäde oder Motologe entsprechende Aufgabenstellungen und Fortbildungen in klinischen Einrichtungen oder Institutionen mit therapeutischem Auftrag.

Die Mototherapie kann definiert werden als »bewegungs- und handlungsorientierte Methode zur Behandlung von Retardierungen und Störungen im psychomotorischen Verhaltens- und Leistungsbereich« (Schilling, 1989, S. 58).

Therapeutische Möglichkeiten der Förderung stellen eine heilkundliche/medizinische Maßnahme dar. Es werden Reifungs- und Entwicklungsprozesse behandelt. Die Mototherapie ist mit ihrem klinischen Charakter eher rehabilitativ ausgerichtet und wird z. B. in psychiatrischen Kliniken als Behandlungskonzept angewendet (Leyendecker, 2005, S. 214).

Entscheidend für die Abgrenzung von Motopädagogik und Mototherapie sind Zielsetzungen und Indikation, die einmal mehr pädagogische, einmal mehr therapeutische Ausrichtung erfordern. Für die Mototherapie wird eine »krankhafte Störung« als Indikation vorausgesetzt. Auf der Grundlage einer umfangreichen Diagnostik werden Therapieziele formuliert, um Beeinträchtigungen abzubauen oder Auswirkungen von Behinderungen abzuschwächen. Dabei sollen die Maßnahmen zeitlich begrenzt werden, sind immer wieder zu überprüfen und der Entwicklung anzupassen.

Es wird also in der Mototherapie bei der ärztlichen Indikation angesetzt, von der individuellen Symptomatik ausgegangen und ein Behandlungsplan aufgestellt. Es wird zwar betont, dass das therapeutische Ziel der Mototherapie nicht nur darin liegt, die Symptomatik zu beseitigen, sondern auch darin, einen positiven Einfluss auf die Störungen der Persönlichkeit zu nehmen, die im Zusammenhang mit den Symptomen stehen. Die Ziele der Mototherapie sind dennoch enger an die Symptomatik orientiert und weniger pädagogisch (vgl. Eggert, 2008, S. 77).

Die Mototherapie bedient sich ähnlicher Lerninhalte wie die Motopädagogik. Ihre Anwendung ist jedoch komplexer, erfordert wesentlich mehr Kenntnisse über die zu betreuenden Personen und differenziertere didaktisch-methodische Maßnahmen. Die Diagnostik hat in diesen deutlich kleineren Gruppen einen wesentlich höheren Stellenwert. In der Praxis verschmelzen oft die Grenzen zwischen Motopädagogik und Psychomotorik.

2.3.5 Psychomotorische Entwicklungsförderung

Um die Verwendung der Begrifflichkeiten besser beurteilen zu können, kann es von Nutzen sein, eine übergeordnete Sichtweise einzunehmen. Dieser Blick erlaubt es, Bereiche nach Gemeinsamkeiten zu überprüfen und so zu systematisieren. Ein hilfreiches Konstrukt kann dazu das Paradigma sein. Nach Seewald (1998, 2006) können vier Richtungen erkannt und unterschieden werden.

Unter dem bildungstheoretisch-pädagogischen Paradigma können all jene psychomotorischen Konzepte und Angebote gefasst werden, die den Aspekt der Erziehung und Bildung in den Vordergrund rücken. Die hier beheimatete Psychomotorik findet in Institutionen statt, die sich mit der Bildung und Erziehung von Menschen beschäftigen, z. B. Schulen, Kindergärten oder in Einrichtungen außerhalb von Schule, die als Verein, als Bildungsträger oder in einer anderen Organisationsform psychomotorische Angebote oder Kurse machen.

Das therapeutische Paradigma umfasst die Konzepte und Modelle der Psychomotorik, die sich mit der »Behandlung« bestimmter Auffälligkeiten von Menschen oder besonderen Förderbedürfnissen beschäftigen. Sie sind meist im klinisch-therapeutischen Bereich angesiedelt und richten sich eher nach den Kategorien krank und gesund, wobei sie die Begriffe als fließendes Kontinuum begreifen. Sie richten die Aufmerksamkeit auf Störungen und Auffälligkeiten im Entwicklungsverlauf (motorisch, psychisch oder emotional, sozial) und versuchen, über bewegungsorientierte Methoden diesen Menschen eine Hilfestellung zu geben.

Das dritte Paradigma der Entwicklungsförderung kann eine besondere Stellung einnehmen.

> »Es passt für viele Arbeitsfelder der Psychomotorik wie maßgeschneidert (...) Es herrscht wohl überwiegend Konsens unter namhaften Vertretern der Psychomotorik und Motologie, dass die deutsche Psychomotorik vor allem entwicklungsorientiert ausgerichtet ist.« (Seewald, 2006, S. 285)

Die Hauptbezugstheorien sind die der Entwicklung sowie die der abweichenden oder besonderen Entwicklungsverläufe. Unterstützt durch Diagnostik wird mit der Person ausgehandelt, welche Entwicklungsaufgabe als nächstes ansteht, um diese auf dem Weg dorthin zu begleiten. Damit wird deutlich der Grundsatz beachtet, dass die Person oder das Kind selbst der Akteur und auch der Fachmann der eigenen Entwicklung ist. Auch wird Raum und Zeit gelassen, um auf die Wünsche und Bedürfnisse der Personen individuell einzugehen – womit ja eine große Stärke der Psychomotorik genannt ist. Zugleich werden durch das Konstrukt der Entwicklungsaufgabe die gesellschaftlich relevanten Aspekte einbezogen. Der Begriff der Förderung geht immer mit einer Wertschätzung derjenigen einher, die gefördert werden sollen.

Unter dieses Paradigma fallen damit auch viele Konzepte der Psychomotorik, die zuvor unter den pädagogischen und therapeutischen Paradigmen eingeordnet wurden. Es kann sozusagen als ein einendes Paradigma verstanden werden. Es löst das Entweder-oder zwischen Pädagogik und Therapie auf und stellt vor allem die Schnittmenge heraus, die vielleicht das Erfolgsgeheimnis der Psychomotorik ausmacht (vgl. Seewald, 2006, S. 283).

Das Thema Gesundheitsförderung greift Seewald (2006) als neues (viertes) Paradigma in der Motologie auf. (Dazu mehr unter Kapitel 6.4.)

Die Psychomotorik befindet sich also im Schnittpunkt von Pädagogik und Therapie. Diese Positionierung wird auch oft als das Erfolgsgeheimnis der Psychomotorik betrachtet.

> »Einerseits ist die Tendenz bei manchen Heilpädagogen unverkennbar, das heilpädagogische Handeln mit therapeutischem Handeln gleichzusetzen. (Argument: die heilpädagogische Lage verlangt nach therapeutischer Hilfe). Andererseits werden vor allem seitens der heilpädagogischen Theoriebildung Pädagogik und Therapie für unvereinbar gehalten (Argument: Gefahr einer ›Therapeutisierung‹ des Alltags von Menschen mit Behinderung). Ein Ausweg aus diesem Dilemma stellen die pädagogisch-behandelnden Konzepte dar (z. B. Psychomotorische Förderung nach Kiphard ...).« (Greving/Ondracek, 2014, S. 314)

Abschließend kann hier als Frage oder als Forderung formuliert werden, ob einheitliche Begrifflichkeiten nicht vielleicht wünschenswert und notwendig wären. Und der Wunsch nach einer einheitlichen Theorie der Psychomotorik ist nachvollziehbar und vielleicht auch Triebfeder der Motivation für viele Psychomotoriker, Motologen und (Heil-)Pädagogen. Allerdings würde damit auch die Gefahr einhergehen, dass eine solche Theorie zum Stillstand und zur Abgeschlossenheit gegenüber Neuem führen könnte. Die Abweichungen, Unstimmigkeiten, Lücken oder Ungereimtheiten erhalten nicht nur die Praxis lebendig und originell, sondern auch die Theoriebildung.

2.4 Erfahrungsfelder und Kompetenzen der Psychomotorik

Nach der Auseinandersetzung mit Begrifflichkeiten und Abklärung von Fachbegriffen geht es in diesem Abschnitt um weitergehende Erläuterungen zur Psychomotorik auf inhaltlicher Ebene; drei Erfahrungsfelder in Verbindung mit drei Kompetenzen können unterschieden werden und sind zu erklären.

In vorherigen Begriffsbestimmungen zur Psychomotorik ist an mehrerer Stelle bereits von der Handlungskompetenz die Rede gewesen. Genauer gefasst, geht es darum, die zu betreuenden Personen zu befähigen, sich sinnvoll mit sich selbst, den dinglichen und personalen Umfeldbedingungen auseinanderzusetzen und entsprechend zu handeln. In der Realisierung von Handlungskompetenz können für die Praxis drei Kompetenzen und grundlegende Lernfelder bestimmt bzw. entsprechende inhaltliche Schwerpunktsetzungen vorgenommen werden:

- *Körpererfahrungen* (ich bewege mich, werde bewegt; Kap. 2.4.1): Im Bewegungshandeln lernt das Kind sich und seinen Körper kennen, ihn einzusetzen, mit dem Körper auf die Umwelt einzuwirken und den Körper sich verändernden Umweltsituationen anzupassen (Stärkung der Ich-Kompetenz).
- *Materialerfahrungen* (ich bewege mich an und mit Geräten; Kap. 2.4.2): Im Umgang, Spielen und Hantieren mit Materialien gewinnt das Kind Informationen über Gesetzmäßigkeiten und Eigenschaften der dinglichen Umwelt (Stärkung der Sachkompetenz).
- *Sozialerfahrungen* (ich bewege mich und spiele mit anderen; Kap. 2.4.3): Soziale Kompetenzen und Verhaltensweisen wie Rücksichtnahme, Fairness, Kooperationsbereitschaft, Regelbeachtung, aber auch Durchsetzungsvermögen sollen der Steigerung des Selbstvertrauens dienen, Gefühle der Minderwertigkeit, Entmutigung und Ausgeschlossenheit überwunden werden (Erwerb von Sozialkompetenz).

Diese Unterscheidung und Einteilung in drei Schwerpunkte ist eher theoretischer Natur und wird hier zur genaueren Analyse vorgenommen. Es muss aber deutlich betont werden, dass in der Praxis alle Aspekte gemeinsam wirken und sich die Lernfelder wechselseitig beeinflussen. Jedoch können Schwerpunkte gesetzt und einzelne Erfahrungsbereiche besonders hervorgehoben werden.

Abb. 2.2: Kompetenzen und Lernfelder in der Psychomotorik

Schauen wir uns im Folgenden die einzelnen Lernfelder genauer an; immer auch mitdenkend, dass sie wechselseitig miteinander in Beziehung stehen.

2.4.1 Körpererfahrungen

Unter Körpererfahrung verstehen wir die Gesamtheit aller im Verlauf der Entwicklung erworbenen Erfahrungen mit dem eigenen Körper. Diese können sowohl kognitiv wie affektiv, bewusst oder unbewusst sein. In der psychomotorischen Förderung kommt dem eigenen Körper mit seinen Handlungs-, Erfahrungs- und Wirkungsmöglichkeiten eine große Bedeutung zu. Vielfältige Körpererfahrungen zu ermöglichen, ist ein zentraler Bestandteil psychomotorischer Praxis. Körpererfahrung als Lernbereich der Psychomotorik heißt eine Zunahme, Verbesserung oder Stabilisierung der körperlichen Handlungsfähigkeit.

Drei Aspekte der Körpererfahrung bzw. -wahrnehmung können unterschieden werden, die hier genauer betrachtet werden sollen (vgl. Grunwald/Kuntz, 1989). In den Bewegungshandlungen wirken die einzelnen Aspekte nicht isoliert, sondern sie stehen miteinander in Beziehung und in Wechselwirkung zueinander.

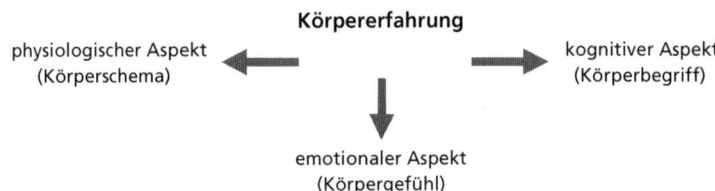

Abb. 2.3: Aspekte der Körpererfahrung

a) *Der physiologische* Aspekt der Körpererfahrung betrifft die Wahrnehmung vom eigenen Körper (Körperschema). Es bildet sich eine Art »Karte« oder »Plan« vom eigenen Körper im Gehirn. Diese »Pläne« beinhalten Informationen über die einzelnen Körperregionen sowie über die funktionale Zusammengehörigkeit einzelner Körperabschnitte. Das Körperschema ist Voraussetzung für die funktionsgerechte Koordination von Körperbewegungen und für Bewegungsgeschicklichkeit. Denn sie bestimmt die Anpassung von Teilen des Skeletts und der Muskulatur, die für die Beibehaltung einer Körperhaltung oder für die Durchführung einer Bewegung benötigt wird.

Dieses Körperschema ist ein Vergleichsmaßstab für alle Körperpositionen und -bewegungen, auf die wir für unsere sportlichen und alltäglichen Handlungen angewiesen sind. Der eigene Körper ist das Bezugssystem, das uns Orientierung im Raum ermöglicht. Von ihm ausgehend erlebt der Mensch die Dimensionen »rechts – links« und »vorne – hinten«.

> **Beispiele**
>
> Wenn Kinder über eine Bank balancieren oder eine Straße überqueren, wenn sie um Hindernisse rennen oder mit Bällen werfen, wenn sie aus der Tasse trinken oder sich auf einen Stuhl setzen wollen, brauchen sie ein gutes Vorstellungsbild vom eigenen Körper und seiner Teile.

Auf der Grundlage der entsprechenden Informationen gelingt ein zielgerichtetes Handeln mit präzisen Bewegungsabläufen des Körpers. Damit sind eine Orientierung am Körper und eine Orientierung im Raum möglich.

Die Entwicklung und Funktion des Körperschemas ist abhängig von der optimalen Aufnahme, Weiterleitung und Verarbeitung der drei Körpernahsinne:

- *vestibuläre Sinnesreize* (Veränderung der Körperlage, Gleichgewichtsregulation),
- *kinästhetische Sinnesreize* (Veränderungen der Muskulatur, Muskelspannung, Gelenkstellung, Bewegungsempfindungen) und
- *taktile Sinnesreize* (Fühlen, Hautwahrnehmung).

> **Beispiele**
>
> Kinder freuen sich beispielsweise, herumzutoben oder auf dem Rücken der Eltern zu reiten und zu schaukeln. Bei solchen Bewegungsaktionen wird eine Vielzahl an Erfahrungen ermöglicht. Diese Aktivitäten geben ihnen eine Menge sinnlicher Information über ihren Körper. Bei dem Herumtoben fühlt das Kind den Einfluss der Schwerkraft, es fühlt die verschiedenen Teile des Körpers sich bewegen und wie sie untereinander zusammenwirken. Es fühlt auch die Grenzen dessen, was der Körper nicht leisten kann. Es fühlt, was ihm guttut und was

> unbequem wirkt. Alle diese sinnlichen Wahrnehmungen formen ein inneres Vorstellungsbild des Körpers innerhalb des Gehirns.

Störungen des Körperschemas können zu Störungen der Orientierungsfähigkeit und Störungen der Entwicklung von Bewegungs- und Handlungsabläufen führen, z. B. fehlende oder ungenügende Stützreaktionen, Haltungsschwächen durch herabgesetzten Muskeltonus, Probleme im zielgenauen Greifen, beim An- und Ausziehen oder beim Balancieren. Diese Störungen sind besonders deutlich beobachtbar, wenn die optische Kontrolle entfällt oder bei Bewegungen auf ungewohntem Untergrund, in ungewohnten Bewegungszusammenhängen oder Situationen. Wichtig zur Förderung des Körperschemas sind Übungen aus dem körpernahen Sinnes- und Bewegungsbereich, also Übungen und Spiele zur Förderung der vestibulären, kinästhetischen und taktilen Wahrnehmung (siehe Übungsanregungen in Kapitel 6).

b) Der *kognitive* Aspekt der Körpererfahrung beinhaltet die sprachlich-begriffliche Erfassung des Körpers und von Körperteilen (Körperbegriff und Körperkenntnis). Der Körperbegriff umfasst eine komplexe Vorstellung vom eigenen Körper, die Person weiß also, was sie für Körperteile hat und wo sie sich befinden.

> **Beispiele**
>
> Ein Kind mit einem adäquat entwickelten Körperbegriff kann die einzelnen Körperteile benennen: Kopf, Ohren, Augen, Mund, Schulter, Arme, Hände oder Finger. Es kann auch sagen, wozu diese Körperteile dienen: Mit den Augen kann ich sehen, und mit den Ohren kann ich hören, den Mund brauche ich zum Reden und Essen.

Bei Drei-, Vierjährigen etwa ist noch kein bewusstes Bild vom eigenen Körper vorhanden, das zeigt sich z. B. beim Malen von »Kopffüßlern«. Zeigen von großen Körperteilen nach Aufforderung gelingt allerdings auch jetzt schon. Mit Beginn des Schulalters ist eine Zuordnung verschiedener Körperteile an richtiger Stelle und in entsprechender Anordnung möglich. Mögliche Erscheinungsformen eines gestörten Körperbegriffs sind:

- Körperteile können nicht korrekt benannt werden,
- genannte Körperteile können nach Aufforderung nicht passend bewegt werden,
- die Räumlichkeit des eigenen Körpers kann nicht präzise abgeschätzt werden.

Zur Förderung sind wichtig die sprachliche Nennung, Erklärung von Körperteilen z. B. beim Ertasten, Spüren, Fühlen oder das verbale Begleiten von Bewegungen (siehe Übungsanregungen in Kapitel 6).

c) Durch den *emotionalen* Aspekt der Körpererfahrung wird der gefühlsmäßige Bereich der Körperwahrnehmung hervorgehoben (Körpergefühl, Körpererleben). Wir beobachten einerseits die Begleitung der Bewegung durch Gefühle des Wohlbehagens oder des Unwohlseins mittels Gestik, Mimik, Körpersprache. Andererseits zeigen sich die Auswirkungen unserer Gefühlswelt, unserer Stimmungen auf das Bewegungsverhalten, auf Körperhaltung, Muskeltonus und Hautfunktionen.

Beispiele

Wenn Kinder sich unwohl, überfordert oder ängstlich fühlen, ist dies deutlich an ihrer Körperhaltung und ihrem Gesichtsausdruck zu erkennen. Oder zu viel Körpernähe bzw. zu enger Körperkontakt zeigt sich im Abwehrverhalten der Person, ohne dass es sprachlich ausgedrückt wird (werden muss).

Bereits in der frühkindlichen Entwicklungsphase werden elementare Körpererfahrungen mit intensiven emotionalen Empfindungen beim Stillen, Waschen, Tragen und Spielen gesammelt. Diese positiven Erfahrungen beim spielerischen Umgang mit dem eigenen Körper sind die Grundlage für ein positives Selbstkonzept und ein gesundes Selbstvertrauen.

In der Förderpraxis ist die Berücksichtigung der Gefühle von besonderer Bedeutung: Gefühle bestimmen das Handeln oft mehr als der Verstand. Positive Gefühle wie Freude oder Erfolgserlebnisse helfen, ein eher positives Selbstwertgefühl zu vermitteln, und fördern die Motivation; häufige negative Gefühle wie Angst oder Furcht können zu einem eher negativen Selbstbild und zu Motivationsverlust führen (siehe Übungsanregungen in Kapitel 6).

2.4.2 Materialerfahrungen

Materialerfahrungen gehen notwendigerweise mit Bewegungserfahrungen einher. Die teilnehmenden Personen machen Erfahrungen über die räumlichen Umweltgegebenheiten. Bei einem Einsatz von Übungsmaterialien geht es zudem um Eigenschaften, Beschaffenheit, Gesetzmäßigkeiten und Verwendungsmöglichkeiten von Spielobjekten und Bewegungsgegenständen.

Materiale Erfahrung ist vor allem auf die Erkenntnis der materialen und funktionalen Bedingungen der Bewegungshandlung gerichtet; sie führt zur Bildung und zum Verständnis von Begriffen über:

- *Gegenstände:* Was ist ein Gymnastikreifen, ein Schwungtuch, eine Weichbodenmatte?
- *Raum und Zeit:* Was bedeutet hoch, tief, weit, eng? Was sind langsame, schnelle Abläufe?
- *Kausalitäten:* Ursache-Wirkungs-Prinzip von Bewegungshandlungen, z. B. wenn ich den Ball richtig rolle, dann fallen die Kegel um.

Im Umgang mit Sport- und Spielgegenständen und in Bewegungssituationen gewinnt die Person Erkenntnisse, die für das Verstehen von Umweltbedingungen von Bedeutung sind und das Handeln ermöglichen oder erleichtern.

> **Beispiele**
>
> Beim Kriechen durch unterschiedlich große Tunnel kann das Kind die Erfahrung machen, was groß oder klein, größer oder kleiner bedeutet. Wenn Teilnehmer einer Übungsgruppe auf unterschiedlichen Untergründen (Hallenboden, Matten, Teppichfliesen, Bank) laufen oder über Geräte klettern, machen sie Erfahrungen über die verschiedenartigen Beschaffenheiten des Materials. Sie begreifen, wie sie auch ihre Bewegungen verändern müssen. Sie erfahren wortwörtlich hautnah, was schräg, wackelig, hart, weich, kalt oder warm bedeutet.

Ein Bewohner einer Wohnstätte für Menschen mit Behinderung, der sich auf eine Schaukel setzt, bleibt möglicherweise anfangs dort passiv sitzen. Er muss angeschaukelt werden. Nach mehrmaligen Versuchen (unterstützt und begleitet durch Erklärungen und Vormachen) kann er dann die Erkenntnis gewinnen, dass er sich selbst ins Schaukeln bringen kann, indem er die Beine nach hinten und dann nach vorn schwingt.

Abb. 2.4: Die Vielzahl an verschiedenartigen Bällen führen zu ganz unterschiedlichen Erfahrungen und Erkenntnissen

> **Beispiele**
>
> Durch praktischen Umgang erfahren die Teilnehmer, dass sie einen Gymnastikball prellen können, aber dass ein Medizinball am Boden liegenbleibt. Durch einen aktiven Umgang erfahren sie die unterschiedlichen Bewegungs- und Spielmöglichkeiten eines Luftballons, einer Holzkugel, eines Wasserballs oder eines Basketballs.
>
> Durch die praktischen Erfahrungen begreift das Kind die Zusammenhänge und weiß dann später allein beim Anblick des jeweiligen Balles, welche Verwendungsmöglichkeiten bestehen und wie viel Kraft beim Werfen, Fangen oder Schießen jeweils aufgewendet werden muss.

Durch Bewegungserfahrungen lernt die Person, mit den Gegebenheiten und Objekten seiner Umwelt umzugehen, ihre Unterschiedlichkeit zu entdecken; erst die Veränderung der Bedingungen führt zum Erkennen verschiedener Merkmale und Wirkungszusammenhänge.

Bei materialer Erfahrung ergeben sich sensorisch und kognitiv wichtige Erkenntnisse. Alle Sinne (z. B. Sehen, Hören, Tasten, Riechen) wirken zusammen, um Erfahrungen zu vermitteln und um die Erweiterung der Handlungskompetenz zu ermöglichen. Die Bedeutung dieser handlungsgebundenen materialen Erfahrungen liegt vor allem darin, dass sie die Grundlage für die kognitive Entwicklung des Kindes darstellen. Jede Erkenntnisgewinnung baut sich aus den einfachsten Handlungen des Kindes auf (siehe auch die Theorie der Entwicklung des Denkens von Jean Piaget, geeignete Zusammenfassung in Zimmer, 1993, S. 38–50). Die Entwicklung der sensomotorischen Intelligenz basiert auf Handlungen und Wahrnehmungen der Dinge im Umgang mit ihnen, später erst auf Vorstellung und Denken. Über die praktische Bewältigung von Situationen gelangt das Kind zu deren theoretischer Beherrschung: Handlungen werden so verinnerlicht, dass

- der Effekt von Handlungen vorweggenommen werden kann und
- zielgerichtetes, geplantes Verhalten möglich ist.

Als äußere Bedingungen für den Erwerb materialer Erfahrungen lässt sich aus den bisherigen Darlegungen festhalten:

- Es soll eine stimulierende und anregende Umgebung geschaffen werden, die zur Entdeckung, zum Experimentieren mit Bewegungseinfällen und Erproben verschiedener Wege sowie zur aktiven Auseinandersetzung herausfordert.
- Gegenstände und Spielobjekte müssen interessant sein, zur Aktivität provozieren, dürfen aber nicht überfordern; andererseits sollte ein gewisses Maß an Überraschung und Ungewissheit über den Erfolg der Handlung die Spannung erhalten.
- Vorschnelle Belehrungen, Demonstrationen oder Hilfen für einen zweckmäßigen Umgang oder bei einem Bewegungsproblem schränken die genannten Lernprozesse ein oder unterbinden diese.

2.4.3 Sozialerfahrungen

Da das Ermöglichen von Sozialerfahrungen eine bedeutungsvolle Rolle in der Psychomotorik spielt, findet in der Regel eine psychomotorische Förderung in der Gruppe statt. In besonderen Fällen kann auch vorher eine Einzelförderung angezeigt sein, wenn z. B. eine gezielte therapeutische Maßnahme erforderlich ist. Oder das Kind ist aufgrund seines Alters oder wegen seiner besonderen Problematik noch nicht in der Lage, sich in eine Gruppe einzuordnen.

Die Gruppe gibt Gelegenheiten zu einer Vielzahl von Prozessen und Interaktionen zwischen allen Beteiligten. Die Gruppenteilnehmer können soziale Verhaltensweisen erproben und deren Wirkungen erfahren. In der Auseinandersetzung mit Gleichaltrigen entsteht und verändert sich das Selbstbild. So ermöglicht die Psychomotorikgruppe neue Möglichkeiten der Fremd- und Selbstwahrnehmung.

Die Entwicklung des Kindes hängt u. a. davon ab, ob es von der Gruppe aufgenommen oder ausgegrenzt wird. Jedes Kind hat seine eigene Geschichte und seine eigenen Erfahrungen. Kinder können sich untereinander anregen, unterstützen, sich gegenseitig bestätigen – das zu ermöglichen, ist Anliegen der psychomotorischen Fachkraft.

Kinder verhalten sich in einer Gruppe ungezwungener und spontaner, sie fühlen sich weniger kontrolliert, als wenn sie nur mit einem Erwachsenen in einer Spiel- oder Übungssituation sind. Kinder können sich in der Gruppe zurückziehen, sich Aktivitäten entziehen, nur zuschauen und andere beobachten. Besonders in der Anfangsphase kann es wichtig sein, dass Kinder erst nur zuschauen, sich ein Bild vom Stundenangebot und von den anderen Teilnehmern machen.

Auch fällt der Zugang des Erwachsenen zum Kind in der Gruppe leichter und kann sich unauffälliger vollziehen. Das Kind kann sich der Zuwendung durch den Erwachsenen entziehen. Die Gruppe verlangt aber auf der anderen Seite die Bereitschaft zum Verzicht auf die ungeteilte Zuwendung des Erwachsenen. Es besteht weniger die Gefahr der übermäßigen Konzentration eines Kindes auf den Erwachsenen.

Dafür ist das Bemühen um das einzelne Kind und das Eingehen auf seine Probleme in einer Gruppe nicht in dem Maße möglich wie in einer Einzelförderung. Eine Gruppe verlangt vom Kind eine höhere Frustrationstoleranz. Der Gruppe wird auch eine höhere Transferwirkung für den Alltag zugeschrieben. Viele Kinder haben insbesondere in sozialen Situationen Schwierigkeiten. So stellt die Gruppe ein natürliches Umfeld dar, denn auch im Alltag ist das Kind zum größten Teil mit anderen Kindern zusammen, muss Regeln des Zusammenlebens beachten und sich mit anderen auseinandersetzen.

Wenn Heilpädagogen in Einrichtungen oder in Praxen die Aufgabe übertragen bekommen, Gruppen zusammenzustellen, müssen sie sich Gedanken zur Gruppenzusammensetzung machen. Hierin ist eine verantwortungsvolle Aufgabe zu sehen. Die Gruppenzusammensetzung sollte möglichst heterogen sein, um die Teilnehmer die Vielfalt der Verhaltensmöglichkeiten erleben zu lassen. Bei einer homogenen Gruppe, z. B. wenn die Gruppe nur aus hyperaktiven, aggressiven oder nur aus ruhigen, gehemmten Kindern besteht, ist die Gefahr groß, dass Kinder sich selbst in ihrem Verhalten laufend verstärken, dass sie untereinander negative Verhaltensmodelle imitieren. Ein hyperaktives Kind könnte eine Belebung in einer eher ruhigen Gruppe sein.

»Sind in einer Gruppe Kinder mit unterschiedlichen Verhaltensproblemen und Entwicklungsbesonderheiten vertreten, ist es am ehesten möglich, dass sie voneinander lernen. So können sich positive Verhaltensweisen übertragen, die Gefahr einer gegenseitigen Störung durch ähnliches Verhalten der Gruppenmitglieder ist weniger gegeben.« (Zimmer, 2006, S. 161)

Allerdings sollten die Kinder in ihrem Entwicklungsniveau zueinander passen, also auch in den Altersstufen nicht allzu weit auseinanderliegen. Die Anzahl der Kinder, die in einer Gruppe aufgenommen werden, hängt ab von den räumlichen Bedingungen, vom Alter der Kinder, aber auch besonders von den individuellen Problemen der Kinder und der Anzahl der Betreuer. Wird die Gruppe von einem Pädagogen betreut, liegt die optimale Gruppengröße bei vier bis sechs Kindern. Diese Gruppengröße wird auch von vielen Psychomotorikvereinen so realisiert. Bei einer kleineren Gruppe wären die vielfältigen sozialen Kontakte in dem beschriebenen Maße nicht möglich. Sind zwei Betreuer vorhanden, kann die Gruppe auf acht bis zehn Kinder erweitert werden (vgl. Zimmer, 2006, S. 163; weitere Erläuterungen zu sozialen Prozessen siehe unter Kapitel 6.8).

2.5 Förderwirkung und Qualitätssicherung

Auch der (heil-)erzieherische Bereich wird in den letzten Jahren zunehmend geprägt durch die Frage nach der Qualität der durchgeführten Unterstützungs- und Fördermaßnahmen und durch die Suche nach Verbesserungen institutioneller Abläufe. Als Folge dessen sind in den letzten Jahren die Begriffe Qualitätssicherung, Qualitätsentwicklung und Qualitätsmanagement verstärkt in die (fach-)öffentliche Diskussion hineingetragen worden. Auch für die Anbieter psychomotorischer Fördermaßnahmen besteht zunehmend die Notwendigkeit, die Effekte ihrer angebotenen Leistungen – im Einzelfall wie insgesamt – zu dokumentieren und eindeutig nachzuweisen.

Deshalb werden in diesem Kapitel mögliche Effekte der psychomotorischen Förderung dargelegt und nachweisbare bzw. denkbare Einflussfaktoren vorgestellt. Diese Kenntnisse können zu einer realistischen Einschätzung der eigenen Arbeit beitragen.

Um eine umfassende Situations- und Ursachenanalyse vornehmen zu können, müssen mehrere Aspekte berücksichtigt werden (vgl. Klein/Knab, 2004, S. 73):

- Die erzielten Ergebnisse müssen überprüft werden (Ergebnisqualität).
- Die konkrete Umsetzung bzw. Ausgestaltung der Maßnahmen selbst muss bewertet werden (Prozessqualität).

- Einrichtungsinterne Abläufe und strukturelle Rahmenbedingungen müssen auf den Prüfstand gestellt werden (Strukturqualität).

Zu Anfang soll ein Verfahren vorgestellt werden, welches die genannten Qualitäten berücksichtigt und speziell zur Wirksamkeitsüberprüfung in der Psychomotorik entwickelt wurde: Qualitätssicherung durch SPES.

Unter Federführung der Katholischen Fachhochschule Mainz und des Instituts für Kinder- und Jugendhilfe (Mainz) wird in Zusammenarbeit mit Verbänden der Psychomotorik seit 2004 eine Evaluationsstudie durchgeführt, welche die Wirksamkeit psychomotorischer Maßnahmen belegen soll. Mit dem »System Psychomotorischer Effekte-Sicherung« (SPES) wird ein Dokumentationssystem für Prozess-, Struktur- und Ergebnisqualität vorgelegt, das als ein effizientes Verfahren zur Qualitätsentwicklung auf dem Gebiet der psychomotorischen Förderung und Therapie von Kindern und Jugendlichen bezeichnet wird. Mit diesem Verfahren können die Verläufe psychomotorischer Interventionen in den Arbeitsfeldern private Praxen, Fördervereine, Kinder- und Jugendhilfe sowie klinisch-therapeutische Einrichtungen dokumentiert und analysiert werden.

Dies geschieht zu Beginn, im Verlauf und zum Ende einer Maßnahme mit speziell dafür entwickelten Erhebungsbögen. Dadurch besteht die Möglichkeit, Entwicklungen zu erkennen und Veränderungen sowohl der Problemlage als auch der Ressourcen des Kindes oder Jugendlichen zu dokumentieren. SPES kann dem Praktiker somit Informationen über Stärken und Schwächen der Klientel psychomotorischer Interventionen liefern. Es wird eine strukturierte Einzelfalldokumentation ermöglicht. Darüber hinaus besteht die Gelegenheit, den Einfluss struktureller Rahmenbedingungen auf Interventionsverläufe in den jeweiligen Einrichtungen zu analysieren.

Das Verfahren dient dazu, Abläufe und Prozesse zu beleuchten, etwa durch folgende Fragestellungen: Welche Inhalte werden in welchem Umfang angeboten? Wo werden Schwerpunkte gesetzt? Wie gut kooperieren Psychomotoriker und Kind? In welchem Umfang werden die Eltern mit einbezogen? Es sollen die durch psychomotorische Förderung erzielten Effekte erkennbar gemacht und dokumentiert werden: Welche Erfolge – aber auch Misserfolge – sind zu verzeichnen? In welchem Ausmaß können gesteckte Ziele erreicht werden? Daneben liefert die Analyse der erhobenen Daten zusätzlich fundierte Erkenntnisse über die Wirkfaktoren dieser Ergebnisse: Welche Inhalte wirken besonders gut? Wann können die größten Erfolge erzielt werden? Welchen Einfluss hat die Beziehung zwischen Psychomotorikerin und Kind?

Alle erhobenen Daten werden im Institut für Kinder- und Jugendhilfe Mainz (IKJ) in einer einrichtungsübergreifenden Datenbank zusammengeführt. Die Auswertung der Daten auf unterschiedlichen Ebenen – Einzelfallebene, Einrichtungsebene – wird regelmäßig an die Teilnehmer zurückgemeldet. Die Daten können zur Evaluation der täglichen Arbeit wie auch als Basis zur Qualitätsentwicklung innerhalb der eigenen Einrichtung dienen.

Erste Ergebnisse sind inzwischen vorgestellt worden. In einer Zwischenauswertung von 47 Psychomotorikern aus 15 Einrichtungen werden erste Hinweise auf Besonderheiten der Teilnehmer und der Prozess- und Ergebnisqualität psychomotorischer Interventionen abgeleitet (Klein/Knab/Fischer, 2005).

Die bei Beginn der Förderung erfassten Problemlagen zeigen eine Vielfalt unterschiedlicher Probleme, z. B. Aufmerksamkeits- und Konzentrationsstörungen mit motorischer Unruhe (ca. 45 %), Entwicklungsstörungen im grobmotorischen Bereich (ca. 43 %), im feinmotorischen Bereich (ca. 40 %), Entwicklungsstörungen in der Wahrnehmungsverarbeitung, Körperschemastörung (ca. 35 %).

Was bisher aus der Praxis häufig berichtet wurde, kann auch hier bestätigt werden: Selbstkonzept bzw. Selbstsicherheit weisen erhebliche Entwicklungsrückstände auf. Deshalb wird der Aufbau von Selbstwertgefühl oder Selbstbewusstsein als das mit Abstand wichtigste Ziel der psychomotorischen Fördermaßnahmen betrachtet (ca. 41 %), gefolgt vom Abbau von Körperschemastörungen (ca. 22 %), sozialer Ängstlichkeit, Unsicherheit (ca. 21 %).

Es wird weiter von einer insgesamt sehr guten Kooperation zwischen Kind und Psychomotoriker berichtet. Die persönliche Beziehung und die Mitarbeit bzw. Motivation des Kindes werden weitestgehend als gut bzw. sehr gut bewertet (84 bzw. 77 %).

> »Insofern erscheinen ein gelungener Beziehungsaufbau zum Kind sowie eine kindgerechte Auswahl von Themen und Inhalten bei der Stundenplanung und -durchführung als besonders wichtige Aufgaben im Rahmen einer psychomotorischen Förderung bzw. Therapie.« (Klein/Knab/Fischer, 2005, S. 65).

Fischer (2011) sieht auf der Grundlage einer SPES-Datenauswertung in der psychomotorischen Entwicklungsförderung einen wirkungsvollen Beitrag zum System der Frühförderung. Ausgewählte Ergebnisse zur Wirksamkeit und Qualitätsentwicklung der psychomotorischen Frühförderung zeigten insgesamt eindeutige Erfolge. Die Problemlage und Defizite konnten in der Anzahl und im Schweregrad der Symptombelastung signifikant reduziert werden. Nachweisbar waren Verbesserungen der Fähigkeiten im psychomotorischen und psychosozialen Bereich. »Diese positiven Veränderungen basieren dabei nicht auf Verbesserungen nur einzelner Kompetenzen und Fähigkeiten des Kindes – etwa im rein motorischen Bereich –, sondern auf Zuwächsen in allen Ressourcen-Dimensionen« (Fischer, 2011, S. 13).

Aufbauend auf den Erfahrungen dieses Verfahrens, das sich grundsätzlich an Psychomotorikerinnen in Arbeitsfeldern für Kinder und Jugendliche richtet, entwickelte sich in den folgenden Jahren die Idee, auch für das noch junge, aber zunehmend an Bedeutung gewinnende psychomotorische Arbeitsfeld Senioren bzw. alte Menschen ein ähnliches Instrumentarium zu erarbeiten, mit dem die psychomotorische Arbeit umfassend dokumentiert und valide evaluiert werden kann (Knab u. a., in: Krus, 2012, S. 145).

Primäre Zielstellung des von der Universität zu Köln geförderten einjährigen Forschungsvorhabens war die Entwicklung eines wissenschaftlich fundierten Dokumentationssytems, mit dessen Hilfe umfassende praxisrelevante Informationen über psychomotorische Fördermaßnahmen für älteren Menschen valide erhoben und statistisch auf Effekte und Wirkfaktoren hin analysiert werden können. Als Medium zur Datenerhebung wurden Fragebögen ausgewählt, um in einer evtl.

späteren Untersuchung mit Hilfe des Instrumentariums eine möglichst große Zahl an Einrichtungen und damit an zu untersuchenden Fällen akquirieren zu können.

Das erarbeitete Erhebungsinstrumentarium besteht aus fünf verschiedenen Fragebögen, die zu unterschiedlichen Zeitpunkten im Verlauf einer Fördermaßnahme zum Einsatz kommen (können).

Exemplarische Ergebnisse zur Wirksamkeit

Wie unter dem Kapitel zur Geschichte des Psychomotorik bereits erwähnt, wurden zwar bereits seit Mitte der 1950er Jahre immer wieder Versuche unternommen, spezifische Wirkungen psychomotorischer Förderung zu belegen bzw. zu analysieren. Die Zahl der insgesamt durchgeführten Untersuchungen auf diesem Gebiet ist allerdings bis zum heutigen Zeitpunkt relativ gering, und deren Ergebnisse sind nicht immer eindeutig bzw. teilweise widersprüchlich.

Kiphard (vgl. 2004, S. 41) fasst die Ergebnisse verschiedener Effizienzkontrollen zusammen, die folgende positive Veränderungen durch psychomotorische Förderung belegen können:

- Anstieg der Körper- und Bewegungsbeherrschung,
- Verbesserung und Stabilisierung des Selbstwertgefühls,
- Anstieg des Aktivitätsniveaus und der Handlungsbereitschaft,
- Erhöhung der Motivation, Neugier und Begeisterungsfähigkeit,
- Verbesserung der Aufmerksamkeitsspanne und Konzentration,
- Verbesserung der Handlungs- und Verhaltenskontrolle,
- Erhöhung der sozialen Interaktion und Kommunikation.

Als Erklärung für die Fördereffekte können folgende Faktoren betrachtet werden (vgl. Eggert/Reichenbach, 2004, S. 102):

- Einbezug des Kindes und Orientierung am Kind,
- positive Beziehungsarbeit und -gestaltung,
- Kommunikation als wesentliches Element der Förderung bei der Vermittlung von Inhalten, zur Bestätigung bzw. Rückmeldung an das Kind, zum gegenseitigen Austausch von Absichten, Gefühlen, Stimmungen,
- Empathie, Echtheit, Achtung gegenüber dem Kind,
- Transparenz des Vorgehens,
- Flexibilität im Sinne der Bedürfnisorientierung,
- konstante Reflexion des Verhaltens, Könnens, Vorgehens.

Einige Ergebnisse zur Wirksamkeit sollen hier exemplarisch kurz vorgestellt werden.

Dabei wird die Bedeutung der Psychomotorik besonders häufig für die Arbeit mit Kindern im Kindergarten untersucht und bewertet. Die Ergebnisse einer Studie von U. Beckmann, E. Bollmeyer, D. Eggert (2003, S. 13) belegen deutlich, dass durch eine psychomotorische Förderung im Vorschulalter die Gesamtpersönlichkeit der Kinder positiv beeinflusst werden kann. Sie könne als eine gezielte und effektive Methode betrachtet werden, die Entwicklung der Kinder, insbesondere in einer Vorschule, zu fördern.

In einer Längsschnittuntersuchung in elf Modellkindergärten über zwei Jahre (vgl. Krombholz, 2004) konnte nachgewiesen werden, dass durch ein zusätzliches Bewegungsangebot die motorischen Fähigkeiten der Kinder verbessert werden konnten. Sie erreichten bessere Leistungen als die Kinder in den elf Kontrollkindergärten. Auswirkungen auf die gemessenen kognitiven Leistungen konnten nicht nachgewiesen werden. Die beteiligten Erzieherinnen berichteten dennoch von positiven Auswirkungen auf das Sozialverhalten der Kinder.

Majewski (2012) berichtet von der Untersuchung an der Universität Konstanz im Jahre 2007. Kindergartenkinder aus drei Kindergärten in Konstanz absolvierten in sechs Gruppen täglich eine Stunde lang ein spezielles Bewegungsprogramm. Untersucht wurde, ob sich eine über einen längeren Zeitraum angelegte, gezielt und täglich durchgeführte Förderung der koordinativen Fähigkeiten, insbesondere der Gleichgewichtsfähigkeit, positiv auf die kognitive Entwicklung auswirkt. Es konnte ein signifikanter Unterschied zwischen der Interventions- und der Kontrollgruppe festgestellt werden. Die Kinder in der Interventionsgruppe sind durch die Bewegungsförderung motorisch ruhiger geworden, ließen sich weniger leicht ablenken. Sie konnten sich besser konzentrieren und gaben auch bei etwaigen Schwierigkeiten nicht so schnell auf.

> »Die sozial-emotionalen Kompetenzen wurden verstärkt, oppositionell-aggressives Verhalten und emotionale Auffälligkeiten reduziert. Diese Studie belegt, dass eine motorische Bewegungsförderung eine positive Auswirkung auf die kognitiven Fähigkeiten hat.« (Majewski, 2012, S. 31)

Eine Sichtung von fast 200 Studien durch Dordel/Breithecker (2004) gibt ein eher uneinheitliches Bild zur Wirkung von körperlicher Leistungsfähigkeit und Training auf kognitive Funktionen insgesamt und dokumentiert eher einen nur geringen Einfluss. Auch wenn die Einflüsse auf kognitive Funktionen nicht sicher nachzuweisen sind, stellt sich doch häufig im Zusammenhang mit einer gezielten motorischen Förderung eine Steigerung des Schulerfolgs ein. Dieses kann mit folgenden Bedingungen begründet werden (vgl. Dordel/Breithecker, 2004, S. 51): eine größere Schulzufriedenheit, eine erhöhte Leistungsbereitschaft im Zusammenhang mit einem gestärkten Selbstwertgefühl, eine größere Frustrationstoleranz, eine bessere Integration in die Gleichaltrigengruppe aufgrund zunehmender Sicherheit im Sozialverhalten. Eltern und Lehrer unterstützen mit einer positiven Einstellung die Leistungsmotivation.

Zimmer (2010) stellt die Ergebnisse einer Studie zur Untersuchung der Wirksamkeit einer bewegungsorientierten Sprachförderung vor. Die Auswertung der gewonnenen Daten gibt deutliche Hinweise darauf, dass die Kinder von dem Konzept »Sprachförderung durch Bewegung« profitieren. Sie verbesserten sich im Vergleich zur Kontrollgruppe deutlich in ihrem Motorikquotient (als Maß für den motorischen Entwicklungsstand) und im Phonologischen Arbeitsgedächtnis für Nichtwörter (als ein Maß für Sprachentwicklung).

»Insgesamt können die Befunde als Hinweis auf die Wirksamkeit bewegungsorientierter Sprachförderung gedeutet werden. Gestützt wird diese Annahme durch die im Rahmen der abschließenden Evaluation erfragte Bewertung des Programms durch die beteiligten Erzieherinnen.« (Zimmer, 2010, S. 107)

Ergebnisse einer (Vor-)Studie in der Schweiz beschreiben eine positive Wirkung der Psychomotorik auf die Entwicklung sozio-emotionaler Kompetenzen. Es handelte sich um eine Vorstudie, welche im Rahmen eines aktuellen, größer angelegten Forschungsvorhabens zur Bedeutung und Wirksamkeit der Psychomotoriktherapie im schulischen Setting an der Hochschule für Heilpädagogik in Zürich durchgeführt wurde.

In dem Forschungsvorhaben wurden bei Kindern im Alter von fünf bis neun Jahren während einer Phase von fünf bis sechs Monaten in einer Psychomotoriktherapie (2010/2011) die sozialen und emotionalen Kompetenzen in vier Dimensionen erfasst: Emotionen erkennen, Emotionen regulieren, soziale Situationen erkennen und sozial kompetent handeln. Ergänzende Fremdeinschätzungen wurden durch Lehrpersonen eingeholt.

Die Auswertung ergab, »dass die Kinder, die eine Psychomotoriktherapie über einen Zeitraum von fünf bis sechs Monaten besuchten, eine deutliche Verbesserung ihrer sozio-emotionalen Kompetenzen aufwiesen« (Amft u. a., 2013, S. 137). Kinder zeigten signifikante Zugewinne in ihrer Fähigkeit, Emotionen zu erkennen und Emotionen zu regulieren, im Verständnis sozialer Situationen und in ihrer Fähigkeit zu sozialer Kompetenz. Die Autoren schränken ein, dass diese Aussage nicht für jedes einzelne Kind zutrifft, die Kinder in unterschiedlichem Maße von der psychomotorischen Intervention profitieren, einzelne Kinder sich auch im Verhalten verschlechterten.

Wirksamkeit aus Sicht der verordnenden Ärzte: Im Jahre 2001 wurden über den Berufsverband der MotopädInnen Ärzte befragt, wie sie die Wirksamkeit der Leistungen einschätzen. Die Rückmeldung erfolgte in anonymisierter Form an die Geschäftsstelle des Berufsverbandes. An der Befragung beteiligten sich 65 Fachärzte sowie neun Fachkliniken aus neun Bundesländern, ca. 1150 Fälle wurden dokumentiert und ausgewertet. Insgesamt bestätigte das Ergebnis der Befragung den Motopäden hervorragende Erfolge bei der Förderung und Behandlung von Patienten mit den betreffenden Indikationen. In über 96 % aller dokumentierten Fälle wird die Behandlung als erfolgreich bewertet. In über 75 % aller Fälle wird die Behandlung sogar als »gut« (46,4 %) oder »sehr gut« (28,6 %) eingestuft. Nur in 3,5 % aller Fälle wird das Behandlungsergebnis mit »unbefriedigend« bewertet (vgl. Biskup u. a., 2004, S. 223 f.).

Effekte aus Sicht der Eltern: In einer Studie mit ca. 190 Kindern im Alter von 2 bis 13 Jahren (vgl. Panten, 2005) wurden durch eine Fragebogenuntersuchung mögliche Behandlungserfolge nach ambulanter psychomotorischer Förderung aus (subjektiver) Sicht der Eltern eingeschätzt und teilweise mithilfe (objektiver) motometrischer Verfahren verglichen. Die Ergebnisse belegen die positiven, wenn auch unspezifischen Effekte einer psychomotorischen Förderung auf verschiedene Persönlichkeitsbereiche (vgl. Panten, 2005, S. 6). Eltern sehen beispielsweise eine Verbesserung bzw. deutliche Verbesserung der Grobmotorik/Bewegungskoordination (ca. 95 %), einen Anstieg der Aktivität und Bewegungsfreude (ca. 88 %), des Selbstvertrauens und der Selbstständigkeit (ca. 90 %), eine Verbesserung der Feinmotorik (ca. 85 %), häufigeres Zugehen auf andere Kinder und vermehrte Spielkontakte (ca. 72 %) sowie ein ausgeglicheneres emotionales Verhalten (ca. 70 %).

Die motometrischen Verfahren der Effektivitätsstudie belegen qualitative und quantitative Entwicklungsfortschritte im Bereich der Körperkoordinationsfähigkeit und bestätigen die Einschätzung der Eltern insbesondere im Bereich der koordinativen Kompetenzen. Diese Verbesserung kann sich unmittelbar aktivierend und motivierend auf die allgemeine Handlungsbereitschaft (Bewegungsfreude) auswirken und damit Persönlichkeitsmerkmale wie Selbstbewusstsein und Selbstständigkeit positiv beeinflussen.

Kritisch wird aber auch vom Autor hinterfragt, ob die positiven Einschätzungen ausschließlich in den Inhalten der Psychomotorik begründet sind oder ob nicht auch andere Einflüsse zum Tragen kommen können, wie z. B. die Atmosphäre, die Gruppengröße, die Persönlichkeit des Gruppenleiters oder die Beteiligung der Eltern.

Auch für das hohe Alter wird auf die große Bedeutung von Bewegungserfahrungen immer wieder hingewiesen. Es ist auch wohl unbestritten, dass motorische Lern- und Leistungsfähigkeiten bis ins hohe Alter hinein erhalten bleiben können. Doch nicht nur motorische Effekte lassen sich bis in hohe Altersbereiche hinein erzielen, sondern auch die kognitive Leistungsfähigkeit sowie die allgemeine Gesundheit und individuelle Selbstständigkeit lassen sich durch gezielte bewegungsorientierte Interventionen positiv beeinflussen: Im Rahmen der Studie »Selbständigkeit im Alter (SimA)« der Universität Erlangen-Nürnberg konnten mit Hilfe eines kombinierten Psychomotorik- und Gedächtnistrainings statistisch signifikante Verbesserungen in den Bereichen kognitive Leistung, Selbstständigkeit, Gesundheit sowie demenzielle Symptomatik erreicht werden (Oswald, 2005, S. 34 ff.).

Und auch weitere Ergebnisse bestätigen, dass präventive Maßnahmen den Verlauf von demenziellen Erkrankungen derart beeinflussen können, dass ihre Folgen abgemildert werden können. Zu diesen präventiven Maßnahmen gehören auch Angebote aus dem Bereich der Psychomotorik. Im Verlauf von Untersuchungen wurden Teilnehmern regelmäßig Psychomotorik und Gedächtnistraining angeboten. Im Vergleich zur Kontrollgruppe zeigte sich, dass altersbedingte Veränderungen deutlich weniger ausgeprägt waren (vgl. Ackermann/Oswald, 2008, S. 130 f.).

Zusammenfassend kann durch zahlreiche Untersuchungen die Erkenntnis bestätigt werden, dass die Wirkung der Psychomotorik auf die allgemeine Persönlichkeitsentwicklung durchaus erkennbar ist, ein exakter Nachweis auf spezifische Persönlichkeitsbereiche sich aber zurzeit noch als recht uneinheitlich darstellt. Wie bei vielen anderen therapeutischen Maßnahmen liegt die Wirksamkeit der Psychomotorik auch immer nur innerhalb klar umrissener Grenzen. Es wird dann – etwa aus systemischer Sichtweise – die Frage aufzuwerfen sein, ob überhaupt eine wirklich bedeutsame Hilfe gegeben werden kann, solange sich nicht an der familiären und gesellschaftlichen Situation der betroffenen Kinder und Jugendlichen etwas ändert. Als Antwort auf diese Einwände kann die Einbeziehung der Familien und anderen Bezugspersonen in die psychomotorische Arbeit als notwendig angesehen werden, oder es kann der Einsatz für eine kinder- und bewegungsfreundliche Umwelt gefordert werden.

Mit diesem Hinweis wird eine Überleitung auf das nächste Kapitel ermöglicht. Denn seit der Entstehung der Psychomotorik haben sich ihre Anwendungsgebiete, Lerninhalte und Schwerpunktsetzungen erweitert. In der Zwischenzeit gibt es nicht mehr *die* Psychomotorik. Mit der Verbreitung der psychomotorischen Gedanken bildeten sich auch unterschiedliche konzeptionelle Ansätze heraus, die im folgenden Kapitel beleuchtet werden.

3 Ansätze der Psychomotorik

Sie erhalten in diesem Kapitel Kenntnisse und Informationen über verschiedene Richtungen und Ansätze der Psychomotorik. Alle verfolgen zwar eine ganzheitliche Förderung von Menschen – meist mit Entwicklungsdefiziten, Verhaltensproblemen oder Behinderungen –, haben aber doch verschiedene handlungsleitende Vorstellungen. Wesentliche Sichtweisen sollen Sie in Grundzügen kennenlernen. Das soll Ihnen Hilfen geben bei der Entscheidung für geeignete Vorgehensweisen in ihrem heilpädagogischen Tätigkeitsfeld und für ihre jeweiligen Aufgabenstellungen.

3.1 Übersicht

Wie erwähnt, wurde die psychomotorische Übungsbehandlung im Laufe der Zeit konzeptionell und terminologisch neu ausgerichtet. Die theoretische Basis dafür bildete die Motologie, d. h. die Wissenschaft der menschlichen Bewegung, daraus abgeleitet wurden motologische Arbeitsfelder wie die Motodiagnostik, die Motopädagogik bzw. die Mototherapie und entsprechende Berufsfelder.

Mittlerweile sind verschiedene Ausrichtungen psychomotorischer Konzepte im Spannungsfeld von Therapie und Pädagogik entstanden. Manche Ansätze bauen aufeinander auf oder beziehen sich auf gleiche Entwicklungstheorien, andere sind aus kritischen Abgrenzungsprozessen entstanden. Sie dienen alle der breiten wissenschaftlichen Fundierung der Psychomotorik und liefern durch ihre unterschiedlichen Blickwinkel verschiedene Erklärungs- und Reflexionsmöglichkeiten der vielfältigen psychomotorischen Praxis. Zudem bieten sie wichtige Anhaltspunkte für den Psychomotoriker, um sich für bestimmte diagnostische Situationen zu entscheiden und vielfältige Förderprozesse zu entwickeln.

Auf das zugrunde liegende Menschenbild des Humanismus in der Heilpädagogik wurde bereits im ersten Kapitel eingegangen. Es bildet auch eine gemeinsame Leitidee der Psychomotorik. Deshalb sollen an dieser Stelle, bevor die Unterschiede thematisiert werden, die Grundgedanken zu diesem Menschenbild wiederholend zusammengefasst bzw. um einige Aussagen ergänzt werden.

Humanistisch sein und denken ist eine Haltung, eine Art zu leben, in deren Mittelpunkt menschliche Werte stehen, eine geistige Grundhaltung, die Wert legt auf die Würde und auf den Wert des Menschen, auf Toleranz und auf seine Fähigkeit zur Selbstentwicklung. Die zentralen Grundgedanken dieses Menschenbildes können folgendermaßen zusammengefasst werden: Der Mensch ist bestrebt, sein Leben selbst zu bestimmen (Streben nach Autonomie). Der Mensch ist auf Kontakte mit anderen Menschen angewiesen (Eingebundensein in eine soziale Gemeinschaft). Der Mensch strebt nach Selbstverwirklichung und nach einem sinnvollen und erfüllten Dasein. An jeder Handlung ist immer der ganze Mensch beteiligt (Einheit von Körper – Seele – Geist), der Mensch ist ein handelndes Subjekt, ein biologisches, psychisches und soziales Wesen. »Wer diese Aspekte verinnerlicht, sieht sein Gegenüber vom Blickwinkel seiner Möglichkeiten und Potenziale und lässt sich von den vorhandenen organischen oder Verhaltensmerkmalen nicht irreleiten« (Greving/Ondracek, 2014, S. 284). Allen Ansätzen der psychomotorischen Förderung ist leitend dieses Menschenbild. Psychomotorik ist damit auch eine bestimmte Art, mit Menschen umzugehen, stellt somit gewissermaßen auch eine Lebenseinstellung dar.

Aus der Vielzahl der Ansätze werden in den folgenden Abschnitten fünf Richtungen bzw. Perspektiven ausgewählt, die näher betrachtet werden. Sie sind in gut zugänglicher Weise veröffentlicht, tauchen in den meisten Systematiken und in zahlreichen Veröffentlichungen auf. Und diese Ansätze bieten am ehesten geeignete Ansatzpunkte für die psychomotorisch orientierte Arbeit in der Heilpädagogik.

Es handelt sich um eine kurze und idealtypische Gegenüberstellung verschiedener Sichtweisen und Modelle. Keine der angegebenen Vorstellungen kann Ausschließlichkeitscharakter für sich beanspruchen, verschiedene Sichtweisen können sich in der Praxis auch gut ergänzen (weitergehende Erläuterungen siehe unter Seewald, 1993, Köckenberger/Hammer, 2004, Zimmer, 2006, Fischer, 2009).

3.2 Funktionale Perspektive

In diesen Konzepten der Psychomotorik wird Bewegung als ein Funktionsgeschehen betrachtet. Gewandtheit, Koordination, Rhythmus, Tonusregulation, Kraft oder Ausdauer sind dann beispielsweise Kriterien, die im Mittelpunkt stehen. In diesem Zusammenhang werden Abweichungen von einer »Normentwicklung« als Defizite verstanden, welche ausgeglichen werden müssen. Bestimmte Übungen zur Förderung der Bewegung und der Wahrnehmungsfunktionen bieten sich an, diese Defizite aufzuheben. Damit sollen bestimmte Entwicklungsschritte nachgeholt oder gefestigt werden.

Bei diesen mehr funktionsorientierten Vorstellungen, z. B. bei der Psychomotorischen Übungsbehandlung (nach Kiphard) gilt Bewegung als ein komplexes Steuerungsgeschehen, als ein mehr oder weniger gut koordiniertes, neurophysiologisch gesteuertes Geschehen, das durch Übung verbessert werden kann. Aufgabe der Fachkraft ist es, auf Grundlage einer Diagnose symptomorientierte Förderprogramme aufzustellen, z. B. Koordinations- oder Gleichgewichtsschulung. Es werden Rückstände oder Abweichungen in der Entwicklung festgestellt, die durch geeignete Übungsangebote abgebaut werden sollen. Dazu stellt die Psychomotorik ein reichhaltiges Übungsgut zur Verfügung.

Haupttätigkeit des Kindes ist das Üben. Die festgestellten Auffälligkeiten werden durch gezielte Übungsangebote behandelt. Der Erwachsene gilt als Anleiter und Initiator einer Spiel- und Förderidee, Raum und Situationen sind vorgegeben, der Erwachsene leitet die Kinder an. Der Erwachsene unterstützt das Kind in der Entwicklung seiner motorischen, sensorischen und kognitiven Fähigkeiten. Der Heilpädagoge oder Übungsleiter gibt die Übungen vor, formuliert das Ziel und kontrolliert den Prozess. Dies bedeutet ein großes Maß an Handlungssicherheit. Auch kann man einigermaßen sicher sagen, wann die Förderung nötig und wann sie zu beenden ist.

Als Stärke kann somit angesehen werden, dass die klare Struktur hinsichtlich Methoden, Rollenverteilung und Diagnostik dem Übungsleiter die praktische Arbeit erleichtert. Für Berufsanfänger ermöglicht dies eine leichte Orientierung und größere Handlungssicherheit. Ein Problem besteht vor allem aber darin, dass der Mensch nicht konsequent ganzheitlich betrachtet und die emotionale Ebene kaum beachtet wird. Als Nachteil dieser Sichtweise kann kritisiert werden, dass die Geschichte des Kindes mit seinen vielfältigen Bezügen ausgeblendet und damit von seinen Bewegungen abgespalten wird. Dem Kind bleibt wenig Spielraum, sich selbst mit seinen Gefühlen und Bedürfnissen zu äußern. Der Übungsprozess wird weniger als ein dialogisches Geschehen betrachtet. Das Kind wird an seinem »wunden Punkt« getroffen, was Auswirkungen auf sein Selbstwertgefühl und seine Motivation haben kann. Solche Zusammenhänge werden zu wenig beachtet.

Für den Schwerpunkt Bewegung kann für diese Perspektive die Psychomotorische Übungsbehandlung (nach Kiphard) angegeben werden. Sie prägt in mancher Hinsicht die Psychomotorik bis in die aktuellen Ansätze hinein und ist auch heute, obwohl der Begriff kaum noch benutzt wird, keineswegs überholt.

Das Hauptanliegen der Förderung wird in der Unterstützung der Gesamtpersönlichkeitsentwicklung gesehen; es geht um Hilfen zur Entfaltung individueller Handlungsmöglichkeiten und um die Befähigung zur Lösung motorischer und sozialer Aufgaben. Dabei gilt es, Wachstums- und Entwicklungshindernisse zu erkennen.

Die Schwäche der Psychomotorischen Übungsbehandlung wird darin gesehen, dass Kinder zu viel angeleitet und zu wenig zu eigenen Sinnfindungen angeregt werden. Sind sie nicht begeisterungsfähig und fehlt ihnen der Sinn fürs motorische Lernen und Üben, so werde dieser Übungsansatz schnell hilflos.

Die Einschätzung der Psychomotorischen Übungsbehandlung ist aber auch unterschiedlich. Für viele Autoren erwecken die einzelnen Übungen den Eindruck, als würden die Kinder vor allem angeleitet und zu bestimmten Bewegungsaufgaben aufgefordert werden: Wir üben das Prellen des Balles gegen den Boden. Welcher Ball fliegt am höchsten? Wer kann den Luftballon mehrmals hochstoßen?

Im Rahmen seiner Hinweise auf die methodisch-didaktischen Prinzipien einer psychomotorischen Lehrweise stellt Kiphard jedoch Selbsttätigkeit, Kreativität und Selbststeuerung als wesentliche Prinzipien jeder psychomotorischen Förderung heraus. Und Zimmer betont: »Kiphard wendet sich ausdrücklich gegen ein Funktionstraining, das er als nicht kindgemäß und nicht vereinbar mit der ganzheitlichen Auffassung der psychomotorischen Arbeitsweise hält« (Zimmer, 2006, S. 39).

Für den Schwerpunkt Wahrnehmung ist unter dieser Sichtweise die Sensorische Integrationsbehandlung (nach J. Ayres) zu nennen. Ursprünglich hatte die Sensorische Integrationsbehandlung, die Mitte der 1970er Jahre in den USA von J. Ayres begründet worden ist, keine Verbindung zur psychomotorischen Ansatzlandschaft. J. Ayres war Beschäftigungstherapeutin und Entwicklungspsychologin. Sie entwickelte eine Therapie, die auf der Anregung der Sinnessysteme und den körperlichen Reaktionen auf diese Stimulation aufgebaut ist (vgl. Ayres, 2002). Sie stellte fest, dass nicht die sichtbaren Probleme wie z. B. mangelnde Aufmerksamkeit oder schlechte Koordination die eigentlichen Probleme waren. Ayres war überzeugt, dass die Ursachen in den Zusammenhängen der neurologischen Wahrnehmungsverarbeitung zu finden seien.

Der neurophysiologische Zugang dieses Ansatzes hat in den letzten Jahren für die Psychomotorik zunehmend an Bedeutung gewonnen. Er macht uns bewusst, dass zur Bewegungssteuerung komplexe Integrationsprozesse auf verschiedenen Ebenen des Nervensystems erfolgen müssen.

Neurophysiologische Überlegungen zur Funktionsweise des Zentralnervensystems und die Bedeutung der Wahrnehmung führen hier zu einer Theorie über die Entstehung und Behandlung von Lern- und Verhaltensstörungen. Der enge Zusammenhang zwischen motorischen und sensorischen Systemen spielt eine wichtige Rolle. Störungen werden als Folge einer unzulänglichen Verarbeitung von Sinneseindrücken im Gehirn gesehen. Besondere Bedeutung wird in der Sensorischen Integrationsbehandlung (SIB) den körpernahen Sinnen beigemessen.

Kein anderer Ansatz erzeugt eine solche Genauigkeit der Beobachtung hinsichtlich der Kontaktaufnahme bzw. Vermeidung zu Untergründen, Räumen und Materialien. Besonders elementare Orientierungs- und Spürformen zum Boden und zur Schwerkraft durch die körperbezogenen Sinne stellen eine Ergänzung und Erweiterung der psychomotorischen Beobachtung anderer Ansätze dar.

»Durch diesen Primat hat der SIB-Ansatz einen großen Fundus an Praxissituationen entwickelt, die sehr elementar körperbezogen wirken und die aus dem Spektrum psychomotorischer Erfahrungssituationen nicht mehr wegzudenken sind. Betont die ›klassische Psychomotorik‹ eher den Bewegungspol, so liegt der Schwerpunkt des SIB-Ansatzes ergänzend eher auf dem Körperpol.« (Seewald, 1997, S. 6)

In der Förderung werden dem Kind verschiedene Materialien zur Verfügung gestellt. Diese sprechen vor allem die körpernahen Sinne an. Verschiedene Schaukeln dienen beispielsweise der Stimulation des Gleichgewichtssystems, Cremes oder Rasierschaum bieten Anreize zur taktilen Stimulation, und Sandsäcke oder Knete eignen sich zur propriozeptiven Stimulation. In Spielsituationen eingebaut kann das Kind die seinen Bedürfnissen entsprechenden Reize und Stimulationen suchen, erleben und ausleben, um somit seine basalen sensomotorischen Fähigkeiten auszubauen.

»Je nach therapeutischer Umsetzung kann die praktische Durchführung als ein funktionales Training gestaltet werden, indem dem Kind gezielte Reize (Inputs) in wiederholender Form gegeben werden, die jedoch teilweise an den Schwächen des Kindes ansetzen.« (Leyendecker, 2005, S. 198)

Da diese Basissinne für eine Bewegungssteuerung eine bedeutsame Funktion haben, hat dieser Ansatz einen hohen Bekanntheitsgrad unter Heilpädagogen und Psychomotorikern erlangt. Auch sind häufig Kinder mit Wahrnehmungsstörungen in den Heilpädagogik- und/oder Psychomotorik-Fördergruppen zu finden. Im deutschsprachigen Raum fand der Ansatz deshalb große Verbreitung und wurde von unterschiedlichen Fachdisziplinen aufgenommen und weiterentwickelt (z. B. Kepser/Hottinger, 1992).

Der Ansatz der sensorischen Integration ist geprägt durch eine medizinisch-funktionale Sichtweise. Begriffe wie Störung oder Behandlung werden selbstverständlich verwendet. Die Sichtweise reduziert den Menschen auf seine funktionierenden oder nicht funktionierenden Nervenzellen und Synapsen. Aus psychomotorischer Sicht ist dies kritisch zu sehen, da bei einem Funktionstraining für die Sinne Beziehungsaspekte und die emotionale Seite nicht berücksichtigt werden. Wünsche, Ängste, Hoffnungen werden durch diese Sichtweise nur indirekt erfasst. Es besteht die Gefahr, das Verhalten des Kindes als eine Funktion seiner Sinnesintegration zu betrachten. Das familiäre Umfeld, individuelle Erfahrungen und Erlebnisse des Kindes werden dann außer Acht gelassen.

Auch unter dem Einfluss der umfassenderen Entwicklungsorientierung und der Nähe zur Psychomotorik haben die Weiterentwicklungen dieses Ansatzes deshalb nicht mehr die rein medizinisch-funktionale Sichtweise auf den Menschen. Sie öffneten den Blick, versuchten den Menschen als Ganzes zu sehen (vgl. Kiesling, 1999). Man löste sich von der Vorstellung der »Fütterung des Gehirns« und verfolgte eher das Ziel, die Selbstheilungsmechanismen der Kinder wieder in Gang kommen zu lassen (vgl. Fischer, 2009, S. 214).

Für die Diagnostik von sensorischen Integrationsstörungen sind spezielle Tests entwickelt worden, z. B. von J. Ayres der SCSIT (Southern California Sensory Integration Test). Diese sind größtenteils nicht für deutsche Verhältnisse standardisiert, und ihr Einsatz ist daher nur eingeschränkt möglich.

Die Gesellschaft für Sensorische Integration Jean Ayres, Deutschland und International e. V. ist zurzeit dabei, einen neuen Wahrnehmungstest, den Sensorischen Integrations-Test (SIT) zu entwickeln. Informationen hierzu unter: www.gsid.de (weitergehende Erläuterungen und Übungsanregungen siehe unter Kapitel 6.5).

3.3 Handlungs- bzw. kompetenzorientierte Sichtweise

Friedhelm Schilling (1981, 1989) kommt der Verdienst zu, den engen Zusammenhang von Bewegung und Handlungsfähigkeit erkannt und theoretisch in der Motologie verankert zu haben. Vielseitige Bewegungs- und Wahrnehmungsmuster stellen eine wichtige Grundlage menschlicher Handlungsfähigkeit dar. Der Mensch wird als Anpassungsorganismus auf innere und äußere Reize gesehen.

Jeder Mensch erwirbt im Laufe seiner Kindheit eine Vielzahl an Wahrnehmungs- und Bewegungsmustern, die sich immer neu kombinieren lassen und auf neue Situationen übertragen werden können. Diese Muster werden deshalb auch als Grundlage der Handlungsfähigkeit angesehen. Ziel ist die Sammlung von Handlungserfahrungen und dadurch ein Erreichen von Handlungsfähigkeit, die sich in einer gelungenen Anpassung an gegebene Bedingungen und neue, ungewohnte Situationen äußert. Demnach können in einer Förderung verschiedene Angebote mit unterschiedlichen Herausforderungen unterbreitet werden, die situationsspezifisch immer wieder neue Anpassungen erfordern. Bewegungsmuster als Instrument der Handlungsfähigkeit sollen generalisiert werden, um sich stets einer verändernden Umwelt anpassen zu können. Durch Problemlöseaufgaben sollen Körper-, Material- und Sozialerfahrungen gesammelt werden können.

Wahrnehmung und Bewegung können somit als Strukturierungsleistung des Individuums verstanden werden. Im Verlauf der Entwicklung müssen Wahrnehmungs- und Bewegungsmuster erworben werden, um sich den immer wieder verändernden Umweltbedingungen anpassen zu können. Diese werden so weit kombiniert und automatisiert, dass sie auf neue Situationen übertragen werden können. Diese Muster sind dann die Basis für die Handlungsfähigkeit.

> »Anpassung ist dabei nicht im moralisch wertenden Sinne gemeint, sondern elementar körperlich. Ein Kind, das einen Mattenberg erklimmt, passt sich dabei dem schwierigen Untergrund an. Und nur, wenn es in der Lage ist, diese Handlung auch auszuführen, kann es autonom entscheiden, ob es diese Handlung überhaupt ausführen will. D. h., die Fähigkeit, Bewegungs- und Wahrnehmungsmuster umweltadäquat zu bilden, ist die Voraussetzung von Handlungsfähigkeit.
>
> Umgekehrt ist ein Kind eingeschränkt handlungsfähig, wenn es nicht über genügend variable Wahrnehmungs- und Bewegungsmuster verfügt.« (Seewald, 1997, S. 5)

Eine nicht ausreichende Bildung von Wahrnehmungs- und Bewegungsmustern kann als Ursache für sekundäre Störungen verstanden werden. Kinder mit Entwicklungsstörungen scheinen zu wenige Wahrnehmungs- und Bewegungsmuster automatisiert zu haben und sie auch nicht flexibel genug einsetzen zu können, um sich an veränderte Umweltgegebenheiten anpassen zu können. Sie sind deshalb nur eingeschränkt handlungsfähig und ziehen sich zurück oder kapseln sich ab.

Die eingeschränkten Handlungsfähigkeiten haben somit Folgen für die Persönlichkeitsentwicklung der Kinder, da die Bewegungsentwicklung in engem Zusammenhang mit der psychischen und sozialen Entwicklung steht.

Schillings Schlussfolgerung war, dass die motorischen Lernfähigkeiten und die Wahrnehmungsfähigkeiten der Kinder gefördert werden müssen. Die Kinder brauchen variationsreiche Situationen, in denen sie (immer wieder die gleichen) motorischen Fähigkeiten ausprobieren können, um vielfältige Erfahrungen zu machen und Sicherheit in der Fertigkeit zu bekommen. Daraus ergibt sich für die Umsetzung, dass besonders das Prinzip der Variation von Bedeutung ist. Je mehr Wahrnehmungs- und Bewegungsmuster ein Kind entwickeln kann, desto größer ist seine Handlungskompetenz. Auf der Grundlage dieser Kernthese erhielt der Ansatz später auch den Namen kompetenztheoretischer Ansatz.

Eine Haupttätigkeit des Kindes ist hier das Experimentieren. Anstelle der »Behandlung« steht mehr ein Anbieten von vielseitigen und anregungsreichen, strukturierten Bewegungsangeboten im Vordergrund. Das Kind muss aus eigenem Antrieb tätig werden, um so die neuen Strukturierungsleistungen in das bestehende Repertoire einbauen zu können. Es kann und soll die Fördersituationen mitbestimmen, Materialien erforschen und ausprobieren und Bewegungsangebote möglichst vielseitig nutzen. Der Übungsleiter schafft anregungsreiche Bewegungs- und Wahrnehmungsumwelten. Um systematisch Erfolgserlebnisse zu vermitteln, sind die Ansatzpunkte der Arbeit deshalb nicht die Schwächen, sondern vielmehr die Stärken und Vorlieben des Kindes. Das Kind kann da beginnen, wo es sich noch als handlungsfähig erlebt. Eine Stärke dieses Ansatzes ist die Eigenaktivität des Kindes. Das Kind wird als aktiver Partner und Akteur gesehen, dessen Bedürfnissen und Gefühlen Raum gegeben wird. Vertreter anderer Konzepte bemängeln, dass die Bedeutung des kindlichen Bewegungsverhaltens verborgen bleibe bzw. als nicht relevant gelte. Die pädagogische bzw. therapeutische Beziehung bleibe unreflektiert.

3.4 Kindzentrierter Ansatz

Etwas selber tun und etwas allein schaffen. Die Wirkung einer Handlung erleben und Verursacher einer Veränderung sein. Das alles sind grundlegende Bedürfnisse und wichtige Erlebnisse für Kinder. Auf diesen Grundannahmen entwickelten Renate Zimmer und Meinhard Volkamer Mitte der 1980er Jahre an der Universität in Osnabrück den kindzentrierten Ansatz. Später wurde er von Renate Zimmer zur kindzentrierten Psychomotorischen Entwicklungsförderung weiter ausgearbeitet.

Nach diesem Ansatz (Volkamer/Zimmer, 1986, Zimmer, 2006) liegt das Hauptproblem bei vielen Kindern in einem negativen Selbstkonzept, d. h. vor allem in dem mangelnden Zutrauen in die eigenen Fähigkeiten und den eigenen Wert. Da das Körperkonzept zentrales Merkmal des Selbstkonzepts ist, soll über geeignete Körper- und Bewegungserfahrungen versucht werden, das (negative) Selbstkonzept umzustrukturieren.

Dabei geht es weniger um eine Verbesserung motorischer Funktionen und den Abbau von Bewegungsbeeinträchtigungen, sondern um eine Veränderung der Selbstwahrnehmung des betroffenen Kindes. Durch eine Stärkung des Selbstwertgefühls soll es in die Lage versetzt werden, selbst an der Bearbeitung seiner Schwächen mit zu arbeiten oder angemessener damit umzugehen. Der Erwachsene begleitet das Kind auf diesem Weg, zeigt ihm Wertschätzung und kommentiert seine Handlungen so, dass die Verstärkung nicht von Lob oder Bewertung, sondern von der Sache selbst ausgeht.

Volkamer und Zimmer gehen davon aus, dass Veränderungen im Selbstkonzept nur eintreten können, wenn der Erfolg einer Tätigkeit nicht als zufallsbedingt, sondern als selbst bewirkt erlebt wird. Wenn das Ergebnis der Handlungen mit der eigenen Anstrengung, dem eigenen Können verbunden werden kann, entsteht ein erstes Konzept der eigenen Fähigkeiten. Diese subjektive Überzeugung, selbst etwas bewirken zu können, gehört zu den wichtigsten Bestandteilen des Selbstkonzepts. Dabei spielen in der Förderung die kindzentrierte und nichtdirektive Haltung des Psychomotorikers eine entscheidende Rolle. Im Mittelpunkt stehen die Schlüsselbegriffe Körpererfahrung, Selbstkonzept und Identitätsentwicklung.

> »Körper- und Bewegungserfahrungen stellen aus dieser Richtung der Psychomotorik für das Kind nicht nur wesentliche Medien der Aneignung der Wirklichkeit dar, sie werden auch als Grundlage seiner Identitätsentwicklung angesehen. Eine wichtige Aufgabe psychomotorischer Förderung besteht dementsprechend darin, zum Aufbau eines positiven Selbstkonzepts beizutragen. Dabei wird insbesondere dem Interaktionsgeschehen zwischen dem Kind und dem Pädagogen Beachtung geschenkt.« (Zimmer, 2006, S. 45)

Es kann unterschieden werden zwischen einer kognitiven und einer bewertenden, affektiven Komponente des Selbstkonzepts. Das Selbstbild beinhaltet das Wissen über sich selbst, z. B. das eigene Aussehen, die Fähigkeiten oder die Stärken, ist also eher kognitiv orientiert. Das Selbstwertgefühl hingegen umfasst die Bewertung der eigenen Person, die Zufriedenheit mit dem eigenen Aussehen oder den eigenen Fähigkeiten, ist also stärker emotional geprägt und für die Bewertung der persönlichen Merkmale zuständig.

Aus diesen Vorstellungen ergeben sich Handlungsweisen und Hinweise zur Rolle des Psychomotorikers oder Heilpädagogen. In der Fördersituation werden Materialien bereitgehalten oder Bewegungsaufbauten vorbereitet, aber die Ausgestaltung und die Spielideen werden durch die Aktivitäten der Kinder bestimmt. Die Handlungsimpulse der Kinder werden aufgenommen, und die Kinder werden ermutigt, herausfordernde Situationen in Angriff zu nehmen, um ihre Handlungskompetenzen zu erweitern. Es entstehen Spielformen und -themen, die von den Kindern gestaltet und bestimmt werden. Durch das nichtdirektive Verhalten der Psychomotorikerin machen die Kinder die Förderung zu ihrer Sache und erleben sich selbst als Verursacher des Geschehens. Dies trägt zur Verbesserung des Selbstwertgefühls der Kinder bei.

Handlungen der Kinder werden durch die Psychomotoriker ohne Wertung verbal begleitet, so wird die Eigenwahrnehmung der Kinder unterstützt. Wichtige Aufgabenstellung ist es, unterschiedliche Schwierigkeitsgrade anzubieten, aus denen die Kinder passende Schwierigkeitsgrade aussuchen können, z. B. in der Bewältigung von Matten (Abb. 3.1).

Wenn sie die Möglichkeit haben, suchen sich Kinder Schwierigkeitsgrade aus, die sie nicht überfordern oder unterfordern. Sie haben ein gutes Gespür dafür, welche Situationen angemessen schwer sind. Sind Aufgaben zu leicht, sind sie langweilig und reizlos. Zu schwere Aufgaben sind demotivierend, wenn auch nach mehreren Versuchen kein Erfolgserlebnis vorhanden ist.

Für Jürgen Seewald (vgl. 1997, S. 7) erscheint hier Bewegung lediglich als ein Medium, wenn auch ein gut geeignetes, um in einen Austausch mit dem Kind zu kommen und es sein Selbstkonzept verändern zu lassen. Prinzipiell sei dadurch Bewegung aber durch andere Medien ersetzbar. Auch Grenzen kindlicher Einsichtsfähigkeit und ausgeprägte Verhaltensstörungen könnten den nichtdirektiven Ansatz vor Probleme stellen.

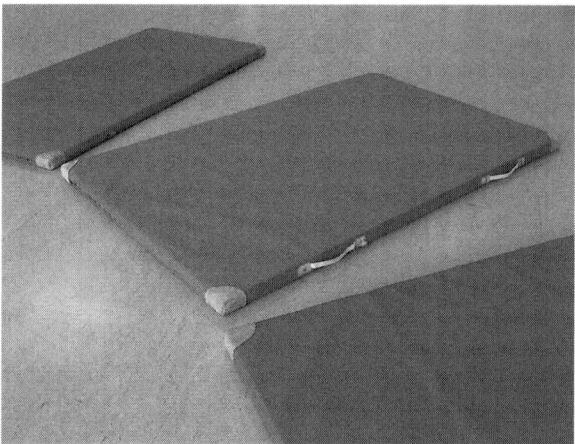

Abb. 3.1: Matten werden so ausgelegt, dass Kinder sie in unterschiedlichen Abständen überwinden können.

3.5 Verstehender Ansatz

Anfang der 1990er Jahre formulierte Jürgen Seewald den Verstehenden Ansatz der Psychomotorik. Verstehen und Verstandenwerden sind wichtige menschliche Grundbedürfnisse und diese Grundbedürfnisse stellt Seewald in seinem Ansatz in den Mittelpunkt. Bewegung wird hier also hauptsächlich von seinem Bedeutungsgehalt her verstanden und betrachtet. Dabei wird angenommen, dass das Kind oder der Erwachsene sich in der Bewegung ausdrückt und mitteilt. Die Bewegungsgeschichte ist Teil der Lebensgeschichte und offenbart dominierende Lebens- und Entwicklungsthemen, die es in der Förderung zu verstehen gilt.

Der Verstehende Ansatz entstand aus der Kritik heraus, dass in den bisherigen Ansätzen das subjektive Erleben zu wenig Beachtung gefunden hat. Die Sinn- und Lebensthemen, die Kinder in Bewegungsäußerungen und Spielen darstellen, konnten mit den bekannten Zugangsweisen nicht bzw. zu wenig erfasst werden.

Seewald (1997) vertritt die Meinung, dass eine vom Kind selbst gestaltete Bewegungsgeschichte dessen Lebensgeschichte und dominierende Lebensthemen zeigt. Bewegungen werden nicht nur als Handlungsabfolgen gesehen, um sich an Umweltgegebenheiten anzupassen. Im verstehenden Modell werden die emotionalen und symbolischen Dimensionen der Bewegung hervorgehoben.

Unterdrückte »innere Wirklichkeit« wird in dem geschützten Rahmen der psychomotorischen Förderung in Geschichten und Szenen ausgedrückt, wodurch Erlebnisse verarbeitet werden. Durch die Verarbeitung der unterdrückten Themen in Bewegungsgeschichten soll sich das Selbstvertrauen des Kindes stärken. Dafür ist es wichtig, dass der Psychomotoriker eine entspannte, vertrauensvolle Atmosphäre schafft, die den Kindern Sicherheit bietet. Dies soll den Kindern helfen, sich zu öffnen. Der Psychomotoriker soll lediglich als Spielpartner zur Verfügung stehen und Vorschläge, die zur Thematik der Kinder passen, unterbreiten.

Verbesserungen der Motorik werden in diesem Ansatz nicht direkt angestrebt, ereignen sich aber sozusagen beiläufig, indem bei Kindern größere Bewegungs- und Experimentierfreude ausgelöst wird.

Bewegung wird hier als Phänomen aufgefasst, mit dem sich das Kind ausdrückt und mitteilt. Das Kind drückt sich über Bewegung und in Geschichten und Szenen aus, die etwas mit seiner eigenen Geschichte zu tun haben. Vertreter des Verstehenden Ansatzes gehen davon aus, dass Kinder uns in ihren Bewegungen, Körperhaltungen, Spielthemen und Geschichten etwas von sich zeigen. Eine Haupttätigkeit des Kindes ist das Inszenieren. In dieser Ausdrucksmöglichkeit wird ein entscheidender Heilfaktor gesehen.

Der Verstehende Ansatz geht davon aus, dass Erlebnisse, die im Leben gemacht werden, nicht verlorengehen, sondern dass sie im Menschen bestehen bleiben und in erweiterten Strukturen aufgehoben werden. Die im Leibgedächtnis verankerten Erfahrungen werden in der praktischen Psychomotorik häufig wiederbelebt, umgespielt, neu inszeniert und auch nachgeholt, oft auch verdeckt.

Der Pädagoge bzw. der Therapeut versucht, den Sinn des Spiels oder der Bewegungshandlung zu verstehen, und in diesem Verstehen der symbolischen Ausdrucksmöglichkeiten liegen die Chancen zur Hilfe. Erforderlich dazu ist das Wissen um symbolische Bedeutungen und den Appellcharakter von Medien, Materialien und Räumen. Gespräche zur Verarbeitung von Erlebnissen haben einen hohen Stellenwert.

Der Sinn ist nicht so schnell zu verstehen und die Bedeutung nicht so schnell zu finden. Das liegt daran, dass sie in unterschiedlichen Symbolisierungsformen und -stufen verborgen liegen. Symbole sind Mittler, um sich etwas vorstellen zu können. Der Sinn bekommt eine Gestalt z. B. in Form von Bildern, Sprache oder Bewegungen. Diese Symbole können auf unterschiedlichen Niveaus liegen.

Der Sinn der psychomotorischen Bewegungs- und Spielsituationen steht nicht von vornherein fest. Er entsteht zwischen dem Kind und dem Psychomotoriker und wird gemeinsam in einem dialogischen Prozess ausgehandelt. Der Übungsleiter ist nicht »wissender« Beobachter, sondern Beteiligter, der in die Situation eingebunden ist, aber wenn nötig auch in die distanzierte Beobachterrolle schlüpfen kann.

Im Mittelpunkt der praktischen Ausbildung steht deshalb eine erweiterte Ausbildung der Praktiker im »Spüren«, die mit viel Zeit und Selbsterfahrung zu tun hat. Reflexionsfragen zu eigenen Befindlichkeiten, zu Gefühlen und Empfindungen sollen helfen, das eigene »Spüren« zu klären. Durch diese Eigen-Erfahrungen ist man besser in der Lage, auch verdeckte Gefühlskonstellationen zu verstehen.

Der Vorteil dieses Ansatzes liegt in der unmittelbaren Berücksichtigung der individuellen Bedeutung kindlicher Handlungen. Sie werden auf ihren Sinn hinterfragt, auch störendes Verhalten kann demnach durchaus seinen Sinn haben. Somit wäre es auch nicht der richtige Weg, Störungen so weit wie möglich durch methodische Tricks aus einer Psychomotorikstunde herauszuholen.

> »Das – scheinbar – störende Verhalten des Kindes wird als ein Weg gesehen, seinen Problemen Ausdruck zu verleihen, als eine Botschaft des Kindes an seine Umwelt. Gelingt es

dem Erwachsenen, diese Botschaft und damit auch das Kind in seinem Lebens- und Verhaltenszusammenhang zu verstehen, kann er Wege finden, die Schwierigkeiten gemeinsam mit ihm aufzuarbeiten.« (Zimmer, 2006, S. 47)

Als Stärke dieses Ansatzes wird somit gesehen, dass zur Erklärung von Entwicklungsbeeinträchtigungen nicht die motorische Ebene im Mittelpunkt steht, sondern die Geschichte des Kindes. Das Verhalten des Kindes wird individuell beschrieben, es geht um qualitative Veränderungen.

Ein Problem dabei ist aber, dass nicht alle Teilnehmer sich symbolhaft ausdrücken können. Zudem kann die Anwendung für Heilpädagogen nicht einfach sein, da es neben umfangreichem Wissen im psychomotorischen Bereich auch fundierter tiefenpsychologischer Kenntnisse bedarf. Dabei wird als besondere Schwierigkeit dieses Vorgehens gesehen, zu entscheiden, wann die Bewegungs- oder Spielthemen der Kinder unterstützt und wann erweiternde, abwandelnde, begrenzende oder auch entgegengesetzte Vorschläge gemacht werden müssen. Viele Jungen spielen beispielsweise starke, teilweise aggressive Figuren nach. Das kann sinnvoll sein. Dennoch muss man sich fragen, ob manche Kinder auch mal Rollen einnehmen sollen, in denen sie Schwäche oder Hilfebedürftigkeit erfahren können.

Zudem besteht die Gefahr, dass man auch dort zu verstehen versucht, wo es in erster Linie nichts zu verstehen gibt (Gefahr der Überinterpretation). Weiterhin kann man in die Falle tappen, auch primär organisch bedingtes Verhalten als symbolischen Ausdruck zu betrachten. So hat natürlich nicht jede aggressive Handlung ihren Ursprung in der frühen Kindheit oder in der Beziehung zu Eltern oder Geschwistern. Sie kann auch ausgelöst werden durch ein aktuell in der Psychomotorikstunde erlebtes Ereignis (z. B. Provokation durch ein anderes Kind). Sie kann eventuell auch Ausdruck einer körperlich-organisch bedingten Störung sein.

3.6 Systemisch-konstruktivistische Sichtweise

Als Psychomotoriker sind wir oft davon überzeugt, und wir erhalten auch regelmäßig entsprechende Rückmeldungen, dass die Kinder in den psychomotorischen Übungsstunden wertvolle Erfahrungen gemacht haben und positive Entwicklungen zu verzeichnen sind. Aber ebenso kommt auch die Befürchtung vor, dass die Kinder im gewohnten Umfeld wieder in problematische Verhaltensmuster zurückfallen und die gewohnten Kommunikations- und Beziehungserfahrungen sofort wieder zutage treten. Daraus ergibt sich die Fragestellung, inwieweit die Lebensbedingungen und das Lebensumfeld der Kinder in die psychomotorische Förderung einbezogen werden müssen? Diesen Vorstellungen wurde in der jüngsten Zeit verstärkt Aufmerksamkeit geschenkt, und es wurde damit eine weitere Perspektivenerweiterung vorgenommen. Der Ansatz wurde entwickelt aus der Systemtheorie und dem Konstruktivismus, deshalb wird auch häufiger von der systemisch-konstruktivistischen Sichtweise gesprochen.

Diese Position in der Psychomotorik ist aus einer kritischen Haltung gegenüber dem kompetenzorientierten und dem Verstehenden Ansatz entstanden. In beiden

Ansätzen wird das Umfeld der Kinder nicht oder zu wenig einbezogen. Für die systemisch-konstruktivistische Position, die über das Erklären und Verstehen hinausgeht, ist es wichtig, die Anbindung zur Welt außerhalb der »Turnhalle« herzustellen. Die systemische Sichtweise hält es für unabdingbar, die Perspektive zu erweitern und den sozialen Kontext in der Psychomotorik umfassend mitzudenken.

Diese systemischen Überlegungen sind ab Mitte der 1990er Jahre in die psychomotorische Theoriediskussion durch Rolf Balgo (2004), Klaus Fischer (2009), Dietrich Eggert und Christina Reichenbach (2004) eingeflossen.

Mit der Systemtheorie wird versucht, den Menschen in seinen gesamten Beziehungsgefügen und Kommunikationsstrukturen zu betrachten. Die Person wird im Zusammenhang mit ihrem gesamten Umfeld betrachtet, ein Verstehen der Verhaltensweisen ist nur im sozialen Kontext sinnvoll. Auch auffälliges Verhalten ist nur situativ und im zwischenmenschlichen Dialog zu erfahren und zu verstehen.

Vertreter dieser Sichtweise forderten dazu auf, die psychomotorische Entwicklung (und ihre Abweichungen) als adäquate Anpassung der Kinder auf ihre jeweilige materielle und vor allem soziale Umgebung zu verstehen. Zu behandeln sind demnach nicht die Kinder mit seelischen und motorischen Auffälligkeiten, sondern die zwischenmenschlichen Beziehungen, in denen sie sich befinden. In sozialen Kontexten mit mehreren Personen gibt es immer persönliche und damit unterschiedliche Sichtweisen von und auf eine Situation. Alle Personen haben ein eigenes Bild von der Situation: das Kind selbst, andere Kinder, die Mutter, die Erzieherin oder die Heilpädagogin.

Durch diese Perspektive ist es möglich, das Entwicklungsgeschehen mehrperspektivisch zu analysieren. Eggert und Reichenbach plädieren dafür, den Rahmen für die Betrachtung eines individuellen Problems und dessen Funktion für das Kind und seine Interaktionspartner möglichst weit zu setzen, um das Kind in seinen Lebenszusammenhängen verstehen zu können. Auch wenn der Rahmen in der Förderung nicht über die Beziehung zum Kind und den Kontakt zu den Eltern hinausgeht, ist das Verständnis für das Kind ein anderes, wenn möglichst umfassende Informationen herangezogen werden (vgl. Eggert/Reichenbach, 2004, S. 105).

Der Konstruktivismus ist ja schon im ersten Kapitel als grundlegende Sichtweise in der Heilpädagogik thematisiert worden. Er betont die individuelle Realitätsauffassung des Menschen. Es kann keine objektive Wahrheit geben, sondern jeder Mensch konstruiert aus seinen Erfahrungen mit sich und seiner Umwelt eine solche Wirklichkeit, wie sie seinen Wahrnehmungen entspricht. Das trifft somit auch für die psychomotorischen Situationen und Handlungsabläufe zu. Folglich gibt es weder richtig noch falsch, sondern allein unterschiedliche Wahrnehmungen und Konstruktionen der Wirklichkeit. Somit ist die Realität nicht das Abbild einer unabhängigen Wahrnehmung eines Beobachters, sondern immer eine Konstruktion aus Sinnesreizen und Gedächtnisleistungen eines Individuums. Die Deutung von Verhalten oder Bewegungshandlungen ist die Zuschreibung eines Beobachters, der bestimmte Informationen zur Verfügung hat. Diese Sichtweise hat eine entpathologisierende Wirkung. Störungen werden nicht mehr bestimmten Personen zugeschrieben, sondern als ein kommunikativ erzeugtes Problemsystem gesehen. Der Fokus wird um die sozialen Kontextbedingungen erweitert.

3.6 Systemisch-konstruktivistische Sichtweise

Basierend auf diesen Grundlagen wird somit die Frage interessant, welche Wirklichkeitskonstruktionen im Zusammenleben von Menschen zum Problem geworden sind und welche Neukonstruktionen von Wirklichkeit im und durch den Wahrnehmungs- und Bewegungsbereich für eine mögliche Lösung entwickelt werden können.

Durch den systemischen Ansatz wird Kritik an der traditionellen Sichtweise etwa des Begriffes Wahrnehmungsstörungen geäußert. Solche »Störungen« werden häufig eher defizit- oder defektorientiert definiert, beispielsweise werden bei einem »wahrnehmungsgestörten« Kind eine »falsche« Wahrnehmung und damit »falsch« funktionierende Bewegungsabläufe diagnostiziert. In der systemisch-konstruktivistischen Sichtweise wird diese »Störung« demgegenüber nur aus dem Lebenskontext verständlich. Für die betreffende Person ist das abweichende Verhalten (z. B. Hyperaktivität) Ausdruck der eigenen Beziehungskonstellation und unter den individuellen Lebensbedingungen durchaus sinnvoll, etwa als eine Reaktion auf eine Überforderung.

Nach dieser neuen Sichtweise wird nicht einfach versucht, der Beeinträchtigung oder Behinderung des Kindes durch eine besondere Förderung entgegenzuwirken, sie wird stattdessen als Teil der Persönlichkeit akzeptiert.

Die Ziele und Wege einer psychomotorischen Förderung haben sich unter dem Einfluss des systemischen Denkens verändert. Das vorrangige Ziel ist es nicht, dem Kind eine unmittelbare Hilfe zu geben, sondern ihm dabei zu helfen, aus sich heraus Impulse für ein effektiveres Handeln zu finden. Die Wirkung einer psychomotorischen Intervention stellt sich als Ergebnis einer Kommunikation zwischen den Teilnehmern und dem Pädagogen oder Therapeuten dar – dem psychomotorischen Dialog. Der psychomotorische Dialog gilt hier als Prinzip der psychomotorischen Förderung (vgl. Eggert/Reichenbach, 2004, S. 104 f.).

Das Hauptaugenmerk des Pädagogen oder Therapeuten richtet sich also auf den partnerschaftlichen Dialog in der Fördersituation, um die dominierenden Lebensthemen zu verstehen und daraus entwicklungsfördernde Angebote abzuleiten. Das Interesse richtet sich aber auch auf die Frage, unter welchen Bedingungen (beispielsweise bei Überforderungen) und in welchen Lebenszusammenhängen Probleme sichtbar werden. Daraus kann erarbeitet werden, wie das Umfeld und wie Beziehungen gestaltet sein müssen, um eine Vermittlung zwischen individuellen, sozialen und kulturellen Anforderungen zu ermöglichen (vgl. Fischer, 2009, S. 31).

Für die Diagnostik hat das zur Folge, dass neue Fragestellungen aufgeworfen werden. Im Mittelpunkt steht eine individualisierende Beschreibung der Kompetenzen und Ressourcen eines Kindes in seinen verschiedenen Lebensbereichen. Das Umfeld wird in die komplexen Prozesse der Diagnose und Förderung mit einbezogen und berücksichtigt.

Als Schwäche für den Praktiker wird gesehen, dass er auf das Interesse und die Mitarbeit von anderen Systemen angewiesen ist. Die Individualität der Entwicklung und der Entwicklungsfaktoren tragen zu einer hohen Komplexität des diagnostischen Vorgehens bei. Damit erweist sich die Diagnostik als schwierig, und aufgrund eingeschränkter Zeitkapazität, mangelndem Kostenbudget oder fehlender Mitwirkung von Bezugspersonen kann es zu unvollständigen und nicht befriedigenden Ergebnissen kommen.

Tab. 3.1: Zusammenfassung der Ansätze der Psychomotorik

	Bewertung der Bewegung	Betrachtung der Störung	Hauptziel der Förderung	Haupttätigkeit der Teilnehmer	Aufgabe des Pädagogen	Grenze/Kritik
Funktionale Perspektive	• Bewegung als gut koordinierte Handlung • Bewegung als neurophysiologisch gesteuert – über Wahrnehmungsprozesse	• Abweichung von der normalen motorischen Entwicklung • Unzulängliche Verarbeitung der (Körper-) Wahrnehmung	• Schwächen durch gezielte Übungsangebote behandeln • Verbesserung der Körperwahrnehmung und der Körperkontrolle	• motorische Fähigkeiten üben • Ausführen von Bewegungsaufgaben • auf Wahrnehmungsreize adäquat reagieren	• auf Grundlage von Diagnose: symptomorientierte Förderprogramme • Bewegungsanlässe schaffen, zum Üben und Spielen anregen • Anbieten entsprechender Wahrnehmungsanregungen	• einseitige Sicht auf Defizite der Motorik; Selbstwertgefühl wenig beachtet • zu viel direkte Anleitung, Sinn wird kaum hinterfragt • einseitige Sicht auf Wahrnehmung
Handlungsorientierter Ansatz	Bewegung als motorische Anpassungsleistung	ungenügend variable Bewegungsmuster vorhanden – mangelnde Handlungsfähigkeit	Verbesserung der Handlungsfähigkeit durch vielseitige Bewegungserfahrungen	Bewegungsangebote aufnehmen; experimentieren	Anbieten von variationsreichen Bewegungsgelegenheiten; Ansetzen an den Stärken	Bedeutung der Bewegungshandlungen und der Beziehung wenig beachtet

3.6 Systemisch-konstruktivistische Sichtweise

Tab. 3.1: Zusammenfassung der Ansätze der Psychomotorik – Fortsetzung

	Bewertung der Bewegung	Betrachtung der Störung	Hauptziel der Förderung	Haupttätigkeit der Teilnehmer	Aufgabe des Pädagogen	Grenze/Kritik
Kindzentrierter Ansatz	Bewegung als Grundlage der Identitätsentwicklung	Mangelndes Selbstwertgefühl; Zutrauen	Verbesserung des Selbstkonzepts über selbstwirksame Bewegungserfahrungen	Bewegungsvorschläge aufnehmen, ausprobieren, gestalten	Bewegungsangebote gemeinsam entwickeln, begleiten; ermutigen	Bewegung als (austauschbares) Medium; Grenzen bei Verhaltensstörungen
Verstehender Ansatz	Bewegung als Ausdrucksmittel	Botschaft von (unverarbeiteten) Erfahrungen, Erlebnissen	Erlebnisverarbeitung ermöglichen	Inszenieren, Spielen	Sinn des Spiels verstehen; Hilfen zur Verarbeitung	Gefahr der Überinterpretation des Psychischen
Konstruktivistische/ systemische Sichtweise	Bewegung als individuelle Konstruktion im System	Ausdruck von unzulänglichen Beziehungen, Interaktionen	Veränderungen im Umfeld, in den Beziehungen und Interaktionen	eigenständiges Finden von verbesserten Problemlösungen im Bewegungs-, Spieldialog	partnerschaftlicher Dialog in der Fördersituation	(zu) hohe Komplexität der Diagnose und der Förderung

Die unterschiedlichen Positionen setzen verschiedene Akzente, haben jeweils ihre Sichtweise der Entstehung und Bedeutung von Bewegungsstörungen. Sie bieten unterschiedliche Hilfen. Es kann aber nicht um ein Entweder-oder gehen, sondern verschiedenartige Perspektiven können sich gut ergänzen.

Der Praktiker wird sich zwar kaum an einer einzelnen Sichtweise allein orientieren, aber die Kenntnis der jeweiligen Ansätze macht vielleicht die eigene theoretische Grundlage deutlich. So sollte es auch möglich sein, seine eigene Praxis daraufhin zu überdenken, welchen Stellenwert hier Problemverhalten der zu betreuenden Personen haben. Auch muss man sich selbst die Frage stellen, ob man mit ihnen umgehen kann, um sie als individuelle Äußerung der Person zu akzeptieren und mit ihr gemeinsam nach Lösungsmöglichkeiten zu suchen.

»Eine solche offene Haltung und Einstellung gegenüber den Handlungen und Äußerungen des Kindes ermöglicht einerseits das Aufbrechen eingefahrener Denkmuster und Beurteilungsschemata zum Zweck eines besseren Verständnisses des Kindes. Andererseits eröffnet sie die Chance einer Variation der eigenen Verhaltensweisen im Hinblick auf die spezifischen Erfordernisse des Kindes.« (Zimmer, 2006, S. 49 f.)

4 Motodiagnostik

Psychomotorische Entwicklungsförderung kann nur dann sinnvoll geschehen, wenn das jeweilige Fähigkeits- und Fertigkeitsniveau, das individuelle Leistungsvermögen und der individuelle Entwicklungsstand des zu Betreuenden als Ausgangspunkt für die (heil-)pädagogischen Überlegungen Berücksichtigung finden.

Deshalb erhalten Sie in diesem Kapitel Informationen zur motorischen Entwicklung und zu den Merkmalen der Koordination und des Gleichgewichts (weil diese Merkmale eine herausragende Bedeutung für die Bewegungssteuerung haben) und lernen Beobachtungsmerkmale möglicher Störungen kennen. Sie werden vertraut gemacht mit motodiagnostischen Aufgabenstellungen und erhalten Kenntnisse über ausgewählte diagnostische Verfahren. Das soll Ihnen helfen, diagnostische Aussagen kritisch beurteilen zu können und die Einsatzmöglichkeiten von Verfahren einschätzen zu können.

Grundsätzlich hilft die Diagnostik bei der Begründung, warum und wozu heilpädagogische oder auch eine andere Unterstützung angezeigt ist. Und sie trägt zur Bestimmung von Handlungshypothesen und Handlungszielen bei. Ferner hilft sie bei der Abklärung, unter welchen Umständen eine unterstützende Maßnahme im Sinne einer Zielerreichung beendet werden kann. Wir können nicht davon ausgehen, dass wir bei einem Verhaltensproblem eine eindeutig klare und objektivierbare Methode parat haben. Zudem wissen wir nie genau, ob das, was wir an Unterstützung anbieten, auch zu einem gewünschten Ergebnis führt, ob die Förderungen zielführend sind, abgeändert oder ergänzt werden müssen.

Die heilpädagogische Diagnostik hat ihren Schwerpunkt vor der jeweiligen Unterstützung und begleitet sie dann in der Folge als Förderdiagnostik. Sie hat hier eine kontrollierende und korrigierende Aufgabe aufgrund der wechselwirksamen Prozesse von Erkennen (Diagnostik) und Handeln (Unterstützung). Die heilpädagogische Diagnostik dient also der Begründung zielgerichteter heilpädagogischer Förderung und Unterstützung, also einer spezifischen Entwicklungsbegleitung. Selbstverständlich dient sie weder einer Selektion noch irgendeiner Stigmatisierungsabsicht.

Gemäß der ganzheitlichen Sichtweise einer psychomotorischen Förderung ist es insgesamt zu beachten, nicht nur spezielle Informationen über das Bewegungsverhalten zu erhalten, sondern ebenso über das soziale Verhalten, die Bedürfnis- und Interessenlage und emotionale Befindlichkeiten. Auch kann es sich als sinnvoll und im Sinne einer systemischen Vorgehensweise als notwendig herausstellen, dass über die Lebensgeschichte und die aktuelle Lebenssituation, z. B. in der Familie oder in der Wohnstätte, Informationen eingeholt werden.

4.1 Motorische Entwicklung und mögliche Störungen

Erst die Kenntnis über Funktion und Entwicklung physiologischer Bewegungsabläufe ermöglicht das Feststellen von Entwicklungsstörungen und das Erkennen pathologischer Bewegungsabläufe von Kindern mit Behinderungen. Wichtige Schritte dieser Entwicklung vom Säuglings- bis zum Vorschulalter und einige mögliche Abweichungen sollen hier ausschnittweise dargestellt werden.

Die Motorik ermöglicht dem Menschen die Auseinandersetzung mit der Umwelt. Für das Kind bedeutet die ständige Verbesserung der motorischen Fähigkeiten das Erlangen zunehmender Unabhängigkeit.

Die motorische Entwicklung vom Neugeborenen ist abhängig von der Reifung des Zentralnervensystems. Der Ablauf dieser Entwicklung wird einerseits beeinflusst durch genetisch festgelegte Entwicklungsmuster und andererseits mithilfe von Stimulationen durch Umweltreize. Hier findet eine ständige Wechselwirkung und Beeinflussung statt. Jede Phase der motorischen Entwicklung hat dabei Übungscharakter für die nächstfolgende, was z. B. Kraft, Muskeltonus oder Gleichgewicht angeht.

»Dass dieses komplizierte System durch Störungen vielfältigster Art falsch ablaufen kann, ist in der Vielzahl der Regulationssysteme begründet. Ihr koordiniertes Zusammenspiel im Mikrokosmos eines sich entwickelnden Kindes mit seiner Psyche, mit der Fähigkeit, auf Reize aus der Umwelt zu reagieren, mit den Möglichkeiten seiner sensorischen, sensiblen Systeme und seinem Intellekt, auf solche Reize in nicht immer vorgegebenen Bahnen zu reagieren, d. h., einen gewissen Reaktionsfreiraum zu haben, bewirkt letztlich das, was wir ›Entwicklung‹ nennen.« (Flehmig, 1990, S. 9 f.)

4.1.1 Phasen und Gesetzmäßigkeiten

Die ersten Lebensjahre eines Kindes bis zum Schuleintritt lassen sich grob in vier Phasen aufteilen:

- Das *Neugeborenenalter* (ca. erster bis dritter Monat) ist durch ungerichtete, mehr vom ganzen Körper ausgeführte Massenbewegungen gekennzeichnet, d. h., es fehlen noch die willkürlichen Einzelbewegungen. Die Reflexe und tonischen Reaktionen sind noch gut ausgebildet, z. B. Greifreflex, Schreitreaktion, Halsstellreaktion u. a.
- Die Motorik im *Säuglingsalter* (ca. vierter bis zwölfter Monat) ist auch noch von Reflexen und Reaktionen abhängig. Diese verschwinden aber allmählich, und mit der fortschreitenden Entwicklung der Hirnfunktionen entwickelt der junge Säugling ein zunehmend differenziertes Zusammenspiel einzelner Bewegungen. Es entwickeln sich das Greifen, das Aufrichten und erste selbstständige Fortbewegung.
- Das *Kleinkindalter* (ca. zweites bis viertes Lebensjahr) kann als Phase der Aneignung vielfältiger Bewegungsformen angesehen werden. Das Kind lernt und

entwickelt elementare Bewegungsfertigkeiten, wie Krabbeln und Kriechen, Stehen und Gehen, Laufen, Klettern, Werfen, Fangen, Tragen sowie einfaches Balancieren.
- Im *Vorschulalter* (ca. vier bis sechs Jahre) werden diese Bewegungsfertigkeiten in vielfältiger Weise geübt, verfeinert, und das Kind kann sich erste Bewegungskombinationen aneignen, z. B. Laufen und Springen, Fangen und Werfen im Wechselspiel.

Die Entwicklung des Bewegungsverhaltens vollzieht sich nach bestimmten Gesetzmäßigkeiten bzw. Entwicklungsprinzipien:

- Die Aufrichtungsphase beginnt zunächst im Nacken, setzt sich im Schulter-Arm-Bereich und dann im Bereich des Rumpfes und der Beine fort (cephalo-caudale Entwicklungsrichtung = vom Kopf zum Steiß). Die motorische Kontrolle beginnt also zunächst am Kopf und geht über Schulter, Becken zu den Füßen. Es ist zuerst der Kopf, den der Säugling gegen die Schwerkraft aufrichten kann, dann kann er sich aus den Schultern aufstützen, Brust und Bauch gegen die Schwerkraft stemmen. Später richtet sich das Becken auf, und die motorische Kontrolle breitet sich zu den Füßen hin aus.
- In engem Zusammenhang damit steht die proximo-distale Entwicklungsrichtung (von körpernah zu körperfern bzw. von Rumpf zu den Gliedmaßen bzw. von der Körpermitte nach außen). Die Kontrolle der Muskeln, die näher an der Hauptachse des Körpers liegen, gelingt eher als die Kontrolle der entfernteren Muskeln. Das Kind verfügt zunächst über die Kontrolle seiner Rumpfmuskulatur, es kann sich um die Körperachse drehen, bevor Einzelbewegungen der Arme, der Hände und schließlich die Funktionen der Beine und Füße kontrolliert werden können. Die Entwicklung verläuft von den zentralen zu den peripheren Körperteilen, grobmotorische Ganzkörperbewegungen gehen den feinmotorischen Bewegungen der Extremitäten voraus.
- Symmetrische und asymmetrische Haltungs- und Bewegungsphasen wechseln einander ab. Zum Beispiel können beim Strampeln oder Robben beide Beine gleichzeitig oder abwechselnd hin- und herbewegt werden. Auch ein Sprung kann mit beiden Beinen gleichzeitig oder mit einem Bein ausgeführt werden.
- Verschiedene Entwicklungsstufen bestehen gleichzeitig nebeneinander, und die höchstentwickelten Fähigkeiten benötigen die längste Zeit.
- In der gesamten Entwicklung stehen von Anfang an die motorischen Fähigkeiten in enger Wechselwirkung mit weiteren Bereichen der Persönlichkeit, wie Wahrnehmung, Sozialverhalten, Orientierung, Sprache, Denken oder Emotionalität.

Die motorische Entwicklung in der frühen Kindheit lässt sich weiterhin mit den Prinzipien der Differenzierung und der Integration beschreiben: In den ersten Lebensmonaten vollzieht sich die motorische Entwicklung mit großer Schnelligkeit. Die Bewegungen werden differenzierter, und aus den unkoordinierten Massenbewegungen des Säuglings werden immer gezieltere Einzelbewegungen. Während ein Kleinkind z. B. noch beide Hände und die Kraft seines ganzen Körpers einsetzt, um einen Ball zu werfen, grenzt es im Laufe der Zeit das Werfen immer mehr ein auf beidarmiges Werfen und später auf das gezielte Werfen mit einem Arm oder einer Hand. Die Differenzierung kennzeichnet also eine fortschreitende Verfeinerung, Erweiterung und Strukturierung von Funktionen und Verhaltensweisen.

Mit diesem Prozess einher geht eine scheinbar entgegengesetzte Tendenz, die der Zentralisation bzw. der Integration. Gleichzeitig mit der Zunahme von Einzelleistungen setzt eine Koordinierung und übergeordnete Steuerung dieser Funktionen im zentralen Nervensystem ein. Das Gehirn bildet hier eine Art Schaltstelle, in der die Einzelleistungen miteinander verbunden und aufeinander abgestimmt werden. Zum Beispiel kann das Kind zunehmend das Werfen und Fangen in ein Spielgeschehen einbringen (vgl. Zimmer, 1993, S. 71).

Im Verlauf der selbstständigen Bewegungsentwicklung gibt es wichtige Entwicklungsschritte, die vom Kind bewältigt werden müssen und die bedeutsame »Meilensteine« in der Motorik des Kleinkindes darstellen. Emmi Pikler (1997) stellte die einzelnen Schritte der Entwicklung in fünf Bereichen dar:

- von der Rückenlage bis zum Sich-auf-den-Bauch-Drehen, Sich-Wälzen und -Rollen
- Entwicklungsverlauf des Kriechens auf den Bauch bis zum Krabbeln auf Händen und Knien
- Entwicklungsverlauf des Sich-Aufsetzens
- Entwicklungsverlauf des Aufstehens
- vom freien Aufstehen bis zum freien Gehen

Er lenkte dabei auch das Augenmerk auf die Übergangspositionen wie beispielsweise den seitlichen Ellbogenstütz oder den abgestützten Seitsitz. Wichtig ist, dass die Kinder die Gelegenheiten haben, die einzelnen Schritte möglichst eigenständig zu erarbeiten und zu üben.

4.1.2 Abweichungen in der motorischen Entwicklung

Wie bereits angedeutet, hat die frühe motorische Entwicklung eine große Variationsbreite. Daher sind manche Auffälligkeiten und Verzögerungen der Entwicklung nicht aus sich heraus schon bedeutsam bzw. Besorgnis erregend; sie zählen vielmehr zur »normalen« Unterschiedlichkeit der Entwicklungsverläufe. »Insofern sind Kriterien zur Feststellung von Entwicklungsstörungen im motorischen Bereich streng anzusetzen« (Leyendecker, 2005, S. 63).

Während des diagnostischen Prozesses muss man sich darüber im Klaren sein, dass die Ursachen nicht immer eindeutig festzustellen und oft mehrere Ursachen für bestimmte Auffälligkeiten verantwortlich sind. Je älter die Kinder werden, desto mehr beeinflussen und überlagern sich verschiedene Ursachen und Entwicklungsbedingungen; diese Wirkungszusammenhänge können sowohl eine Verstärkung als auch eine Abschwächung der ursprünglichen Problematik zur Folge haben. Für die Beurteilung des Einzelfalls sind deshalb vielfältige Beobachtungen und Informationen aus verschiedenen Bereichen erforderlich.

4.1 Motorische Entwicklung und mögliche Störungen

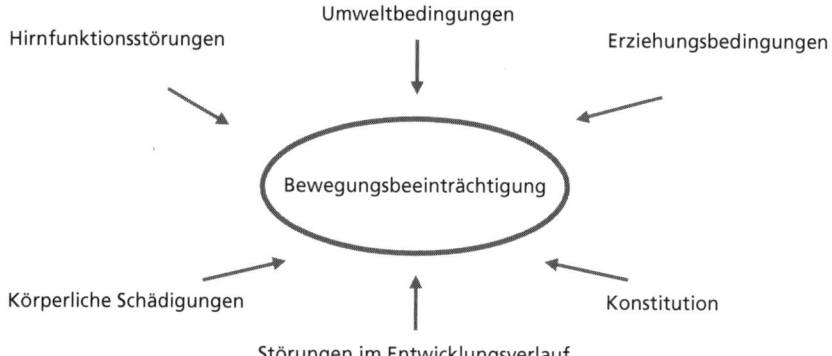

Abb. 4.1: Ursachenvielfalt bei Bewegungsbeeinträchtigungen

Folgende Ursachenfelder können für Bewegungsbeeinträchtigungen in verschiedener Stärke und Ausprägung verantwortlich sein und müssen deshalb mit in die Beurteilung und Überprüfung einbezogen werden:

- *umweltbedingt:* mangelnde Möglichkeiten für altersentsprechende Spiel- und Bewegungsaktivitäten, einseitige Spielgelegenheiten, Reizüberflutung durch ungeordnete Umwelteinflüsse, wenig kindgerechte Lebensbedingungen
- *erziehungsbedingt:* mangelnde Ermutigung, Überforderung, übertriebene Fürsorge, Vernachlässigung, zu großer Ehrgeiz oder Leistungsdruck, Verletzung der Grundbedürfnisse des Kindes nach Geborgenheit und Angenommensein
- *konstitutionsbedingt:* mangelnde Begabung, bestimmte körperliche Eigenschaften und Merkmale, veranlagungsbedingte Temperamentunterschiede
- *entwicklungsbedingt:* Verzögerungen in der Entwicklung, Störungen des Entwicklungsverlaufs durch äußere Einflüsse, z. B. beunruhigende familiäre Problematik oder innere Reifungsvorgänge, z. B. besondere Wachstumsphasen
- *körperlich bedingt:* Schädigungen von Wahrnehmungs- und/oder Bewegungsorganen durch Geburt, Unfälle, Krankheit o. ä., Unverträglichkeiten bestimmter Nahrungsmittel und Allergien
- *hirnorganisch bedingt:* geringfügige Hirnfunktionsstörung, früher häufiger als minimale cerebrale Dysfunktion (MCD) bezeichnet, z. B. durch eine komplizierte Geburt, Infektionen mit begleitender Hirnhautentzündung, Unfälle; mangelnde sensorische Integration (Wahrnehmungsverarbeitung); Hirnschädigungen bei verschiedenen Behinderungen

4.1.3 Früherkennung

Abweichungen von der physiologischen Entwicklung bedeuten nicht, dass es unausweichlich im weiteren Leben des Kindes zu einer gravierenden Störung oder Behinderung kommen muss. Mit Äußerungen in einer solchen Richtung müssen alle Beteiligten sicher äußerst zurückhaltend umgehen. Andererseits ist es auch nicht angebracht, untätig abzuwarten und einfach zu hoffen, dass sich Probleme von selbst lösen. Pädagogische Fachkräfte können und sollen dabei mithelfen, wirkliche Behandlungsbedürftigkeit rechtzeitig zu erkennen, damit sich motorische Störungen nicht verfestigen.

Im Wesentlichen ist es Aufgabe des Kinderarztes, die Früherkennung, z. B. im Rahmen der Vorsorgeuntersuchungen, durchzuführen. Aber auch als (heil-)erzieherische Fachkräfte haben wir die Aufgabe, immer wieder gezielt die uns anvertrauten Personen zu beobachten und unsere Eindrücke zu bewerten und auch mitzuteilen.

> »Dabei kommt es in erster Linie nicht so sehr auf das Erkennen eines Einzelsymptoms als auf die Kenntnis der Bedeutung der Wertigkeit und der Rangfolge der auffälligen Symptome in ihrer Gesamtheit an. Nur diese Kenntnis ermöglicht die Abgrenzung behandlungsbedürftiger Auffälligkeiten gegenüber den zahlreichen oft auffällig wirkenden Normvarianten der individuell gestreuten frühkindlichen Entwicklung. Diese Kenntnis repräsentiert das eigentliche Erfahrungsgut des qualifizierten Untersuchers.« (Flehmig, 1990, S. 43 f.)

Im Rahmen dieses Buches ist es allerdings unmöglich, dem Leser einen umfassenden Überblick über die bestehenden frühdiagnostischen Beobachtungsverfahren zu geben. Es sollen aber einige wesentliche Anzeichen möglicher Störungen vorgestellt werden, wovon einige schon an anderer Stelle angedeutet wurden. Abweichungen der motorischen Entwicklung im Säuglingsalter sind z. B. an folgenden Kriterien zu erkennen (vgl. Flehmig, 1990, S. 44–48):

- *Haltungs- bzw. Muskeltonusveränderungen:* Bei Bewegungsabläufen ist häufig eine unangepasste Muskelspannung zu beobachten. Das Kind befindet sich z. B. in Rückenlage in einer verstärkten Beugung, oder es überwiegt die Streckung.
- *Mangelhafte bzw. fehlende Gleichgewichtsreaktionen:* Die bei passiver und aktiver Lageveränderung (Bauch- oder Rückenlage, Sitzen, Vierfüßlerstand, Stehen) zum Balancehalten ablaufenden muskulären Gegenbewegungen sind nicht altersgemäß zu beobachten.
- *Persistierende tonische Haltemuster:* Reaktionen, die in den ersten Lebensmonaten auszulösen sind und die, wenn sie bestehen bleiben, die weitere Entwicklung der Bewegungskoordination verhindern (Kap. 5.3).
- *Asymmetrien der Haltung:* Ungleichmäßigkeit in Haltung und Bewegung sind überdeutlich und werden nach jeder Lageveränderung wieder eingenommen.
- *Entwicklungsverzögerungen in allen Fähigkeiten oder in Teilleistungen:* Ein Kind, das keine Laute von sich gibt, das keine Reaktionen (Arme hinstrecken, hinkrabbeln) auf vorgehaltene Gegenstände zeigt und nicht lächelt, wenn es dazu angeregt wird, kann als entwicklungsverzögert gelten.
- *Verdacht auf Störungen der Wahrnehmung oder der Wahrnehmungsverarbeitung (sensorische Integration):* Das Kind zeigt keine sichere Reaktion auf Geräusche, da keine Lokalisation möglich ist; es sind überstarke Reaktionen auf Geräusche oder überempfindliche Reaktionen auf Berührung oder Verlagerung im Raum bei Dreh- oder Schaukelbewegungen zu beobachten.

Die Vielzahl der einzelnen motorischen Entwicklungsschritte jeweils noch genauer zu betrachten, kann in diesem Buch nicht geleistet werden. Exemplarisch sollen dennoch hier zwei Aspekte herausgegriffen werden, die als wichtige »Meilensteine« der Motorik des Kleinkindes anzusehen sind und die auch in der Frühförderung und in der psychomotorischen Bewegungsförderung von besonderer Bedeutung sein können: das Robben und Krabbeln und das Stehen und Gehen.

4.1.4 Robben und Krabbeln

Bei altersgemäßem Verlauf entwickelt sich ca. zwischen dem siebten und neunten Lebensmonat das Vorwärtsrobben auf dem Bauch. Das Kind kann sich in den Vierfüßlerstand stellen, kann aber noch nicht zum Krabbeln kommen. Das Robben ist eine Vorstufe und in der physiologischen Entwicklung bei einigen Kindern nur kurze Zeit sichtbar. Durch den stärker ansteigenden Extensorentonus (Streckermuskulatur) gelingt die Aufrichtung im Schultergürtel bis zum Unterarmstütz, der Kopf kann gegen die Schwerkraft aufrechtgehalten werden. So beginnt das Kind bald, sich auf dem Bauch rutschend vorwärts zu bewegen.

Die Beine haben zu Beginn keine unterstützende Funktion, sondern bleiben gestreckt. Zuerst kann sich das Kind in Bauchlage rückwärts schieben, dann kommt die Phase des symmetrischen Vorziehens, gefolgt von alternierendem Robben mit gekreuzter Koordination (vgl. Peters, 1988, S. 26). Häufig ist vorher das Bewegen in Kreisrichtung nach rechts und links zu beobachten, und das Rückwärtsstoßen entsteht in der normalen Entwicklung oft vor der Vorwärtsbewegung, weil die motorische Entwicklung der Arme der der Beine zeitlich ein wenig vorausgeht. Die Gewichtsverlagerungen nehmen beim Robben noch eine breite Basis in Anspruch. Im Hinblick auf das Gleichgewichthalten in höheren Positionen ist das Robben aber eine wichtige Übungsphase.

Pikler (1997, S. 199) nennt die verschiedenen Möglichkeiten des Bauchkriechens: Der auf dem Bauch kriechende Säugling kann sich auf ebener oder unebener Fläche fortbewegen, unter etwas hindurch, in etwas hinein, aus etwas heraus, auf etwas hinauf und von etwas herunter (Polster, flache Kiste, Abhang etc.). Durch das Robben kann das Kind so schon relativ früh seinen Umkreis erweitern; diese Umfelderkundung ist auch für die geistig-seelische Entwicklung des Kindes bedeutsam.

Etwa im achten Monat kommt das Kind in die Krabbelposition. Zu Beginn des Krabbelns muss sich das Kind um dauernde Verlagerung des Körpergleichgewichts bemühen, später funktioniert dies automatisch. Die Arme sind jetzt im Gegensatz zum Robben in den Ellenbogen gestreckt. Stützreaktionen sind gefordert von den Schultern, Ellenbogen und den Handgelenken. Die Hüft- und Kniegelenke werden durch Stützreaktionen in gebeugter Stellung gehalten bzw. zu einer Vorwärtsbewegung weiter angebeugt, die Fußgelenke bleiben gestreckt. Gut krabbelnde Kinder bewegen sich im Kreuzgang und setzen immer die diagonal stehenden Extremitäten gleichzeitig nach vorne.

Schnelles und gut koordiniertes Krabbeln entwickelt sich in den weiteren Lebensmonaten. Dazu werden vom Kind koordinierte Bewegungen von Kopf, Rumpf und Extremitäten gefordert. Gleichzeitig ist hierbei die Fortbewegung ein wichtiger Faktor; das Kind versucht, alles zu ergreifen und zu begreifen. Es kann sich dadurch sehr schnell fortbewegen, was ihm sichtlich Spaß macht. Dadurch ist das Kind natürlich auch gefährdet und bedarf besonderer Aufsicht. Es kann beispielsweise der Mutter folgen oder diese muss ihm folgen, was eine neue Dimension der Interaktion darstellt.

Für koordiniertes Krabbeln sind also verschiedene (senso-)motorische Funktionen Voraussetzung: freie Kopfbewegung in alle Richtungen, gute Stützfunktion der Arme und Beine, Rumpfbewegungen in alle Richtungen (Kombinationen von Streckung, Beugung, seitliche Beugung, Drehung), Gleichgewichtsreaktionen im Vierfüßlerstand, Überkreuzbewegung, Wahrnehmung (Körperschema, Raumorientierung).

Es gibt vielfältige Möglichkeiten, das Krabbeln auf Knien und Händen anzuregen: Das Kind kann auf ebenem oder unebenem Boden krabbeln, in einen Tunnel hinein- oder herauskrabbeln, unter Tische krabbeln, auf einen Kasten hoch krabbeln, eine Schräge oder Treppe hinauf- bzw. herunterkrabbeln. Das Kind kann mit Kopf oder Füßen voraus zur nächst unteren Stufe krabbeln.

Bei Entwicklungsverzögerungen oder Bewegungsstörungen kann das Krabbeln kompliziert werden oder nicht möglich sein. Bestehen in diesem Alter in Bauchlage eine mäßige bis schlechte Kopfkontrolle und entweder mangelhafte oder zu starke Streckung, ist das Krabbeln eindeutig erschwert.

Insgesamt ergeben sich gute Gründe für die Notwendigkeit, das Krabbeln anzuregen und Gelegenheiten zu bieten, dass es immer wieder spielerisch geübt werden kann (vgl. Peters, 1988, S. 105):

- Schulung der Kopfhaltung (Aufrechthalten des Kopfes gegen die Schwerkraft),
- Schulung der Stützfunktion an Armen und Beinen, die Ellenbogengelenke sind dabei in Extension, die Kniegelenke in Flexion,
- Schulung der Gleichgewichtsreaktionen im Vierfüßlerstand,
- Schulung der Rumpfbeweglichkeit, denn der Rumpf wird im Verhältnis zu den Extremitäten koordiniert mitbewegt und nicht nur passiv von den Extremitäten getragen,
- Schulung der Wahrnehmung, beispielsweise des Körperschemas durch rhythmische Koordination der Extremitätenbewegungen, durch die Be- und Entlastung der Extremitäten,
- Schulung der Handöffnung und des Tastens,
- Erweiterung des Umkreises mit vermehrten Kontaktmöglichkeiten und Schulung der Raumorientierung und des Richtungssinns.

4.1.5 Stehen und Gehen

In der physiologischen Entwicklung ist das Stehen etwa ab dem achten Monat möglich, allerdings nur mit Festhalten. Das Kind belastet bereits mit Gewichtsübernahme und bewegt sich wippend, setzt sich aber hin, wenn es loslässt oder losgelassen wird. Ab dem neunten Monat zieht es sich an Gegenständen hoch und steht auch schon recht stabil. Zu Beginn sind die Hüft- und Kniegelenke oft noch in leichter Beugehaltung. Das Kind macht die ersten Schritte zur Seite mit festgehaltener Hand oder an Möbeln entlang.

Der Haltungs- bzw. Muskeltonus hat sich durch die Stabilität gut reguliert. Das Kind kann damit Bewegungen ausführen und die Haltung bewahren. Die Gelenke sind beweglich und für die aufrechte Position vorbereitet. Stellreaktionen des Kopfes und des Körpers im Raum sind sehr ausgeprägt vorhanden. Auf den Verlust des Gleichgewichts stellt sich somit das Kind im Raum durch Gegenbewegungen ein. Gleichgewichtsreaktionen im Vierfüßlerstand und in der Sitzposition haben sich gut entwickelt. Das Kind kann in diesen Positionen durch Gegenbewegungen das Gleichgewicht bewahren oder wiederherstellen und kann sich nach vorn und zur Seite abstützen, aber noch nicht nach hinten (vgl. Flehmig, 1990, S. 223).

Im zwölften Monat etwa kann das Kind frei stehen. Es macht manchmal unsichere Schritte, manche Kinder laufen schon, wenn auch noch recht breitbasig (die Füße sind weit voneinander entfernt). Im 15. Monat kann das Kind aufstehen und aus dieser Haltung in eine andere übergehen. Es kann sein Gewicht verlagern und sich der Veränderung im Raum gut anpassen. Dazu sind verschiedenartige Kopf-, Rumpf- und Extremitätenbewegungen je nach Richtung der Gewichtsverlagerung notwendig. Besonders auch die Fußbewegungen sind wichtig. Hierzu gehört entweder eine Beweglichkeit in alle Richtungen, oder es müssen angepasste Muskelanspannungen folgen.

In der physiologischen Entwicklung hat das Kind im Stehen damit folgende Bewegungsmöglichkeiten: Der Kopf ist frei beweglich. Die Bewegungen des Rumpfes sind nach allen Richtungen frei. Die oberen Gliedmaßen sind in allen Richtungen frei beweglich. Die Beweglichkeit seiner Fußgelenke ermöglicht ihm, sich im Stehen über den Füßen auszubalancieren. Das Kind steht im Allgemeinen mit beiden Füßen auf dem Boden, wobei es, solange es sich im Stehen festhält, die Beugung und Streckung in Knie- und Hüftgelenken ausgiebig übt: Es wippt. Sobald das Kind, sich festhaltend oder freihändig, auf einem Fuß stehen kann, ist das andere Bein in allen Richtungen frei beweglich.

In einer pathologischen Entwicklung zeigt das Kind wenig oder keine Mithilfe beim Hochziehen und kein Belasten mit Gewichtsübernahme beim Hinstellen. Spitzfußstellung oder zu schlaffe Sprunggelenke verhindern dies. Auch können noch sehr starkes Zehenkrallen, somit ein noch ausgeprägter Fußgreifreflex festgestellt werden. Die Stell- und Gleichgewichtsreaktionen sind schlecht entwickelt. Der Kopf wird nicht stabil im Raum gehalten und fällt nach vorn, zurück oder zur Seite. Es ist kein gutes Gleichgewicht im Sitzen vorhanden, und es findet keine gute Steuerung und Gegensteuerung bei Verlust des Gleichgewichts statt (vgl. Flehmig, 1990, S. 212 f.).

Lernt ein Kleinkind dann laufen, sind zu Beginn die Ellbogengelenke bei nach oben gerichteten Unterarmen gebeugt. Die Oberarme sind dabei in waagerechter Stellung vom Rumpf abgespreizt. Wechselseitige Armbewegungen sind beim Gehen erst dann möglich, wenn die Arme herunterhängen und die Gleichgewichtsreaktionen des Rumpfes zunehmen. Ab dem 15. Monat können die meisten Kinder laufen, allerdings mit noch nicht ganz ausgeprägtem Gleichgewichtsgefühl, manchmal auch mit breit aufgesetzten Füßen und noch unsicher. Im 18. Monat kann das Kind beim Laufen einen Gegenstand in jeder Hand tragen oder hinter sich herziehen. Es kann in die Hocke gehen mit guten Bewegungszwischenstufen und einen Gegenstand von der Erde aufheben. Es kann rückwärts laufen und einen Ball mit dem Fuß spielen. Es steigt, noch festgehalten, die Treppe hinauf. Beim Laufen kann es schon gut abbremsen.

In einer pathologischen Entwicklung ist Laufen oft nicht möglich oder erschwert, da das Kind noch nicht in aufrechter Position das Gleichgewicht halten kann. Sicheres Laufen ist erst möglich, wenn das Kind sein Gleichgewicht im Stand halten kann. Manche Kinder halten sich zwar aufrecht, aber ihr Tonus ist nicht gut genug gesteuert. Sie laufen zwar, aber sie müssen sich dabei beispielsweise an einem Geländer oder an der Wand festhalten.

Der Grundtonus kann entweder hyperton, hypoton oder wechselnd sein, beeinflusst damit die Stabilität in der aufrechten Position und bewirkt veränderte Gelenkbeweglichkeit. Haltung und Haltungsbewahrung sind damit beeinträchtigt. Die Stellreaktionen sind dabei meist mangelhaft, die Kopfkontrolle ist wegen mangelhafter Stabilität nicht gut genug. Bei Verlust des Gleichgewichts kommt der Kopf nicht ausreichend mit, dadurch verliert das Kind noch schneller das Gleichgewicht. Manchmal kann es sich bei Verlust des Gleichgewichts nicht fest abstützen und fällt dann hin.

Mangelhaftes Gleichgewicht erhöht die Ängstlichkeit des Kindes erheblich und macht es im gesamten Verhalten unsicherer und zögerlicher. Damit wird es auch in der weiteren motorischen Entwicklung zu Beeinträchtigungen und in der Folge zu Auswirkungen auf die sozial-emotionale und kognitive Entwicklung kommen. Deshalb ist es äußerst wichtig, möglichst frühzeitig entsprechende Frühfördermaßnahmen einzuleiten.

4.2 Ausgewählte motorische Fähigkeiten und mögliche Störungen

Ausmaß und Qualität des Bewegungsverhaltens im Kindesalter sind individuell sehr verschieden; in der motorischen Entwicklung besteht eine große Variabilität. Von daher ist es nicht einfach, eindeutige Grenzen zwischen normaler Variation und Anzeichen motorischer Beeinträchtigungen zu ziehen. Beeinträchtigungen lassen sich vor allem in neuen, nicht geübten und alltagsfremden Situationen beobachten, die besondere Anforderungen stellen.

Zwei ausgewählte Fähigkeiten sollen erörtert werden, die für eine präzise Bewegungssteuerung enorm wichtig sind – auch bei Alltagshandlungen – und an denen Entwicklungsverzögerungen und Beeinträchtigungen besonders gut zu beobachten sind. Zudem sind die Fähigkeiten wichtige Übungsinhalte psychomotorischer Förderung: Es geht um die Koordination und das Gleichgewicht.

4.2.1 Koordination

Unter Koordination versteht man das Zusammenwirken von Zentralnervensystem und Skelettmuskulatur innerhalb eines gezielten Bewegungsablaufes. Dazu ist ein harmonisches, geordnetes Zusammenwirken der bei einer Bewegung tätigen Muskeln notwendig. Häufig wird der Begriff der Bewegungskoordination als »Komplexbegriff« benutzt, als ein Oberbegriff für das Zusammenspiel aller motorischen Grunddimensionen.

> »Bewegungskoordination ist der Prozess des Zusammenwirkens von Bewegungen, eingeordnet in ein übergeordnetes Handlungsprogramm. Sie kommt im harmonischen Verhältnis aller motorischen Grunddimensionen in den Bewegungsphasen zum Ausdruck.« (Reichenbach, 2006, S. 126)

Solche Bewegungsdimensionen sind z. B. Gleichgewicht, Kraft, Schnelligkeit, Muskeltonus, Geschwindigkeit, Genauigkeit, Ausdauer, Feinmotorik, Zielgerichtetheit. Eine koordinierte Bewegung ist dadurch möglich, dass gegenüberliegende Muskelgruppen, die Beuge- und Streckmuskeln, harmonisch und wechselseitig zusammenarbeiten. Bei größeren Bewegungen ist eine Vielzahl von Muskelgruppen beteiligt. Beim Aufstehen aus der Hocke in den Stand sind z. B. Muskeln von den Zehen bis zum Kopf beteiligt. So erfordern alle komplexeren Bewegungen wie etwa Werfen und Fangen oder Radfahren ein exaktes Zusammenspiel aller Körperteile.

Für eine gute Koordination ist jedoch nicht nur das harmonische Zusammenspiel der Muskeln wichtig, sondern es müssen auch exakte Einzelbewegungen ausgeführt werden können. Ein Säugling bewegt sich anfangs noch in sogenannten Massenbewegungen; erst im Laufe der Entwicklung lernt das Kind, einzelne Bewegungen auszuführen und dabei andere auszuschalten (Fähigkeit der Dissoziation). Beim Strecken eines Fingers, während die anderen Finger gebeugt bleiben, oder beim Stehen auf einem Bein ist Dissoziation gefordert. Alle komplexeren Koordinationsleistungen verlangen eine gute Dissoziationsleistung.

Weitere Voraussetzungen für eine gute Koordination sind geeignete konstitutionelle Bedingungen, der Reifezustand des Nervensystems und eine gute Zusammenarbeit der beiden Gehirnhälften. Weiterhin wirkt sich auch die Häufigkeit der Wiederholung einer Bewegung auf die Koordination aus.

Folgende Merkmale können als Voraussetzungen für eine gute Koordination genannt werden (vgl. Kiphard, 1982, S. 19):

- Bewegungspräzision (Ausgewogenheit des Raummaßes, z. B. geradlinige Zielbewegungen, abgerundete Schwungbewegungen, sichere Körperbalance)
- Bewegungsökonomie (Ausgewogenheit des Kraftmaßes)
- Bewegungsfluss (Ausgewogenheit des Zeitmaßes, z. B. situationsadäquates Tempo)
- Bewegungselastizität (Ausgewogenheit muskulärer Federkraft, z. B. elastisches Abfangen)

- Spannungsregulation (Ausgewogenheit der Muskelspannung, Wechsel von Spannung und Lösung)
- Bewegungsisolation (Ausgewogenheit der Muskelwahl)
- Bewegungsadaption (motorische Anpassungs- und Umstellungsfähigkeit gemäß der jeweiligen Bewegungssituation aufgrund sensorischer Wahrnehmung)

Eine andere Systematik bietet A. Kosel (1994). Er beschreibt fünf wesentliche koordinative Fähigkeiten:

- *Orientierungsfähigkeit:* die Fähigkeit, bei gewollten und ungewollten Bewegungen die Orientierung im Raum nicht zu verlieren
- *Reaktionsfähigkeit:* die Fähigkeit, auf verschiedene Reize schnell zu reagieren
- *Gleichgewichtsfähigkeit:* die Fähigkeit, den Körper im Gleichgewicht zu halten bzw. das Gleichgewicht wieder herzustellen
- *Rhythmusfähigkeit:* die Fähigkeit, einen Bewegungsablauf jeweils in dem ihm eigenen Rhythmus auszuführen
- *Differenzierungsfähigkeit:* die Fähigkeit, einen Bewegungsablauf sicher, ökonomisch und genau durchzuführen, wobei die Dosierung des Krafteinsatzes eine wichtige Rolle spielt

Auf zwei eher grundlegende Fähigkeiten als Voraussetzung der Koordination weist Kosel zusätzlich hin, nämlich die Wahrnehmungs- und Konzentrationsfähigkeit.

Bei großräumigen Bewegungen, bei denen der Großteil des Körpers bzw. der Körpermuskulatur beteiligt ist, sprechen wir von Gesamtkörperkoordination; bei kleinräumigen, gezielten Bewegungen einzelner Körperteile, vor allem der Hände, von feinmotorischer Koordination oder Auge-Hand-Koordination.

Störungen der Koordination

Koordinationsschwächen sind auf ein unvollkommenes Zusammenwirken im senso-neuro-muskulären Funktionsgefüge zurückzuführen. Sie können sich u. a. äußern in einer

- Unsicherheit bei der Gleichgewichtshaltung,
- unangemessenen Muskelwahl,
- zu niedrigen oder zu hohen Muskelspannung,
- schwachen Reaktionsfähigkeit,
- mangelhaften Rhythmusfähigkeit,
- in Mängeln bei der Ausführung gleichzeitiger Bewegungen.

Die Merkmale stellen dabei nur Teilaspekte eines untrennbaren Bewegungsganzen dar, die hier zum Zwecke einer analysierenden Betrachtung herausgelöst wurden. Dabei sind Überschneidungen unvermeidlich.

> **Beispiel**
>
> Beobachten Sie, wie sich Teilnehmer verschiedene Bälle zuwerfen (Gymnastikball, Medizinball, Schaumstoffball), erst einen Ball, dann auch zwei Bälle im Wechsel; erst mit dem Vorzugsarm, dann mit dem anderen Arm; erst auf sicherem Boden, dann auf einem Wackelbrett oder einem Therapiekreisel stehend. Andere Beteiligte können durch Sprache oder Handlungen zusätzlich ablenken.
> Sie können sicherlich präzise feststellen oder sich zumindest vorstellen, dass die Form und die Qualität der Koordination sich unter den unterschiedlichen Bedingungen stark verändert.

Man kann unterscheiden zwischen grob- und feinmotorischer Koordinationsschwäche. Bei der grobmotorischen Koordinationsschwäche sind vor allem die weiträumigen, kraftvollen und schwungvollen Großbewegungen qualitativ beeinträchtigt. Die Kinder haben Mühe etwa beim Laufen, Springen, Klettern und Werfen. Ihnen fehlt es an Beweglichkeit. Die Bewegungen verlaufen steif, eckig, mit abrupten Übergängen, plump, schwerfällig, schlaff oder verspannt. Die Personen verfügen nicht über genügend Schnelligkeit und zeigen einen unangepassten Krafteinsatz und sind zu vielerlei ausgleichenden Balancier- und Korrekturbewegungen gezwungen.

Eine gute diagnostische Aussagekraft für die dynamische Bewegungskoordination hat auch der Fuß-vor-Fuß-Gang vorwärts oder rückwärts (Seiltänzergang), ggf. erschwert dadurch, dass auf einer vorgezeichneten Linie, einer Turnbank oder einem Balken gegangen werden muss. Andere Möglichkeiten sind der Fersengang mit erhobenen Fußballen oder umgekehrt das Gehen auf den Zehenspitzen. Beides ist wiederum umso aufschlussreicher, je schwerer die Anforderungen gestaltet werden: etwa ohne Sicht nach hinten rückwärtsgehen oder im Gehen ein randvoll gefülltes Wasserglas in der Hand halten.

Die komplexe Koordination von Bewegungsabläufen lässt sich auch beim Hüpfen oder Springen mit Aufgaben überprüfen, bei denen die Kinder ein- oder beidbeinig auf der Stelle oder vorwärts bzw. rückwärts und auch seitwärts hüpfen, kleine Hindernisse überspringen oder aus geringer Höhe herunterspringen sollen.

Bei der feinmotorischen Koordinationsschwäche ist eine qualitative Beeinträchtigung kleinräumiger Bewegungsleistungen festzustellen. Das betrifft zum einen alle manuellen Geschicklichkeitsübungen, so beispielsweise die Schriftführung. Zum anderen gehören hierher alle kleinräumigen Ziel- und Gleichgewichtsübungen. Diese Feinbewegungen und isolierten Präzisionsbewegungen sind mangelhaft gesteuert. Sie sind fahrig, mit viel zu großen Korrekturimpulsen. Oder aber sie sind übersteuert, verspannt bis verkrampft infolge ungenügender Entspannung.

Dem ungeübten Beobachter fallen feinmotorische Koordinationsstörungen oft nicht sofort auf. Diese Kinder sind oft grobmotorisch ausreichend gewandt, in der Turnhalle sind sie flink und wendig. Sie haben lediglich Schwierigkeiten, wenn es auf die Feinsteuerung der Bewegung ankommt. Sie zeigen beispielsweise beim

Einbeinstand Gleichgewichtunsicherheiten oder stützen sich beim An- und Ausziehen immer irgendwo ab oder müssen sich festhalten.

Zur Beobachtung der feinmotorischen Koordination haben sich folgende Aufgaben bewährt: Beim Finger-Daumen-Versuch sind nacheinander in schneller Folge die einzelnen Finger einer Hand in Opposition zum Daumen zu bringen und mit den Fingerkuppen zu berühren. Es können kleine Münzen, Perlen, Streichhölzer aufgenommen werden. Aufschlussreich sind auch Ausschneidearbeiten mit der Schere und das Binden eines Knotens oder einer Schleife (vgl. Leyendecker, 2005, S. 135).

Speziell zur Handgeschicklichkeit hat Kiphard (vgl. 1994, S. 191) ein geeignetes Schema mit entsprechenden Merkmalen vorgelegt. So zeigen sich beispielsweise Störungen der Handgeschicklichkeit in folgenden Dimensionen: ungenügende Hand- und Fingerkraft z. B. beim Zusammendrücken, mangelnde Handgelenkbeweglichkeit z. B. beim Schrauben und Kurbeln, mangelnde Zielgenauigkeit z. B. beim Greifen oder Einfädeln, zu große oder zu geringe Kraft beispielsweise beim Schreiben oder Malen, ungenügendes Tastempfinden etwa beim blinden Zuknöpfen.

4.2.2 Gleichgewicht

Unter Gleichgewicht versteht man die Fähigkeit,

- den gesamten Körper im Gleichgewichtszustand zu halten (statisches Gleichgewicht) oder
- während und nach einer Bewegungshandlung diesen Zustand beizubehalten bzw. wieder herzustellen (dynamisches Gleichgewicht).

Die Gleichgewichtsfähigkeit ermöglicht es, den Körper in Ruhe oder während einer Bewegung so weit zu kontrollieren, dass eine stabile Körperposition hergestellt werden kann. Durch eine Lageveränderung des Körperschwerpunktes im Verhältnis zur Stützfläche wird das Körpergleichgewicht beeinflusst. Eine gute Gleichgewichtsfähigkeit liegt dann vor, wenn trotz rascher Bewegungen oder bei Aktionen auf unebenem Untergrund ein stabiles Gleichgewicht gehalten oder hergestellt werden kann.

Das Gleichgewicht geht auf komplexe physiologische Prozesse zurück. So spielen drei Wahrnehmungssysteme eine wichtige Rolle:

- Die erste Information kommt aus den Sinneszellen im Körper, aus den Muskeln, Sehnen und Gelenken (kinästhetische Wahrnehmung). Diese informieren ständig über Bewegungen des Körpers und seiner Teile und über Anspannungen der Muskulatur. So kann man z. B., auch ohne hinzusehen, über eine Bank balancieren und weiß, welche Bewegungen der linke oder rechte Fuß, welche Bewegungen die Arme machen.
- Über unsere optische Wahrnehmung erhalten wir eine Rückmeldung über unsere Lage im Raum.
- Die dritte Information stammt aus dem Vestibularapparat, der sich im Innenohr befindet (vestibuläre Wahrnehmung). Der Vestibularapparat zeigt an, in wel-

cher Stellung wir uns zur Erdoberfläche befinden. Bezugspunkt ist die Schwerkraft, die immer gleichbleibend auf den Körper einwirkt und ständig Gleichgewichtsinformationen an die vestibulären Zentren liefert. Weiter gibt es kleine halbkreisförmige Röhren, sog. Bogengänge. Diese Bogengänge sind mit Flüssigkeit gefüllt. Es gibt drei verschieden angeordnete Bogengänge, die für verschiedene Richtungsveränderungen zuständig sind. Die Sinneswahrnehmung ändert sich jedes Mal, wenn der Kopf die Geschwindigkeit oder Richtung seiner Bewegung ändert.

Das Gleichgewichtssystem hat die Aufgabe, die Lage unseres Kopfes und Körpers im Raum festzustellen, damit wir Informationen, die von unseren Augen stammen, richtig deuten können. Wir müssen z. B. wissen, ob sich ein Gegenstand, unser Kopf oder gar unser ganzer Körper bewegt oder schiefsteht. Wir müssen ein stabiles Gesichtsfeld aufrechterhalten, damit Gegenstände, die wir anblicken, nicht plötzlich verwischen. Eine wichtige Funktion des Gleichgewichtssystems ist weiterhin, Haltungs- und Gleichgewichtsreaktionen auszulösen. Es handelt sich dabei um automatische Muskelkontraktionen, die unseren Körper auf zwei Beinen im Gleichgewicht halten. Wichtig dazu sind: Veränderungen des Muskeltonus, automatische Körperausrichtungen (des Kopfes, der Extremitäten) als Ausgleichsbewegungen zur Stabilisierung unserer Haltung, schützendes Ausstrecken der Arme (Abstützreaktionen) und Kokontraktionen. Damit der Kopf stabil gehalten und gleichmäßig bewegt werden kann, müssen die Muskeln im Halsbereich in der Lage sein, sich zur gleichen Zeit zu kontrahieren. Sämtliche Muskeln des Körpers müssen in der Lage zu solchen Kokontraktionen sein, um das Gleichgewicht aufrechterhalten zu können und zu verhindern, dass man durch leichten Zug oder Druck aus dem Gleichgewicht gebracht werden kann.

So führt etwa beim Radfahren die Stimulierung der Sinnesorgane zu entsprechenden Anpassungsreaktionen. Um sich selbst und das Fahrrad im Gleichgewicht zu halten, muss die Person sowohl den Zug der Schwerkraft als auch die Bewegungen seines eigenen Körpers empfinden und in adäquater Weise reagieren. Immer wenn der Körper sich außerhalb des Schwerpunkts bewegt und zu fallen droht, muss blitzschnell eine Anpassungsreaktion erzeugt werden. In diesem Falle besteht die Anpassungsreaktion in einer Verlagerung des Körpergewichts durch eine Gegenbewegung. Kommt diese Anpassungsreaktion nicht zustande oder wird sie zu langsam durchgeführt, fällt die Person mit dem Fahrrad hin. Ein Kind, das diese Anpassungsreaktionen nicht oder in nicht ausreichendem Maße durchführen kann, wird vermeiden, weiterhin Rad zu fahren.

Beispiel

Wir können die Gleichgewichtsreaktionen im Stand bei uns selbst gezielt sichtbar bzw. spürbar machen. So wird durch leichte Gewichtsverlagerung des Körpers nach hinten eine Tonuserhöhung der gesamten Muskulatur der Körpervorderseite hervorgerufen. Man muss, wenn man das Gleichgewicht nicht verlieren will, das nach hinten gebrachte Körpergewicht durch die Beugung des Kopfes und des Rumpfes und durch die Streckung der Arme nach vorne ausgleichen. Zehen und Vorderfüße werden von der Unterlage abgehoben, während die Fersen auf der Unterlage bleiben. Die Gewichtsverlagerung nach vorn bewirkt eine Tonuserhöhung der gesamten Muskulatur der hinteren Körperseite.

Störungen des Gleichgewichts

Gleichgewichtsprobleme sind in erster Linie auf Störungen in der vestibulären Wahrnehmung zurückzuführen. Gleichgewichtsprobleme zeigen sich in verschiedenartigen Besonderheiten des Bewegungsverhaltens. Das Gangbild deutet auf Unsicherheiten hin, es sind außergewöhnlich heftige Ausgleichsbewegungen der Arme, der Beine, des Kopfes oder des gesamten Körpers zu beobachten. Die Bewegung wird besonders langsam oder auch besonders schnell ausgeführt. Die Muskelspannung ist erhöht. Oder aber die Bewegungshandlung wird ganz verweigert.

Ein unzuverlässiges Gleichgewicht erschwert den Kindern das Verfolgen von bewegten Gegenständen, wenn es mit einer Richtungsänderung des Körpers verbunden ist. Das Einschätzen von Abständen und rechtzeitiges Anhalten bei Annäherung fällt diesen Kindern besonders schwer. Eine Treppe ohne Geländer herabzugehen oder einen Becher mit einem Getränk ohne Verschütten zu transportieren, kann diesen Kindern mit vestibulären Problemen große Schwierigkeiten bereiten.

Menschen mit Gleichgewichtsproblemen können sich z. B. auch davor fürchten, in die Höhe zu klettern oder über einen Fußboden zu gehen, der steinig oder höckerig ist. Sie halten sich ängstlich am Treppengeländer beim Auf- oder Abwärtsgehen der Treppen fest. Sie lieben es nicht, auf Bordsteinkanten zu laufen, über Gegenstände zu klettern oder auf Tieren zu reiten. Den Kopf nach unten halten zu müssen, löst Angst aus. Da dieses Problem Ausdruck einer Überempfindlichkeit gegenüber den Reizinformationen der Schwerkraftrezeptoren ist, spielt die Stellung des Kopfes für diese Personen eine kritische Rolle.

»Den Kopf mit seiner oberen Seite nach unten zu halten, stellt die stärkste Reizung der Schwerkraftrezeptoren im Labyrinth des Innenohres dar und wird ganz besonders von solchen Personen als bedrohlich empfunden, die diese Gleichgewichtsinformationen nicht entsprechend modulieren können. Schwerkraftverunsicherte Kinder vermeiden Purzelbäume. In-die-Luft-geschleudert-Werden bereitet ihnen kein Vergnügen.« (Ayres, 2002, S. 149)

4.3 Bedeutung der Motodiagnostik

Für die letzten Jahrzehnte können deutlich erkennbare Veränderungen der Diagnostikmodelle und der zugrunde liegenden Ziele beschrieben werden. Ein solcher

Paradigmenwechsel kann sowohl für die Heilpädagogik als auch für die Psychomotorik konstatiert werden.

Durch standardisierte Aufgabenstellungen und detailliert festgelegte Untersuchungsbedingungen hoffte man anfangs, eine größtmögliche Objektivität der Ergebnisse zu erlangen. Es zeigte sich aber, dass die Aussagefähigkeit solcher Verfahren doch recht gering sein kann. Die Kritik richtete sich vor allem auch auf das beziehungslose Nebeneinander von Diagnose und Förderung und auf die Verwendung der Ergebnisse im Sinne einer Selektion. Nur schwer ließen sich aus der Diagnose Hinweise für anschließende Fördermaßnahmen ableiten. Eine Auswahl etwa von Inhalten oder Methoden war meist aus der Diagnose nur begrenzt ableitbar und begründbar. So blieb oft die Funktion die der Legitimation von Aussonderungen eines Kindes. Diagnostik in diesem Sinne hatte die Aufgabe der Ermittlung von Störungen, Schwächen und Defekten.

Auf Grundlage der Kritik wird in der heutigen Zeit in dem Ziel der Diagnostik nicht mehr die Aussonderung von Menschen aufgrund von festgelegten Eigenschaften oder einer bestimmten Eigenart gesehen. Es wird nicht mehr die Annahme vertreten, dass ein gemessenes Merkmal konstant und zeitstabil ist, da ja ein »Defekt« besteht, sondern diagnostische Methoden sollen Veränderungen innerhalb eines Entwicklungsverlaufs aufzeigen können. Der Fokus richtet sich weniger auf die Störungen als auf die Stärken und Kompetenzen des zu Diagnostizierenden.

Diese veränderten Sichtweisen wurden auch in der Motodiagnostik aufgenommen. In der Anfangsphase der Entwicklung motorischer Testverfahren hatte man auch das Bestreben, durch standardisierte Bewegungsaufgaben und detailliert festgelegte Untersuchungsabläufe eine größtmögliche Objektivität der Ergebnisse zu erlangen. Aber auch hier zeigte sich, dass die Aussagefähigkeit solcher Verfahren doch recht gering sein kann. Die Grundgedanken der Förderdiagnostik entwickelten sich als Gegenpol zur Selektionsdiagnostik (vgl. Zimmer, 2006, S. 96). Die Intentionen gingen weniger dahin, die individuelle Leistung des Kindes mit dem Mittelwert einer Vergleichsgruppe (»Normorientierung«) zu vergleichen, sondern sich eher an der individuellen Entwicklung eines Kindes zu orientieren und zu versuchen, hier vorgefundene Entwicklungsstrukturen zu beschreiben.

Diagnostik als Entscheidungshilfe für Fördermaßnahmen darf somit nicht als Defizitauslese verstanden werden. Neben den Auffälligkeiten und Störungen gilt es genauso, Fähigkeiten und besondere Stärken des Kindes zu erkennen und für die Förderung nutzbar zu machen. Die individuellen Möglichkeiten des Kindes und seine besonderen Fähigkeiten sollten ebenso hervorgehoben werden wie Retardierungen und Beeinträchtigungen bestimmter Entwicklungsbereiche, um darauf Förderschwerpunkte aufbauen zu können. Doch sollen nicht generell damit alle messenden diagnostischen Verfahren und Urteilsbildungen abgelehnt werden,

> »denn verantwortungsbewusste pädagogische/therapeutische Handlungsweisen bedürfen mit Sicherheit einer Orientierungsgrundlage und einer späteren Bewertung ihrer Wirksamkeit, wobei dann vor allem Methoden der qualitativen Beobachtung, aber auch eine behutsame und verantwortungsvolle Verwendung anderer Verfahren trotz aller berichteten Nachteile ihren Platz haben könnten.« (Eggert u. a., 2008, S. 104)

Auch die systemisch-konstruktivistische Sichtweise hat deutliche Auswirkungen auf das diagnostische Vorgehen. Damit wird die Forderung erhoben, dass die Lebensumstände der Personen mit einbezogen werden müssen, auch die Beobachtungen im gewohnten Umfeld, in Alltagssituationen, im familiären Umfeld oder in Strukturen der Einrichtungen. Die vielfältigen Vernetzungen und wechselseitigen Beeinflussungen müssen auf der Ebene der Bewegung erkannt werden. Bewegungs- und Verhaltensweisen der Interaktionsteilnehmer werden aufeinander bezogen. Man betrachtet nicht so sehr die subjektive Absicht, sondern fragt vielmehr nach ihrem kommunikativen Gehalt, nach ihrer Wirkung auf die Verhaltensweisen der anderen.

Charakteristisch für diese prozessorientierte Diagnostik ist die Wechselwirkung zwischen Diagnostik und Intervention im Spiel- oder Übungsgeschehen. Dazu werden im gemeinsamen Bewegungsdialog lösungsorientierte Hypothesen über die sozialen Interaktions- und Kommunikationsprozesse und über die vorhandenen Stärken, Kompetenzen und Ressourcen gebildet.

Die Selbstbeobachtung des Diagnostikers ist zudem ein wichtiger Aspekt. Dabei muss sich der Beobachter selbst seiner Subjektivität bewusst sein. So können Konstruktionen der eigenen Systeme des Beobachters, wie eigene Abwehrmechanismen, Etikettierungen, Übertragungsreaktionen und Problembelastungen usw. einen Beziehungsaufbau zum Kind beeinflussen.

Aus den Erläuterungen ergibt sich zusammenfassend, dass im pädagogischen Handeln die beiden Prozesse – des Diagnostizierens, d. h. des Erkennens und Verstehens einerseits und der daraus folgenden begründeten pädagogischen Einwirkung bzw. Handlung andererseits – nicht so klar zu trennen sind. Denn der Pädagoge ist in der Erziehungssituation nicht erst Diagnostiker und dann Handelnder, sondern er befindet sich stets in beidem – Diagnostizieren, also genaues Hinsehen, Wahrnehmen, Erkennen und Verstehen von Verhalten einerseits und Handlung, Übung und Einwirkung andererseits ergänzen sich. In diesem wechselseitigen Prozess bedarf es daher der kritischen Reflexion und Bestandsaufnahmen. Neben der Eingangsdiagnostik zählen dazu die Evaluation von Fördermaßmaßnahmen sowie eine längerfristige Begleitung im Sinne einer prozessbegleitenden Diagnostik (Leyendecker, 2005, S. 126 f.). Je nach zeitlichem Einsatz des Verfahrens kann also auch die Bedeutung der Motodiagnostik darin liegen,

- die Einleitung einer psychomotorischen Förderung zu begründen, etwa gegenüber Kostenträgern zu legitimieren,
- den Maßnahmeprozess zu begleiten, um Inhalte, Ziele, Aufgaben abzustimmen, neu festzusetzen oder zu verändern,
- und die Bedeutung oder Effektivität der Entwicklungsförderung abschließend zu beurteilen und zu bewerten.

Bereiche der Motodiagnostik

Die wichtigsten Methoden bzw. Vorgänge der heilpädagogischen Diagnostik sind Anamnese, Verhaltensbeobachtung und psychologische Tests. Zu diesen Aufgabenstellungen der Diagnostik bietet auch die Psychomotorik bzw. der Wissenschaftszweig der Motologie geeignete Verfahren an. In der Motodiagnostik bedienen wir uns motometrischer (messender), motoskopischer (das Gesehene beschreibender bzw. kategorisierender) und vereinzelt auch motografischer (z. B. Filmaufnahmen) Verfahren.

In der *Motometrie* geht es um die quantitative Messung der Bewegung. Um Bewegungsleistungen präzise erfassen zu können, sind möglichst objektive und zuverlässige Leistungs- und Fertigkeitstests entwickelt worden, in denen Bewegungsabläufe und -ausführungen genau erfasst und verglichen werden. Bei diesen standardisierten Prüfverfahren werden also konkrete Bewegungsvollzüge oder Fertigkeiten überprüft und objektive Leistungswerte erhoben.

Die *Motoskopie* stellt eine mehr oder weniger systematische Bewegungsbeobachtung dar; Bewegungsmerkmale werden aufgrund von Beobachtung in allgemeinen Bewegungssituationen oder in standardisierten Situationen erfasst. Die Bewegungsmerkmale werden entweder frei beschrieben oder in vorgegebene Kategorien eingeordnet. Vor allem werden somit qualitative Merkmale des Bewegungsverhaltens festgehalten und Verhaltensweisen in Beobachtungs- oder Einschätzskalen erfasst. Solche Beobachtungsverfahren sind meist recht einfach zu handhaben und ermöglichen es, komplexe Bewegungs- und Spielabläufe knapp zu erfassen, unterliegen aber einer ganzen Reihe von möglichen subjektiven Verzerrungen.

Die *Motografie* zeichnet den Ablauf einer Bewegung oder einer Bewegungsfolge mit Video oder anderen elektronischen Hilfsmitteln auf. Die Aufzeichnungen erlauben eine differenzierte qualitative Auswertung von Bewegungen, sind aber wegen ihres technischen Aufwandes eher der wissenschaftlichen Forschung vorbehalten. Bis auf gelegentliche Videoaufnahmen werden motografische Verfahren in der psychomotorischen oder heilpädagogischen Praxis kaum eingesetzt.

In dem folgenden Abschnitt wird daher nur auf die in der Praxis bedeutsamen motoskopischen und motometrischen Verfahren eingegangen, dazwischen stehen die allgemeinen und speziellen Entwicklungstests, die je nach Auswahl der Kriterien und der Konstruktion der Untersuchungsverläufe eher motoskopisch oder motometrisch angelegt sind.

4.4 Ausgewählte Verfahren der Motoskopie und Motometrie

In diesem Abschnitt sollen einige diagnostische Verfahren kurz vorgestellt werden, die für eine psychomotorische Förderung im Rahmen der Heilpädagogik zur Anwendung kommen können. Sie können von (heil-)pädagogischen Fachkräften bei Vorliegen der notwendigen Bedingungen (z. B. Raum, Zeit, Materialien) eingesetzt werden. Mit der Kenntnis der Verfahren können zudem entsprechende Ergebnisse in Entwicklungsberichten auch besser verstanden und eingeordnet werden.

Den Erläuterungen der motoskopischen Verfahren werden hier kurz einige Erkenntnisse zur Bewegungsbeobachtung und zu möglichen Fehlern vorangestellt.

Bewegungsbeobachtung stellt in pädagogischen und therapeutischen Arbeitsfeldern eine grundlegende und regelmäßige Anforderung dar. Kompetenzen in diesem Bereich benötigen alle Mitarbeiter, die dort arbeiten. Die Bewegungsbeobachtung nimmt somit in der Motodiagnostik eine zentrale Stellung ein. Sie kann uns vielfältige Informationen über das Bewegungsverhalten und damit über die Persönlichkeit eines Menschen geben. Dabei können wir allerdings nicht allumfassend aufnehmen, sondern wir sind gezwungen, Verhaltensaspekte auszuwählen, oft auch unbewusst; wir können immer nur ausschnitthaft, also selektiv wahrnehmen. Auch müssen wir uns darüber bewusst sein, dass Wahrnehmung und Beurteilung subjektiv sind, d. h., der Auswahl- und Verarbeitungsprozess ist von unseren eigenen Einstellungen, Werthaltungen und Vorerfahrungen geprägt. Zudem besteht die Gefahr des vorschnellen Interpretierens. Fehlerquellen, die die Wahrnehmung und Beurteilung verfälschen können, sind beispielsweise:

- Der Beobachter neigt dazu, in Skalen hauptsächlich den Mittelbereich anzukreuzen (Fehler der »zentralen Tendenz«). Oder die differenzierte Beobachtung wird erschwert durch die Tendenz, zu gut (Milde-Effekt) oder zu schlecht (Strenge-Effekt) zu sehen bzw. zu urteilen.
- Beobachtete Aspekte werden vom Beobachter in ihm vertraute und bekannte Kategorien eingeordnet (Vorurteilsbildung, Stereotypisierung). Der Beobachter hat eine »eigene Persönlichkeitstheorie«, er meint, dass bestimmte Merkmale zusammengehören und stets zusammen auftreten (Logik-Fehler).
- Von einer sehr positiven oder negativen Eigenschaft oder Verhaltensweise, die besonders hervorsticht, wird auf andere, weniger augenfällige Verhaltensbereiche in gleicher Weise geschlossen (Halo-Effekt).
- Erstbeobachtungen können einen größeren Einfluss auf die Bildung eines Gesamteindrucks haben als später gemachte (Primacy-Effekt). Der erste Eindruck kann dazu führen, dass im Folgenden der Blick auf wesentliche Verhaltensweisen verstellt wird.

Um aussagekräftige Daten zu erhalten, müssen wir uns bemühen, möglichst bewusst und gezielt unter einer festgelegten Fragestellung zu beobachten. Wir müssen unser Augenmerk auf wesentliche Informationen lenken. Je präziser wir das festlegen, was wir beobachten wollen, desto genauer können unsere Ergebnisse sein.

Unterscheiden kann man einerseits – je nach Rolle des Beobachters – zwischen teilnehmender und nichtteilnehmender Beobachtung. Andererseits kann die Beobachtung in offenen oder standardisierten Spiel- oder Bewegungssituationen erfolgen mit entweder freien Aufzeichnungen oder mit Hilfe festgelegter Kriterien.

4.4.1 Motoskopische Verfahren

Motoskopische Verfahren beinhalten in der Regel Checklisten bzw. Screenings. Das heißt, es handelt sich um Prüfverfahren, um Besonderheiten, Auffälligkeiten

4.4 Ausgewählte Verfahren der Motoskopie und Motometrie

oder Entwicklungsrückstände zu sondieren. Ziel ist nicht die genaue Feststellung eines Entwicklungsstandes im Sinne eines normierten Testwertes, sondern die Beurteilung, ob eine Auffälligkeit vorliegt. Screenings sind »Siebverfahren«, die qualitative Besonderheiten oder quantitative Abweichungen an kritischen Grenzwerten erfassen (Leyendecker, 2005, S. 138).

Das *Sensomotorische Entwicklungsgitter* (Kiphard, 2002) ist ein allgemeines Screeningverfahren zur Entwicklungsüberprüfung der Sinnes- und Bewegungsfunktionen. Das Verfahren dient zur Grobauslese von Entwicklungsverzögerungen und -störungen. Es kann von Eltern und Erziehern angewandt werden. Es wurde von E. J. Kiphard für Kinder bis zum vierten Lebensjahr erarbeitet. Eine Erweiterung wurde durch die Kinderärztin Dr. Gertrud Ohlmeier bis zum Alter von siebeneinhalb Jahren vorgenommen (1997). Helga Sinnhuber (2002) hat auf diesen Grundlagen ebenfalls eine ähnliche Anleitung zur »Sensomotorischen Förderdiagnostik« für das Alter von vier bis siebeneinhalb Jahren vorgelegt.

Die Angaben jenseits des vierten Lebensjahres haben für die Entwicklungsdiagnostik nicht mehr den Aussagewert wie diejenigen der ersten vier Jahre. Sie dienen vielmehr als Anhaltspunkt und Anregung zur weiteren Entwicklungsförderung.

Besonderes Merkmal dieser Skala ist, dass es sich nicht um Durchschnittswerte handelt, sondern die Alterswerte gelten für Spätentwickler, d. h. 90 % der Kinder erfüllen die genannten Aufgaben. Wenn ein Kind in einem der Funktionsbereiche diese Mindestanforderungen nicht erfüllt, so signalisiert das den ernstzunehmenden Verdacht auf einen Entwicklungsrückstand.

In dem Entwicklungsgitter werden die Angaben für einen Abstand von einem bzw. mehreren Monaten für folgende Bereiche angegeben: optische Wahrnehmung, Handgeschick, Körperkontrolle, Sprache, akustische Wahrnehmung, Sozialkontakt.

In der *Prozessskala psychomotorischen Verhaltens* (vgl. Kiphard, 1983) werden die häufigsten in der Praxis vorkommenden psychomotorischen und sensomotorischen Störungsmerkmale erfasst. Die listenmäßige Erfassung erfolgt aufgrund eingehender Beobachtung in nicht klar definierten Bewegungs- oder Spielsituationen. Die anzukreuzenden Störungssymptome stellen quantitative und qualitative Mängel innerhalb der Bereiche der Motorik, Perzeption und des sozialemotionalen Verhaltens dar. Dort sind vielfältige Aspekte im Bewegungs-, Wahrnehmungs- und Verhaltensbereich erfasst, die einen groben Überblick erlauben.

Dieser Beobachtungsbogen ist schon älteren Datums und eher defizitorientiert angelegt, darüber hinaus enthält er hauptsächlich negative Beschreibungen. Dennoch kann er aber Ausgangspunkt und Grundlage für individuelle Ergänzungen und Erweiterungen sein. Im Sinne der Förderdiagnostik ist es dabei sehr wichtig, zusätzlich auf jeden Fall die Kompetenzen und Ressourcen zu erfassen und daraus Ansatzpunkte für die Förderung zu entwickeln.

Trampolinkoordinationstest für Kinder (TKT) (Kiphard, 1982, S. 53–61): Auch dieser Test kann zu den strukturierten Beobachtungsverfahren gerechnet werden. Die für die meisten Kinder anfangs völlig neuartige Bewegungssituation ruft zu ihrer Bewältigung spontane sensomotorische Anpassungsprozesse hervor, die bei Kindern ohne Beeinträchtigungen relativ schnell gelingen. In der Beobachtungssituation des Trampolinspringens werden gesamtkörperliche Steuerungsmängel deshalb oft besonders deutlich. »Dieser Vergrößerungs- und Vergröberungseffekt wird durch die zusätzlich zur Eigenmuskelkraft einwirkende Federkraft des Sprungtuches erreicht« (Kiphard, 2001, S. 70). So können wie durch eine »Lupe« auch leichtere Formen einer Koordinationsstörung nachgewiesen werden.

Der Trampolintest dient der Grobdiagnose koordinativer Störungen bei Kindern im Alter von 6–14 Jahren; er ist ab vier Jahren einsetzbar. Im Screening wird die Körperkoordination bei Fußsprüngen auf einem Trampolin-Sprungtuch beobachtet. Die Beurteilungsskala enthält 33 Bewegungsmerkmale in neun Kategorien. Folgende Merkmale können beim Trampolinspringen beobachtet, festgehalten und ausgewertet werden: Stampfen, Abstoppen, Hinfallen, Hüftbeugen, Zickzackhaltung, Kopfhalteschwäche, Sprungverspannung, Sprungsteifheit, Sprungschlaffheit, zu hohes Springen, zu niedriges Springen, hastiges Springen, verlangsamtes Springen, Sprungverzögerung, Seitabweichungen, Gewichtsverlagerung rechts/links, rechter/linker Fuß eher abgehoben, rechtes/linkes Knie höher, Armpassivität rechts/links, Armbeugehaltung rechts/links, Handgelenkbeugehaltung rechts/links, Spitzfußstellung rechts/links, ausfahrende Grobimpulse, ausfahrende Feinimpulse, Drehbewegungen, Körperzittern.

Auch ohne Beachtung der genauen Testausführung können die Merkmale in der freien Beobachtung wichtige Anhaltspunkte geben.

Die »*Diagnostik mit Pfiffigunde*« (Cardenas, 1992) ist ein Suchverfahren zur Erfassung von Perzeption und Motorik bei Kindern im Alter von fünf bis acht Jahren. Das Screening erfasst die Bereiche: Grobmotorik, Feinmotorik, Körperschema, Gedächtnis, Bilateralintegration (koordiniertes Zusammenspiel beider Körperhälften), Lateralität (Seitigkeit) und Wahrnehmung.

Um Verhaltens- und Bewegungsmerkmale genauer beobachten und erfassen zu können, sind offene Spiel- und Bewegungssituationen oft nicht ausreichend. Strukturierte Beobachtungsverfahren helfen, da sie bestimmte Vorgaben enthalten und damit eine gezieltere Diagnostik ermöglichen. In diesem Verfahren sind die Beobachtungssituationen in das Märchen »Abenteuer mit Pfiffigunde« eingebunden. In 31 Situationen können Informationen über den erreichten Stand von Fein- und Grobmotorik, Perzeption, Lateralität, Körperschema und Gedächtnis gesammelt werden. Das Verfahren ist zeit- und personalaufwändig. Es ist aber aufgrund des kindangemessenen Charakters in der pädagogischen Praxis und in Frühförderstellen, Kindergärten sowie im Grund- und Sonderschulbereich gut einsetzbar.

> »Im Verfahren ›Diagnostik mit Pfiffigunde‹ stehen die Aufgaben in einem sinnhaften Zusammenhang, der die kindliche Fantasie anspricht. Die Kinder sind Akteure in einem Märchenspiel mit Drachen, Hexen und Feen. Sie haben Mitstreiter, mit denen sie gemeinsam die Abenteuer bestehen. Dadurch ist der Widerstand gegen ein Mit-Spielen gering.
>
> Das Beobachtungsverfahren ›Diagnostik mit Pfiffigunde‹ soll eine Ergänzung sein zu standardisierten Testverfahren und neurologischen Untersuchungsverfahren, deren Nachteile im motivationalen Bereich liegen, da die Testsituation unnatürlich ist und keine Eigenmotivierung schafft.« (Cárdenas, 1992, S. 17)

Ein weiteres strukturiertes Beobachtungsverfahren, welches in eine Märchengeschichte eingebunden ist, wurde mit dem »*Abenteuer der kleinen Hexe*« (Schönrade/Pütz, 2004) für vier- bis achtjährige Kinder vorgelegt. Es sieht sich als Methode einer an den Stärken des Kindes orientierten Förderdiagnostik. Die Autoren formulieren als Merkmale die Prozessorientiertheit, die Einbettung des Kindes in das reale Umfeld sowie das enge Wechselverhältnis von Diagnose und Intervention. Das Beobachtungsverfahren basiert auf einem Märchen, das so aufgebaut ist, dass die Kinder spielerisch an Bewegungssituationen herangeführt werden. In drei Geschichten mit je acht Aufgaben sind die Beobachtungssituationen so konstruiert, dass die Kinder altersgemäß, spielerisch und motivierend angesprochen werden.

Ein Beobachtungsbogen unterstützt das strukturierte Beobachten. Die Bewertungen »2–1–0« dienen lediglich dazu, einen Überblick über den Entwicklungsstand des Kindes zu erhalten, Aussagen über Stärken zu treffen. Auf dieser Grundlage können weitere Überlegungen für die psychomotorische Vorgehensweise angestellt werden.

Die Geschichten des Beobachtungsverfahrens bilden den Hintergrund, um die jeweiligen Beobachtungsaufgaben durchzuführen. Veränderungen sind nach Darstellung der Verfasser möglich, manchmal sogar erforderlich. Je nach Alter der Kinder, der Gruppenstruktur und den aktuellen Themen soll eine inhaltliche Anpassung an die Gegebenheiten von Vorteil sein, dadurch kann zusätzlich ein positiver Effekt erreicht werden. So kann das Beobachtungsverfahren beispielsweise in die Thematik eines Kindergartens zum Thema »Hexen, Feen, Zauberwald« einbezogen werden. Nach Auffassung der Verfasser müssen bei der inhaltlichen Veränderung folgende Aspekte berücksichtigt werden (vgl. Schönrade/Pütz, 2003, S. 160):

- Die Märchenlogik sollte so aufgebaut sein, dass die Kinder in Anlehnung an den Inhalt die Aufgaben sinnvoll bewältigen können.
- Die Anzahl von acht Aufgaben sollte nicht überschritten werden.
- Die Aufgaben müssen so aufgebaut sein, dass auch das ausgewählte Beobachtungsmerkmal beobachtet werden kann.
- Ein Wechsel der Aufgabeninhalte von aktiven, passiven und solchen mit einem Anteil an Konzentration sollte beachtet werden.

Klinischer Beobachtungsbogen (Kesper/Hottinger, 1992): Hierbei handelt es sich um strukturierte Beobachtungssituationen im Rahmen einer klinisch orientierten Beobachtung zur Feststellung von Sensorischen Integrationsstörungen. Dem Kind (ab drei bis vier Jahre) werden in der Regel an zwei Terminen zu je 60 Minuten 23 Aufgaben gestellt, die beobachtet und ausgewertet werden. Eine zusammenfassende Zuordnung kann für vier Bereiche vorgenommen werden: für den taktil-kinästhetischen Bereich, für den vestibulären Bereich, für die Körperorientierung und für die Bewegungsplanung/Ausführung. Beobachtungsaufgaben sind zum Beispiel:

- Bild ergänzen nach Vorlage, verbunden mit Schreibbewegungen (Grafomotorik)
- Hautreaktion (taktile Sensibilität)
- Punkte lokalisieren und diskriminieren (taktile Wahrnehmung)
- Formen ertasten (Tastwahrnehmung)

- isolierte Fingerbewegungen (Kinästhesie)
- Armstellungen nachahmen und Körperteile benennen (Körperschema)
- Reihenfolge erkennen und nachlegen (Bewegungsplanung)
- Übungen auf dem Rollbrett (Stellungsintegration)
- mit geschlossenen Augen gehen (Raumwahrnehmung, kinästhetische Wahrnehmung, Gleichgewicht)
- Einbeinstand (Gleichgewicht)
- einbeiniges und zweibeiniges Hüpfen (Lateralisation)

4.4.2 Motometrische Verfahren

Verhaltens- und Bewegungsbeobachtungen können recht aufschluss- und umfangreich sein. Wie erwähnt ist damit aber immer ein hoher Anteil an Subjektivität verbunden. Deshalb werden motorische Testverfahren angeboten, die ein hohes Maß an Objektivität und Zuverlässigkeit der Erfassung motorischer Merkmale für sich beanspruchen.

Die Motometrie beinhaltet standardisierte Prüfverfahren, die einen Vergleich der Resultate ermöglichen. Die Motorik wird anhand konkreter Bewegungsvollzüge und objektiver Leistungswerte geprüft. Aber der dadurch ermittelte Wert ist mit Vorsicht zu genießen. Ein solcher Wert stellt nur eine Art Richtwert dar, er basiert auf den Ergebnissen einiger weniger Testsituationen zu einem festgelegten Zeitpunkt. Auch Kiphard, der solche Testverfahren mit entwickelte, vermerkte die negativen Seiten dieser motometrischen Verfahren:

> »Außerdem müssen wir uns klar darüber sein, dass es sich hier um eine defizitäre Diagnostik handelt. Sie birgt die Gefahr, dass ein Kind als unzulänglich und funktional minderwertig etikettiert wird. Das führt häufig zur Stigmatisierung. Diese Kinder sind auf der Verliererseite. Sie fühlen sich als nicht vollwertig und damit als ›reparaturbedürftig‹. Von daher ist es nötig, wie oben schon angedeutet, die Stärken förderbedürftiger Kinder zu erkennen und entsprechend zu fördern.« (Kiphard, 2004, S. 36)

Der *Körperkoordinationstest für Kinder (KTK)* von E. J. Kiphard und F. Schilling (1974) ist eines der bekanntesten Testverfahren und dient der Erfassung der Gesamtkörperkontrolle und Gesamtkörperkoordination bei nichtbehinderten und behinderten Kindern im Alter zwischen 5 und 14 Jahren. Er enthält vier Testaufgaben, deren Ausführung genau vorgeschrieben ist. Für die Bewältigung der Aufgaben werden Punkte/Werte vergeben. Die Auswertung der Rohwerte ergibt einen Motorik-Quotienten, der eine Klassifikation (hoch, gut, normal, auffällig, gestört) erlauben soll. Die geringe Anzahl der Aufgaben ist für den Praktiker sicherlich ein wichtiges Kriterium.

Für jede Testaufgabe gibt es genaue Mess- und Bewegungsvorschriften. Die Ergebnisse können zu einem Motorikquotienten (MQ) transformiert werden. Es existieren alters- und geschlechtsspezifische MQ-Werte, sowohl für die Einzelitems als auch für den Gesamtwert. Die Aufgaben umfassen:

- Balancieren rückwärts auf einem 300 cm langen und zwischen 3 und 6 cm breiten Balken

4.4 Ausgewählte Verfahren der Motoskopie und Motometrie

- Monopedales (einbeiniges) Überspringen von sukzessive aufgeschichteten Schaumstoffplatten (maximale Höhe: 50 cm), ohne die Balance zu verlieren
- Seitliches Hin- und Herspringen, zweimal 15 Sekunden lang, auf einem Holzbrett (100 × 60 cm) über eine Mittelleiste
- Seitliches Umsetzen, d. h. sich auf zwei Holzbrettchen durch Umsetzen seitwärts zu bewegen, ohne mit den Füßen den Boden zu berühren

Der KTK zielt darauf ab, das Vermögen der Gesamtkoordination bzw. Gesamtkörperbeherrschung anhand der vier in einer vorgegebenen Reihenfolge auszuführenden Aufgaben quantitativ zu erfassen. Er ist gegenwärtig zur Feststellung des allgemeinen motorischen Entwicklungsstandes noch weit verbreitet.

Der *Motoriktest für vier- bis sechsjährige Kinder (MOT 4–6)* von R. Zimmer und M. Volkamer (1984) beinhaltet 18 Bewegungsaufgaben, deren Ausführung genau vorgegeben ist. Aufgaben sind z. B. Balancieren, seitliches Überspringen, Stab auffangen, Zielwurf, durch einen Reifen winden, Tennisring auffangen, Hampelmannsprung, Rollen, Drehsprung u. Ä. Der Test ist zur Diagnose der motorischen Fähigkeiten und des motorischen Entwicklungsstandes vier- bis sechsjähriger Kinder erstellt, bei entwicklungsretardierten und bewegungsbeeinträchtigten Kindern kann das Alter höher sein. Der Test beinhaltet vor allem Spiel- und Bewegungsaufgaben, die den Interessen jüngerer Kinder entsprechen, er ist somit auf deren Bedürfnisse nach variationsreichen Bewegungsmöglichkeiten abgestimmt.

Der Test besteht aus Aufgaben, die z. T. quantitativ, z. T. aber auch qualitativ ausgewertet werden. Für jedes Item können bis zu zwei Punkte vergeben werden. Die Summe der in den einzelnen Aufgaben erzielten Werte ergibt den Gesamtrohwert. Mithilfe einer Tabelle können Normwerte ermittelt werden, dadurch ist die Einordnung der individuellen Leistung des Kindes in seine Altersgruppe möglich. Testnormen liegen für durchschnittlich entwickelte vier- bis sechsjährige Kinder in Halbjahresstufen vor.

Die Testdurchführung sollte – wenn möglich – außerhalb der Gruppenübungsstunde stattfinden. Nach Erfahrung der Autoren hat es sich als sinnvoll erwiesen, wenn zwei Kinder gemeinsam an dem Motoriktest teilnehmen. Die 18 Aufgaben des Tests können unterschiedlichen Dimensionen der Motorik zugeordnet werden:

- gesamtkörperliche Gewandtheit und Koordinationsfähigkeit
- feinmotorische Geschicklichkeit
- statisches und dynamisches Gleichgewichtsvermögen
- Reaktionsfähigkeit
- Sprungkraft
- Bewegungsgeschwindigkeit
- Bewegungsgenauigkeit und Steuerungsfähigkeit

Das *Diagnostische Inventar motorischer Basiskompetenzen (DMB)* (Eggert/Ratschinski, 2000) dient der Erfassung konditioneller und koordinativer Basisfaktoren sowie Fähigkeiten der Wahrnehmung bei Kindern, insbesondere lern- und entwicklungsgestörten Kindern im Alter zwischen 5 und 13 Jahren. Das DMB besteht aus 24 Testaufgaben. Die Messwerte werden qualitativ erfasst; es können individuelle Leistungsprofile erstellt werden. Differenzielle Normwerte liegen nicht vor. Es gibt lediglich Hinweise zur Testauswertung auf der Datenbasis von 746 Jungen und Mädchen im Alter von 5–13 Jahren aus verschiedenen Schultypen. Untersuchungen zur Validität bestätigen die Brauchbarkeit des DMB für die Differenzialdiagnose. Die Ermittlung von Gesamtwerten wird nicht empfohlen. Das Verfahren besteht aus zwei Teilen: den 24 motodiagnostischen Kernaufgaben mit Bewertungs- und Normangaben und einer Vielzahl von zusätzlichen motodiagnostischen Situationen ohne Bewertungshinweise und ohne Angabe von Vergleichswerten.

Die Bewertungsvorschläge orientieren sich an einer Norm, die davon ausgeht, dass die Aufgaben in der Regel von etwa 80–90 % von Grundschülern (erste bis vierte Klasse) gelöst werden können (Eggert/Ratschinski, 2000, S. 40). Beispiele der Kernaufgaben sind (vgl. ebd., S. 131 ff.): Schlusssprung vorwärts, Dreiecklauf, über einen Gymnastikstab steigen, auf einem Bein stehen, Balancieren auf der Langbank, Ball hinter den Kopf heben, Weg nachzeichnen, Bohnensäckchen werfen, Richtungshören, geometrische Figuren umfahren, blind Formen tasten und legen. Folgende Basiskompetenzen werden damit erfasst:

- Gleichgewicht
- Kraft/Ausdauer (Kondition)
- Schnelligkeit
- Gelenkigkeit
- visumotorische Koordination (Feinmotorik)
- visuelle Wahrnehmung
- auditive Wahrnehmung
- taktil-kinästhetische Wahrnehmung

Der Ablauf einer möglichen Untersuchungsstrategie kann in folgenden Schritten erfolgen:

1. Beginn mit »Eisbrecher-Aufgaben«: sehr leichte Aufgaben, die mit Sicherheit von allen Kindern gelöst werden können; ohne Bewertung
2. Durchführung einer Kurzform: Auswahl der Items nach Erfordernissen der Praxis
3. Differenzielle Überprüfung auffälliger Kinder durch intensive Beschäftigung mit Einzelnen; in der Schwierigkeit aufsteigende Aufgaben in der Kleingruppe oder in Einzelarbeit

Im Förderunterricht kann dann der zweite Teil des Aufgabenkatalogs (die nichtnormierten, zusätzlichen motodiagnostischen Situationen) zur vertieften Diagnostik, verbunden mit ersten Förderschritten, durchgeführt werden.

Die Inventarien wurden von D. Eggert und Mitarbeitern auf weitere Untersuchungsfelder ausgeweitet, z. B. mit dem »Selbstkonzept-Inventar des Kindes« (SKI, vgl. Eggert u. a., 2003).

Im Rahmen der Diagnostik können Gespräche mit Eltern oder Befragungen eine bedeutsame Rolle einnehmen. Durch die Eltern können Fachkräfte Informationen über den Entwicklungsverlauf des Kindes und Einblicke in seine familiäre Situation erhalten. So kann seine aktuelle Situation besser verstanden werden.

Der *Elternfragebogen von G. Kesper und C. Hottinger* (vgl. 1992, S. 66–69) beinhaltet insgesamt 64 Fragestellungen zur Entwicklung und zum Verhalten des Kindes. Im ersten Elterngespräch erhalten die Eltern diesen Fragebogen, den sie zu Hause lesen und beantworten sollen. Die Beobachtungen bzw. Antworten können nach fünf Bereichen geordnet und ausgewertet werden:

- taktile Wahrnehmung
- kinästhetische Wahrnehmung
- vestibuläre Wahrnehmung
- Körperorientierung
- Praxie (Handlungsplanung)

Dieser Fragebogen unterstützt im Rahmen der Elternarbeit die oben dargestellte klinische Beobachtung zur Überprüfung einer sensorischen Integrationsstörung.

Zusammenfassend kann festgehalten werden: Maßnahmen und Verfahren der Motodiagnostik können einen nicht unerheblichen Beitrag zur Begründung heilpädagogischer Förderung leisten. Intentionen und Anliegen diagnostischer Arbeitsweisen stimmen in grundlegenden Überzeugungen überein.

Diagnostik in der Heilpädagogik und der Psychomotorik dient nicht allein der genauen Klärung, Eingrenzung und Beschreibung einer Beeinträchtigung, Entwicklungsstörung oder Behinderung. Sie ist nicht vorrangig darauf angelegt, Defizite oder Schwächen auszumachen, sondern verfolgt als wesentliches Anliegen, vorhandene Stärken, Bedürfnisse, Interessen und Ressourcen zu ermitteln. Die eine Seite der Diagnostik beinhaltet also eine – oft kritisierte – negative Orientierung, indem sie bei beeinträchtigten Kindern Mängel erfasst. Die andere Seite hat eine positive Ausrichtung, die von den Stärken ausgeht und Ressourcen genauer in den Blick nimmt. Beides ist vor dem Hintergrund zu sehen, dass eine Förderung und heilpädagogisches Handeln nur sinnvoll begründet werden kann, wenn es auf der Basis eines Beschreibens, Erkennens und Verstehens der Verhaltensweisen bzw. der Förderbedürfnisse eines Kindes geschieht. Dabei ist die Diagnostik prozessorientiert und Diagnostik und Förderung stehen in einer Wechselwirkung miteinander.

5 Psychomotorik in heilpädagogischen Tätigkeitsfeldern

Zu Anfang dieser Schrift ist herausgestellt worden, dass sich sowohl die Heilpädagogik als auch die Psychomotorik denjenigen Menschen zuwendet, die in der sinnvollen Gestaltung des Alltags beeinträchtigt sind und nur eingeschränkt am Geschehen in Institutionen und Gruppen der Gesellschaft teilhaben können.

Die Tätigkeitsfelder der Heilpädagogik, in denen sinnvolle Möglichkeiten und Chancen einer psychomotorischen Förderung liegen, sollen in diesem Kapitel genauer beleuchtet werden. Dabei werden die Arbeitsbereiche entsprechend dem Lebensverlauf erfasst (von der Frühförderung bis ins hohe Alter), damit der Überblick über die Vielfalt an Institutionen und Zielgruppen erleichtert wird.

In der Geschichte der Psychomotorik in Deutschland liegt es begründet, dass mit dem psychomotorischen Förderangebot vorrangig Kinder im Vorschul- und frühen Schulalter angesprochen werden, die Besonderheiten im (Bewegungs-)Verhalten aufweisen, welche sich zeigen können durch

- Verzögerungen in der (senso-)motorischen Entwicklung,
- Bewegungsunruhe, Hyperaktivität,
- Bewegungsängste, Hemmungen,
- Bewegungsungeschicklichkeiten im Sinne von Störungen der Koordination, des Gleichgewichts oder anderer motorischer Fähigkeiten und Fertigkeiten.

Folglich wird der Psychomotorik in der Arbeit mit Kindern eine hervorgehobene Gewichtung zugemessen, also in den Frühförderstellen, in heilpädagogischen oder integrativen Kindertagesstätten, in den Förderschulen oder im gemeinsamen Unterricht von Kindern mit und ohne Behinderung. In diesem Alter kann meist noch großer Einfluss auf die Entwicklung der Persönlichkeit genommen werden, und die Wirksamkeit einer Bewegungsförderung wird als besonders hoch eingeschätzt.

Aber die Bedeutung für andere Altersgruppen ist ebenso nicht zu unterschätzen. Psychomotorisch orientierte Bewegungskonzepte werden seit vielen Jahren auch für Erwachsene, für ältere Menschen, für Menschen mit verschiedenen Behinderungen in der Theorie begründet und in die Praxis umgesetzt. In den Wohnstätten für Menschen mit Behinderungen, in den Werkstätten der Behindertenhilfe im Rahmen von Freizeitangeboten oder innerhalb von tagesstrukturierenden Maßnahmen für ältere Bewohner können psychomotorische Angebote zur Persönlichkeitsentwicklung und -stabilisierung einen großen Beitrag leisten.

Die Vielzahl an Behinderungen können in diesem Zusammenhang allerdings nicht annähernd berücksichtigt werden. Exemplarisch sollen didaktisch-methodische Überlegungen bei Körperbehinderungen im Kindesalter vorgestellt werden, weil hier eben das Handeln mit dem Körper besonderen Bedingungen unterliegt. Und Besonderheiten der geistigen Behinderung werden auf das Erwachsenenalter bezogen, weil hier im Bereich Wohnen ein wichtiges Arbeitsfeld der Heilpädagogik vorliegt.

Es wird deutlich werden, dass viele Prinzipien und methodisch-didaktische Hinweise gleichermaßen für Menschen mit den unterschiedlichen Beeinträchtigungen und für verschiedene Altersgruppen gelten, andere müssen demgegenüber individuellen Bedingungen des jeweiligen Arbeitsfeldes der Heilpädagogik angepasst werden.

Und auch Grenzen (persönliche, institutionelle, ökonomische, konzeptionelle) müssen erkannt und berücksichtigt werden. Bei schweren Störungen oder Behinderungen müssen wir erkennen, dass manchmal die Grenzen der psychomotorischen Kompetenz erreicht sein können. Je schwerer die Behinderungen sind, desto stärker treten zusätzlich z. B. physiotherapeutische, psychologische oder etwa ergotherapeutische Maßnahmen in den Vordergrund. Oder andere Methoden wie die Basale Stimulation bieten sinnvollere Möglichkeiten, Personen mit einer schweren Behinderung anzusprechen.

5.1 Frühförderung

Als eines der bekanntesten Handlungsfelder der Heilpädagogik kann sicherlich die pädagogisch-therapeutische Arbeit mit behinderten Kindern und ihren Familien angesehen werden. Kinder mit Beeinträchtigungen und/oder (drohenden) Behinderungen haben häufig nicht bzw. nur erschwert die Möglichkeit, sich ihre Welt ohne Unterstützung aktiv anzueignen und an ihr teilzuhaben. Sie sind besonderen Entwicklungsrisiken ausgesetzt, die eine individuelle Begleitung und Förderung erfordern. Die Entwicklung des Kindes kann Sorgen bereiten, weil es zu früh geboren ist, sich langsamer oder anders als Gleichaltrige entwickelt, auffällig ruhig oder unruhig ist, sich nichts zutraut oder schnell aufgibt, wenig Kontakt zu den Eltern oder anderen sucht, nicht richtig oder kaum spricht oder unsicher in der Bewegung ist.

In dieser frühen Lebensphase stehen die Entwicklung der Persönlichkeit und die Ausbildung von Fähigkeiten und Fertigkeiten im Zentrum der kindlichen Entwicklung. Die Unterstützung des Kindes und seiner Eltern bezieht sich folglich insbesondere auf diagnostische Erkennung von Entwicklungsverzögerungen und heilpädagogische sowie medizinisch ausgerichtete Förderung hinsichtlich der allgemeinen Entwicklung. Bewegung, Wahrnehmung und Spiel sind dabei als wesentliche Leitmotive in diesem Lebensabschnitt anzusehen.

Und Kinder lernen am meisten von anderen Kindern und lassen sich in ihren Bewegungen, ihrem Spiel- und Neugierverhalten von ihnen anstecken – auch wenn es vielleicht nicht sofort sichtbar ist und behinderte Kinder auch längere Zeit benötigen, um auf Kontaktangebote einzugehen.

Frühförderung als interdisziplinäres System von Hilfen umfasst Diagnostik, Früherkennung und Früherfassung, therapeutische Maßnahmen, pädagogische Förderung, Beratung und Anleitung der Eltern. Frühförderung wendet sich an behinderte und von Behinderung bedrohte Kinder von der Geburt an bis zum Übergang in eine andere, dem Kind angemessene Form der Förderung. Frühförderung strebt an, Auffälligkeiten oder Beeinträchtigungen möglichst früh zu erkennen, das Auftreten von Behinderung zu verhüten, Behinderung und ihre Folgen zu mildern oder zu beheben. Diese besonderen Chancen beruhen auf der Wirksamkeit früher Anregungen und Erfahrungen. Früheste Lernprozesse beeinflussen in hohem Maße das sich noch im physischen Aufbau befindliche kindliche Gehirn, die neuronalen Vernetzungen befinden sich in den ersten Lebensjahren in einem enormen Wachstumsprozess.

Eine vorbereitete Umgebung und angemessene Entwicklungsanreize, welche auf das Entwicklungsniveau, -tempo und die Eigenaktivität des Kindes abgestimmt sind, motivieren das Kind, den nächsten Entwicklungsschritt zu tun.

Sind bereits deutliche Entwicklungsprobleme eingetreten, so erhält Frühförderung auch die Bedeutung der Erhaltung von Funktionsresten, beispielsweise bezogen auf Fähigkeiten in der Motorik. So werden als wesentliche Förderziele der Frühförderung für das Kind neben der Entwicklung lebenspraktischer Fähigkeiten, der Unterstützung des Spielverhaltens, der Kommunikation, der Sprache und der sozialen Entwicklung auch immer die Förderung der Bewegung und der Wahrnehmung formuliert.

Die Ziele der Frühförderung lassen sich deshalb gut mit den Absichten und Prinzipien einer psychomotorischen Förderung in Verbindung bringen. Aus diesem Grunde genießt die Psychomotorik auch eine breite Anerkennung und Beliebtheit in der Frühförderung. Frühförderung und Psychomotorik haben vieles gemeinsam, sie betonen beide die besondere Bedeutung der motorischen Aktivität für die Entwicklung des Kindes. Sie versuchen, Voraussetzungen und Abläufe der kindlichen Entwicklung günstig zu beeinflussen, um zur Ausbildung eines guten Körpergefühls und zur Verbesserung des Selbstbewusstseins und des Selbstvertrauens beizutragen. Sie versuchen, die kindlichen Eigenkräfte anzusprechen und diese unter Berücksichtigung des Umfeldes und der Alltagsherausforderungen des Kindes zu unterstützen.

> »Da sie Probleme bzw. Störungen der Entwicklung aus unterschiedlicher Perspektive betrachten und bei dem ihnen verfügbaren methodischen Rüstzeug jeweils einen besonderen Zugangsweg wählen, können sie sich gegenseitig gut ergänzen, ja sogar verstärken bzw. potenzieren.« (Neuhäuser, 2011, S. 56)

Und bewegungsgebundene Angebote erweisen sich in der Frühförderung als besonders wirksam, wenn

- sie das Thema und das Interesse des Kindes treffen,
- der Schwierigkeitsgrad dem Entwicklungsstand des Kindes entspricht und für das Kind zu bewältigende Aufgabenstellungen formuliert werden,
- Beziehungs- und nicht Leistungsprozesse im Sinne von Leistungsvergleichen bestimmend sind,

- anregungsreiche Erfahrungsräume den Erforschungsdrang des Kindes ansprechen und keine vorschnellen Hilfen durch den Erwachsenen gegeben werden,
- ein Dialoggeschehen ohne negative Zuschreibungen ermöglicht wird,
- Spiele und Bewegungshandlungen zur Rollen- und Perspektivenübernahme motivieren und zu sozialen Aushandlungsprozessen führen,
- Aufgabenstellungen zur aktiven Teilhabe an einem kooperativen Gestaltungsprozess bei der Lösung von attraktiven Bewegungsaufgaben anregen. (vgl. Fischer, 2011, S. 8 f.)

Das System der Frühförderung ist somit für psychomotorische Konzepte sehr passend – und umgekehrt –, wenn im Mittelpunkt der Förderung das Kind und sein familiäres und soziales Umfeld steht, wenn die Förderung sich orientiert an den individuellen Bedürfnissen und Möglichkeiten des einzelnen Kindes in seinem sozialen Umfeld, wenn das Ziel verfolgt wird, die Handlungs- und Erlebnisfähigkeit des Kindes im Lebensalltag zu fördern, um es zu stärken und ihm Selbstvertrauen zu geben.

Elternarbeit

Die Entwicklungsstörung oder Behinderung eines Kindes ist zwar der Anlass zur Einleitung der Frühförderung, dennoch darf sich die Betreuung nicht nur an das Kind richten. Im Sinne einer familienorientierten Frühförderung ist die Einbeziehung der aktuellen Lebenswelt des Kindes, insbesondere Interaktionen mit seinen Bezugspersonen, wesentlicher Bestandteil der Frühförderung.

Der Zusammenarbeit mit den Eltern kommt damit ein hohen Stellenwert zu. Die Eltern sollen darin unterstützt werden, ihrem Kind trotz der Belastungen und Beeinträchtigungen die erforderliche Sicherheit und Geborgenheit zu gewähren. Dazu müssen die Eltern selbst zuerst ihre Befürchtungen überwinden und ihre Zuversicht stärken. Die wichtigsten Elemente der Elternarbeit in der Frühförderung sind: psychologische Beratung und Informationsvermittlung, praktische Unterstützung in organisatorischen und technischen Angelegenheiten, häusliche Pflege und Anleitung zum fördernden Umgang mit dem Kind (vgl. Greving/Ondracek, 2014, S. 397).

Eltern möchten auch wissen, was das Kind tut, von wem es begleitet wird, warum dies oder jenes dem Kind angeboten wird. Eltern haben häufig den Wunsch, sich einzubringen und mitzubekommen, wie Kinder den Tag gestalten und wie sie reagieren. Für psychomotorische Angebote bedeutet dies ein hohes Maß an Transparenz, das die Eltern verstehen hilft, warum und wie psychomotorische Angebote bedeutsam und entwicklungsfördernd für das Kind sein können.

Erziehungspartnerschaft aus psychomotorischer Sicht bedeutet, die Expertenrolle der Eltern von vornherein mit in die kindliche Betreuung einzubeziehen. Dies setzt eine intensive Kommunikation, Klarheit und Nachvollziehbarkeit der Angebote und Anerkennung der Eltern als kompetente Partner voraus. Als Übungsleiter psychomotorischer Förderung ist es hilfreich zu wissen und zu erleben, wie Eltern mit dem Angebot umgehen, was sie darüber denken und ob sie es unterstützen.

Um sich auf eine Elternpartnerschaft einzulassen, bedarf es beiderseitig einer hohen Bereitschaft zur Kommunikation. Die Eltern sollten jederzeit Fragen zu Inhalten oder Intentionen von psychomotorischen Arbeiten stellen dürfen. Auch Hospitationen oder Elternbriefe tragen dazu bei, Eltern als Partner einzubeziehen. In einer Hospitation können Eltern die Wirkungsweise bewegter Angebote gemeinsam mit ihren Kindern erfahren, und sie könnten sehen, wie viel Freude und Kreativität, aber auch Kompetenz und Motivation ein Kind in die Situation einbringt. Sie könnten sehen, wie Pädagogen mit den Kindern umgehen und könnten hautnah die Modellwirkung von anderen Kindern oder erwachsenen Bezugspersonen erleben. Und für das häusliche Miteinander könnten sie Möglichkeiten erkennen, die Kinder über den Alltag hinaus psychomotorisch zu fördern.

Elternabende und Infoblätter können die Bedeutung von Wahrnehmungs- und Bewegungserfahrungen verdeutlichen, und praktische Anregungen zur Unterstützung der Kinder können auf diesem Wege vermittelt werden. Auf Elternabenden können beispielsweise durch Selbsterfahrungsübungen Eltern direkt nachvollziehen, wie geringfügige Beeinträchtigungen deutliche Auswirkungen in der Wahrnehmung und in der Bewegungssteuerung haben können.

> **Beispiele**
>
> Eltern sollen einen Stern nachzeichnen, indem sie nicht auf das Blatt, sondern in einen Spiegel schauen. Sie sollen eine Schürze auf dem Rücken zubinden, allerdings mit Handschuhen. Sie sollen durch ein Fernglas oder Prisma schauend über Hindernisse steigen oder sich mit zum Großteil zugeklebten Brillen einen Ball zuwerfen.

Auch eine gemeinsame psychomotorische Bewegungspraxis (Bewegungsstunden mit Eltern, Spiel- und Bewegungsangebote für Eltern mit Kind) bietet vielfältige Möglichkeiten, die Zusammenarbeit zwischen Fachkräften, Eltern und Kindern zu einer lebendigen Sache für alle Beteiligten werden zu lassen.

> **Beispiele**
>
> Die Eltern bekommen z. B. selbst ein Rollbrett und erkunden die Möglichkeiten des Fahrens, oder sie müssen einen Parcours bewältigen. Damit bewegen sich die Eltern auf Augenhöhe der Kinder und können sich die Perspektive der Kinder besser vorstellen und aus dieser Position heraus wahrnehmen. Oder Eltern legen sich gegenseitig Materialien auf den Körper und müssen diese erspüren und benennen.
>
> Variationsreiche Erfahrungen im Geräteparcours können dadurch ermöglicht werden, wenn Eltern über Kästen und Bänke balancieren, durch einen Tunnel kriechen, auf einen Berg klettern oder über eine wackelige Weichbodenmatte laufen.

> Eltern müssen untereinander Vertrauen aufbauen, wenn ein Teilnehmer die Augen verbunden bekommt und durch den Geräteparcours geführt werden soll. Eltern müssen zudem auch mögliche Misserfolgserlebnisse aushalten.
> (Weitere Übungsbeispiele in Kapitel 6)

5.2 (Integrative) Kindertagesstätten

Als »Kindertagesstätte« werden Einrichtungen bezeichnet, die eine ganztägige Versorgungsmöglichkeit für Kinder im Vorschulalter anbieten. Es gibt auch die Bezeichnung »Kindertageseinrichtungen«, die als Sammelbegriff für alle außerschulischen Formen öffentlicher institutioneller Betreuung, Bildung und Erziehung von Kindern verwendet wird. Da es keine einheitliche Systematik dieser Einrichtungen gibt (Bildung ist Ländersache), bietet sich eine Unterteilung in Anlehnung an das Alter der Kinder an: Krippen (Kinder unter drei Jahren), Kindergärten (Kinder zwischen drei und sechs Jahren), Horte (Kinder im Schulalter bis vierzehn Jahren). Aktuelle Tendenz ist der starke Ausbau der Betreuung von unter dreijährigen Kindern in Kindergärten, verbunden mit einem Rechtsanspruch auf einen solchen Platz.

Die Vielfalt prägt das Bild der Kindertagesstätten, es gibt Halbtags- und Ganztagseinrichtungen. Einige verstehen sich als spezialisiert auf die Kinder mit (körperlicher, geistiger und/oder seelischer) Behinderung. Andere arbeiten integrativ – dort findet die Erziehung und Entwicklungsförderung nach dem Leitsatz »Ein Kindergarten für alle« statt, d. h. für Kinder mit und ohne Behinderung. Zur näheren Bezeichnung werden meistens die Adjektive »integrativ« oder »heilpädagogisch« (oder auch noch »Sonder-«) vor die Einrichtungsbezeichnung gesetzt. Wobei die aktuellen Bestrebungen zielstrebig und eindeutig dahin gehen, im Vorschulbereich die integrative Arbeitsweise zu verankern.

Auch gibt es eine Vielfalt der Träger (Kommunen, Kirchen, Wohlfahrtsverbände, Vereine, Elterninitiativen) und Konzeptionen (z. B. Montessori-, Waldorfkindergärten und auch Bewegungskindergärten).

Wie in der Frühförderung haben auch in der Vorschulpädagogik Bewegung und Spiel eine wesentliche Bedeutung als Medium der Erziehung bzw. der Entwicklungsförderung. Bewegung wird als integraler Bestandteil der Elementarerziehung begriffen. Bewegungserziehung ist dabei nicht allein auf die Förderung der motorischen Fähigkeiten gerichtet, sie ist vielmehr grundlegender Bestandteil einer ganzheitlichen, frühkindlichen Erziehung, deren Ziel eine gesunde, harmonische Persönlichkeitsentwicklung des Kindes ist. An anderen Stellen ist schon darauf hingewiesen worden, dass in dieser Altersstufe kindgerechte Spiel- und Bewegungsangebote zu zahlreichen Entwicklungsanregungen beitragen können, nämlich

- das Bewegungsbedürfnis zu befriedigen,
- Gelegenheiten zu bieten, den Körper kennenzulernen,

- zur Auseinandersetzung mit der Umwelt herauszufordern,
- motorische Fähigkeiten zu erweitern und zu verbessern,
- gemeinsames Spiel zu ermöglichen,
- Bewegungsfreude und Neugierde zu erhalten und die Bereitschaft zur Aktivität zu fördern,
- Vertrauen in die eigenen motorischen Fähigkeiten zu geben und eine realistische Selbsteinschätzung zu ermöglichen.

Besonders den Bemühungen von Renate Zimmer, Professorin an der Universität Osnabrück, ist es zu verdanken, dass psychomotorische Ideen und Prinzipien in das Konzept und die Praxis des Kindergartens eingegangen sind. Kindergärten bemühen sich zunehmend mit Eifer und auch Leidenschaft darum, das Medium Bewegung deutlich in ihren Alltag zu integrieren. Anzeichen dafür sind die Entwicklung »weg vom Sitzkindergarten« und beispielsweise auch die Ansätze der Bewegungskindergärten. Die Umsetzung psychomotorischer Grundideen in die Praxis geschieht in Form von offenen Bewegungsangeboten, aber auch durch angeleitete Bewegungsstunden bzw. psychomotorische Förderstunden.

Dabei ist es ein wesentliches Anliegen, die Kinder mit ihren individuellen Lebenssituationen und mit ihren aktuellen Bedürfnissen zu beachten. Dies schließt eben auch etwaige Entwicklungsrückstände, Besonderheiten im motorischen Verhalten oder Behinderungen mit ein.

Beobachtbare Auffälligkeiten im Verhalten des Kindes, die einer weitergehenden Abklärung bedürfen und die eine psychomotorische Förderung als sinnvoll oder notwendig erscheinen lassen, können beispielsweise sein:

- Das Kind fällt beim Laufen oft hin und bewegt sich unsicher.
- Das Kind hat Schwierigkeiten mit dem Gleichgewicht, besonders auf schmalem, wackligem Untergrund und bei langsamen Balancierbewegungen.
- Das Kind ist steif, ungelenkig, seine Bewegungen wirken eckig, holprig, ruckhaft.
- Das Kind kann nicht stillsitzen, ist ständig in Bewegung und sofort ablenkbar.
- Das Kind geht von sich aus nicht auf andere Kinder zu und weicht Kontakten aus.
- Es hat Angst beim Drehen und Schaukeln, hat Angst, zu klettern und zu springen.
- Es reagiert oft wütend, unbeherrscht, aggressiv.
- Das Kind ist in seinem Bewegungsverhalten weit hinter Gleichaltrigen zurück.
- Es nimmt ungenau wahr, unterscheidet schlecht (Gesehenes, Gehörtes).
- Das Kind kann sich schlecht im Raum orientieren.
- Es ist ungeschickt im Umgang mit Gegenständen.
- Das Kind zeigt eine ungenügende Auffangbewegung.
- Das Kind wirkt schlaff, ist schnell müde, wenig aktiv, reagiert schwach.
- Das Kind zeigt ein ungenügend ausgeprägtes Körperbewusstsein.

Wo liegen in solchen Einrichtungen die Aufgaben des heilpädagogisch Tätigen? Von seinem Selbstverständnis her kann er solche Aufgaben übernehmen, die als

Folgewirkungen der Beeinträchtigungen oder Behinderungen die Erziehungs-, Förderungs-, Kommunikations- und Interaktionsprozesse erschweren.« Und sei es ›nur‹ sie auszuhalten und dem Kind eine nicht bewertende, annehmende Präsenz zu zeigen (übrigens – eine der schwierigsten Aufgaben in der Heilpädagogik).« (Greving/Ondracek, 2009, S. 209)

Im Rahmen einer kollegialen Kooperation mit anderen Teammitgliedern und den Eltern werden die Kinder bei der Entfaltung ihrer Potenziale angeregt, ermutigt und begleitet. Konkret handelt es sich um folgende Aufgabenbereiche: Schützen und Versorgen, Annehmen und Wertschätzen, Nachdenken und Vorleben, Fördern und neue Erfahrungen ermöglichen, Fordern und Ermutigen, Entfaltungsraum geben und Strukturieren (vgl. ebd.).

Bei der Bewältigung dieser Herausforderungen kann auch das psychomotorisch orientierte Angebot einen wesentlichen Beitrag leisten. Denn motorische Übungen und das Bewegungsspiel entfalten ihre sinnstiftende und entwicklungsfördernde Wirkung auch bei beeinträchtigten oder behinderten Kindern. Hier ist allerdings zu beachten, dass die Bewegungsabläufe oder Entwicklungsstufen des Spiels sehr verzögert verlaufen und ab einem bestimmten Niveau auch stagnieren können. Es ist auch möglich, dass diese Kinder automatisierte und stereotype Verhaltensweisen zeigen, welche eine Weiterentwicklung durch das Spiel erschweren. Hier ist es erforderlich, die Bewegungs- und Spielsituation sehr viel mehr zu strukturieren und manchmal vermehrt Spielvorschläge zu machen, hierbei aber das Kind zu ermutigen, sein Spiel selbst zu gestalten. Von großer Bedeutung für die spätere Entwicklung sind von dem Kind selbst gewählte Spielgegenstände und -inhalte, da diese immer auch Thematiken ausdrücken, welche die Kinder aktuell beschäftigen. Dies können entwicklungsspezifische Themen sein, oder (noch) nicht verarbeitete Erlebnisse.

5.3 Beispiel: Kinder mit Körperbehinderungen

Die zahlreichen Behinderungen im Kindesalter vorzustellen, würde hier sicher den Rahmen dieser Schrift sprengen. Deshalb soll hier eine Form der Behinderung exemplarisch genauer betrachtet werden, mit der Heilpädagogen und psychomotorisch Tätige häufig konfrontiert werden und an der die Wechselwirkungen von Motorik und Persönlichkeitsentwicklung deutlich erkennbar und begründbar sind.

> »Als körperbehindert wird eine Person bezeichnet, die infolge einer Schädigung des Stütz- und Bewegungssystems, einer anderen organischen Schädigung oder einer chronischen Krankheit so in ihren Verhaltensmöglichkeiten beeinträchtigt ist, dass die Selbstverwirklichung in sozialer Interaktion erschwert ist.« (Leyendecker, 2005, S. 21)

Der Vorteil an dieser Definition ist, dass sie Bestimmungsmerkmale der Schädigung, der daraus folgenden Verhaltensbeeinträchtigungen enthält und die eigentliche Behinderung in Form erschwerter Selbstverwirklichung und eingeschränkter sozialer Teilhabe beinhaltet.

Die vielen unterschiedlichen Formen der Körperbehinderungen beruhen auf Schädigungen des Nervensystems, der Muskulatur und/oder des Knochengerüsts, gehen aber auch von chronischen Krankheiten oder Fehlfunktionen von Organen und der Haut aus. Im Falle der häufigsten Körperbehinderung, der cerebralen Bewegungsstörung, ist die motorische Beeinträchtigung offensichtlich. Ebenso ist sie bei der Schädigung der Muskulatur, des Knochengerüsts und auch einiger chronischer Erkrankungen unmittelbar gegeben. Nicht so offenkundig sind Bewegungsbehinderungen bei Fehlfunktionen von Organen oder der Haut. Letztere werden durch Veränderungen des körperlichen Erscheinungsbildes auffällig, aber auch der motorische Funktionsraum ist oft eingegrenzt. Eine Behinderung ergibt sich nicht zwangsläufig, allein weil ein bestimmter Körperschaden vorliegt. Behinderung konstituiert sich erst in der Relation zu den Einschränkungen der Aktivität und der Beeinträchtigung der Partizipation. Dies deutet auf ein wichtiges Phänomen hin: Zwischen dem Ausmaß der körperlichen Schädigung, der daraus folgenden Beeinträchtigung der Verhaltensmöglichkeiten und der eigentlichen Behinderung gibt es in der Regel keine lineare Beziehung. Leyendecker (2005, S. 22) sieht sogar eine negative bzw. reziproke Funktion: Körperlich schwer geschädigte Personen können sich u. U. weniger behindert fühlen als Personen mit leichter körperlicher Behinderung.

Greifen wir aus den zahlreichen Formen der Körperbehinderung die cerebralen Bewegungsstörungen heraus und verdeutlichen genauer die unterschiedlichen Beeinträchtigungen und mögliche Auswirkungen. Es werden hier häufig folgende Erscheinungen die Bewegungs- und Persönlichkeitsentwicklung hemmen (vgl. Zinke-Wolter, 2000, S. 122 ff. und 183 ff.):

- Durch eine *Hypotonie* ist die gesamte Muskelspannung außerordentlich niedrig, Bewegungen sind daher sehr energieaufwändig und anstrengend; das Kind schafft wenig Bewegungen gegen die Schwerkraft, z. B. kurzes Kopfheben, Abstemmen des Oberkörpers mit den Armen; beim Hochziehen zum Sitz hängt der ganze Körper an den Armen, eine eigene muskuläre Beteiligung am Aufrichtungsprozess ist kaum zu beobachten; diese Hypotonie wirkt sich häufig auch sozial-kommunikativ negativ aus, weil die Kinder brav und müde erscheinen und somit oft unterstimuliert werden, man begegnet ihnen vorsichtig und leise, möchte sie nicht stören.
- Bei einer *Hypertonie* ist demgegenüber der gesamte Muskeltonus erheblich erhöht, das Kind wird steif und bewegungsarm. Gelenkblockaden erschweren Handlungen oder machen sie gar unmöglich. Die Bewegungen sind sehr anstrengend, da sie gegen den eigenen Muskelwiderstand durchgeführt werden müssen, es kommt auch hier zu einer Bewegungsreduzierung. In sozial-kommunikativer Hinsicht besteht die Tendenz, die Haltung des Kindes als Abwehr zu interpretieren. Für das Kind selbst ist es schwierig, sich von der Unterlage zu lösen und sich mit dem eigenen Körper in einer entspannten Bewegungsaktivität zu beschäftigen.

Auch tonische Reaktionen während der frühkindlichen Entwicklung können, wenn sie längere Zeit bestehen bleiben, weitere motorische Entwicklungsschritte behindern oder blockieren:

- Beim *tonischen Labyrinthreflex (TLR)* zeigen sich je nach Position zur Schwerkraft generalisierte Bewegungs- und Haltemuster beim Kind. In Rückenlage überwiegt eine totale Streckung, in Bauchlage eine weitgehende Beugung. Dies bedeutet, dass in Rückenlage der Kopf nicht angehoben werden kann, dass auch eine Beugung der Arme fast unmöglich ist. Die Beugung in Bauchlage bewirkt z. B., dass der Kopf nicht nach vorn und später nach oben gebracht werden kann. So kann zwischen Händen und Gesicht keine aktive Beziehung hergestellt werden, die insbesondere zum Spielen und Erkunden wichtig ist. So wird auch ein Aufrichten aus der Rückenlage verhindert, indem der Kopf zurückgehalten und somit keine Kopfkontrolle ermöglicht wird. Da die Hüfte nicht gebeugt werden kann, ist ein Sitzen mit Gleichgewicht unmöglich.
- Beim *symmetrisch-tonischen Nackenreflex (STNR)* bewirkt die Stellung des Kopfes zum Rumpf eine Veränderung der gesamten Körperhaltung. Bei Beugung des Kopfes nach vorn kommt es zu einer Streckung der Beine und zu einer Beugung der oberen Extremitäten. Bei Streckung des Kopfes werden die Arme gestreckt, während es zu einer Beugung der Beine kommt. Dies macht z. B. ein Aufrichten in den Vierfüßlerstand außerordentlich schwierig, ebenso ist das selbstständige Sitzen fast unmöglich bzw. stets sehr gefährdet. Das Kind droht aus dem Vierfüßlerstand auf das Gesicht zu fallen, sobald es nach unten schaut, weil seine Arme sich reflexartig beugen.
- Der *asymmetrisch-tonische Nackenreflex (ATNR)* hat folgende Auswirkungen: Eine asymmetrische Kopfhaltung bewirkt eine Streckung der Extremitäten auf der Gesichtsseite und eine Beugung auf der Hinterkopfseite. Dies lässt sich in beide Richtungen beobachten, meist wird aber eine Seite bevorzugt. Das Kind ist dann z. B. nicht in der Lage, Gegenstände zu ergreifen, die es sieht, da ja die Hand gestreckt, d. h. offen, ist. Das Umfassen (Beugen) gelingt nur, wenn es den Kopf abwendet. Auch dadurch sind das Erkunden und Spielen erheblich eingeschränkt.

Die bekannteste Form der cerebralen Bewegungsstörung ist die Spastik mit dem Hauptsymptom eines dauernd erhöhten Muskeltonus, wodurch alle Bewegungen gehemmt bzw. verlangsamt werden, möglicherweise bis zur »Rigidität«, der völligen Muskelstarre und Bewegungslosigkeit. Da die Spastik Ausdruck einer Schädigung der Großhirnareale ist, finden wir je nach Lokalisation der Schädigung verschiedene Bilder (vgl. Zinke-Wolter, 2000, S. 123):

- Die *Hemiparese* (hemi = halb; Parese = Teillähmung) ist eine halbseitige Bewegungsbeeinträchtigung, Störung einer Körperseite.
- Die *Diärese* (di = zwei) ist eine Störung hauptsächlich der unteren Körperhälfte und der Beinmotorik bei weitgehend symmetrischer Verteilung, wobei die Arme weniger betroffen sind.

- Die *Tetraparese* (tetra = vier), eine Störung aller vier Extremitäten, zeigt außerdem die Beeinträchtigung der Rumpfmotorik bei oft ungleicher Verteilung auf die Körperhälften.
- Mit der *Monoparese* (mono = eins) wird die Störung eines Armes oder eines Beines bezeichnet, sehr selten anzutreffen.

Die Einteilung ist sicher hilfreich, wird aber in der konkreten Betreuungsarbeit den vielen unterschiedlichen Symptomatiken nur begrenzt gerecht. Zum Beispiel sind die Folgen einer Tetraplegie aufgrund des sehr unterschiedlichen Ausmaßes äußerst verschieden. Sie reichen von Kindern, die gehen, relativ deutlich sprechen und relativ selbstständig werden können, bis zu schwerstbehinderten Kindern auch mit einer geistigen Behinderung. Hauptursachen für diese unterschiedlichen Ausprägungsarten können sein:

- Zeitpunkt, Ort und Ausmaß der Hirnschädigung,
- Beginn und Umfang der notwendigen Fördermaßnahmen,
- Fähigkeit und Bereitschaft, vorhandene Beeinträchtigungen ausgleichen zu können bzw. zu wollen.

Neben der Beeinträchtigung der Bewegungsfähigkeiten (Fortbewegung, Bewegungskoordination, Gleichgewichtsvermögen, Feinmotorik) können die Folgewirkungen in verschiedenen Persönlichkeitsbereichen zutage treten: Beeinträchtigungen der Wahrnehmung, des Lernens, im emotionalen Verhalten, in der Kommunikation und durch eine erschwerte Selbstfindung in sozialer Interaktion (vgl. Leyendecker, 2005, S. 93 ff.)

Methodische Hinweise

Wenn Bewegungsangebote für Kinder mit einer Körperbehinderung geplant werden, ist es besonders wichtig, die Person und ihre motorischen Möglichkeiten und Grenzen genau zu kennen. Dazu gehört z. B. das Wissen um spezifische Besonderheiten bestimmter Krankheitsbilder, um Fehlbelastungen möglichst zu vermeiden (z. B. Überanstrengung bei Kindern mit progressiver Muskeldystrophie, eventuelle Förderung pathologischer Bewegungsmuster bei cerebral bewegungsgestörten Kindern).

»Je stärker ausgeprägt eine Behinderung jedoch ist – dies gilt vor allem für cerebral geschädigte Kinder – desto eher kann psychomotorische Aktivität zur Gratwanderung zwischen Anregung zu spontaner Bewegungsfreude und Vermeidung pathologischer Bewegungsmuster werden [...] vielleicht macht die Vermittlung zwischen diesen beiden Polen die ›Kunst‹ psychomotorischer Arbeit bei Kindern mit Körperbehinderungen aus.« (Hachmeister, 1997, S. 90)

Psychomotorik für Kinder mit Körperbehinderung stellt sowohl ein selbstständiges Förderkonzept dar, wird aber auch vielfach als Handlungs- und Gestaltungsprinzip in andere Therapien und Förderkonzepte, beispielsweise Physiotherapie oder Ergotherapie eingebaut.

5.3 Beispiel: Kinder mit Körperbehinderungen

Wichtig ist es, dem Kind in der Förderung und Therapie ein positives Körpererleben zu vermitteln. Häufig wird in anderen Therapien unbewusst das Erleben des Körpers als unfähig und veränderungsbedürftig – nicht normal – vermittelt; die Therapien zielen auf eine Veränderung und Normalisierung des Körpers ab. Unter psychomotorischen Gesichtspunkten sollte der Schwerpunkt der Therapie jedoch darin liegen, den Körper, so wie er ist, wertschätzen zu lernen und mit den vorhandenen motorischen Möglichkeiten selbstständig aktiv werden zu können. Ziel ist nicht die isolierte Verbesserung bestimmter motorischer Fähigkeiten, sondern die Kompetenzerweiterung des Kindes bezogen auf die Entwicklung und Entfaltung seiner Persönlichkeit.

Dem Kind werden im Sinne der Förderung der Ich-Identität Bewegungsangebote gemacht, um sich mit dem Körper zu identifizieren, sich im Körper wohlzufühlen. Erfolgserlebnisse durch eigeninitiierte Bewegungen und selbst erreichte Ziele führen zu einer positiven Annahme des Körpers.

Die Sachkompetenz, d. h. die Auseinandersetzung mit der dinglichen und materialen Umwelt, ist für die gesamte kindliche Entwicklung sehr bedeutsam. Dem körperlich behinderten Kind müssen Möglichkeiten eröffnet werden, Dinge und Gegenstände zu erreichen, zu erkunden und zu manipulieren, um somit deren Eigenschaften und Gesetzmäßigkeiten spielerisch kennenzulernen. Barrierefreie und zugängliche räumliche Gestaltung, die Anpassung von Hilfsmitteln etc. motivieren das Kind, selbstständig aktiv zu werden und den innewohnenden Spieltrieb auszuleben. Spezielle Lagerungshilfen wie Kissen und Keile können es auch einem körperlich schwerbehinderten Kind ermöglichen, beidhändig zu agieren, Gegenstände mit beiden Händen zu ertasten. Und das soziale Erleben, sich selbst in Abgrenzung, aber auch im Miteinander mit anderen Menschen zu erleben, stellt ein wichtiges Anliegen der psychomotorischen Förderung dar.

Für eine Realisierung der psychomotorischen Grundidee ist es wichtig, die spontane Bewegungsfreude, die auch schwerstbehinderten Kindern zu eigen ist, zu mobilisieren. Diese kann sich zwar oft in stereotypen Bewegungen oder pathologischen Bewegungsmustern ausdrücken. Aber: Spontane Bewegung bedeutet Aktivierung und Erhöhung des Wachheitsgrades. Da eine Therapie mit dem Ziel der Heilung bei schweren Behinderungen oft ausgeschlossen ist, müssen pathologische Bewegungsmuster in Kauf genommen werden. Eine ständige exakte Kontrolle der Bewegungen und das »Ausschalten« pathologischer Bewegungen würden ansonsten Bewegungen stark einschränken oder unmöglich machen und zu vermehrter Passivität führen.

In der Kommunikation mit Menschen mit einer schweren Körperbehinderung ist oft ein Dialog nur über den Körper möglich. Dabei gilt es, das Bewegungsverhalten, die Gestik und Mimik des Gegenübers wahrzunehmen und zu interpretieren, um darauf reagieren zu können. Diese non-verbalen Signale des körperlich schwerbehinderten Menschen sind häufig recht schwer zu erkennen und zu deuten; allerdings lassen sich dennoch folgende grundlegende Kommunikationsmerkmale nennen:

- Zeichen für das »Sich-Öffnen«, für eine Dialogbereitschaft, können z. B. sein: körperliche Entspannung, tiefes Einatmen, entspannter Gesichtsausdruck,

leichtes Öffnen von Mund und Augen, angedeutete Körperwendung zur Seite des Dialogpartners.
- Anzeichen für das »Sich-Verschließen« können sein: Unruhig-Werden, Schwitzen, Erröten, Anspannung zeigen, Verschließen der Augen und des Mundes, Abwenden, grimmiger Gesichtsausdruck.

Diese Reaktionen können individuell recht unterschiedlich, ja widersprüchlich sein. Eine Anspannung z. B. kann auch in bestimmten Situationen durchaus ein positives Signal sein. Deshalb ist in diesem Zusammenhang die Beobachtung wichtig, aus welcher Situation heraus die beobachtete körperliche Reaktion erfolgte. Wie hat sich das Kind bzw. der Erwachsene vorher verhalten, und wie waren die situativen Bedingungen?

Die obigen Erläuterungen machen deutlich, dass der Zusammenhang von Bewegungshandlung und Wahrnehmung von hoher Relevanz ist. Mit der Körperbehinderung gehen oft Besonderheiten in der Verarbeitung der Körpernahsinne einher. In der Interaktion und Kommunikation sind die betroffenen Menschen aber oft auf diese Wahrnehmungsbereiche angewiesen. Deshalb ist es sinnvoll, im Rahmen eines psychomotorischen Angebots entsprechende Wahrnehmungserfahrungen zu ermöglichen. Viele Übungen und Spiele aus der psychomotorischen Praxis setzen allerdings auch ein Maß an Mobilität und an Beweglichkeit voraus, das bei Menschen mit körperlichen Behinderungen oft nicht erfüllt werden kann. Deshalb müssen die vielen Ideen und Praxisangebote modifiziert und auf das jeweilige Fähigkeitsniveau der Personen mit Körperbehinderungen übertragen werden.

Beispiele

Viele Übungs- und Spielideen lassen sich auch in einer geringeren Geschwindigkeit, in einer einfacheren Ausführung, in einer anderen Fortbewegung ausführen. Viele Spiele sind auch im Sitzkreis auf dem Boden oder im Stuhlkreis möglich.

Auch einfache Geräteaufbauten können für Menschen mit einer Körperbehinderung eine sinnvolle Herausforderung sein. Anpassungen an vorhandene Fähigkeiten sind möglich durch eine geringere Höhe von Geräten (z. B. kleinere Kästen), durch breitere Balancierflächen (z. B. Matten, Kastenoberteile) oder durch größere Abstände zwischen einzelnen Stationen. Auch können Geräte selbst Erleichterungen bei bestimmten Bewegungen bieten, z. B. kann sich das Kind beim Laufen im Barren an beiden Holmen festhalten.

An vielen weiteren Übungen und Spielen können auch Kinder mit einer Körperbehinderung beteiligt werden. Wenn z. B. ein Schwungtuch im Kreis geschwungen werden soll, kann dies auch im Sitzkreis realisiert werden; das Kind kann aktiv beteiligt werden, indem es mit dem Rollstuhl unter das Tuch fährt.

(vgl. Übungsanregungen in Kapitel 6)

5.4 (Förder-)Schule und Inklusion

Auch im Rahmen des schulischen Unterrichts und der Ganztagsbetreuung findet die Psychomotorik immer mehr Berücksichtigung – verstärkt im Primarbereich und in der sonderpädagogischen Förderung. Liest man die Berichte der Schulärzte der Gesundheitsämter zum motorischen Entwicklungsstand anlässlich der Einschulungsuntersuchungen, werden oft gravierende Mängel der motorischen Entwicklung beklagt. So belegen Studien, dass ca. 11 % der eingeschulten Kinder erhebliche Bewegungsauffälligkeiten zeigen und sie entwicklungsgemäße Bewegungsabläufe nicht sehr präzise oder zielgenau einsetzen können (vgl. Höhne, 2004, S. 333).

Das kann unter anderem daran liegen, dass aufgrund veränderter Lebensbedingungen vielen Kindern nur unzureichende Wahrnehmungs- und Bewegungserfahrungen ermöglicht bzw. solche Gelegenheiten zu wenig wahrgenommen werden. Die motorischen Lernvoraussetzungen haben aber enorme Folgewirkungen in der Schule, beispielsweise in der Grafomotorik oder in der sozialen und emotionalen Entwicklung. Schule muss sich somit verstärkt der Aufgabe stellen, das schulische Lernen mit zusätzlichen Angeboten zur Wahrnehmung und Bewegung zu erweitern, um den veränderten Lernbedingungen mancher Kinder gerecht zu werden. Damit erhält die Psychomotorik eine grundlegende Bedeutung in der Unterstützung schulischer Intentionen.

Generell ist es im schulischen Kontext Aufgabe der Heilpädagogik, Schüler mit Beeinträchtigungen oder Behinderungen in ihren Lernprozessen zu unterstützen, angemessene Lernumwelten zu gestalten, und vor allem Bildungsprozesse zu initiieren, die es den Kindern zunehmend ermöglichen, sich in ihrer Lebens- und Alltagswelt zurechtzufinden und sich in ihrer eigenen Persönlichkeit zu entwickeln. Die heilpädagogische Unterstützung richtet sich also nicht grundsätzlich an alle Kinder, sondern hauptsächlich an diejenigen, die mit den verschiedenen Anforderungen schulischen Lernens (noch) nicht zurechtkommen. Und die Zielsetzung heilpädagogischer Unterstützung unterscheidet sich von dem schulischen Förderverständnis, welches vorrangig auf Sicherstellung des Unterrichtserfolgs ausgerichtet ist.

Die Tätigkeit des Heilpädagogen besteht aber nicht nur in der Konzipierung, Durchführung und Evaluierung von Förderstunden. Vielmehr soll diese Aufgabe im Kontext der Kooperation mit Lehrkräften und Familien eingebettet sein, d. h. nach den vorhandenen Möglichkeiten strukturell und organisatorisch in den Schulalltag eingebunden sein.

Von einem solchen Auftrag ausgehend, kann Psychomotorik in vielen Bereichen der Förderschule mühelos integriert werden und andere Lernmethoden wertvoll ergänzen. Intentionen können z. B. die Förderung von motorischen Tätigkeiten und Bewegungsabläufen, die Erhaltung und Erweiterung der Bewegungsfähigkeit und der Raumerfahrung, die Akzeptanz und Verwendung von Hilfsmitteln oder die Aneignung der Kulturtechniken sein. Im psychomotorischen Sinne sind aber ebenso wichtig die Verbesserung des Selbstbewusstseins, der Selbstakzeptanz, die Entwicklung von Neugier und Eigenmotivation, die Förderung von individuellen

Ressourcen, der Erwerb von kompensatorischer Fähigkeiten oder die Anregung von Fantasie.

Ausgehend vom individuellen Bedarf des Kindes kann es sich dabei in der Psychomotorik – unter Berücksichtigung der verschiedenen Schulformen – um verschiedenartige Maßnahmen handeln. Psychomotorische Grundideen können z. B. in Teilbereichen des (Sport-)Unterrichts mit umgesetzt werden. Spezielle Stunden für psychomotorische Förderung können durch festgelegte Anteile in der Stundentafel abgesichert werden. Wahrnehmung und Bewegung können zudem als integratives Lernprinzip in anderen Unterrichtsfächern berücksichtigt werden. So kann konkret die Umsetzung einer psychomotorischen Förderung unter anderem in folgenden Schulfeldern realisiert werden (vgl. Köckenberger, 2004, S. 360 ff.):

- Therapeutische Psychomotorikgruppen werden für eine Gruppe des Klassenverbandes angeboten; da die Klassen der Förderschule in Bezug auf ihre motorischen Fähigkeiten oft sehr heterogen sind, ist eine Differenzierung erforderlich. Oder es werden Gruppen zu einem bestimmten Thema angeboten, z. B. Entspannung, Wahrnehmungsförderung oder auch Natur-Erlebnisgruppe. In körperlich relativ homogenen Psychomotorikgruppen können z. B. Rollstuhltraining, Trampolin- oder eine Airtrampgruppe angeboten werden.
- In Bewegungsräumen werden Kindern Kletterlandschaften oder Materialaufbauten angeboten, in denen sie sich nach eigenen Wünschen bewegen, sich austoben oder auch zur Erholung in einer Ecke oder Höhle verstecken können. Die Bewegungsräume können während der psychomotorischen Einheiten, aber auch während des Unterrichts als Anreiz für eine Bewegungspause, zum Ausagieren oder auch Entspannen genutzt werden. Zudem können Bewegungsräume auch als Pausenangebot beansprucht werden. Die Aufsichtspflichten müssen hierbei beachtet werden.
- Psychomotorik im Rahmen der Physiotherapie und Ergotherapie: Die Physiotherapie und die Ergotherapie können von der psychomotorischen Förderung wesentliche Unterstützung erfahren. Der Fundus an spielerisch geprägten Übungen kann vielfach Verwendung finden, z. B. zur Verbesserung der Körperwahrnehmung oder koordinativer Fähigkeiten. Spielerischer Einsatz von Materialien sorgt zudem für Spiellust und Bewegungsfreude.
- Psychomotorik im Rahmen des Sportunterrichts: Gerade im Sportunterricht ist es möglich, sich an den Zielen und Inhalten der Psychomotorik zu orientieren. Die Schüler werden darin unterstützt, einen besseren Zugang zu ihrem Körper und Freude an Bewegungen zu finden. Dabei geht es weniger um das Verfolgen von ehrgeizigen Zielen, z. B. bestimmte Balltechniken oder Turnabfolgen einzuüben.

Bei den genannten Aufgaben sind die Pädagogen und Übungsleiter selbst auf intensive Beobachtung und ihre Wahrnehmungsfähigkeit angewiesen, um zu erkennen, wie etwa ein geistig behindertes Kind seine Umwelt wahrnimmt und begreift und welche Anregungen und Unterstützung es braucht. Die psychomotorischen Unterrichtsinhalte sollten hier besonders geprägt sein von Einfühlungsvermögen und hoher Aufmerksamkeit. Die individuelle Lernausgangslage jedes Schulkindes und die damit verbundenen behindertenspezifischen Differenzierungsmöglichkeiten müssen hier besonders Berücksichtigung finden.

Alexander Häfele (2007) berichtet beispielsweise bei Schülern der Förderschule mit dem Förderschwerpunkt geistige Entwicklung von Schwierigkeiten beim Abschätzen von Risiken, was sich bei einem Teil der Schüler in Form eines sehr ängstlichen Herangehens darstellte, jedoch auch andere Schüler in Gefährdungssituationen bringen konnte, wenn sie eine Risikosituation unterschätzten.

> »Im Hinblick auf die Einschätzung der eigenen Fähigkeiten zeigt sich neben der häufig anzutreffenden Misserfolgsorientierung bei anderen Schülern eine Überschätzung ihrer Fähigkeiten, verbunden mit einem Messen an einem zu hohen Anspruchsniveau.« (Häfele, 2007, S. 15)

Erfahrungen zeigen, dass ein Teil der Schüler sehr motiviert an Aufgaben herangeht, andere zunächst abwartend sind. So muss z. B. das Entwickeln von eigenen Strategien zur Bewältigung von Gerätestationen und Hindernissen langsam angebahnt werden. Eine längere Kennenlernphase ist oft erforderlich, und viele brauchen mehr Zeit, sich mit Geräten vertraut zu machen. Bei jüngeren Teilnehmern hat es sich als hilfreich herausgestellt, eine Einführung im Umgang mit Geräten zu geben, etwa durch einen »Geräteführerschein«. Und viele Spiel- und Übungsformen wird man häufig ausprobieren müssen und immer wieder machen. Auch wird man austesten müssen, was gut oder was nicht gut geht, was bei den Teilnehmern positiv ankommt oder was nicht. Wenn man selbst bereit ist, sich auf diese Erfahrungen einzulassen, auch mit dem Risiko, dass nicht alles so funktioniert, wie man es sich ausgemalt hat, dann werden auch Erfolge sichtbar. So kann der Umgang mit den verschiedenen Materialien und Geräten im Laufe der Übungsphasen sicherer werden, die Zielgenauigkeit kann sich verbessern, Entspannungsübungen können zunehmend konzentrierter und ruhiger gelingen. Bestimmte Spiele oder Übungen können zu einem gewohnten und beliebten Ritual werden. Das Verhalten vieler Teilnehmer kann ausgeglichener, aktiver, bewegungsfreudiger oder lebendiger werden, obwohl deren Bewegungsfähigkeiten weiterhin stark eingeschränkt sind.

5.4.1 Beispiel: Bewegtes Lernen

Das Konzept des »Bewegten Lernens« (Köckenberger, 2004) trägt psychomotorische Ideen in das Klassenzimmer und versucht dort, Bewegung direkt mit den schulischen Inhalten zu verbinden. Denken ist nach diesem Ansatz nicht gleichzusetzen mit kontrolliertem, ruhigem Lernen im Sitzen. Das Lernen von Lesen, Schreiben und Rechnen wird im dreidimensionalen Raum und mithilfe des gesamten Körpers durchgeführt, alle Sinnes- und Bewegungssysteme sollen beteiligt werden.

> **Beispiel**
>
> So kann das Erlernen neuer Buchstaben auf vielfältiger Weise unterstützt werden: Formen oder Buchstaben können mit einem Seil auf den Boden geformt und nachgelaufen werden. Große Moosgummibuchstaben können ertastet und

mit anderen Materialien nachgelegt werden. Buchstaben werden auf den Rücken des Mitschülers geschrieben und sollen nachgelegt oder aufgeschrieben werden.

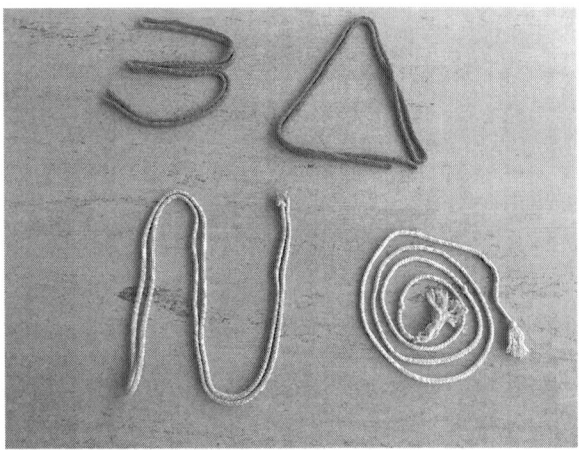

Abb. 5.1: Das (Nach-)Legen von Figuren kann motorisches und kognitives Lernen miteinander verbinden

Mit dem »Bewegten Lernen« können sowohl kognitive als auch motorische Lernziele im Unterricht verfolgt werden, und kognitive Inhalte können dadurch direkter und sicherer begriffen und erfahren werden. Die Anwendung eines auf diese Weise erworbenen Wissens soll leichter fallen. Die Vorteile werden darin gesehen, dass Lernen mit dem ganzen Körper Abwechslung schafft und besser zum Lernen motiviert, weil die Spiellust angesprochen wird (vgl. Köckenberger, 2004, S. 455–458).

Bewegtes Lernen kann in verschiedener Weise zum Erlernen, Vertiefen und Festigen von Lerninhalten benutzt werden:

- *Abwechslung von kognitiver Aufgabe und sensomotorischer Belastung:* Das Kind hat eine Aufgabe oder ein Arbeitsblatt fertig. Es darf nun für kurze Zeit z. B. auf einem Trimmpolin springen. Dann nimmt es sich das zweite Arbeitsblatt vor.
- *Gleichzeitige Reizsetzung ohne Verknüpfung:* Das Kind darf sich bewegen, während es bestimmte Aufgaben löst. Das Kind erhält eine Kopfrechen- oder z. B. eine Gedächtnisaufgabe, fährt dazu beispielsweise mit dem Pedalo oder mit dem Rollbrett zur anderen Raumseite und trägt dort das Ergebnis in das Arbeitsblatt ein.
- *Sinnvolle Verknüpfung:* Bei der sinnvollen Verknüpfung benötigt das Kind die Bewegung, um die kognitive Aufgabe zu bewältigen. Das Kind fährt z. B. mit dem Rollbrett zu einer Kiste mit Korken. In dieser Kiste sind Plastikbuchstaben

versteckt. Das Kind ertastet den Buchstaben, der in einer Wortkarte fehlt. Das Kind fährt mit dem Rollbrett zurück zum Start und setzt den fehlenden Buchstaben in die Wortkarte ein.
- *Inhaltliche Verknüpfung:* Das Kind erfährt durch die konkrete Handlung in der Bewegungsaufgabe den Sinn und Inhalt der kognitiven Aufgabe. Es ist beispielsweise eine Treppe aufgebaut. Das Kind würfelt, steigt mit lautem Abzählen die entsprechend vielen Treppenstufen hoch und springt auf die Matte hinunter. Oder auf einer Teppichfliesenstraße löst das Kind Additionsaufgaben, indem es entsprechend viele Schritte auf den Teppichfliesen läuft. Oder das Kind rollt mit einem Ball eine Anzahl Kegel um und erlernt dabei das Subtrahieren. Das Kind kann mit dem Rollbrett bestimmte Formen oder Buchstaben abfahren.

5.4.2 Inklusion

Seit vielen Jahren existiert für Kinder mit Behinderungen in Deutschland ein differenziert ausgebautes System von Förder- bzw. Sonderschulen, welches in den einzelnen Bundesländern durch Diagnose- und Förderklassen, sonderpädagogische Dienste und Förderzentren sowie den gemeinsamen Unterricht in integrativ arbeitenden Regelschulen ergänzt wird.

Im Sinne der Inklusion hat sich in den letzten Jahren der Blickwinkel stark auf gemeinsamen Unterricht verlagert, derzeit vorrangig auf den Grundschulbereich bezogen. Eltern wird das Recht zuerkannt, ihr Kind mit Behinderung auf einer herkömmlichen Schule anzumelden. Um Ausgrenzung und Stigmatisierung zu vermeiden, wird von betroffenen Eltern und von Pädagogen die Forderung nach Abschaffung der Förderschulen zunehmend erhoben und derzeit heftig diskutiert.

Seit 2009 ist dieser Begriff der Inklusion in aller Munde. In dem Jahr ratifiziert die Bundesrepublik Deutschland die UN-Behindertenrechtskonvention, der sie bereits 2006 neben 150 anderen Staaten zugestimmt hatte. Im Dezember 2006 hat die Generalversammlung der Vereinten Nationen (UN) die Konvention zum Schutz und zur Förderung der Rechte behinderter Menschen verabschiedet. Es liegt damit ein internationales Übereinkommen vor, das die Menschenrechte aus einem Blickwinkel behinderter Menschen betrachtet und auch formt. Mit der UN-Konvention ist ein vielfältiger Perspektivenwechsel in allen Lebensbereichen des Menschen mit Behinderung verbunden. Vorrangiges Ziel ist das gemeinsame Lernen und Leben und die gleichberechtigte Teilhabe aller Menschen. Unterschiedlichkeit wird als normal betrachtet, und diese Vielfalt soll in den Institutionen und Organisationen der Gesellschaft sichtbar werden.

Inklusion tritt ein für das Recht aller auf Bildung – unabhängig von ihren Fähigkeiten und Beeinträchtigungen, ihrer ethischen, kulturellen oder sozialen Herkunft. Kein Mensch darf ausgesondert werden, weil er den Ansprüchen verschiedener Institutionen nicht entspricht. Nicht mehr der Mensch mit Behinderung muss sich anpassen, wie dies bei der Integration vielfach der Fall ist, damit er in den Institutionen und Organisationen dabei sein kann. Vielmehr muss sich die Gesellschaft mit ihren Strukturen und Rahmenbedingungen nun an den individuellen

Bedürfnissen aller Menschen ausrichten. Eine inklusive Gesellschaft bezieht Menschen mit Behinderung mit ihren Bedürfnissen von Anfang an ein und grenzt gar nicht erst aus. Individualität und Vielfalt der Menschen werden anerkannt und wertgeschätzt.

Der Bildungsbereich, besonders die Schule, nimmt hierbei eine zentrale Stellung ein. Besonders für die Entwicklung der Förderschulen hat diese Leitidee enorme Auswirkungen; denn in letzter Konsequenz bedeutet Inklusion, die Förderschulen aufzulösen und umfassend gemeinsames Lernen zu ermöglichen.

Vom Blickwinkel des heilpädagogischen Anliegens her kann zur Förderschule einerseits anerkennend festgestellt werden, dass diese Schulform sicherlich den Schülern einen Schutzraum gewährt, dass sie die Solidarität unter den gleich Betroffenen fördert und oft in beeindruckender Weise in der Lage ist, die Didaktik und Methodik des Unterrichts gezielt auf den besonderen pädagogischen Förderbedarf ihrer Schüler einzustellen. Andererseits trennt sie die Kinder mit Behinderungen von ihren altersgleichen Klassenkameraden ohne Behinderungen, was zum Verlust des gemeinsamen Lernens und Spielens führt. Kinder mit Behinderungen haben nur mit ihresgleichen zu tun. Eine Kommunikation, Interaktion und Kooperation mit Kindern ohne Behinderung findet kaum statt, und somit wird auch die Vorbereitung auf das Leben unter Nichtbehinderten wenig berücksichtigt. Für die Einrichtungen der Behindertenhilfe und der Heilpädagogik wird deshalb häufig von einer Doppelwirkung gesprochen.

> »In den von ihnen gestalteten Sonderwelten fühlen sich die zu betreuenden Menschen wohl, weil sie entsprechende Bildungsmöglichkeiten bekommen und viele soziale Kontakte erleben können. Dies geschieht jedoch zu dem ›Preis‹ einer Ab- bzw. Ausgrenzung – das bunte menschliche Leben und die Heterogenität des pädagogischen Regelbereichs sind für die dort erzogenen und gebildeten Kinder und Jugendlichen unerreichbar.« (Greving/Ondracek, 2009, S. 181 f.)

Bis es so weit kommt, dass die pädagogischen Systeme aus dieser Doppelwirkung herausfinden und die Heterogenität und die Individualisierung des einzelnen Kindes in einer Gruppe zur Normalität erklären, müssen die heilpädagogisch Tätigen in ihrem alltäglichen Tun dafür sorgen, dass die positive Wirkung ihrer Einrichtung aufrechterhalten bleibt und »die Fallstricke der Ausgrenzung nach und nach reißen« (ebd., S. 182).

Es muss also die heilpädagogische Unterstützung gewährleistet und dabei die Förderung der Integration bzw. Inklusion als primäres Anliegen konsequent verfolgt werden. Und dieses Bemühen gilt dann für alle spezialisierten Einrichtungen und Maßnahmen, die entlang des menschlichen Lebens ihre Doppelwirkung haben, damit auch für die psychomotorischen Fördermaßnahmen.

Vom Anspruch her kann die Psychomotorik einen sinnvollen Beitrag dazu leisten, die Heterogenität der Teilnehmer innerhalb der Praxisgruppen verstärkt in den Blick zu nehmen. Denn ihr Anspruch ist es (schon immer), ganzheitlich die Entwicklung der Teilnehmer über Bewegungs- und Wahrnehmungsprozesse zu begleiten und zu fördern und individuell auf Bedürfnisse, Wünsche, Stärken und Interessen aller Teilnehmer einzugehen. Wichtiges Prinzip der psychomotorischen Arbeit ist die Ressourcenorientierung und Wertschätzung; die Inhalte und Methoden werden an der Vielfalt der Menschen ausgerichtet; das »Anderssein« und die Verschiedenartigkeit wird schon immer voll akzeptiert und Heterogenität respektiert.

> »Die Psychomotorik kann durch die Art und Weise ihrer Arbeit – die Zuwendung zu ihrer Klientel, die Wertschätzung eines jeden Einzelnen, die Beziehungsgestaltung, die Offenheit, der Respekt vor dem Anderen und vieles mehr – als ›Wachtumsbeschleuniger‹ für Inklusion dienen und so ein Vorbild sein für den gleichberechtigten Anspruch aller Menschen auf Bildung und Erziehung.« (Schache, 2013, S. 40)

Es muss aber dennoch an dieser Stelle auch festgestellt werden, dass mit der Realität in den Fördergruppen häufig eben nicht der Leitgedanke der Inklusion konsequent verfolgt wird. Es werden eben doch gesondert Kinder mit Unterstützungsbedarf in Gruppen zusammengefasst und betreut. Begründet wird eine solche Förderung damit, dass diese Hilfe dazu beitragen kann, die Teilhabe zu ermöglichen oder die Voraussetzungen dafür zu verbessern. Und: diese Aussonderung wird nicht so besonders deutlich, weil sportliche Freizeitinteressen bei Kindern sowieso auch unterschiedlich ausgeprägt sind; das eine Kind geht zum Fußball, ein anderes zum Schwimmen oder Reiten. Und ein Kind geht eben zur Psychomotorik oder zum psychomotorischen Turnen.

Solche »speziellen« Betreuungsgruppen wird es wohl auch in Zukunft weiter geben, denn eine gezieltere psychomotorische Förderung von Kindern ist sinnvoll und notwendig. Aber das Bemühen der Psychomotoriker muss auch dahin gehen, an der Verringerung der Aussonderung oder Stigmatisierung mitzuwirken. Die Bemühungen in Richtung gemeinsame Teilhabe und Normalität könnten in vielen Bereichen sicherlich noch verstärkt werden. Organisationsformen, Gruppenzusammensetzungen und methodisch-didaktische Konzeptionen werden sich in den nächsten Jahren dahingehend verändern (müssen).

Im Sinne der Leitidee der Inklusion wird es zukünftig verstärkt eine Herausforderung sein, in Praxisgruppen gemeinsame Betreuung und Förderung sicherzustellen: gemeinsam für Kinder mit und ohne Behinderung, bei vorhandenen Sprachbarrieren und mit den unterschiedlichsten Fähigkeiten. Dies wird in einigen Fällen einen erweiterten oder veränderten Blick erfordern: eine wertschätzende und entwicklungsfördernde Haltung gegenüber der Vielfalt an individuellen Eigenschaften und Kompetenzen, und es wird dann erforderlich sein, verstärkt inhaltlich und methodisch noch mehr Variationen anzubieten.

> »Das ›eigene Können‹ in einem situationsbezogenen Kontext über Bewegung, Wahrnehmung und Spiel aufzubauen, ist als zentrales Anliegen der Psychomotorik für eine zukünftig inklusiv ausgerichtete Gesellschaft von entscheidender Bedeutung.« (Höhne, 2011, S. 151)

Als Übergang zum nächsten Tätigkeitsfeld sei hier ein Beispiel angeführt, an dem der Autor selbst mitwirkt: Psychomotorische Fördergruppen für Kinder mit Entwicklungsverzögerungen oder Bewegungsbeeinträchtigungen werden über einen eigens gegründeten Psychomotorik-Verein angeboten. Nach der begrenzten Zeit in dieser Gruppe werden in Kooperation mit einem Kreissportbund Bemühungen angestellt, die Kinder in herkömmliche Übungsgruppen der ortsansässigen Sportvereine unterzubringen. Das trägt bei vielen Kindern dann zu regelmäßigem

Sporttreiben im »normalen« Sportverein bei. Das erfolgreiche Modell hat auch zu anderen positiven Effekten geführt, nämlich dass viele Vereine psychomotorische Grundideen in ihren freizeitorientierten Angeboten für Kinder einfließen lassen.

5.5 Psychomotorik-, Elternvereine

Auch für Förder- und Betreuungsangebote außerhalb der genannten Kindertageseinrichtungen und schulischen Institutionen haben Erzieher, Lehrer, Eltern, auch Kinderärzte und Psychologen immer wieder einen hohen Bedarf an speziellen Formen zur Bewegungsförderung aufgezeigt. Der Mangel an geeigneten Angeboten führte zur Gründung spezieller Vereine für Psychomotorik durch betroffene Eltern und durch Fachleute wie Motopäden und Heilpädagogen. Etliche Vereine haben in den vergangenen Jahren eine hohe Professionalisierung erreicht, hauptamtliche Stellen und umfangreiche Fördermaßnahmen eingerichtet. In den Vereinen sind meist Motopäden beschäftigt, aber auch Heilpädagogen und Sport- oder Gymnastiklehrer mit entsprechenden Zusatzqualifikationen.

Ein großes Problem der Vereine war der Mangel an entsprechend qualifizierten Übungsleiterinnen. So haben viele Vereine als zweites »Standbein« neben dem psychomotorischen Förderangebot eigene Fortbildungsmaßnahmen entwickelt, um damit Fachkräfte gewinnen zu können und um die Grundidee der Psychomotorik bekannt zu machen und weiter zu verbreiten. Viele Vereine haben dabei ein erstaunlich umfangreiches und vielseitiges Angebot aufbauen können und eigene Fortbildungseinrichtungen mit hauptamtlichen Mitarbeitern errichtet.

Die meisten Psychomotorikvereine wenden sich an Kinder im Vorschul- und Grundschulalter mit Beeinträchtigungen und Entwicklungsverzögerungen im Bewegungs-, Wahrnehmungs- und/oder Verhaltensbereich. Alle Vereine berichten von einem hohen Förderbedarf. Auch die Zufriedenheit der teilnehmenden Kinder und Eltern ist äußerst hoch. Oft wird auch eine Zusammenarbeit mit den Verbänden für Behinderten- oder Rehabilitationssport praktiziert. In diesen Fällen werden über die angegebene Zielgruppe hinaus auch häufig Angebote für erwachsene Menschen mit einer geistigen oder körperlichen Behinderung eingerichtet.

Ein wesentliches Merkmal der Vereinsarbeit ist ebenfalls die intensive Zusammenarbeit mit Fachkräften und Therapeuten anderer Fördereinrichtungen. Vielmals werden in Zusammenarbeit mit Frühförderstellen, heilpädagogischen Kindergärten oder Förderschulen Übungs- und Fördergruppen eingerichtet. Mit den (Kinder-)Ärzten, den Mitarbeitern der Gesundheitsämter oder Beratungsstellen wird eine regelmäßige Kooperation gepflegt. Die Formen der Beratung und der Elternarbeit sind je nach Vereinsstruktur, Zielsetzung und Finanzierungsgrundlage in ihrer Ausprägung recht unterschiedlich, ebenso die Gewichtung und die praktizierten Formen der Diagnostik.

Ein ernstes Problem der Vereine ist die Finanzierung ihres Angebots, denn die Psychomotorik ist als eigenständige Therapieform trotz jahrelanger intensiver

Bemühungen des Berufsverbandes nicht anerkannt. Es existieren viele verschiedenartige Konzepte und Lösungen. Eine Verordnung durch einen Arzt ist in den meisten Fällen für eine Teilnahme erforderlich. Einnahmen erzielen die Vereine durch:

- Zuschüsse der Krankenkassen im Rahmen des Rehabilitationssports,
- Erstattung der Krankenkassen im Rahmen einer Einzelfallentscheidung,
- Elternbeiträge als Vereins- oder Teilnahmebeiträge,
- Zuschüsse der Sozialhilfeträger (im Rahmen der Eingliederungsbeihilfe),
- Zuschüsse der Städte, Kommunen oder der Kreise.

Gerade die Psychomotorikvereine waren es (und sind es auch heute noch), die die Vielfalt und Buntheit der Psychomotorik in der Praxis ausmachen. Dass die Psychomotorik so bekannt geworden ist, ist auch das Verdienst der Mitarbeiter in den Vereinen. Die Erfolge in der praktischen Arbeit und die Beliebtheit des Angebots bei den Kindern und deren Eltern haben zu weiteren Forderungen und Wünschen geführt und damit zur weiteren Verbreitung der Psychomotorik beigetragen. (Adressen von Psychomotorikvereinen und -verbänden sind unter psychomotorik.nifbe.de zu finden.)

5.6 Heimerziehung/Jugendhilfe

Kinder und Jugendliche in der stationären Erziehungshilfe stehen vor dem Problem, dass ihnen häufig der Zugang zu öffentlichen Sport- und Bewegungsangeboten erschwert ist. Sie müssen häufig ihr Lebensumfeld wechseln (Heim – Familie), aber vor allem haben sie in ihrem Umfeld vielschichtige Probleme aufgrund ihres Sozialverhaltens. Selbst innerhalb des Heimes führen diese Schwierigkeiten oft dazu, dass gemeinsame Spiele ohne Unterstützung durch Erwachsene meist nur von kurzer Dauer sind bzw. gar nicht entstehen können.

Erziehern in der Erziehungshilfe stellt sich somit einerseits die Aufgabe, unterstützend tätig zu sein bei der Integration von Kindern in Vereinen oder in Gruppen bei anderen Sportanbietern. Andererseits müssen sie sich auch selbst um einen von Bewegung und Spiel gekennzeichneten Heimalltag bemühen. Die Umsetzungsmöglichkeiten reichen in diesem Arbeitsfeld vom Angebot einzelner Sportarten bis hin zu Förderungen nach dem psychomotorischen Ansatz. Das Ermöglichen geeigneter soziale Interaktionsmöglichkeiten und ein hoher Erlebniswert sind sicherlich ausschlaggebende Faktoren bei der Auswahl der Aktivitäten. Und die eigenen (Sport-)Interessen der Pädagogin und die Art der Beziehung zu den Heranwachsenden spielen weiterhin eine zentrale Rolle.

Ausgehend von beliebten Grundaktivitäten der Kinder wie Schaukeln, Springen, Fahren, Klettern usw. lassen sich Bewegungs- und Spielebereiche gestalten, die den Kindern immer wieder neue Erfahrungs- und Entwicklungsräume eröffnen. Auch

Fahrradtouren, Spielfeste, Fußballturniere oder Waldtage können sinnvolle Aktivitäten sein. Und in der Praxis bewährt hat es sich – für bestimmte Altersgruppen oder auch nur für Mädchen oder Jungen –, themenspezifische Angebote zu entwickeln, z. B. Zirkus, Akrobatik, Tanz, Ringen und Raufen. Auch können alte Kinderspiele im Freien, Eis- und Schneeaktionen geeignete Angebotsformen sein.

Erlebnispädagogische Aktivitäten und Abenteuersport treffen häufig auch die Interessenlage dieser Kinder oder Jugendlichen. Solche Konzepte und Maßnahmen haben im Bereich der Jugendhilfe und der Sozialen Arbeit eine hohe Attraktivität. Durch solche Unternehmungen bei herausfordernden sportlichen und sozialen Aktivitäten in der Natur sollen die Teilnehmer Außergewöhnliches erleben und Persönlichkeitseigenschaften festigen oder entwickeln, die ihnen bei der Bewältigung des Lebens helfen.

Zur Begriffsklärung sind zwei Tendenzen zu unterscheiden: Bei der Erlebnispädagogik »im weiteren Sinne« werden keine spektakulären Unternehmungen angestrebt, sondern eher »sanfte« Aktivitäten durchgeführt wie Wanderungen, Kletteraktionen oder Übernachtungen im Freien mit entsprechenden Naturerfahrungen. Dabei werden Aspekte wie Natur, Erlebnis, Gemeinschaft, Bewegung sowie die Beziehung zwischen Mensch und Natur harmonisch miteinander verknüpft. Auch werden sogenannte Indoor-Aktivitäten wie Theater- oder Zirkusprojekte durchgeführt.

Erlebnispädagogische Angebote »im engeren Sinne« finden hauptsächlich im Bereich der Jugend- und Erziehungshilfe Anwendung. Zielgruppen sind meist »schwierige« Jugendliche, die Grenzsituationen gemeinsam durchleben und durchhalten sollen. Es sollen Erlebnisse mit sich selbst, mit anderen und in der Natur ermöglicht werden, die in der Alltagssituation nicht durchführbar sind. Da einige dieser Maßnahmen recht exklusiven Charakter haben, sind sie sehr medienwirksam geworden. Zu den bekanntesten Angeboten zählen Hochgebirgswanderungen, Klettertouren, Kajak- oder Floßfahrten, Fahrten mit Segelschiffen, Exkursionen mit Elementen des »Überlebenstrainings«.

Natürlich richten sich erlebnispädagogische Ansätze nicht auf Höchstleistungen, sondern berücksichtigen die individuellen Voraussetzungen, das aktuelle Entwicklungs- und Handlungsniveau und die emotionalen Befindlichkeiten. Die Heranwachsenden dürfen nicht in Situationen gebracht werden, in denen ihre Sicherheitsbedürfnisse missachtet werden. Es gilt, die eingeschränkten Risikoerfahrungen (Angst vor Unbekanntem, unzureichende Abschätzung von Risiken, subjektive Ereigniswahrnehmung) und die mangelnden (psycho-)motorischen Kompetenzen zu beachten. Hierzu gehört auch, dass jeder Teilnehmer genügend Zeit hat, sich in seinem Tempo den Erlebnisraum anzueignen und den Anforderungen zu nähern.

Fachleuten muss aber auch bei der Realisierung solcher Angebote bewusst sein, dass Körper- und Bewegungsarbeit an Grenzen stößt. So fordert Hammer (2004, S. 507 f.), die Bemühungen müssten auch dahin gehen, die gesellschaftlichen Bedingungen der Jugendlichen zu verbessern. Eltern müsse dabei geholfen werden, den Heranwachsenden Orientierung und Halt zu geben und Perspektiven zu entwickeln. Eine Erweiterung des Blickes vom Individuum auf sein Lebensumfeld und die Einbeziehung des Systemdenkens in die psychomotorische Arbeit sei auch in diesem Bereich notwendig.

Es geht dann darum, sich Einblick zu verschaffen in die Innenwelten des Kindes. Denn diese Kinder haben eine ganze Reihe problematischer Situationen und Erlebnisse in unterschiedlichen Kontexten (Schule, Heim, Familie) hinter sich. Dies äußert sich im für die Außenwelt schwierigen Verhalten, aber auch in den Inhalten oder Themen ihrer (Fantasie-)Spiele in den Psychomotorikstunden. So inszenieren Kinder in den Stunden oft ihre eigenen Lebensthemen. Sie holen nicht ausreichend gemachte Erfahrungen nach und bearbeiten diese, sie probieren mögliche Rollen aus (Kinder wechseln in die Rolle des Starken oder Aktiven im Spiel), sie stellen eigene Gefühle dar (Hoffnungen, Wünsche, vor allem Ängste). Wichtige Aufgabe des Heilpädagogen ist die Bereitschaft, sich in den psychomotorischen Übungseinheiten auf das Spiel einzulassen, die von dem Heranwachsenden eingebrachten Inhalte zu akzeptierten und somit Offenheit zu signalisieren.

Mit den Überlegungen und Forderungen ist eine Erweiterung der Perspektive auf die Familie angesprochen, da die Spielthemen der Kinder und Jugendlichen sehr oft im familialen Beziehungssystem angesiedelt sind und damit Veränderungswünsche im Spiel zum Ausdruck gebracht werden.

Im Rahmen einer Familientherapie können die bewegungs- und spielorientierten Methoden der Psychomotorik eine kindgerechte Alternative sein zu den eher erwachsenenorientierten und gerade jüngere Kinder kognitiv wie emotional überfordernden Familiengesprächen. Durch das gemeinsame Spielen und Bewegen können positive Auswirkungen auf die Beziehungsgestaltung zwischen den verschiedenen Familienmitgliedern möglich werden.

5.7 Erwachsene

Das Erwachsenenalter ist vor allem dadurch gekennzeichnet, dass die Sorge um die eigenen leiblichen bzw. motorischen Bedürfnisse oft in den Hintergrund rücken; Lebensbereiche wie Beruf, Familie, soziale Beziehungen, materielle Absicherung oder Karriere sind dominierende Themen bzw. Aufgaben dieser Altersspanne. So ist der Alltag erwachsener Menschen häufig durch ein hohes Maß an Bewegungsmangel gekennzeichnet. Die motorischen Entwicklungen des mittleren Erwachsenenalters verlaufen vielfach ohne große Veränderungen und eher unauffällig und werden erst thematisiert, wenn sie krisenhaft verlaufen oder gesundheitliche Probleme sich andeuten.

5.7.1 Klinische Anwendungsfelder

Psychomotorik mit Erwachsenen hat sich in den vergangenen Jahren vor allem in klinischen Anwendungsfeldern, insbesondere in psychiatrischen, psychosomatischen Institutionen und Einrichtungen für Menschen mit Abhängigkeitsproblematik, etabliert. Auch andere Schwerpunkte in der ambulanten Behandlung und Nachsorge, z. B. bei koronarer Herzkrankheit oder in der Brustkrebsnachsorge, sind entstanden. Das erste Konzept der Psychomotorik mit Erwachsenen im deutschsprachigen Raum legte Gerd Hölter (1993) vor. Dieses Konzept, für den klinischen Bereich gedacht und als Mototherapie bezeichnet, basiert sowohl auf psychomotorischen als auch sportpädagogischen Grundideen. Hölter beschreibt vier Basisziele:

1. *Aktivierung:* Durch Bewegung soll Passivität überwunden werden, so sollen negative körperliche und psychische Folgen eines in der Regel bewegungsarmen Klinikalltags vermieden werden. Die allgemeine körperliche Leistungsfähigkeit soll stabilisiert und verbessert und eine Steigerung des Wohlbefindens erreicht werden. Weiter nennt Hölter in diesem Zusammenhang die Rehabilitation sinnlicher Erfahrungen und die Förderung des Körperbewusstseins.
2. *Freizeitgestaltung:* In der klinischen Praxis soll die Mototherapie eng mit dem Freizeitaspekt verknüpft werden. Sinnvolle Freizeitaktivitäten können Schwimmen, Tischtennis, Kegeln, Tanzen oder Spaziergänge sein. Sie bieten Abwechslung, eigene Gestaltungsmöglichkeiten, Spaß mit anderen oder Entspannung. Diese Faktoren können im Zusammenhang mit anderen Förder- und Beratungsmaßnahmen durchaus therapeutisch wirken. Zudem kann damit auf ein Sporttreiben außerhalb der Klinik vorbereitet werden.
3. *Vermittlung von Fertigkeiten und Wissen:* Hier geht es um Vermittlung von Bewegungstechniken oder Sportarten, aber auch z. B. darum, die Funktionsweise und Steuerung der Atmung oder die Regeln eines Spiels zu erlernen. Auch das Lehren von bewegungs- und körperbezogenen Lebenshilfen ist hierunter zu verstehen, wie der Erwerb von Grundtechniken zur Entspannung und Atmung. Weiterhin soll Bewegung als Mittel zur Sinnfindung und Sinnorientierung erfahrbar gemacht werden.
4. *Bewegung als Medium der Psychotherapie:* Im Bereich der Psychiatrie geht es weniger um motorische Probleme, sondern vorrangig um psychische oder psychosoziale Auffälligkeiten wie aggressives Verhalten, erhöhte Angstzustände, mangelnde Selbstsicherheit, Realitätsverlust usw. Die psychotherapeutische Wirksamkeit von Körper- und Bewegungserfahrungen wird darin gesehen, dass durch diese Handlungssituationen Probleme offensichtlich werden, sie erlebbar und damit aber auch bearbeitbar werden. Solche Problemlagen beziehen sich beispielsweise auf Grundthemen wie Vertrauen und Misstrauen, Passivität und Aktivität, Nähe und Distanz, Einsamkeit und Kontakt oder Trauer und Freude (vgl. Hölter, 1993, S. 27).

Bewegungsfachleute können durch gezielte Bewegungsbeobachtungen auf Probleme aufmerksam machen und die Diagnostik unterstützen. Außerdem können sie die verbale Bearbeitung von Problemlagen begleiten, z. B. durch Entspannung, Möglichkeiten zum körperlichen Abreagieren oder durch symbolischen Ausdruck wie z. B. Tanz. Es kann zudem der Fall sein, dass im mittleren Erwachsenenalter vorhandene Ressourcen nicht mehr im Bewusstsein sind oder nicht mehr gepflegt werden. Deshalb kann eine gezielte Suche nach verschütteten Ressourcen im

Rahmen von Hilfsangeboten sehr hilfreich sein. Ein Blick in die Vergangenheit und Ressourcensuche anhand von Erinnerungen an positive, stärkende Erlebnisse und Erfahrungen sowie an wohltuende Personen kann die Aktivierung unterstützen.

Vor allem Ruth Haas (2004) hat die Überlegungen der Psychomotorik für das Erwachsenenalter weiterentwickelt. Auf der Grundlage des Salutogenese-Konzepts von Aaron Antonovsky (1997) bietet sie eine erweiterte Perspektive an. Sie bezieht dazu diejenigen Faktoren ein, die dem Menschen helfen, sich trotz Belastungen wohlzufühlen. Wesentlich für das Wohlbefinden ist das Gefühl des Menschen, sein Leben als zusammenhängend und konsistent zu erleben. Dazu muss er verstehen können (»Verstehbarkeit«), Strategien zur Alltagsbewältigung besitzen (»Handhabbarkeit«) und seinem Leben Sinn abgewinnen können (Bedeutsamkeit) (weitergehende Erläuterungen dazu siehe Kapitel 6.4).

Zu der Erlangung dieser Einstellungen kann auch die Psychomotorik einen Beitrag leisten. Sie soll Wirksamkeitserfahrungen vermitteln, die leiblichen Vorgänge durch Information und Wissensvermittlung erklären helfen und sinnhafte Erfahrungen ermöglichen, die für die Menschen aus eigener Sicht bedeutsam sind (vgl. Haas, 2004, S. 520 f.). Deshalb werden die Themen der betroffenen Menschen im Sinne einer Entwicklungsbegleitung aufgegriffen. Bewegungsthemen dieses Alters können auf der instrumentellen oder explorativen Bedeutungsebene liegen, d. h., Bewegung kann als Mittel zur Erreichung eines bestimmten Zwecks eingesetzt werden oder einfach dazu dienen, die eigenen motorischen Fähigkeiten zu erkunden.

Menschen können beispielsweise den Wunsch haben, eine Sportart zu erlernen, fit zu werden oder Beschwerden zu mindern. Themen können auch sein: Erfahrung von Spannung und Entspannung, von Spaß und Freude an der eigenen Bewegung, Erfahrung eines emotionalen Ausgleichs über Bewegung. Auch die kommunikative und soziale Bedeutung kann in den Mittelpunkt der thematischen Gestaltung gestellt werden. Die Erfahrungen der eigenen Wirksamkeit nehmen dabei einen besonderen Stellenwert ein (vgl. Haas, 2000, S. 89 ff.). Es wird als Grundbedürfnis des erwachsenen Menschen betrachtet, etwas bewirken zu können, Kontrolle über eigene Lebensbereiche zu besitzen oder auch ausüben zu können. Bewegungsthemen zum »Wirksamsein« sind beispielsweise:

- Wirkungen wahrnehmen und sich selbst zuschreiben,
- aktiv und initiativ sein,
- die Aufgabenschwierigkeit und -auswahl den eigenen Fähigkeiten anpassen,
- leibliche und motorische Handlungsmöglichkeiten ausprobieren,
- Grenzen der eigenen Möglichkeiten erfahren und akzeptieren,
- Bewegungstechniken erlernen,
- Entdecken der eigenen Kreativität in der Bewegung,
- etwas leisten – Leistungen steigern,
- mit Materialien gestalten,
- mit Materialien kombinieren, verändern, planen.

In einer aktuellen Veröffentlichung stellen Haas u. a. (2014) die Stärkung zentraler gesundheitlicher Schutzfaktoren heraus, die im Rahmen der Psychomotorik für

Erwachsene handlungsleitend sind, wie Entspannungs- und Erholungsfähigkeit, Selbstbestimmung, Aufmerksamkeitsfokussierung, Bewegung, Lachen, Humor, Beziehungen und Wahrgenommen-Werden. Die konkreten Themen der psychomotorischen Gesundheitsförderung ergeben sich dabei im gemeinsamen Prozess mit den teilnehmenden Menschen (vgl. Haas, u. a., 2014, S. 7).

Die Basis zur Ermittlung möglicher Themen sind unterschiedliche förderdiagnostische Blickwinkel, die je nach Wissen, Fragestellung und zeitlichen Möglichkeiten eingenommen werden.

In einer thematischen Analyse werden allgemeine Themen des Erwachsenenalters und subjektive Themen der einzelnen Menschen durch Vorgespräche, prozessbegleitende Mitteilungsrunden oder durch Beobachtungen erfasst. Es wird weiterhin die Lebenswelt der Erwachsenen (Wohnverhältnisse, Familie, Partnerschaft oder Freizeitgestaltung, Lebensstil) in die Betrachtung mit einbezogen. Der Blickwinkel auf gesundheitliche Störungen und Kenntnisse in der Symptomatik und in möglichen Erklärungs- und Behandlungsansätzen ist gerade im klinischen Rahmen erforderlich. Weiterhin werden die einzelnen Menschen zur Suche nach den für sie bedeutsamen leib- und bewegungsbezogenen Ressourcen angeregt. Mit Hilfe von Gesprächen oder auch von Fragebögen können bewegungsbezogene Kenntnisse, Vorerfahrungen, Fähigkeiten und Interessen ermittelt werden. Auch die Analyse der Interaktionen zwischen Gruppenteilnehmern und die Interaktionen zwischen Psychomotoriker und Teilnehmer wirken sich auf die Themenfindung aus. Denn jedes Gruppenmitglied bringt seine Befindlichkeit und seine Bedürfnisse – ob bewusst oder unbewusst – mit in die Begegnung ein, und diese haben Einfluss auf die gruppendynamischen Prozesse. Und nicht zuletzt muss bei den vorbereitenden und prozessbegleitenden Überlegungen das psychomotorische Angebot den organisatorischen Rahmenbedingungen angepasst werden (Dauer, Häufigkeit, Raum, zur Verfügung stehendes Material).

Die psychomotorischen Angebote setzen also an den aktuellen, temporären oder überdauernden Themen der Menschen an, mit denen gearbeitet wird. Sie werden von den Teilnehmern bestimmt oder von dem Psychomotoriker vorgeschlagen. Sie entwickeln sich prozessorientiert weiter. Bespiele für solche thematisch orientierten Bewegungsangebote im Rahmen der psychomotorisch orientierten Gesundheitsförderung können etwa sein (vgl. Haas u. a., 2014, S. 55–172):

- den Körper auf der Basis verschiedener Wahrnehmungen erfahren
- Bewegungsmöglichkeiten entdecken und erweitern
- Grundformen der Bewegung erleben
- sich im Raum und seinen Dimensionen bewegen
- Unterschiedliche Gleichgewichtsarten erproben, Spannungsunterschiede wahrnehmen
- Entspannungsformen erlernen
- auf der Basis von sportlichen Techniken und Fertigkeiten spielen
- die materiale Welt in ihren Eigenschaften erfahren und kennen
- Grundprinzipien zwischenmenschlicher Interaktion erfahren
- Nähe und Distanz dosieren lernen
- sich anvertrauen

- sich miteinander abstimmen
- Körpersprache bei sich und anderen verstehen und einsetzen lernen
- mit anderen kooperieren

> **Beispiele**
>
> Beispiele für aktuelle oder temporäre Themen der Teilnehmer können sein: Ich brauche heute Ruhe/viel oder wenig Bewegung. Ich muss heute Spannung abbauen. Ich möchte mich alleine bewegen.
> Oder: Ich möchte mich wieder mehr spüren. Ich möchte etwas für mich und gegen meine Beschwerden tun. Ich will Kontakt aufnehmen, mich mit anderen bewegen. Ich möchte mich lebendig, aktiv fühlen. (vgl. Haas, 2014, S. 48)

5.7.2 Menschen mit geistiger Behinderung

Exemplarisch soll an dieser Stelle die Bewegungsarbeit für erwachsene Menschen mit geistiger Behinderung betrachtet werden, weil im Rahmen der heilpädagogischen oder psychomotorischen Tätigkeit für diese Personengruppe beispielsweise in Einrichtungen der Behindertenhilfe häufig ein Angebot bereitgestellt werden soll. Viele Heilpädagoginnen arbeiten in Wohngruppen oder in Werkstattgruppen mit Menschen mit einer geistigen Behinderung oder sind im Bereich Freizeit in Einrichtungen der Behindertenhilfe, in Selbsthilfegruppen, Angehörigenvereinigungen oder auch speziellen Vereinen (z. B. für Rehabilitation und Behindertensport) tätig. Dort werden sie mit der Frage konfrontiert, was zur Förderung der Bewegung oder der Wahrnehmung ihrer Klienten getan werden kann.

Die Vielfalt der geistigen Behinderungen im Erwachsenenalter und deren Auswirkungen können hier nicht einmal annähernd dargestellt werden. Die Einschränkungen, Störungen und Beeinträchtigungen der geistigen und der körperlichen, psychischen und sozialen Funktionen sind in sehr unterschiedlicher Ausprägung möglich. Diese hängen vom Schweregrad der geistigen Behinderung, dem Zeitpunkt und dem Verlauf der Schädigung ab. Von daher erscheint es als höchst problematisch, von »dem Menschen mit geistiger Behinderung« und von einer klar umrissenen Personengruppe auszugehen. Das macht natürlich auch die Arbeit im Bereich der Psychomotorik schwierig.

Zum Personenkreis gehören Menschen mit einer leichten geistigen Behinderung, die relativ selbstständig sind, aber auch Erwachsene mit einer mittelgradig oder schweren geistigen Behinderung, die schon lange in einer Einrichtung leben. Zudem befinden sich in den Gruppen häufig Menschen mit einer schwerst- und mehrfachen Behinderung mit sehr starken Einschränkungen und häufig zusätzlichen Verhaltensauffälligkeiten.

Jede Anwendung psychomotorischer Angebote setzt eine möglichst genaue Kenntnis der individuellen Andersartigkeit des Menschen mit einer geistigen Behinderung sowohl in der Bewegungsleistung als auch in anderen Verhaltensbereichen voraus. Als Konsequenz der Heterogenität dieser Personengruppe ist zu beachten, dass allgemeine Beschreibungen von Fähigkeiten kaum bzw. nur sehr eingeschränkt möglich sind. Dennoch gibt es häufig zu beobachtendes Bewegungsverhalten, das durch folgende Merkmale gekennzeichnet sein kann:

- Schwierigkeiten bei der Körperkoordination und in der Auge-Hand-Kontrolle,
- unangemessener Krafteinsatz, häufig eine schlaffe Muskulatur oder eine zu angespannte Muskulatur,
- geringere Kondition und Ausdauer, schnellere Ermüdung,
- Gleichgewichtsprobleme, geringe Körperbalance,
- Schwierigkeiten bei Körperschema- und Orientierungsübungen,
- Mangel an Wirbelsäulenbeweglichkeit,
- eingeschränkte Bewegungsgeschwindigkeit,
- Probleme im Erfassen von Regeln und in der Wahrnehmungsverarbeitung.

Aber auch die positiven Verhaltensweisen dürfen hier nicht vergessen und unerwähnt bleiben. Menschen mit geistiger Behinderung können sich aktiv und voller Begeisterung am Spielgeschehen beteiligen, wenn das Regelwerk nicht zu kompliziert ist. Sie können auch zielgerichtet und geplant Bewegungsabläufe ausführen. Es kann als positiv angenommen werden, dass sie sich neugierig und interessiert neuen Geräten zuwenden oder dass sie vorsichtig mit Materialien umgehen. An manchen Teilnehmern kann geschätzt werden, dass sie witzig und oder kontaktfreudig sind und direkt ihre Meinungen und Gefühle äußern. Andere zeichnen sich dadurch aus, dass sie langsam und verträumt sind. Viele sind über Musik und Rhythmus gut ansprechbar, und solche Anregungen lösen spontane Aktionen oder tänzerische Bewegungen aus.

Die zur Erfüllung einer Bewegungsaufgabe nötige Zielstrebigkeit ist oft vorhanden. Allerdings ist es in vielen Fällen erforderlich, charakteristische Schritte im Bewegungsablauf deutlicher zu strukturieren und zu präsentieren. Die Dynamik der Bewegungen erweckt einmal den Eindruck von Zögern, ein anderes Mal den eines plötzlichen Durchbruchs. Die Bewegungen können einerseits wohl abschweifend sein, andererseits aber auch gut auf die Sache bezogen.

> **Beispiel**
>
> Die Kombination von Einzelhandlungen zu einem Bewegungsablauf erfolgt oft nicht ununterbrochen. Zum Beispiel wird das Fangen eines Balles nicht bestimmt durch einen anschließenden Wurf, und die Bewegungsabläufe gehen nicht fließend ineinander über. Die Haltung beim Stoppen eines anrollenden Balles ist meistens nur auf das Stoppen und nicht auf das anschließende Aufnehmen und Werfen gerichtet.
>
> Der Erfolg, das Erreichen eines Ziels, das Treffen eines Balles, das Erzielen eines Korbes sind für sich allein keine Stimulanz für eine Wiederholung. Erfolg wird weniger bzw. kaum bemerkt. Es geht dem Menschen mit geistiger Behinderung oft um das Tun an sich.

Alle genannten Kennzeichen sind individuell recht unterschiedlich ausgeprägt und können je nach Art der Behinderung im Ausmaß sehr verschieden sein. Sie sind sicherlich abhängig von Art und Umfang der Anreize und Anregungen, die im Kindes- und Jugendalter gegeben wurden. Sie sind aber auch noch später im Erwachsenenalter durch eine entsprechend dosierte Bewegungsförderung positiv zu beeinflussen, und Fähigkeiten und Fertigkeiten können besser und länger erhalten bleiben.

Folgende Prinzipien und methodische Aspekte für die konkrete Umsetzung der Psychomotorik für Erwachsene mit geistiger Behinderung empfiehlt Volker Grunwald (vgl. 2000, S. 101 f.):

- *Ein respektvoller und altersgemäßer Umgang ist zu pflegen.* Das Verhalten des Übungsleiters zeichnet sich durch Akzeptanz, Empathie, Echtheit und Humor aus; auch Langsamkeit muss ausgehalten werden können.
- *Besonders wichtig ist es, an Bekanntes anzuknüpfen, vom Einfachen zum Schweren vorzugehen und kleine Lernschritte zu beachten.* Über Spiele mit vereinfachten Regeln sind Teilnehmer gut zu motivieren.
- *Erklärungen und Erläuterungen sind den geistigen Fähigkeiten der Teilnehmer anzupassen.* Die kognitiven Anteile bei der Informationsvermittlung sollten nicht zu hoch sein. Hilfen können auch verstärkt durch das Vormachen, durch das Führen und Begleiten oder taktil durch Hilfen bei Bewegungsausführungen geleistet werden. Klatschen und Sprechen können Bewegungen verbal oder rhythmisch begleiten.
- *Raum und Gelegenheiten für freie, experimentierende Aktivitäten sollte gelassen werden.* Man kann aber oft vom Art und Umfang nicht solche Bewegungsaktivitäten erwarten, die man von nichtbehinderten Menschen vielleicht gewohnt ist. Deshalb sind manchmal auch vermehrt Anregungen zu geben.
- *Der äußere Rahmen sollte vorteilhafte Vorgaben berücksichtigen*, etwa bekannte Räumlichkeiten, Regelmäßigkeiten des Stundenablaufs, Vertrautheit der Teilnehmer untereinander. Das Ausmaß an Neuerungen muss begrenzt sein, wenn es um neue Personen, neue Materialien oder neue Räume geht.

Klare Vorgaben hinsichtlich der Unterrichtsgestaltung dienen den Teilnehmern als Orientierungshilfe:

- überschaubarer Aufbau;
- Wechsel zwischen bewegungsintensiven, entspannenden und konzentrativen Phasen;
- Regelmäßigkeiten und Rituale als Orientierungshilfe;
- Dosierung der Angebote und Vermeidung von Reizüberflutung und Materialschlachten.

Trotz kognitiver Schwächen kann zu einem Feedback angeregt werden; Erlebnisse können verbal, aber auch gestisch-körperlich mitgeteilt werden. Erlebnisse können so bewusster, Erfolge unterstützt und bekräftigt werden (Selbstwirksamkeitserfahrungen).

Die notwendigen Sicherheitsmaßnahmen dürfen nicht vernachlässigt werden. Sie können erreicht werden durch eine gute Unterrichtsorganisation, vor allem beim Geräteaufbau und durch aktive Hilfestellung oder Sicherheitsstellung durch Übungsleiter oder durch weitere Helfer. Die Teilnehmer können untereinander oft diese Hilfe nicht leisten.

Das Prinzip der Variation wurde bereits als wesentlich für die psychomotorische Arbeit beschrieben. Die Absicht der Bewegungserziehung, Bewegungsmuster auch in Situationen verfügbar zu machen, die von der ursprünglichen Lernsituation abweichen, erweist sich in der Praxis bei erwachsenen Menschen mit Behinderung als schwierig umsetzbar. Denn eine neu erlernte Bewegung soll ja erst dann variiert werden, wenn sie genug geübt ist und wenn sie bereits in sich gefestigt ist. Andererseits ist eine Bewegung, wenn sie sehr gut geübt, auch sehr stark automatisiert ist, schwieriger zu variieren und damit in anderen Situationen anzuwenden. Man muss also behutsam und individuell jeweils abwägen, ob eher Bewegungsabläufe wiederholt oder unter neuen Situationsbedingungen verändert werden sollen.

Theunissen und Plaute (1995, S. 194–203) beschäftigen sich mit der Frage, ob der Ansatz der Erlebnispädagogik (siehe unter Jugendhilfe) auch für Menschen mit geistiger Behinderung wertvoll sein kann. Man ist wohl erst geneigt, die Erlebnispädagogik mit dem Bewältigen von Risikosituationen allein als Abenteuerwelt für Nichtbehinderte zu betrachten. Menschen mit geistiger Behinderung traut man demgegenüber solche Unternehmungen nicht zu. Für die beiden Autoren Theunissen und Plaute stellt die Erlebnispädagogik ein für die Förderung und Betreuung von Menschen mit geistiger Behinderung richtungsweisendes Konzept dar (vgl. Theunissen/Plaute, 1995, S. 194). Sie kritisieren sogar, dass in der heilpädagogischen Arbeit mit geistig behinderten Menschen von Erlebnispädagogik kaum die Rede ist.

Die gewählten praktischen Möglichkeiten müssen die individuellen Voraussetzungen, die aktuellen (psycho-)motorischen Kompetenzen und die emotionalen Befindlichkeiten der Menschen mit geistiger Behinderung berücksichtigen, und auch ihre Sicherheitsbedürfnisse müssen beachtet werden. Angst vor unbekannten Herausforderungen, unzureichende Abschätzung von Risiken und eine subjektive Ereigniswahrnehmung können zu unerwarteten Reaktionen führen. Auch das bereits genannte methodische Prinzip »vom Leichten zum Schweren« ist besonders wichtig. Und jedem Teilnehmer muss genügend Zeit gelassen werden, sich in seinem Tempo auf die Herausforderungen einzulassen.

Beispiele

Unter den genannten Rahmenbedingungen können etwa folgende Angebote organisiert werden: Wanderungen, Bewegungsübungen im Gelände mit Klettern auf Mauern und kleinen Felsen, Zelttouren. Eine langsame Steigerung der Schwierigkeiten führt z. B. bei Spaziergängen auf angelegten Wegen hin zu Wanderungen in unwegsamem Gelände durch den Wald, über Geröll, steile Grashänge und durch ausgetrocknete Bachbetten. Während anfangs bereits kleine Unebenheiten von den Teilnehmern als nur schwer überwindbare Hindernisse empfunden werden, lassen sich durch bewusst langsame Steigerungen im weiteren Verlauf sichtbare Erfolge erzielen.

Weitere Beispiele: Kanutouren oder Besuch einer Kletterhalle oder eines Kletterwaldes, Geländeübungen, wobei es z. B. darum geht, mit Hilfe von Fotos bestimmte Punkte in der Landschaft wiederzuerkennen.

(Weitere sinnvolle Spiel- und Übungsanregungen für die Halle siehe unter Kapitel 6)

5.8 Ältere Menschen (Motogeragogik)

Wir wissen, dass Bewegung nicht nur dazu beiträgt, dass wir uns vom Kindesalter an zu gesunden, selbstsicheren und eigenständigen Menschen entwickeln, sondern auch, dass Bewegung hilft, bis ans Lebensende selbstständig und zufrieden zu leben. Älter werden und alt sein bedarf unter »normalen« Lebensumständen aber nicht einer besonderen oder speziellen Förderung – genau so wenig wie eine »normale« Kindheit. Wann und wie im Alter eine psychomotorische Förderung sinnvoll sein kann, soll deshalb in diesem Abschnitt genauer geklärt werden.

Das Älter- und Altwerden bringt eine Menge an Risiken einer ungesunden Entwicklung. »Genauso wie gestörte Kindheitsverläufe gibt es auch gestörte Altersverläufe. Und bei gestörten Entwicklungsverläufen kommt die Psychomotorik ins Spiel« (Eisenburger, 2012, S. 16). Insgesamt kann in den vergangenen Jahren eine verstärkte Wahrnehmung des Handlungsbedarfs an psychomotorischen Angeboten für Ältere festgestellt werden. Diese resultierte dabei nicht nur aus der bislang noch nicht so starken Berücksichtigung der Psychomotorik in diesem Arbeitsfeld, sondern vor allem aus der aktuellen, gesellschaftlichen und demografischen Entwicklung: eine ständig steigende Lebenserwartung der Menschen, womit der Anteil der Älteren kontinuierlich zunimmt. Zugleich steigt die Zahl an Demenz erkrankter Menschen, und bedingt durch die hohe Lebenserwartung erhöht sich der Anteil derjenigen, die im Alter institutionelle Hilfe in Form vom Alten- und Pflegeheimen in Anspruch nehmen werden.

Und was für die Gesamtbevölkerung zutrifft, vollzieht sich zudem auch in den Einrichtungen der Behindertenhilfe. Menschen mit Behinderungen haben heutzutage eine deutlich höhere Lebenserwartung, die häufig der von Menschen ohne Behinderung entspricht. Damit stehen auch die Institutionen vor großen Veränderungen.

Es soll hier keine genaue Altersdefinition für die Zielgruppe der älteren Menschen angegeben werden. Bezeichnungen wie Senioren, ältere Mitbürger usw. sind sicherlich wenig präzise, aber es ist hier kaum von Nutzen, bestimmte Altersbereiche voneinander abzugrenzen, in denen der Mensch alt oder älter ist. Alt sein (gemäß dem kalendarischen Alter) und sich alt (oder jung) fühlen, ist zudem auch zweierlei.

Das Alter ist, ähnlich wie die Kindheit und im Unterschied zum relativ stabilen Erwachsenenalter, eine Lebensperiode, in der der Körper kontinuierlichen und großen Veränderungen unterworfen ist, die sich auf das Bewegungsverhalten auswirken. Und es wurde bereits dargestellt, dass Bewegung als Grundlage der Handlungs- und Kommunikationsfähigkeit betrachtet werden kann, und so bedeuten auch im Alter Veränderungen der Motorik Veränderungen der Handlungskompetenz und bringen Veränderungen der Persönlichkeitsentwicklung mit sich.

Zu berücksichtigen ist, dass das Altern in unterschiedlicher Weise und in unterschiedlicher Geschwindigkeit vor sich geht. Somit fällt es nicht leicht, das Typische einer Altersmotorik zu beschreiben. Es besteht auch die Gefahr, außer altersbedingten Abbau- und Verschleißerscheinungen auch Veränderungen aufgrund eines krankhaften Geschehens mit einzubeziehen, beispielsweise chronisch-degenerative Erkrankungen wie Arthrose der Knie- und Hüftgelenke sowie der Lendenwirbelsäule. So wird nicht ganz zu verhindern sein, dass im Bild der Altersmotorik auch Krankheitswertiges hier und da einfließt.

Biologische und physiologische Veränderungen im zunehmenden Lebensalter führen zu Organveränderungen und zu Funktionsveränderungen. Diese Veränderungen wirken sich auch auf das Bewegungsverhalten aus und sind daher auch Kennzeichen der motorischen Entwicklung im Alter (vgl. Philippi-Eisenburger, 1990, S. 42 f.; Kiphard, 1989, S. 72 f.):

- Abnahme des maximalen Herzleistungsvermögens, Erhöhung des Blutdrucks aufgrund Veränderung der Gefäßwände;
- Abnahme der maximalen Sauerstoffaufnahmekapazität, Verringerung der Atemleistung, z. B. durch Verfestigung der Gewebestrukturen der Lunge;
- Abnahme der Muskelmasse, Versteifung der Gelenke, Nachlassen der Elastizität von Sehnen und Bändern, dadurch Verlust an Muskelkraft, vor allem der Schnellkraft; dadurch Einschränkung der gesamten Bewegungsfähigkeit und Gelenkigkeit möglich;
- Abschwächung der Impulstätigkeit und Abbauprozesse im Gehirn, zusammen mit psychisch bedingter Bewegungsunlust, allmählicher Verringerung spontaner Bewegungsproduktionen eine zunehmende Bewegungs- und Ausdrucksarmut;
- verminderte Nervenleitgeschwindigkeit und dadurch verzögerte Reaktionszeiten auf Wahrnehmungsreize; Nachlassen von Sinnesleistungen, dadurch eine Erschwerung der situativen Orientierung und Anpassung möglich;
- Nachlassen der Fähigkeit zu koordinierten Bewegungsabläufen und zur Bewegungskontrolle bei feineren Präzisionsbewegungen, insbesondere dann, wenn sie nicht ständig geübt werden.
- Erschwernis der Kombination und Verknüpfung von verschiedenen Bewegungsabläufen oder Richtungsänderungen; dadurch Tempoverzögerungen und insgesamt eine verlangsamte Motorik wahrscheinlich.

Hier sei auch noch einmal betont, dass die genannten Kennzeichen mögliche Veränderungen sind, die nicht zwangsläufig, nicht in dem gleichen Ausmaß erfolgen müssen und zu verschiedenen Zeitpunkten auftreten können; von daher

5.8 Ältere Menschen (Motogeragogik)

müssen sie nicht bei jedem Menschen und nicht auf der gleichen Altersstufe auftreten. So ist auch die Leistungsfähigkeit des Herz-Kreislauf-Systems prinzipiell bis ins hohe Alter aufrechtzuerhalten, vor allem bei regelmäßigem (Ausdauer-)Training und gesunder Lebensweise. Das Erscheinungsbild der Altersmotorik muss also grundsätzlich differenziert betrachtet werden. Das Bewegungsverhalten kann durch Unlust, Starrheit, Stereotypität gekennzeichnet sein, es muss aber nicht zwangsläufig monoton, abgehackt und schwunglos werden. Dabei können verschiedene andere Persönlichkeits- und Situationsvariablen wesentlich bestimmender sein als die Altersvariable.

Beweglichkeit und Verfügbarkeit über den Körper sind also auch im Alter Grundlage der Handlungsfähigkeit und damit der Selbstständigkeit und Unabhängigkeit, Zufriedenheit und Kompetenz. Bewegungseinschränkungen erschweren demgegenüber die Bewältigung der alltäglichen Aufgaben, schränken die Mobilität ein. Diese Bewegungsunsicherheit kann sich negativ auf das Selbstvertrauen auswirken. Die Bewegungslosigkeit drückt sich dann nicht allein in motorischen Einschränkungen aus wie dem gehemmten Gang, den kleinen und langsamen Schritten, den steifen Armen, sondern auch in der Starrheit der Körper, den eingefrorenen Gesichtszügen oder den hängenden Schultern.

> »Wir wissen um die Zusammenhänge zwischen Seele und Körper, zwischen psychischen Konflikten und Körpersymptomen, wir wissen, dass Erlebtes immer sein Pendant im Körper hat (›der Leib vergisst nichts …‹). Und im Alter kommt noch hinzu: Der biologische Organismus, der den Naturgesetzen des Alterns unterliegt und seine Adaptionsfähigkeit zunehmend verliert, wirkt wieder zurück: Hände, die schlaff und leblos werden, weil es nichts mehr zu tun gibt, Blicke, die gesenkt bleiben, weil sich nichts Interessantes zeigt, Beine, die sitzen bleiben, weil es sich nicht mehr lohnt, ›in die Welt zu gehen‹ – sie können dann irgendwann auch wirklich nicht mehr zupacken, nicht mehr springen, nicht mehr gehen.« (Eisenburger, 2012, S. 18)

So besteht die Gefahr, dass die älteren Menschen mit den körperlichen Veränderungen auch geistig und psychisch verlangsamen. Über geeignete Bewegungsangebote kann dieser Entwicklung entgegengesteuert werden.

> »Um nicht zu versinken im Meer des Vergessens, um lebendig zu sein, muss man sich spüren, sich wahrnehmen, sich seiner bewusst sein. Und das geht (nur) durch bewegen.« (Eisenburger/Gstöttner/Zak, 2008, S. 10)

Eine zusätzlich dringliche Herausforderung stellt sich sicherlich aktuell und in naher Zukunft mit den zunehmenden Demenzerkrankungen. Ihre Anzahl wird angesichts der stetig größer werdenden Zahl von Hochbetagten in den nächsten Jahrzehnten weiter zunehmen, so dass ein Leben mit Demenz als Lebenslage keine Randerscheinung mehr sein wird. Vielmehr wir es zunehmend zur Normalität werden, im sozialen Umfeld mit dem Phänomen Demenz in Berührung zu kommen – privat oder beruflich.

Als Demenz werden neurodegenerative Erkrankungen bezeichnet, die mit irreversiblen hirnorganischen Veränderungsprozessen und einem Rückgang kognitiver, motorischer und aktionaler Kompetenz einhergehen. Auswirkungen dieser Erkrankungen zeigen sich auf allen Bedürfnisebenen und in allen Lebensbereichen: Die zeitliche und räumliche Orientierung ist erschwert, Aufmerksamkeit und Gedächtnis sind beeinträchtigt, die planvolle Gestaltung und Organisation des Alltags werden komplizierter, Alltagsaktivitäten werden oft nicht mehr überblickt. Und die Sprache und Kommunikation sind beeinträchtigt, es verändert sich die Art der Gestaltung der Beziehungen, Gefühle werden weniger klar wahrgenommen und es fällt schwer, sie differenziert zum Ausdruck zu bringen (vgl. Schäper, in: Greving/Ondracek, 2009, S. 200).

Bisher sind noch nicht so viele Heilpädagogen in diesem Bereich tätig. Jedoch verfügt die Heilpädagogik (und auch die Psychomotorik) mit ihrem Zugang zu beeinträchtigten Lebensbedingungen über Verstehenszugänge und methodisches Rüstzeug, die sich auch in Bezug auf die Betreuung von Menschen mit Demenzerkrankungen als hilfreich erweisen können. Das gilt auch für die Betreuung von Menschen mit Behinderungen, die im Alter zusätzlich von einer Demenzerkrankung betroffen sind.

Bevor im nächsten Abschnitt näher auf die Psychomotorik im Alter eingegangen wird, soll kurz die im Pflegealltag einfach anzuwendende »10-Minuten-Aktivierung Erwähnung finden, die vielfältige Anreize zu eigenständiger Bewegung und Aktivität bietet und die dazu einlädt, sowohl Bewohnerinnen wie Angehörige in die Alltagsaktivitäten der Betreuungspersonen einzubeziehen« (vgl. Schäper, in: Greving/Ondracek, 2009, S. 230).

Beispiele

Bewohnerferne Arbeiten können vielfach in bewohnernahe umgewandelt werden, indem z. B. versorgende Aufgaben aus einer abgeschlossenen Küche in den gemeinsamen Wohnraum verlagert werden. Bewohnerinnen können an einfachen Tätigkeiten beteiligt werden: Viele ältere Frauen können noch Kartoffeln schälen, Wäsche falten, einen Knopf annähen oder andere lange vertraute Verrichtungen übernehmen. Männer und Frauen können bei einfachen Tätigkeiten im Gartenbereich beteiligt werden (Bepflanzen von Beeten, Blumenkübeln, Balkonkästen), oder jemand kann vielleicht noch aus der Zeitung vorlesen, ein bekanntes Spiele anleiten oder ein Instrument spielen. Hier gilt es, Talente, Vorlieben und vertraute Tätigkeiten der Bewohner gemeinsam zu entdecken. Angehörige können hier wichtige Hinweise geben.

Motogeragogik

Ein Ansatzpunkt der Übertragung der psychomotorischen Grundideen auf Ältere ist die Motogeragogik, sie basiert auf einer ganzheitlichen Persönlichkeitsförderung durch Bewegung im Alter. Methodisch-didaktische Aspekte dieses von Marianne Eisenburger entwickelten Konzeptes sollen im Folgenden erläutert werden.

Das Konzept der Motogeragogik will einen Weg bieten, um die Menschen wieder körperlich, geistig und seelisch zu bewegen. Es richtet die Aufmerksamkeit auf die Entwicklungsaufgaben und Daseinsthemen der Menschen im Alter und verbindet diese mit dem psychomotorischen Gedankengut der Förderung personaler, sachbezogener und sozialer Kompetenzen.

Der Begriff beinhaltet den Wortstamm »Moto« als Abkürzung für Motorik (so wie es bei der Motopädagogik und Mototherapie der Fall ist) und wird ergänzt durch »Geragogik« (Teilgebiet der Pädagogik, die sich mit Bildungsfragen und -hilfen für ältere Menschen befasst). Mittlerweile wird aber immer deutlicher, dass sich auch der Begriff der Motogeragogik nicht durchsetzen kann. Da in der gesamten Diskussion über die früheren Lebensspannen immer mehr der Begriff Psychomotorik (wieder) aufgenommen wird, wird auch in der Fachliteratur zum Alter nun weniger von Motogeragogik als vielmehr von Psychomotorik im Alter gesprochen (vgl. Eisenburger, 2004, S. 542).

Das Konzept von Marianne Eisenburger ist ursprünglich zugeschnitten auf die Bedürfnisse der eher rüstigen, vitalen älteren Menschen. Dieses bewährte und praktisch erprobte Konzept hat sie nun ergänzt, indem es auf die Bedürfnisse derjenigen bezogen wird, die in einem Senioren- und Pflegeheim leben (vgl. Eisenburger, 2005). Diese Menschen leben im Senioren- und Pflegeheim, weil ihnen körperliche, geistige oder psychische Veränderungen ein selbstständiges Leben unmöglich gemacht haben. Das eigene Aktivitätspotenzial dieser Personen ist oft nur so gering, dass sie auf Anregungen von außen angewiesen sind, um wenigstens ein Mindestmaß an Aktivität und Bewegung zu haben.

In einer psychomotorischen Förderung können nicht die Lebensbedingungen verändert werden, aber man kann darauf hinwirken, jedem Einzelnen (auch wenn es nur zeitweilig ist) das Gefühl zu geben, lebendig zu sein, wieder einmal »da« zu sein, wieder etwas zu spüren – sich wieder zu bewegen. Den Kreislauf Bewegungsdistanz – Bewegungsunlust – Bewegungsmangel – Bewegungseinschränkung usw. zu durchbrechen und dem Menschen die Möglichkeit zu geben, sich mit seiner Altersmotorik und seinem sich verändernden Körper zurechtzufinden und nach seinem Vermögen und seinen Bedürfnissen an der Welt teilzuhaben, muss Anliegen psychomotorischer Angebote im Alter sein.

In den Übungsstunden mit älteren Menschen ist es anders als bei der Arbeit mit Kindern, wo Entwicklung meist im Sinne von Zuwachs erlebt wird. Es wird zumindest angestrebt, dass Kinder immer besser zurechtkommen, immer mehr können sollen. Im Alter dagegen bedeutet Entwicklung meist fortschreitende Einschränkung. Immer weniger zu können, immer schlechter zurechtzukommen, ist vielfach harte Realität.

Leiter von psychomotorischen Übungsgruppen sind es (vor allem aus der Arbeit mit Kindern) gewohnt, dass immer etwas passiert, dass es lebendig und aktiv zugeht. Übungsleiter können es oft schwer aushalten, wenn das Gefühl entsteht, es sei langweilig. In der Betreuung von älteren Menschen müssen sie sich umstellen. Denn folgende Situationen sind dann häufiger vorzufinden:

- die Bewegungslosigkeit zu Beginn einer Stunde (die so anders ist als beispielsweise zu Beginn von Übungsstunden mit Kindern),
- die Einfachheit der Angebote (im Vergleich zu den komplexen Anforderungen einer Bewegungslandschaft),

- die Stille, wenn keiner etwas sagt und nur ein Ball hin- und herrollt oder weitergereicht wird.

Anders als bei psychomotorischen Angeboten mit Kindern, die davon geprägt sind, dass diese jungen Menschen laut durch Hallen toben, Gegenstände unaufgefordert nehmen, zweckentfremden, sich teilweise lange Zeit selbstständig damit beschäftigen, sind psychomotorische Bewegungsstunden besonders in Altenpflegeheimen zunächst von unglaublicher Stille und Ideenlosigkeit geprägt. Das Aushalten der Stille ist zunächst das Entscheidende, was Fachkräfte überstehen müssen. »Wir müssen lernen, dass es für Menschen hier gar nicht langweilig ist, wenn ein Wasserball zehn Minuten im Kreis herumgegeben wird, dass die Mienen sich wenig ändern, nur der Blick wacher wird oder Arme und Füße sich (zentimeterweise) bewegen« (Eisenburger, 2005, S. 25).

Es darf aber auch hier keine defizitorientierte Sichtweise in den Vordergrund rücken. Ältere Menschen verlieren manche Fähigkeiten, diese »natürliche Entwicklung« darf aber nicht den Blickwinkel der pädagogischen Fachkräfte bestimmen. Sie müssen ihren Fokus auf die vorhandenen Kompetenzen und Stärken der älteren Menschen richten und sich an ihren Interessen, Wünschen und Bedürfnissen orientieren. Es gilt herauszufinden, was diese Menschen brauchen könnten. Die Psychomotorik kann so möglicherweise dazu beitragen, dass auch dieser Lebensabschnitt Momente der Freude, des Wohlbefindens und der Lebensqualität behält. Aber es gilt – wie schon angedeutet –, auch schon die kleinen Äußerungsformen und Handlungsveränderungen als Erfolg zu betrachten und die kleinen Rückmeldungen und Gesten wahrzunehmen, wie ein stolzes Lachen oder strahlende und offene Augen.

Beispiele

Ein Tuch wird gemeinsam geschwungen, »nur« im Sitzen und auch recht langsam, aber alle Personen sind aktiv beteiligt und erfreuen sich an den sanften Auf- und Ab-Bewegungen des Tuches. Bei einer Person ist seit Langem mal wieder ein Lächeln zu beobachten, als kleine Wattebäuschchen wie »Schneeflocken auf dem Tuch tanzen«. Auch kann es ein toller Erfolg sein, wenn eine verkrampfte Hand sich öffnet oder die Füße im Rhythmus mitwippen, ein Luftballon in die Luft geschlagen oder ein Sandsäckchen im Kreis weitergereicht wird.

Wenn es wieder etwas Interessantes zu sehen oder zu hören gibt, wenn man von einer freundlichen Berührung erreicht wird, dann wird man wieder aufmerksamer. Durch praktischen Vollzug gehorcht der Körper wieder mehr, werden Muskeln kräftiger, Gelenke beweglicher. Aber bevor zentralnervöse und muskuläre Prozesse stattfinden, muss etwas im Bewusstsein geschehen, muss der Mensch erreicht werden auf seinem Weg in den Rückzug: »Zuerst muss die Seele bewegt werden« (Eisenburger, 2012, S. 18).

5.8 Ältere Menschen (Motogeragogik)

Für die konkrete Stundenplanung und -gestaltung stehen grundsätzlich alle Themen und Inhalte aus dem Bewegungs- und Wahrnehmungsspektrum zur Verfügung. Die konkrete Auswahl für eine Stunde erfolgt im Hinblick auf die (geäußerten) Bedürfnisse der Teilnehmer. Es geht darum, sich intensiv mit den Menschen der Gruppe zu beschäftigen, um zu erkennen, welche Interessen, Bedürfnisse, Lebensthemen und Ressourcen jeweils vorhanden sind. Darüber hinaus achtet der Leiter auf die Notwendigkeit, bestimmte Bereiche besonders zu fördern, und auf Ausgewogenheit und Variabilität der Themen. Bei der Auswahl der Inhalte, Methoden und Übungsformen besteht also die anspruchsvolle Aufgabe, für die Teilnehmer die richtige Balance zu finden zwischen Vertrautem und Neuem, zwischen Gefordertem und Machbarem. Auch die thematische Strukturierung sollte gefunden werden, damit es nicht beim Aneinanderreihen von Übungsformen bleibt. Und immer wieder sollten auch Fragestellungen eingebracht werden, die die Teilnehmer zum Finden eigener Ideen anregen sollen. Für die Praxis bieten sich zum Großteil auch jene Inhaltsbereiche an, die schon für andere Lebensabschnitte benannt wurden. Mögliche Erfahrungsfelder sind: Körpererfahrung, Wahrnehmungsdifferenzierung, Bewegungsfähigkeiten, Gedächtnis, Spannung und Entspannung, Umgang mit Geräten und Materialien, gemeinsames Spielen oder Tanzen.

Die riesige Palette der Angebote, die die Psychomotorik sonst hat, ist aber oft auf weniges zusammengeschnürt. So vielfältig, wie die Bewegungs- und Handlungsmöglichkeiten der Menschen in der Turnhalle sind, so eingeschränkt sind sie für Menschen, die nur noch auf Stühlen oder im Rollstuhl sitzen. So geht es bei Übungen zur Körperwahrnehmung dann nicht mehr um das differenzierte Erspüren geforderter Körperteile, sondern durch das Ausstreichen der eigenen Arme oder Beine oder der Schultern des Nachbarn sollen die älteren Menschen sich selbst einmal (wieder) spüren. Bewegungsformen wie laufen, hüpfen, Kraft- oder Schnelligkeitsübungen fallen für die meisten Gruppen weg. Es können keine Bewegungsaufgaben oder Spielformen mit komplizierten Regeln gefordert werden, sondern möglich sind einfache Bewegungsabläufe im Stuhlkreis. Bei gymnastischen Übungen ist nicht die richtige Ausführung entscheidend, sondern jeder führt die Übung so aus, wie es der Körper zulässt. Je eingeschränkter die Teilnehmer der Gruppe sind, desto weniger verschiedenartige Spiele und Anforderungen können eingebracht werden. Es braucht auch manchmal viel Zeit und behutsames Nachfragen, bis die Aufgabe verstanden ist oder umgesetzt werden kann (vgl. Eisenburger u. a., 2008, S. 20 ff.).

Das Wiederentdecken vertrauter, aber vergessener Erfahrungen ist sicherlich ein günstiger Ansatzpunkt. Alltagsmaterialien oder Spielgeräte wecken möglicherweise Erinnerungen an vergangene Zeiten und können so die Biografiearbeit ergänzen und unterstützen. Im Umgang mit Alltagsmaterialien, die aus anderen Lebenszusammenhängen noch bekannt sind, ergeben sich geeignete Impulse. Und mit Wäscheklammern, Bierdeckeln, Partytellern, Korken, Joghurtbechern, Wattebäuschchen, Dosen, Zeitungen oder Einmachringen lassen sich immer wieder ganz unterschiedliche und abwechslungsreiche Stunden gestalten, die nichts oder wenig kosten. Die Beschäftigung mit Alltagsmaterialien hat den Vorteil, dass die Teilnehmer diese Gegenstände aus ihrem aktiven Leben kennen und damit Erinnerungen und Bewegungen verbinden. Deshalb kann es für die alten Menschen besonders reizvoll sein, die Materialien zweckentfremdet zu verwenden und im Spiel und durch Bewegungen neue Erfahrungen damit zu machen. Damit werden Kreativität und Eigenaktivität jedes Einzelnen geweckt, und der Spaß am Tun kommt auch nicht zu kurz. Hilfreich kann es sein, auch als Übungsleiter immer wieder etwas auszuprobieren und der Kreativität freien Lauf zu lassen. Beim Experimentieren kommt man selbst auf die kreativsten oder originellsten Ideen.

> »Der spielerische Umgang mit bekannten Gegenständen in einer anderen als der gewohnten Weise birgt einen hohen Aufforderungs- und Motivationscharakter (›Ach, das kann man auch damit machen!‹) und bringt viel Spaß und Freude in die Stunden. Alltagsmaterialien sind nicht mit Ängsten und unangenehmen Erfahrungen aus längst vergangenen Turnstunden besetzt und regen die Experimentierfreude und Geschicklichkeit der Teilnehmerinnen an.« (Eisenburger, 2011, S. 95)

In den psychomotorischen Stunden geht es auch darum, den Halte-, Stütz- und Bewegungsapparat zu verbessern oder zu erhalten. Hierzu sind schon einfachste Bewegungsübungen sinnvoll.

Beispiele

Arme heben und senken, Faust öffnen und schließen, Kopf drehen, Beine anziehen und strecken. In diesen Rahmen können altvertraute Bewegungen zu Hilfe genommen werden: Staub wischen, Putzlappen auswringen, Wäsche aufhängen, Staubsaugen, einen Nagel einschlagen, Getränk eingießen, die Suppe umrühren. Die Aufforderung, so zu tun, als ob, weckt über die vertrauten Bilder noch vorhandene Bewegungsmuster und bietet Anlässe für vielfältige Bewegungsübungen.

Das rhythmische Begleiten stößt auch meist auf hohe Motivation, zusammen mit anderen Teilnehmern kann einmal ein (einfacher) Rhythmus geklatscht werden, oder alle versuchen, den Rhythmus einer Musik mitzuklatschen. Auch mit Klanginstrumenten lassen sich vielfältige Rhythmusübungen umsetzen. Zum Einsatz von Musik gilt: Der Klang fröhlicher Melodien löst meistens spontane, unwillkürliche Bewegungen der Hände und Füße oder des ganzen Körpers aus. Die Atmosphäre wird oft gelöster und entspannter, Bewegungen gelingen fließender. Allerdings sollten auch mögliche Problematiken beachtet werden. Es wird wenig hilfreich sein oder gar störend, wenn Übung und Rhythmus nicht zusammenpassen. Der Auswahl kommt dementsprechend eine große Bedeutung zu.

Und es darf nicht vergessen werden, auf die Möglichkeit von Begegnungen zu achten. Diese ergeben sich nicht von allein, es ist Aufgabe der Gruppenleitung, sie zu ermöglichen und herbeizuführen. Es soll aber Entscheidung der Teilnehmer sein, in welcher Form sie diese annehmen oder auch nicht. Nutzt man die Bewegungsstunden nicht zu Begegnung, bleiben ganz wesentliche Wirkfaktoren der Psychomotorik ungenutzt.

5.8 Ältere Menschen (Motogeragogik)

> **Beispiele mit Tüchern**
>
> Chiffon-Tücher sind aus besonders leichtem Material und leicht zu handhaben. Sie fliegen langsam, deshalb sind sie leicht zu fangen. Sie lassen sich ohne großen Kraftaufwand durch die Luft schwingen und können einfach in der Hand zusammengeknüllt werden. Chiffon-Tücher sind in vielen verschiedenen Farben erhältlich. Viele Übungen sind für ältere Personen im Sitzkreis oder auch für Menschen, die nicht (mehr) mobil sind, geeignet.
>   Zu Anfang können Sie die Teilnehmer ausprobieren lassen und dann einzelne Ideen aufgreifen. Oder Sie beginnen mit bestimmten Übungen und fragen im Verlauf der Übungsstunde immer wieder Ideen der Teilnehmer ab.
>   Alle Teilnehmer ertasten ihr Tuch, dies können sie auch mit geschlossenen Augen probieren. Lassen Sie Empfindungen erzählen.
>   Alle werfen ihr Tuch hoch und fangen es wieder auf; abwechselnd mit dem rechten und mit dem linken Arm; alle können gleichzeitig üben oder z. B. nach Aufforderung nur diejenigen mit dem Tuch einer bestimmten Farbe.
>   Das Tuch kann mit den Armen geschwungen werden, herauf und herunter, von einer Seite zur anderen, über den Kopf, abwechselnd mit dem rechten, dann mit dem linken Arm. Die Teilnehmer können ihr Tuch hinter dem Rücken von einer Hand in die andere übergeben. Das Tuch wird in eine Hand genommen und unter dem Bein durchgereicht. Jeder gibt das Tuch zum rechten (oder linken) Nachbarn weiter. Alle nehmen ihr Tuch in eine Hand, ballen die Hand zu einer Faust; dann die Hand langsam öffnen: Aus dem Tuch wird eine »Blume«; dies machen alle gleichzeitig oder auch nacheinander, ein »Meer von Blumen« entsteht.
>   Mögliche Ideen zu Stundenthemen, die mit den Übungen in Verbindung gebracht werden können: Wir machen Hausputz. Morgens im Bad. Ein Ausflug.
>   Dazu lassen sich dann vielfältige alltagsrelevante Handlungen ableiten und ausführen.
>   (Weitere Übungsanregungen vgl. Kapitel 6)

Zusammenfassend sollte in den Ausführungen dieses Kapitels deutlich geworden sein, dass in den heilpädagogischen Arbeitsfeldern über die Lebensspanne des Menschen der psychomotorischen Förderung ein beachtlicher Einfluss zugestanden werden kann. Über Bewegungsprozesse kann die Entwicklung von der früher Kindheit an bis ins Alter unterstützt und Erschwernissen und Beeinträchtigungen entgegengewirkt werden.
  Die grundlegenden Sichtweisen und die Zielgruppen der Heilpädagogik und der Psychomotorik weisen große Ähnlichkeiten auf, und die Intentionen und Wirkungen können sich in beeindruckender Weise ergänzen. Wesentliches Feld der Heilpädagogik und der Psychomotorik ist die Gruppe der Kinder im Kindergarten- und Grundschulalter. Hier bieten sich innerhalb der pädagogischen Institutionen und auch außerhalb der Einrichtungen wichtige Einsatzfelder. Im Sinne der Inklusion werden sich in den nächsten Jahren etliche Umwälzungen ergeben (müs-

sen), worauf die Heilpädagogik und die Psychomotorik Antworten geben müssen. Wie weittragend diese Veränderungen sich gestalten werden und wie schnell dieser Prozess verläuft, ist derzeit schwer einzuschätzen.

Das Jugend- und Erwachsenenalter bietet (noch) nicht diese Chancen und Möglichkeiten wie das frühe Kindesalter. Aber auch hier hat die Psychomotorik ihre Berechtigung und Aufgabenstellungen, diese gehen mehr in Richtung Gesundheitsförderung und Betreuung von Menschen mit Behinderung und/oder psychischen Erkrankungen in Einrichtungen.

Aufgrund der demografischen Entwicklung wird die Betreuung von älteren Menschen (mit Behinderung) eine zunehmende Herausforderung. Da Bewegung zu einem sinnerfüllten Leben im Alter beitragen kann, wird hier die Psychomotorik eine zunehmende Bedeutung erlangen, und es kann sich ein breites Betätigungsfeld ergeben. Seit etlichen Jahren liegt das bekannte Konzept der Motogeragogik/Psychomotorik mit Älteren vor, das auch die Problematik der Demenz verstärkt in den Blickwinkel nehmen kann.

5.9 Anforderungen an die Fachkraft und Planungshinweise

Bevor im nächsten Kapitel die praktische Umsetzung der Psychomotorik an ausgewählten Prinzipien verdeutlicht wird, sollen im letzten Abschnitt dieses mehr theoretischen Teils die Anforderungen beleuchtet werden, die an eine Fachkraft für Psychomotorik gestellt werden. Und gewissermaßen als Übergang zum mehr praktischen Teil des Buches werden einige allgemeine Hinweise zu der Planung psychomotorischer Förderung vorgestellt.

Als Selbstverständlichkeit wird eine entsprechende Ausbildung in Heilpädagogik an einer Fach(hoch)schule angenommen. Auch eine Aus- oder Fortbildung in Psychomotorik an einer Fachschule für Motopädie oder bei einem Verein oder Verband ist zwingend erforderlich, soll eine psychomotorische Förderung in professioneller Weise im Rahmen der Heilpädagogik angeboten werden. Eine solide Weiterbildung mit begleiteten Praxiserfahrungen kann natürlich durch eine Buchlektüre nicht ersetzt werden, wohl kann sie diese begleiten und ergänzen.

Der Heilpädagoge muss selbst kein guter Sportler sein, sollte aber von der Wichtigkeit und Bedeutung von Bewegungsprozessen und Spielerfahrungen überzeugt sein und diese anerkennen. Nur so kann er entsprechende Vorhaben voll mittragen und überzeugend die Notwendigkeit solcher Angebote (z. B. bei der Gruppen- oder Wohnbereichsleitung oder im Team) begründen und authentisch den Teilnehmern gegenübertreten. Der heilpädagogisch und psychomotorisch Tätige muss verschiedene Aufgaben erfüllen können und immer wieder zwischen Beobachten, Mitspielen und Intervenieren wechseln können. Er sollte selbst an Bewegungsspielen teilnehmen oder Übungsabläufe aktiv begleiten. Als Mitspieler muss er sich dabei auf die Spielebene des Kindes begeben (räumlich auf Augenhöhe und inhaltlich auf das Spielgeschehen bezogen). Er sollte Offenheit zeigen, den Initiativen der Teilnehmer folgen können, die Intentionen des Kindes zu erkennen versuchen und diese aufgreifen. Er sollte verschiedene Ansätze und Vorgehensweisen der Psychomotorik verstehen und überblicken und einschätzen können, welche Art der Hilfe und Unterstützung in einer bestimmten Situation passend und förderlich ist. Er sollte selbst Begeisterung ausstrahlen. Dann lassen sich auch Kinder oder ältere Menschen mitreißen, und sie sind nachhaltiger zu motivieren.

Der psychomotorisch Tätige ist gefordert, in den Übungsstunden ständig die Äußerungen und non-verbalen Signale der Teilnehmer zu beachten und zu registrieren. Er muss sorgfältig planen, aber dennoch flexibel auf unerwartete Situationen oder ungewöhnliche Gegebenheiten reagieren können. Auch wenn er im Spielgeschehen mit einbezogen ist, sollte er die Übersicht über die Gruppenprozesse behalten können und notwendige Interventionen einleiten können.

Das sind teilweise widersprüchliche Anforderungen, mit denen der Psychomotoriker konfrontiert wird (Kap. 1.6.4). Fasst man die Verhaltenserwartungen und Ansprüche zusammen, dann sollte die Fachkraft

»auffordernd wirken, aber nicht drängen,
anregen, aber nicht überreden,
da sein, wenn Hilfe gebraucht wird, aber nicht überbehüten,
innerlich bereit sein, aber äußerlich nicht steuern,
gleichwertiger Spielpartner sein, aber das Kind selbst aktiv werden lassen,
Freiheit gewähren und Grenzen setzen,
Verantwortung übertragen und Überforderung vermeiden.«
(Zimmer, 1996, S. 40)

Zudem ist es sicher auch notwendig, dass der Gruppenleiter regelmäßig sein Verhalten reflektiert. Dabei kann es um die Möglichkeiten der Fremdbewertung als auch um die Selbsteinschätzung gehen. Die *Fremdbewertung* kann im Rahmen der Ausbildung geübt und gelernt werden, wenn Studierende Übungseinheiten oder Teile vorbereiten, anleiten und die Durchführung gemeinsam reflektiert wird. Aber auch die *Selbsteinschätzung* kann eine wichtige Rolle spielen, denn später in der Berufspraxis sind nicht immer Möglichkeiten zum Feedback durch andere Mitarbeiter gegeben. Durch Formen der »Selbstbefragung« kann man herausfinden, welche eigenen Verhaltensweisen nicht den notwendigen oder wünschenswerten Vorstellungen entsprechen. Dabei können zwei wesentliche Dimensionen eine Rolle spielen. Einerseits kommt es darauf an, an sich die Frage zu richten, inwieweit die Bedürfnisse und Wünsche der Teilnehmer berücksichtigt wurden. Andererseits ist zu überlegen, inwieweit auch Aufgaben und Anforderungen an die Teilnehmer gestellt und sie zum aktiven Üben motiviert wurden. Es geht also um eine Ausgewogenheit zwischen Gewährenlassen und Anforderungen-Stellen, um die Balance zwischen Verständnis-Zeigen mit Einfühlungsvermögen und methodisch-didaktisches Handeln zur Verwirklichung bestimmter Förderziele.

Reflexionsfragen zur Auswertung des Übungsleiterverhaltens können beispielsweise auf der Grundlage einer Checkliste von Kiphard formuliert werden (vgl. Kiphard, 2001, S. 248 ff.). Die Auflistung enthält insgesamt 34 Fragestellungen, die der Auswertung des eigenen Verhaltens dienen. Sie sind bezogen auf das Übungsleiterverhalten bei Kindern, können aber ebenso bei anderen Altersgruppen Verwendung finden und variiert werden. Die Fragen sind aufgeteilt in gewährende Verhaltensweisen und fordernde Verhaltensweisen. Beispiele für *gewährende Verhaltensweisen*:

- Wird den Kindern gleichbleibend Zuneigung und Wohlwollen entgegengebracht?
- Wird auf die Verhaltensreaktionen der Kinder geachtet?
- Wird der Bewegungsdrang befriedigt?
- Wird (nach Möglichkeit) auf die Ideen und Vorschläge eingegangen?
- Kommen auch schwächere Kinder zu ihrem Recht, und wird auf sie ermutigend und verstärkend eingegangen?
- Hat jedes einzelne Kind kleine Übungserfolge für sich zu verbuchen?

Beispiele für *fordernde Verhaltensweisen*:

- Sind bei der Planung Möglichkeiten zur Leistungsdifferenzierung geschaffen, damit jedes Kind eine ihm gemäße optimale Lernsituation vorfindet?
- Wird rechtzeitig vor jeder Stunde für die Bereitstellung benötigter Geräte am Übungsort Sorge getragen?
- Werden bei aller Freiheit feste Regeln und Grenzen aufgezeigt?
- Verläuft die Übungsstunde ohne Leistungsdruck?
- Sind die verbalen Instruktionen dem Aufgabenverständnis der Kinder angepasst?
- Können alle Kinder immer gleichzeitig üben, ohne dass längere Wartezeiten entstehen?

Sollen in der Praxisstelle über einen längeren Zeitraum psychomotorische Förderangebote entwickelt und aufgebaut werden (was meistens ja der Fall ist), so ist die Erstellung eines Konzepts notwendig, um eine Strukturierung eigener Vorstellungen zu erreichen. Anhand dessen können die eigene Arbeitsweise genauer gekennzeichnet werden, die eigenen inhalts- und sachbezogenen Positionen hinsichtlich eines Arbeitsschwerpunktes dargelegt und eine Abgrenzung zu anderen Angeboten vorgenommen werden. Dadurch kann das praktische Handeln zielgerichteter geplant und anderen gegenüber begründet werden.

»Mittels eines Konzeptes gelingen eine Positionierung, eine Begründung sowie eine Fundierung des praktischen Handelns. Zudem wird infolge einer intensiven Auseinandersetzung zunehmend individuell Sicherheit bzgl. der Außendarstellung des eigenen Tuns erlangt.« (Reichenbach, 2010, S. 87)

Für die Erstellung eines Konzepts können beispielsweise folgende Fragen hilfreich sein:

- Was ist mein Verständnis von Psychomotorik?
- Worin sehe ich die Bedeutung der Bewegung?

5.9 Anforderungen an die Fachkraft und Planungshinweise

- Für wen plane ich die Stunden?
- Was sind die Ziele der psychomotorischen Förderung?
- Welche Entwicklungsbereiche sollen schwerpunktmäßig gefördert werden?
- Welche Methoden, welche Vorgehensweise wähle ich?
- Wie viel Zeit habe ich?
- Welche diagnostischen Möglichkeiten stehen mir zur Verfügung, welche wähle ich?
- Wie erfolgt die Auswertung der psychomotorischen Förderung?
(vgl. Reichenbach, 2010, S. 88)

Für eine professionelle Tätigkeit sind auch eigene Praxiserfahrungen von hoher Bedeutung. So wird es in der Ausbildung notwendig sein, vielfältige eigene Praxiserfahrungen zu ermöglichen. So wie es in den Grundlagen der Psychomotorik angelegt ist, geschieht auch die Vermittlung der Psychomotorik durch eine Wechselwirkung von Theorie und Praxis, von Übung und Spiel mit anschließender Reflexion. Eigene Praxiserfahrungen sind aus verschiedenen Gründen sinnvoll und notwendig.

- Über die Praxiserfahrungen und die entsprechenden Reflexionen können Kenntnis- und Kompetenzgewinn ermöglicht werden.
- Man erhält ein gewisses Repertoire an Übungen und Spielen und lernt vielfältige Variationen kennen.
- Man erfährt Verwendungsmöglichkeiten der verschiedenartigen Materialien und Geräte und lernt auch, Gefahren einschätzen zu können.
- Es bieten sich Gelegenheiten zu eigenen Erfahrungen des Gelingens und Misslingens.
- Damit ergeben sich Chancen, eigene Bewegungsfreude zu erleben und selbst Hemmungen oder Unsicherheiten zu verlieren.
- Übungen und Spiele, die man selbst ausgeführt hat, bleiben länger in Erinnerung und können leichter abgerufen werden.
- Es fällt leichter und man fühlt sich sicherer, in der Berufspraxis die Spiele und Übungen anzubieten, die man selbst praktisch erprobt hat.

Über das Organisieren und Anleiten von Übungs- und Spieleinheiten in der Ausbildung können zudem spielmethodische Kompetenzen erworben werden. Folgende Ausgabenstellungen müssen beispielsweise erfasst und bearbeitet werden:

- Wie erkläre ich Spielregeln oder Übungsabläufe?
- Wie organisiere ich Materialverteilung und/oder Geräteaufbauten und -abbauten?
- Wie gewährleiste ich angemessene Belastungsformen und vermeide lange Wartezeiten?
- Welche Organisationsformen sind unter den vorhandenen Bedingungen geeignet?
- Wie gestalte ich Partnerwahl oder bilde ich Gruppen?

- Welche spielbegleitenden Hinweise muss ich geben und/oder Regeln oder Abläufe verändern?

Der Heilpädagoge und Psychomotoriker sollte also ein gewisses Repertoire an Spielen und Übungen besitzen und mit unterschiedlichen Geräten und Materialien selbst praktische und konkrete Erfahrungen gemacht haben. Er sollte Variationsmöglichkeiten zur Verfügung haben, wie Regeln und Spielabläufe vereinfacht werden können, um sie individuellen (räumlichen, sächlichen, personellen) Bedingungen anpassen zu können. Vor- und Nachteile verschiedener methodischer Vorgehensweisen müssen ihm bekannt und selbst erfahren worden sein. Er sollte erprobt haben, wie in der Gruppe kurz und knapp Regeln erklärt werden, welche Position er dazu jeweils einnehmen muss, wie effektiv und pädagogisch sinnvoll Gruppen oder Mannschaften gebildet werden können, welche Organisationsformen bestimmte Spiel- und Übungsabläufe erfordern.

Auch muss bekannt sein, gerade bei Geräteaufbauten, wo bestimmte Gefahrenpunkte liegen, wo Sicherheitsaspekte zu beachten sind oder Hilfestellung gegeben werden muss. Solche Abläufe müssen geübt werden, damit sie zunehmend sicherer gelingen können. Die Grundlagen dazu können in der Ausbildung gelegt werden und unter Anleitung und Begleitung erprobt werden. Insgesamt sollte dieses Wissen aber nicht dazu führen und dazu verleiten, die Übungsstunde in der konkreten Durchführung zu viel lenken und die Teilnehmer zu viel leiten zu wollen. Raum zu eigenen Aktivitäten und zum Experimentieren der Teilnehmer muss immer wieder gegeben werden.

Um die Vorbereitung und Durchführung zu strukturieren, bietet sich (ähnlich wie bei Übungseinheiten im Sport) eine Phaseneinteilung des Förderprozesses an. Die Einteilung in drei Hauptphasen kann auch für eine psychomotorische Einheit eine hilfreiche Strukturierung bieten. Dabei könnten z. B. folgende Aspekte berücksichtigt werden (vgl. Haas, 2003, S. 9 ff.):

1. *Initial- und Kontaktphase:* psychophysische Erwärmung, Gewinnen von Sicherheit, Aufbau von Vertrauen, Abbau von Angst, Kontaktaufnahmen, Begrüßungsrituale, gemeinsamer Anfang, Hinführung und Vorbereitung auf die Umsetzung der Themen.
2. *Thematische Hauptphase:* prozessorientierte thematische Umsetzung der dialogisch vereinbarten Themen; höheres Maß an Intensität des (senso-)motorischen Übungsgeschehens.
3. *Integrations- und Neuorientierungsphase:* Formen der Zusammenfassung der Erfahrungen, Abschlussgespräche, Reflexion der Erlebnisse, Abschlussrituale, Eröffnung von neuen Perspektiven, Finden einer abschließenden Spiel- oder Entspannungsform.

Eine ähnliche Phasenbeschreibung psychomotorischer Einheiten liefern Passolt/Pinter-Theiss (vgl. 2003, S. 75–183). Jede Phase wird durch eigene Inhalte, Atmosphären und durch ein damit verbundenes Aktivitätsniveau charakterisiert. Die einzelnen Phasen sind durch Übergänge miteinander verbunden, und ein »roter

Faden« ist erkennbar. Die Phasen sind allerdings nicht starr festgeschrieben, sondern müssen flexibel gehandhabt werden:

- Ankommen, vor dem offiziellen Beginn der Einheit
- Begrüßung, durch Rituale gekennzeichnet, z. B. Sitzkreis
- Extensives Spiel, z. B. Lauf- und Fangspiele
- Intensive Phase, das »Herzstück« der psychomotorischen Einheit, wird noch einmal in vier Teile unterteilt:
  1. Einführung in das Thema
  2. Kreativität und Fantasie mit Planen und Experimentieren
  3. Wertschätzung mit Präsentationen und Rückmeldungen
  4. (Rollen-)Spiel als Anwendung des Gestalteten und des Übens
- Ruhe und Entspannung, bewusstes Erleben des Körpers in einer ruhigen, entspannten Situation
- Reflexion und Ende der Stunde
- Nachklang, gemeinsames Verlassen des Bewegungsraumes

Hilfreich kann eine Vorlage zur schriftlichen Verlaufsplanung sein, die folgende Aspekte als Gliederungspunkte in individuell unterschiedlicher Ausprägung enthalten sollte:

- Zeit
- Verlauf/Aktivitäten
- Absichten/Ziele
- Organisatorische Hinweise
- Mögliche Schwierigkeiten und Alternativen

6 Ausgewählte methodische Prinzipien

Die ersten spontanen Äußerungen, die man hört, wenn über Psychomotorik gesprochen wird, betreffen häufig die psychomotorischen Übungsgeräte. Viele denken in diesem Zusammenhang zunächst an Rollbretter, Pedalos, Sandsäckchen oder an ein Schwungtuch. Die psychomotorischen Geräte sind zum Aushängeschild der Psychomotorik geworden. Sie sind mittlerweile auch in vielen Institutionen und Vereinsgruppen zu finden. Aber durch den Einsatz solcher Materialien wird nicht automatisch psychomotorisch gearbeitet. Um diesem Anspruch gerecht zu werden, sind einerseits die Grundgedanken und Leitideen zu respektieren und zu beachten, die in den ersten Kapiteln dieses Buches erörtert wurden. Andererseits sind verschiedene Prinzipien, Verhaltensweisen und Vorgehensweisen in der praktischen Umsetzung zu berücksichtigen, die in diesem Kapitel näher beschrieben werden.

Acht Prinzipien sind ausgewählt, die das Besondere der psychomotorischen Förderung ausmachen und im Kontext heilpädagogischer Bemühungen in sinnvoller Weise Anwendung finden können. Für die Erläuterung der Prinzipien wird jeweils derselbe Aufbau gewählt: Nach der knappen Formulierung des Prinzips gibt es zuerst ein Beispiel, einige kurze Fragestellungen oder einen knappen Problemaufriss; es folgen zu jeweils zwei Aspekten zum Prinzip passende, themenspezifische Ausführungen als Erklärungen und/oder Begründungen; abschließend werden geeignete praktische Übungsanregungen vorgestellt.

Zu den Übungs- und Spielbeispielen ist zu beachten, dass diese als Vorschläge zu betrachten sind, die sich zwar in der Praxis bewährt haben, aber nicht einfach auf andere Gegebenheiten übertragbar sind. Sie müssen den jeweiligen Bedingungen angepasst werden, und es muss stets Berücksichtigung finden, was für eine psychomotorische Praxis kennzeichnend ist:

- die Eigenaktivität der Teilnehmer und notwendige Gestaltungsfreiräume,
- das Zulassen des Experimentierens und das Ausprobieren von eigenen Ideen,
- das spontane Verwirklichen von Variationen,
- die vielfältigen Kombinationsmöglichkeiten der Geräte und Materialien,
- das gemeinsame Entwickeln von Bewegungsgeschichten oder Spielthemen,
- das Eingehen auf die Atmosphäre in der Gruppe und daraus folgende Notwendigkeiten zur Beziehungsgestaltung,
- das Beachten alters- und entwicklungsgemäßer Kommunikationsformen.

Auch ist durch vorherige Angaben ja schon klargeworden: Die Prinzipien können zwar hier isoliert voneinander betrachtet und beschrieben werden, in der praktischen Umsetzung stehen sie aber in einer ständigen Wechselwirkung zueinander. Dennoch können Schwerpunkte gesetzt werden.

Für die wechselseitigen Abhängigkeiten und Beeinflussungen wird an dieser Stelle für eine zusammenfassende Vorstellung der Prinzipien das Symbol eines Puzzles gewählt. Jeder Grundsatz hat als Teilstück seine Bedeutung, aber das Ganze der Psychomotorik machen eben nur alle Teile gemeinsam aus.

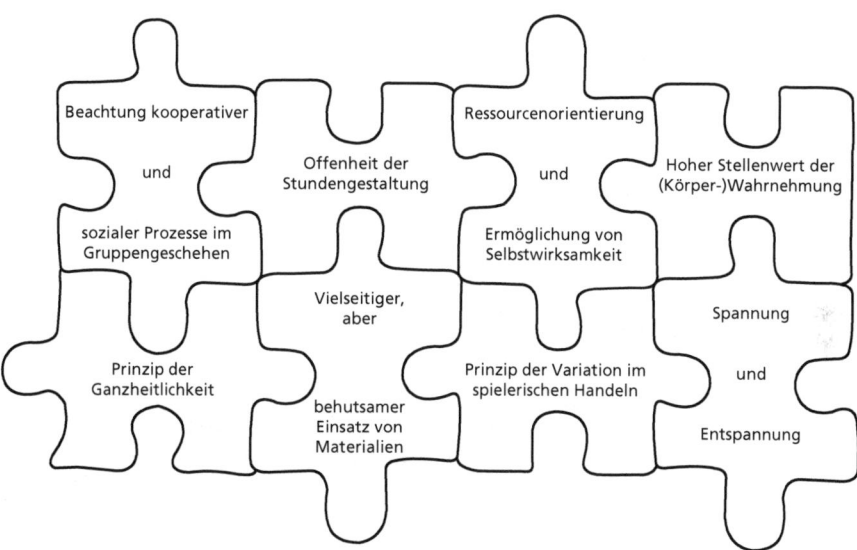

Abb. 6.1: Prinzipien der Psychomotorik in der Praxis

6.1 Prinzip der Ganzheitlichkeit

»Zu berücksichtigen bei allen Bewegungshandlungen sind immer motorische, sensorische, soziale, emotionale, kognitive und kommunikative Aspekte, die sich wechselseitig beeinflussen.«

Wenn wir uns bewegen, wenn wir auf der Bank balancieren, vom Kasten springen, den Ball werfen, werden wir motorisch stark beansprucht. Wir vollziehen zahlreiche, verschiedenartige Bewegungen mit den Armen, mit den Beinen, mit dem ganzen Körper, die Kraft, Schnelligkeit und Geschicklichkeit erfordern. Wir müssen Gleichgewicht halten.

Aber wir müssen auch Entfernungen abschätzen, verschiedenartige Hindernisse, den Ball, andere Spielpartner richtig wahrnehmen. Wir müssen mit anderen Beziehungen aufnehmen, wir müssen Absprachen treffen und uns auseinandersetzen. Wir fühlen und erleben Freude, ärgern uns, sind enttäuscht, müssen Misserfolge ertragen. Manche Mitspieler finden wir sympathisch, andere mögen wir nicht besonders. Wir müssen eigene Vorstellungen entwickeln und Entscheidungen treffen. Alle diese Faktoren beeinflussen wiederum die Bewegung: wie gut sie gelingt, ob wir sie überhaupt ausführen wollen, wie bereitwillig wir mitmachen wollen oder können.

6.1.1 Bewegung und Persönlichkeitsentwicklung

Bewegung wird hier als ein Medium verstanden, mit dem Entwicklungsprozesse in Gang gesetzt, begleitet oder gefördert werden können. Warum ist gerade Bewegung so bedeutsam?

Dass Bewegung gesund ist und wichtig für die körperliche Entwicklung, besonders von Kindern, wird niemand ernsthaft bezweifeln wollen. Ganz im Gegenteil – mehr Bewegung wird zunehmend angemahnt, wie ein Blick in Presseveröffentlichungen zeigt, z. B. von Ärzten, Lehrern, den Krankenkassen, den Mitarbeitern von Gesundheitsämtern. Sie stellen häufig Bewegungsmangelerscheinungen bei Kindern, Jugendlichen und auch Erwachsenen fest. Bewegung ist ein Grundbedürfnis, vor allem für Kinder:

- Sie wollen erkunden und entdecken,
- sie wollen ihren Körper beherrschen können,
- sie wollen hochklettern und von oben herunterspringen,
- sie wollen neue Bewegungen kennenlernen,
- sie suchen aber auch das Risiko und das Abenteuer,
- sie wollen Spannung,
- sie mögen sich rhythmisch bewegen,
- sie wollen schwingen und schaukeln,
- sie wollen sich anstrengen,
- sie mögen vielleicht auch den Vergleich mit den Fähigkeiten anderer,
- sie mögen die Geselligkeit,
- sie wollen Regeln mit Gruppenmitgliedern selbst festlegen,
- sie suchen ihre Position in der Gruppe,
- sie wollen auch manchmal ihre Ruhe haben,
- sie wollen einfach nur spielen.

Die Entwicklung des Kindes ist ein ganzheitlicher Prozess. Bewegung ist eine Äußerung des ganzen Menschen. Bewegung ist seine Sprache, sein Kommunikationsmittel. Über Bewegung drückt der Mensch seine Stimmungen, Gefühle aus, über Bewegung nimmt er Kontakt auf. Über Bewegung nimmt er die Umwelt wahr, erkundet sie, passt sich ihr an oder verändert diese.

Das Wort Bewegung wird oft unvollständigerweise rein von der mechanischen Seite her betrachtet. Dabei fehlen jedoch wichtige Teile dessen, was Bewegung bedeutet. Auch wenn vom »Bewegungsapparat« gesprochen wird – ein Mensch bewegt sich nicht gefühllos wie eine Maschine oder ein Motor. Im konkreten Bewegungshandeln ist immer der ganze Mensch beteiligt und betroffen.

Bei günstigen Entwicklungsbedingungen durch zufriedenstellende oder erfolgreiche Bewegungserlebnisse ist eine hohe Bereitschaft zu weiteren Bewegungserfahrungen gegeben. Sie führen zur Zunahme von Erfahrungen, Erkenntnissen und Erlebnissen mit dem eigenen Körper, mit anderen und mit Materialien in verschiedenen Raum- und Umweltbedingungen. Diese Erfahrungen ergeben ein Mehr an Sicherheit, Selbstständigkeit und Selbstvertrauen. Dadurch kann sich die Persönlichkeit in günstiger Weise weiter entfalten. Kommt es aber bei einer oder mehreren der genannten Anforderungen zu Defiziten oder Ausfällen, hat dies mehr oder weniger deutliche Auswirkungen auf das gesamte Verhalten und die gesamte Entwicklung.

In der Psychomotorik wird diesen Wechselwirkungsprozessen besondere Bedeutung beigemessen. Es ist ein notwendiges Anliegen, in der praktischen Umsetzung diese vielfältigen Prozesse zu berücksichtigen, um positive Auswirkungen in der Persönlichkeitsentwicklung zu erreichen. Dies kennzeichnet die ganzheitliche Arbeitsweise in der Psychomotorik. So geht es – in Abgrenzung zu den meisten herkömmlichen Sportübungsgruppen – weniger um das Trainieren und Üben bestimmter Zielübungen und das Vergleichen in Wettkampfsituationen. Es geht nicht um den effektivsten und in Einzelschritten zerlegten Weg zum Erreichen einer präzisen und genau festgelegten Bewegungsausführung.

Im Sinne psychomotorischer Erziehung zu arbeiten heißt auch, sich mit der eigenen Sportbiografie zu befassen und sie gegebenenfalls zu überprüfen. Aufgrund des eigenen positiven Verhältnisses zu Sport und Bewegung ist es für manchen unvorstellbar, wie jemand Angst vor Bällen, Geräten, Sporträumen oder bestimmten Bewegungen haben kann. Und viele Methoden und Verhaltensweisen, die man im Rahmen sportlicher Tätigkeiten im seiner eigenen Jugend kennengelernt hat, sind in der Psychomotorik eher fehl am Platz. Es geht weniger um Methoden des präzisen Vormachens, des Korrigierens falscher Bewegungsabläufe oder des häufigen Wiederholens und Übens gleicher Übungen. Auch die uns so vertrauten Spiele, die für alle sichtbare Leistungsvergleiche beinhalten, sind in der Psychomotorik wenig geeignet.

Es geht eher um vielseitige und erlebnisreiche Bewegungs- und Wahrnehmungserfahrungen, die von den Teilnehmern mit gestaltet werden. Es geht um ein komplexes Zusammenwirken von Bewegung, Wahrnehmung, Denken, Erleben, Fühlen und Gestalten. Diese Prozesse vollziehen sich im Spiel oder anderen Interaktionssituationen mit weiteren Gruppenmitgliedern und dem Übungsleiter.

Sich bewegen bedeutet auch »bewegt sein«. Ein Mensch kann innerlich und/oder äußerlich bewegt sein. Einerseits beeinflusst die »innere Bewegtheit«, also das Empfinden eines Menschen, die äußerlich sichtbaren Bewegungen seines

Körpers. So läuft jeder Mensch in fröhlicher Stimmung anders als jemand, der traurig ist. Andererseits kann Erfolg oder Misserfolg einer Bewegung sich in der Psyche des Menschen niederschlagen. Wenn einer Person mehrmals hintereinander bei der gleichen Handlung ein Missgeschick passiert, ist sie beim nächsten Mal verunsichert und gehemmt oder wird wütend auf sich selbst oder ihre Umgebung. Es ist demnach schon mit entscheidend, zu welchem Zeitpunkt, mit wem, aufgrund welcher Erfahrung und in welcher Stimmung ein Mensch sich bewegt.

Gerade das Gefühlsmäßige einer Bewegung (emotionaler Aspekt) spielt eine nicht zu unterschätzende Rolle. Mit einer Bewegungshandlung sind oft starke Gefühlserlebnisse verbunden, die haften bleiben:

- »Es hat Spaß gemacht.«
- »Klasse, ich bin über das Hindernis gekommen!«
- »Toll, ich bin allein bis ganz oben geklettert!«
- »Ich habe mir wehgetan.«
- »Ich habe Angst.«
- »Die anderen lachen mich ja doch aus.«

Es ist leicht vorstellbar, dass es viel von den entsprechenden Gefühlserlebnissen abhängt, ob das Kind sich mit bestimmten Dingen gern oder ungern beschäftigt.

Bewegung im Sinne der Psychomotorik bedeutet also mehr als körperliche Aktivität. Zahlreiche andere Persönlichkeitsaspekte sind bei Bewegungshandlungen beteiligt und können die Entwicklung beeinflussen und im positiven wie im negativen Sinne wirken. Aufgrund der Vielfalt dieser Aspekte sind gerade Bewegungserfahrungen besonders für die pädagogische oder therapeutische Arbeit geeignet.

Die Zusammenhänge sollen abschließend an einem Beispiel verdeutlicht und zusammengefasst werden. Stellen wir uns ein bekanntes Ballspiel (z. B. Völkerball) vor. Folgende Anforderungen werden an den Mitspieler gestellt: Der Teilnehmer muss

- genau werfen können,
- schnell laufen können,
- schnell reagieren können,
- sich im Raum orientieren können,
- ständig die Mitspieler beobachten,
- die Regeln verstehen,
- auf Geräusche oder Zurufe achten können,
- über einen längeren Zeitraum aktiv sein können,
- Interesse am Spiel haben und Bereitschaft zeigen,
- die Geschwindigkeit und Richtung des Balles einschätzen können.

Die Aufzählung verdeutlicht nochmals, dass zahlreiche Persönlichkeitsaspekte beim Bewegungsspiel beteiligt sind und ineinandergreifen.

6.1 Prinzip der Ganzheitlichkeit

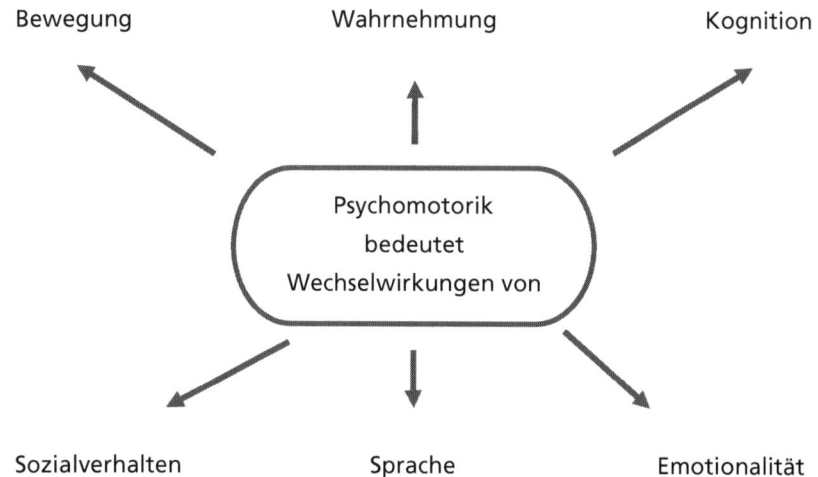

Abb. 6.2: Zusammenspiel verschiedener Persönlichkeitsbereiche in der Psychomotorik

Die Wirkung einer psychomotorischen Förderung ist somit vor allem gegeben durch ein komplexes Zusammenwirken von Bewegung, Wahrnehmung, Denken, Erleben, Fühlen und Gestalten der teilnehmenden Person in Interaktion mit anderen Gruppenmitgliedern und mit dem Pädagogen.

6.1.2 Wechselwirkung von Bewegung und Sprache

Aus den oben genannten Faktoren der Persönlichkeitsentwicklung soll an dieser Stelle ein Gesichtspunkt gesondert beleuchtet werden, der für die heilpädagogische und psychomotorische Praxis einen nicht unerheblichen Einfluss hat. Auf andere Aspekte ist schon im Verlauf vorheriger Kapitel eingegangen, bzw. sie werden im weiteren Verlauf der Schrift noch aufgegriffen.

Die Entwicklung von Bewegung und Sprache ist gerade im Kleinkindalter untrennbar miteinander verknüpft. Viele Kinder, die im Rahmen der Heilpädagogik und der Psychomotorik betreut werden, weisen neben Bewegungsproblemen häufig auch Verzögerung oder Störungen in der Sprachentwicklung auf. Die Psychomotorik eröffnet einen Zugang zu Kindern, die sich aufgrund sprachlicher Probleme verbal nicht ausreichend mitteilen können. Dem psychomotorischen Angebot kann eine besondere Bedeutung für die Sprachentwicklung zugewiesen werden, weil die Gruppenprozesse viel vom Austausch und vom Miteinander abhängen. Dieses Miteinander wird in hohem Maße von kommunikativen Fähigkeiten sowohl auf verbaler als auch auf non-verbaler Ebene gestaltet.

Konzepte, die die enge Verbindung von Bewegung und Sprache im Rahmen der Psychomotorik thematisieren, wurden u.a. von Olbrich (1978), Lütke-Klose (1994) und Zimmer (2010) vorgelegt. Aufgrund der bildungspolitischen Auseinandersetzung mit dem Thema Sprache in den letzten Jahren sind sowohl auf theoretischer als auch auf praktischer Ebene Zusammenhänge zwischen Bewegungserleben, Erwerb von Handlungskompetenz und Sprachkompetenz wieder hoch aktuell.

Die Sprache zu entdecken und die Grundlagen der Sprache zu erlernen, ist eine der bedeutsamen Entwicklungsaufgaben im Kleinkindalter. Die Sprache und Kommunikation vereint wichtige motorische, sensorische, soziale und emotionale Faktoren, deshalb sollte sinnvollerweise der Einstieg in die Sprache mehrdimensional angelegt sein. Hier bietet die Psychomotorik mit ihrem Blick auf das Kind mit seinen Ressourcen und Fähigkeiten eine sehr gute Möglichkeit der Begleitung.

Das Kind hat viele Möglichkeiten sich auszudrücken. Neben der Sprache selbst sind auch non-verbale Kommunikationsformen wichtige Mittel, Botschaften zu senden, nämlich über Gestik, Mimik, Körperhaltung, Tonfall, Blickkontakt und über das Ausdrucksverhalten bei Bewegungsabläufen. Bewegungsangebote sind immer auch Kommunikationsangebote, da der Mensch (vor allem Kleinkinder) stark auf die Rückmeldung durch andere angewiesen ist. Jedes Individuum will in seinem Tun und Schaffensdrang gesehen und wahrgenommen, unterstützt und kommentiert werden.

Bewegungshandeln ist oft Ausgangspunkt oder Anlass für sprachliche Prozesse. Das Kind begleitet sprachlich sein Bewegungshandeln (Ich fahre mit dem Rollbrett durch den Tunnel), es kann planen und Absichten formulieren (Mit dem Ball will ich die Kegel umrollen), oder es kann Handlungen bewerten (Ich habe ins Ziel getroffen). Die durch das Handeln gewonnenen Erfahrungen können in Verbindung mit Sprache zu Begriffen werden. Beispielsweise entwickeln sich zeitliche Begriffe wie »langsam« oder »schnell«, räumliche Begriffe wie »hoch« und »tief« aus praktischen Erfahrungen, die verbal begleitet oder reflektiert werden. So erweitert das Kind seinen Wortschatz und erwirbt die Voraussetzung für das Verständnis sprachlicher Klassifikationen.

Unabhängig von konkreter Handlung kann dann in der späteren Entwicklung allein durch die Repräsentanz der Erfahrung auf sprachlicher Ebene gehandelt werden. Dies bedeutet, dass das Kind sprachlich planen und seine Handlungen vorstrukturieren kann. So ist die Entwicklung der Sprache mit »Begreifen« verknüpft, braucht also ständige erfahrungs- und bedeutungsvolle Erlebnisse, die gerade ein psychomotorisches Angebot zur Verfügung stellen kann. In ebenso beeindruckender Weise können soziale Kontakte über Bewegung und Sprache angebahnt, Spielsituationen mit Hilfe des sprachlichen Austauschs geplant und geregelt werden.

> »Sprache und Bewegung haben eine expressive, aber auch eine instrumentelle Funktion – sie sind Medium der Mitteilung und des Ausdrucks und ebenso Werkzeug des Handelns.« (Zimmer, 2010, S. 25)

In den Bewegungssituationen und Spielhandlungen können viele Gelegenheiten auch zu Sprachanlässen werden und somit die Sprachentwicklung, vor allem des Kindes unterstützen. Es geht in der Psychomotorik nicht um die gezielte Behandlung von Sprachstörungen oder Sprachentwicklungsverzögerungen, die Unterstützung der Sprachentwicklung kann aber im Kontext der heilpädagogischen Bemühungen mit im Vordergrund stehen. Die Psychomotorik kann die Sprachentwicklung der Kinder lustvoll und spielerisch, aber dennoch zielgerichtet und systematisch begleiten, unterstützen und anregen.

Die Pädagogin kann die Bewegungsaktivitäten der Kinder gezielt für die Förderung der sprachlichen und kommunikativen Fähigkeiten nutzen. Sie kann die Bewegungsaktivitäten des Kindes sprachlich kommentieren, damit die Aufmerksamkeit des Kindes noch intensiver auf die Sache gerichtet ist. Sprache kann der Vergewisserung und Bewusstmachung des erlebten Effektes dienen. Bewusst inszenierte Bewegungsangebote können für die Kinder Anlässe zum Sprechen und somit zum Erweitern und Differenzieren ihres Sprachvermögens sein. Über Bewegungsspiele können sprachliche Lernprozesse provoziert werden. Eine Spielidee liefert den Anlass sowohl für Bewegungshandlungen als auch für Sprachprozesse. Damit sind Spielhandlungen zugleich komplexe Sprachlernsituationen.

> »Das Grundanliegen einer bewegungsorientierten Sprachförderung von Kindern sollte darin bestehen, eine anregungsreiche, zur Aktivität und zum Handeln auffordernde Umwelt zu schaffen, in der das Kind seinen Körper, Bewegung, Sprache und Stimme gleichermaßen einsetzen darf, um sich mit sich selbst und anderen auseinanderzusetzen.« (Zimmer, 2010, S. 16)

Der Erwerb der Sprache ist eine zentrale Entwicklungsaufgabe, bei der viele Teilfertigkeiten auf unterschiedlichen Sprachebenen erlernt werden müssen. Sprache umfasst das Sprachverständnis als auch die Sprachproduktion und die Fähigkeiten, zu kommunizieren. Die verschiedenen Lernbereiche können zu drei Kompetenzen zusammengefasst werden, welche die Kinder erwerben sollen:

- *prosodische Kompetenzen*, wie die Betonung oder der Sprachrhythmus,
- *linguistische Kompetenzen,* wie die Organisation von Sprachlauten und das Erkennen der Wortbedeutung,
- *pragmatische Kompetenzen*, also der kommunikative Gebrauch der Sprache.

Die *Prosodie* betrifft die melodische Gliederung unserer Aussagen, die Tonhöhe, die Betonung, den Rhythmus, den Klang und die Lautstärke. Die Fähigkeiten zur Unterscheidung dieser Elemente sind wesentliche Bausteine zum Erwerb von Sprache und können beispielsweise durch den frühen Einsatz von Summen, Singen, melodischen Sprechen und Bewegungs- und Sprachspiele unterstützt werden. Durch die Betonung kann erkannt werden, ob es sich bei der Äußerung um eine Aussage, eine Frage, um eine Anweisung oder um eine Bitte handelt. Eine Aussage kann auch unterschiedlich ausgelegt werden, je nachdem welches Wort betont wird. Bewegung und Sprache können rhythmisch miteinander verbunden werden. Die Lautstärke der Sprache (leise oder kräftig) kann mit der Dynamik der Bewegung (schleichen oder stampfen) verbunden werden; leise und lautes Sprechen kann sich auch wiederfinden in schnellen und langsamen Bewegungen. Sprechmelodie und Sprachrhythmus geben Aussagen ihren Sinn. Diese Fähigkeit kann bei Bewegungs- und Fangspielen mit Frage-Antwort-Ritualen oder in Rollenspielen geübt werden, wenn Kinder sich etwa als Fahrzeuge oder als Tiere fortbewegen oder als Polizist auf dem Rollbrett fahren.

Die *linguistischen Kompetenzen* umfassen die Artikulation und Lautbildung (Phonetik), Wortbedeutung, Wortschatz und Begriffsbildung (Semantik und Lexikon) und die Grammatik (Syntax und Morphologie). Die Phonetik befasst sich mit Artikulation und Bildung von Lauten und mit der Funktion der Laute als sprachunterscheidende Elemente. Kinder begleiten ihr Spiel und ihre Bewegungen durch Geräusche und Laute, z. B. wenn sie schaukeln, springen, hüpfen oder rennen. Und sie koordinieren dabei ihre Atmung mit der Bewegung. Sie imitieren konkret wahrgenommene Gegebenheiten, z. B. Auto- oder Tiergeräusche, und trainieren damit gleichzeitig Bewegungsabläufe für den Erwerb der korrekten Lautbildungen. Dabei benutzen sie die Atmung und Feinmotorik des Mundraumes zur Unterstützung des Lauterwerbs. So ist es im Rahmen der Lautunterscheidung wichtig, dass das Kind lernt, die Laute in ihrer sprachfunktionellen Bedeutung wahrzunehmen und verwenden zu können. Dies ist für die Kommunikation entscheidend, wenn es z. B. im Bewegungsspiel um ein »Höhle« oder »Hölle« geht, nach einer »Lampe« oder »Rampe« gefragt wird oder ob man »Hand« oder »Wand« versteht oder ausdrückt. Die Fähigkeit, die hörbaren Elemente der Sprache zu erkennen und zu unterscheiden, kann in Spielsituationen geübt werden. Es geht also um das genaue Hören, aber auch um das deutliche und genaue Sprechen, die Artikulation.

Es können Bewegungen und Geräusche kombiniert werden, z. B. fliegen und summen wie eine Biene, knurren und sich bewegen wie ein Hund, miauen und schleichen wie eine Katze, hüpfen und quaken wie ein Frosch, zischen und fortbewegen wie eine Lokomotive. So kann durch die Modulationsfähigkeit der Stimme auch das bewusste Artikulieren geübt werden. Kinder können Silben klatschen oder stampfen und Lauten bestimmte Bewegungen zuordnen. Dazu können auch Übungen zur Atmung beitragen, wenn z. B. Watte oder Chiffontücher von der Hand gepustet werden sollen, Tischtennisbälle zu zweit auf dem Tisch hin- und hergepustet werden oder mit Hilfe eines Strohhalmes z. B. Papierschnipsel aufgesaugt werden sollen.

Mit dem Begriff »Lexikon« ist der Wortschatz gemeint, Semantik beinhaltet die Bedeutung der Wörter. Der Wortschatz umfasst einerseits das Verstehen von Wörtern (passiver Wortschatz) und andererseits den aktiven Gebrauch der Wörter (aktiver Wortschatz). Für die Wortschatzentwicklung sind einerseits Lern- und Gedächtnisprozesse nötig, andererseits sind aber auch Anregungen durch die soziale Umwelt des Kindes unentbehrlich.

Psychomotorische Angebote und Bewegungserfahrungen können den Erwerb von Wörtern und Wortbedeutungen gut unterstützen. Das Kind ist interessiert daran, was die Turnhalle wohl an Materialien bietet (Substantive), was man mit diesen Dingen tun kann (Verben) und wie alles beschaffen ist oder zusammenhängt (Adjektive, Funktionswörter). Bewegungsspielsituationen sind ideale Gelegenheiten, einen aktiven und passiven Wortschatz aufzubauen und Wortbedeutungen zu erwerben. Sinnliche Erfahrungen erweitern den Wortschatz und führen zur Begriffsbildung: Der Ball ist rund, das Rollbrett eckig und hart, der Schaumstoffbaustein weich. Räumliche Beziehungen werden erfasst, wenn die Aufgabe gestellt wird, auf den Kasten zu klettern, unter das Schwungtuch zu kriechen oder sich neben die Teppichfliese zu stellen.

Die Kinder können mit ganz unterschiedlichen Objekten umgehen und diese benennen (Ball, Matte, Schwungtuch), sie können Bewegungsformen variieren (gehen, laufen, hüpfen, rennen), Adjektive erfahren und benennen (groß – klein, schnell – langsam). Die Vielfalt an ähnlichen Geräten kann zur Bildung von Begriffskategorien beitragen (Ball: Wasserball, Fußball, Tennisball, Basketball, Gymnastikball). Bei taktilen Wahrnehmungsübungen können einzelne Körperteile begrifflich erfasst werden. Bei akustischen Übungen können Geräusche, bei visuellen Übungen Formen, Farben und andere Materialeigenschaften erkannt und benannt werden.

Die Kombination der Wörter zu einem Satz wird durch die Grammatik geregelt. Sie legt fest, wie die Beziehungen und Stellungen der Wörter zueinander sind (Syntax) und wie sich die Wörter in ihrer Form dabei verändern (Morphologie). Grammatikerwerb ist ebenso wie die ganze Sprachentwicklung auf der Grundlage von Bewegungen und Bewegungszusammenhängen möglich, der Körper befindet sich immer in Bezug zu Raum, Zeit und Kausalität, und grammatische Regeln helfen, diese Dimensionen zu erklären.

Im Bewegungshandeln lassen sich Pluralformen, Steigerung von Adjektiven oder Vergangenheits- und Zukunftsformen erfahren. In Spielsituationen gibt es immer wieder Gelegenheiten, in denen Kinder z. B. den Plural bilden (Bank – Bänke), die Wortstellungen beachten (Ich krieche durch den Tunnel) und Kausalsätze formulieren (Ich hole die Teppichfliesen, weil ich einen Weg bauen will). Es gibt Gelegenheiten für den Artikelgebrauch (die Höhle, das Rollbrett, der Kasten) oder auch für Steigerungsformen (schnell – schneller, hoch – höher). In Bewegungsspielen nehmen sie aktive und passive Rollen ein, sie schieben ihren Spielpartner auf dem Rollbrett oder werden geschoben.

Pragmatische Kompetenzen umfassen die Fähigkeiten eines Menschen, Sprechhandlungen im Rahmen einer Interaktion auszuführen und zu interpretieren. Dazu gehören die Fähigkeiten, die Perspektive des Gesprächspartners einzunehmen und ihm die eigenen Absichten so mitzuteilen, dass der andere sie verstehen kann. Sprachhandeln umfasst also kommunikative Fähigkeiten; sie beinhalten wesentliche Voraussetzungen für die Kontaktaufnahme und die Gestaltung von Beziehungen und erfordern wichtige Regeln, die vom Kind erlernt werden müssen: Blickkontakt aufnehmen und halten, Rollenwechsel beim Sprechen beachten, sich im Gespräch aufeinander beziehen, unterschiedliche Sprechhandlungen wie auffordern, bitten, fragen unterscheiden und beherrschen.

Jede in der Gruppe ausgeführte Bewegungsspielsituation macht kommunikatives Handeln erforderlich. Die Kinder müssen sich auf eine Spielidee einigen, Regeln aushandeln und Rollen festlegen. Beim Bauen und Konstruieren von Bewegungslandschaften sind zahlreiche Absprachen erforderlich. Wenn Rollbretter als Lastwagen benutzt werden, sind viele Sprachanlässe zu bewältigen, z. B. beim Be- und Entladen, beim Tanken, in der Autowaschanlage. Dabei ist wichtig, dass das Kind erlebt, dass es selbst Verursacher eines sichtbaren Effekts ist, dass es Kontrolle über eine Situation hat. Dies spielt auch beim Spracherwerb eine wichtige Rolle: Das Kind lernt, mit seinen Handlungen, aber auch mit seine Worten eine Wirkung zu erzielen. Sprache dient in diesem Zusammenhang der Vergewisserung, der Bewusstmachung des erlebten Effekts. Verursacher eines Effekts zu sein heißt auch, sich der Regelhaftigkeit des Vorgangs bewusst zu sein, damit generalisierbare Erfahrungen entstehen.

»Der Spracherwerb ist ein aktiver, schöpferischer Prozess. Damit er sich voll entfalten kann, ist eine sprechfreudige Umgebung erforderlich. Dazu gehören Menschen, die dem Kind zuhören und die sich auf die Sprache der Kinder einlassen, die ihnen auch aktive Rollen zugestehen.« (Zimmer, 2010, S. 86)

6.1.3 Übungs- und Spielanregungen: Sandsäckchen, Schwungtuch

In den nachfolgenden Ausführungen sollen Übungseinheiten vorgestellt werden, exemplarisch mit zwei psychomotorischen Übungsgeräten, die recht bekannt geworden sind, vielfältige Einsatzmöglichkeiten bieten und an denen besonders die Ganzheitlichkeit verdeutlicht werden kann: die Sandsäckchen und das Schwungtuch.

Zur Erinnerung – auch hier gilt: Die Auswahl und die Reihenfolge der Übungen und Spiele ist nicht einfach übertragbar; für jede Gruppe muss die Art des Einsatzes neu überlegt und entsprechend variiert werden.

Übungseinheit mit dem Sandsäckchen

Das Sandsäckchen ist ein geeignetes Gerät, um Bewegungshandlungen von Menschen verschiedenen Alters anzuregen. Es ist leicht zu greifen und zu handhaben. Säckchen gibt es in unterschiedlichen Größen und mit unterschiedlichem Gewicht und auch mit unterschiedlichen Füllungen (z. B. Sand, Reis, Mais, Knöpfe u. v. m.). Sie können über Sportartikelkataloge bestellt oder auch selbst hergestellt werden.

Abb. 6.3: Sandsäckchen in unterschiedlichen Farben und Formen

Die meisten der folgenden Aktivitäten können in der Fortbewegung, aber auch im Sitzkreis (für Ältere oder Menschen mit körperlichen Behinderungen) durchgeführt werden.

Nach dem Begrüßungsritual können wir mit Einzelübungen beginnen. Dazu können die Teilnehmer anfangs selbst ausprobieren, welche Bewegungsaktionen sie damit realisieren können. Der Übungsleiter beobachtet, greift verschiedene Handlungen auf und regt dazu an, dass alle Teilnehmer den Bewegungsablauf mal ausprobieren. Auch im Verlauf der weiteren Stunde ermutigt der Übungsleiter immer wieder, eigene Ideen und Vorschläge einzubringen.

Folgende Aktionen sind etwa als Einzelübungen sinnvoll und möglich: Wir befühlen das Säckchen und versuchen die jeweiligen Füllungen zu ertasten. Wir tauschen uns aus über die Größe und Farbe der Säckchen und die entsprechenden Füllungen. Jeder wirft und fängt das Sandsäckchen in unterschiedlicher Art und Weise: einhändig oder beidhändig; von einer Hand in die andere übergeben oder werfen; auffangen nach einer Drehung des Körpers oder nach Klatschen mit den Händen; Sandsäckchen auf den Fuß legen, hochschleudern und auffangen. Das Sandsäckchen können wir um den Körper herumreichen. Wir werfen auf ein bestimmtes Ziel, etwa in eine Kiste, in einen Reifen oder auf eine Matte. Wir können Gegenstände von der Bank oder vom Tisch abwerfen. Wir stellen uns der Aufgabe, das Säckchen zu balancieren und zu tragen, uns dabei hinzusetzen und wieder aufzustehen.

Nach einer gewissen Zeit können wir auch zu Partnerübungen übergehen: Die Partner werfen sich das (die) Sandsäckchen zu: abwechselnd oder gleichzeitig; zielwerfen z. B. in ein Hütchen, das der eine Mitspieler mit der offenen Seite nach oben hält; das Säckchen aus Tüchern hochschleudern und wieder auffangen, ein Sandsäckchen zwischen Körper einklemmen (z. B. Stirn, Schulter, Hüfte) und gemeinsam fortbewegen; Sandsäckchen auf dem Körper des Partners (der die Augen geschlossen hält) ablegen und zeigen oder sagen lassen, wo es liegt oder gelegen hat.

Abschließend können Gruppenspiele vorgeschlagen und realisiert werden: Es werden zwei Mannschaften gebildet, die sich an den gegenüberliegenden Seiten der Halle befinden. Aufgaben können sein: Zielwerfen auf eine Matte in der Mitte, in einen Reifen oder einen Kasten; Kegel oder Bälle von in die Mitte gestellten Bänken abwerfen; einen großen Gymnastikball durch Bewerfen an die gegnerische Wand rollen lassen (dabei auch Einschränkung möglich, z. B. jeder hat nur einen Wurf).

Je nach Alter oder Entwicklungsstand der Teilnehmer kann es sinnvoll sein, die Übungen und Spiele in einen sinnvollen thematischen Zusammenhang einzubetten.

Wir können einen Handlungsschwerpunkt wählen (z. B. werfen und fangen) oder einen Förderschwerpunkt vorgeben (z. B. Koordination, Zielgenauigkeit, Wahrnehmung).

Wir könnten eine Bewegungsgeschichte oder ein Spielthema zugrunde legen und sich entwickeln lassen, in der sich dann auch viele und variationsreiche Sprachanlässe bieten, z. B. »Wir befinden uns auf einer Expedition« oder »Wir sind im Zirkus.« Darüber hinaus kann das Sandsäckchen auch in Gerätestationen und Bewegungslandschaften einbezogen werden als Transportgegenstand, Hindernis, als Markierung oder als ein zu entdeckender »Schatz«.

Die einzelnen Aspekte der Ganzheitlichkeit (Tab. 6.1) sollen hier zu einer genaueren Begutachtung und Analyse getrennt aufgelistet werden und beispielhaft mit den Übungen und Spielen in Verbindung gebracht werden. Für die praktische Umsetzung bleibt es aber dabei, dass alle Persönlichkeitsbereiche in Wechselwirkung zueinander stehen und sich gegenseitig beeinflussen. Bei Bewegungsübungen und Spielen werden immer alle Aspekte angesprochen und gefordert, allerdings in unterschiedlicher Ausprägung. Es können in der Förderung durchaus Schwerpunkte gesetzt werden.

Tab. 6.1: Ganzheitlichkeit der Psychomotorik am Beispiel »Sandsäckchen«

Persönlichkeitsbereiche	Einzelaspekte/Merkmale	Beispiele mit den Sandsäckchen
Motorik	Gesamtkörperkoordination/ Grobmotorik	werfen und fangen in der Fortbewegung
	Auge-Hand-Koordination/ Feinmotorik	zielgenaues werfen und fangen von Hand zu Hand oder in eine Kiste
	Gleichgewicht	balancieren in Fortbewegung
	Auge-Fuß-Koordination	vom Fuß zur Hand hochschleudern und fangen
	Schnelligkeit	rasches zuwerfen als Partnerübung; werfen, möglichst oft in die Hände klatschen und auffangen
	Reaktion	rechtzeitige Körperbewegung zum genauen Fangen
	Ausdauer	im Verlauf der Übungsstunde fortlaufend in Bewegung bleiben
Wahrnehmung	visuelle W.	Farbe, Größe erkennen; Abstände einschätzen beim Zielwerfen
	akustische W.	beim Aufnehmen des geworfenen Säckchens mit geschlossenen Augen
	taktile W.	Füllungen, Oberflächen ertasten
	vestibuläre W.	werfen, sich drehen und auffangen
	kinästhetische W.	Gewicht erspüren in der Hand oder auf dem Körper, angepasste Kraftdosierung beim Werfen
Kognition	Regelverständnis	Spiel- und Übungsabläufe verstehen
	Bewegungsplanung	Bewegungsabläufe und ihre Auswirkungen gedanklich vorausplanen
	Einsichtsfähigkeit	Notwendigkeit von Absprachen erkennen, verbale und non-verbale Kommunikation und deren Absichten erkennen und verstehen
	Reflexionsvermögen	Übungserfahrungen sammeln und auswerten
	Strategieverständnis	Taktiken entwickeln beim Gruppenspiel
	Lernprozesse vollziehen	beim Lernen durch Beobachtung und Nachahmung
	Gedächtnis	sich Bewegungsabläufe, Spielregeln merken

Tab. 6.1: Ganzheitlichkeit der Psychomotorik am Beispiel »Sandsäckchen« – Fortsetzung

Persönlichkeitsbereiche	Einzelaspekte/Merkmale	Beispiele mit den Sandsäckchen
Sozialverhalten	Gemeinschaftssinn, Gruppengefühl	sich an Partnerübungen oder Gruppenspielen beteiligen, sich über den Erfolg anderer bzw. der Gruppe freuen
	Fairness	Regeln, Absprachen einhalten
	Frustrationstoleranz	verlieren können, Misserfolge ertragen
	Rücksichtnahme	andere einbeziehen, abwarten können, Reihenfolgen einhalten
	Kommunikation	Absprachen und Vereinbarungen treffen, beim Zuwerfen Blickkontakt aufnehmen
	Kooperation, Interaktion	sich im Spiel ergänzen, Körpernähe aushalten, Vorschläge annehmen und eigene Ideen einbringen, unterschiedliche Spielrollen ausüben
Sprache	passiver Wortschatz	Verstehen der Aufgabenstellung
	aktiver Wortschatz	Absprachen treffen bei Spielvariationen, eigene Spielideen vorbringen
	passende (Fach-)Begriffe benutzen	bei Richtungsangaben, Benennen von Gegenständen, Farben, Körperteilen
	Sprechfreude	Sprachanlässe nutzen
Emotionen	Bewegungsfreude	Spaß an den Bewegungen zeigen
	Motivation	Interesse an bestimmten Spiel- und Übungsformen entwickeln und aufrechterhalten
	Gruppenzugehörigkeit	Gemeinschaft, Mannschaft als positives Gefühl empfinden und erleben
	Angstabbau	Angst vor Blamage, vor Versagen überwinden
	Empfindungen angemessen ausdrücken können	auch Unbehagen, Unwohlsein zeigen, auch Misserfolge aushalten

Übungseinheit mit dem Schwungtuch

Schwungtücher gibt es in unterschiedlichen Größen und Formaten (rund, quadratisch) und Farben (einfarbig, bunt, mit »Sternenhimmel«). Auch ausgediente

Fallschirme oder durchsichtige Folien können eine sinnvolle Alternative sein. Welches das geeignete Tuch für eine bestimmte Gruppe ist, hängt ab von der Gruppengröße, von den individuellen Fähigkeiten und den räumlichen Bedingungen. Es sollte aber leichtes und reißfestes Material sein. Der Einsatz ist möglich in unterschiedlich großen Gruppen; auch im Sitzkreis kann das Tuch geschwungen werden.

Abb. 6.4: Ein rundes und farbiges Schwungtuch

Nach der Phase der Einstimmung (Sitzkreis, Einstiegsspiel oder -ritual) können wir gemeinsam mit Schwingbewegungen beginnen. Alle schwingen das Tuch: hoch – tief, langsam – schnell. Wenn die Teilnehmer sich fortbewegen können, ist es möglich, dass alle dabei im Kreis laufen.

Die Teilnehmer können ihre Plätze unter dem schwingenden Tuch wechseln: jeweils die Mitglieder der gegenüberliegenden Seiten, nur einzelne Teilnehmer, Spieler mit vom Spielleiter ausgerufenen Merkmalen, z. B. Teilnehmer mit blauer Hose oder weißem T-Shirt.

Ein Schaumstoffball wird auf das Tuch geworfen, der Ball hochgeschleudert oder herumrollen gelassen. Es können mehrere Bälle benutzt werden. Ein Ball und ein Karton befinden sich auf dem Tuch; Aufgabe der Gruppe: Der Ball soll in den Karton gerollt werden.

Einige Seilchen werden auf das Tuch gelegt, und das Tuch wird damit hochgeschwungen. Die Teilnehmer müssen aufpassen, dass sie nicht von den »Schlangen gebissen werden«. Oder auch Bierdeckel, Zeitungsschnipsel, Watteflocken o. Ä. werden auf das Tuch gelegt. Dadurch entstehen interessante optische Effekte.

Alle halten gemeinsam das Tuch straff, lassen es auf Kommando los, klatschen (ein-, zwei- oder dreimal) in die Hände und fangen das fallende Tuch wieder auf.

Einige sitzen am Boden und schwingen das Tuch, andere laufen oder krabbeln vorsichtig über das Tuch oder unter dem Tuch.

Ein Spieler geht aus dem Raum und muss nachher erraten, wer sich aus der Gruppe unter dem Tuch versteckt hat.

Alle setzen sich unter das Tuch und strecken ihre Beine unter das Tuch. Ein Spieler beginnt als »Krokodil«, krabbelt unter dem Tuch umher und zieht andere Mitspieler an den Füßen in den »Sumpf« hinein. Diese können dann ebenfalls weitere Teilnehmer hineinziehen.

Die Stunde kann mit einer ruhigen Übung ausklingen. Ein Teil der Gruppenmitglieder liegt entspannt unter dem Tuch, die anderen schwingen langsam und behutsam das Tuch; es wird nicht aktiv heruntergezogen, sondern langsam von oben fallengelassen.

Das Ende der Übungsstunde kann eine Gesprächsrunde bilden: Was hat gefallen? Was nicht? Was gibt es für Ideen für weitere Stunden?

Weitere Spiel- und Übungsgelegenheiten ergeben sich, wenn das Tuch in den Aufbau einer Gerätebahn, der Entwicklung einer Bewegungsgeschichte einbezogen wird, z. B. als »Zelt«, als »Dach« oder als »Höhle«. Oder alle stehen oder knien unter dem Tuch und bewegen sich als »Gespenst« oder auch als »Raupe« durch die Halle.

In einer weiteren Übungseinheit könnte zu einer ausgewählten Musik in (Teil-)Gruppen ein Schwungtuch-Tanz entwickelt werden, der später vorgeführt werden kann. Rollstuhlfahrer können dabei gut einbezogen werden.

An Zielsetzungen stehen hier zwar soziale Erfahrungen im Vordergrund, da bei fast allen Übungen die Gruppe als Gemeinschaft angesprochen ist. Aber auch eine Vielzahl motorischer Fähigkeiten wird gefordert, z. B. angemessene Kraftdosierung, Reaktion, Koordination. Es werden visuelle Wahrnehmungserfahrungen ermöglicht, kreatives Gestalten kann gefordert werden, und es gibt zahlreiche Sprechanlässe und Gelegenheiten zu Selbstwirksamkeitserfahrungen.

6.2 Offenheit der Stundengestaltung

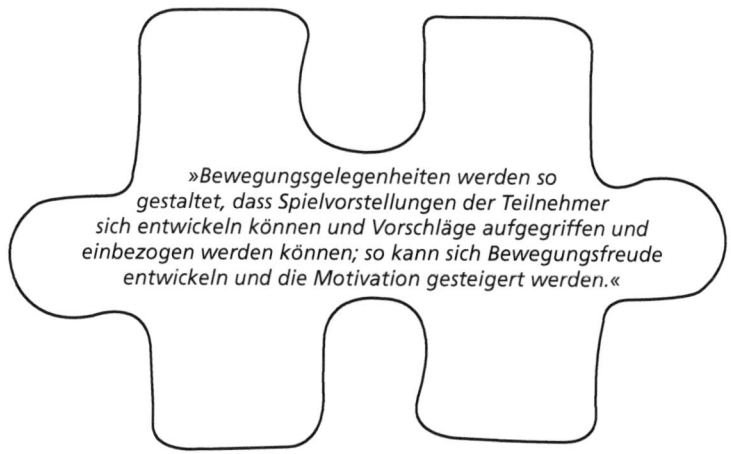

»Bewegungsgelegenheiten werden so gestaltet, dass Spielvorstellungen der Teilnehmer sich entwickeln können und Vorschläge aufgegriffen und einbezogen werden können; so kann sich Bewegungsfreude entwickeln und die Motivation gesteigert werden.«

Eine Aufgabenstellung kann bei Kindern teilweise ganz andere Reaktionen hervorrufen, als dies von der Erzieherin beabsichtigt ist. Beispiel: Häufig werden Bewegungsaufgaben mit der Frage »Wer kann …?« eingeleitet. Diese Aufforderung scheint auf den ersten Blick besonders kindgemäß zu sein und ein Höchstmaß an Motivation bei den Kindern zu erzeugen und die individuelle Anstrengung jedes einzelnen Kindes zu unterstützen. Tatsächlich bewirkt die Frage der Erzieherin eine Teilung der Gruppe in diejenigen, die die Aufgabe (z. B. den Luftballon hochschlagen und wieder auffangen) lösen können und diejenigen, die es (noch) nicht können. Es geht hier in erster Linie um das Ergebnis, das erreicht werden soll, ob also der Luftballon aufgefangen wird oder nicht. Weniger beachtet wird dagegen der Prozess, wie das Fangen zustande kommt.

Wird die Aufgabe dagegen folgendermaßen formuliert: »Probiert einmal aus, wie man einen Ball fangen (bzw. rollen, werfen, prellen usw.) kann«, dann ergeben sich für jedes Kind individuell verschiedene Lösungsmöglichkeiten. Die Situation bleibt offen für viele Formen der Erprobung des Umgangs mit dem Ball, für materiale Erfahrungen und für das Zusammenspiel der Kinder.

> »Gefragt ist nicht eine einzige, von der Erzieherin vorgegebene Bewegungsform mit dem Gerät, sondern es gibt viele verschiedenartige Möglichkeiten, es zu handhaben.
>
> Obwohl von der Erzieherin oft gar nicht bemerkt, kann die Art der Aufgabenstellung also darüber entscheiden, ob Kinder das Gefühl haben, den Anforderungen nicht gerecht zu werden (mit dem Ball nicht in der verlangten Weise umgehen zu können) oder eine Lösung selber gefunden und die Aufgabe selbstständig bewältigt zu haben.« (Zimmer, 1993, S. 160)

6.2.1 Psychomotorik als dialogisches Geschehen

Die heilpädagogischen (und psychomotorischen) Interaktionen zeichnen sich durch eine prinzipielle Offenheit gegenüber subjektiven und folglich variablen Faktoren aus. Die Kommunikation und Interaktion zwischen dem Heilpädagogen und der zu betreuenden Person ist dann offen, wenn sie als eine dialogische Beziehungsgestaltung im gemeinsamen Tun verstanden wird, die im Kontext der Alltags- und Lebensbewältigung auf dem Hintergrund der beeinträchtigten Lebenslage stattfindet.

> »Folglich können beim heilpädagogischen Handeln die Zielsetzung, die Inhalte und auch die Entscheidung über die Methode niemals von außen als eine zwingend zu erfüllende Vorgabe bestimmt werden. Sie müssen in jedem Einzelfall von den beteiligten Personen gemeinsam gesucht, verhandelt, entschieden und umgesetzt werden.« (Greving/Ondracek, 2009, S. 17)

Psychomotorische Förderung kann nicht nur darin bestehen, möglichst vielfältige Bewegungsangebote zur Verfügung zu stellen. Die Förderung zeichnet sich stets auch durch eine sehr aufmerksame und achtsame Begleitung im dialogischen Miteinander aus. Die Fachkraft zeigt sich offen für verbale Äußerungen, für emotionale Befindlichkeiten und für die Reaktionen der zu betreuenden Person(en).

Gerade in neueren Abhandlungen zur Psychomotorik wird zunehmend die expertenzentrierte Vorgehensweise in einer psychomotorisch orientierten Förderung in Frage gestellt, und es werden die herkömmlichen Lenkungs- und Leitungsstrategien hinterfragt. Die Kompetenzen des Teilnehmers und seine Fähigkeit, die eigene Entwicklung zu gestalten, müssten demnach mehr Beachtung finden. Der Psychomotoriker sollte eher die Rolle im Sinne eines Moderators innehaben. Die Förderung wird dann zur Entwicklungsbegleitung in der Ausbalancierung von sinnvollen Lenkungsimpulsen und der Unterstützung der Eigenaktivität des Teilnehmers. In diesem Sinne handelt es sich dann um ein dialogisches Geschehen. Das Kind bringt sich mit seinen individuellen Kompetenzen ein, der Psychomotoriker mit seinem speziellen Wissen. In einem gemeinsam gestalteten Dialog gibt es Vorschläge und Gegenvorschläge, Aktionen und Reaktionen, Fragen und Antworten.

»Hier liegt die wahre Kompetenz des Psychomotorikers: Durch Empathie, partnerschaftliche Beteiligung und Anbieten neuer Unterscheidungen Entwicklungsprozesse anzuregen, ohne die Autonomie und Integrität der Anvertrauten zu verletzen.« (Fischer, 2009, S. 241)

6.2.2 Bewegungsräume als offene Bewegungsangebote

Eine charakteristische Vorgehensweise in der Psychomotorik ist das offene (Mit-)Gestaltenlassen von Bewegungs- und Spielthemen. Die pädagogische Fachkraft schafft Voraussetzungen für Bewegungsanlässe und Spielthemen und bereitet die Umgebung vor. Die Teilnehmer beeinflussen entscheidend den Ablauf der Bewegungshandlungen, sie spielen »ihre« Themen. Damit können ihre Fantasie angeregt, das motorische Planen gefördert und das selbstständige Umsetzen von Handlungsstrategien entwickelt werden. Es können Situationen bereitgestellt und arrangiert werden, in denen die Person selbst aktiv werden kann. Dadurch werden Erfolgserlebnisse ermöglicht, die insbesondere Verbesserungen für das Selbstkonzept nach sich ziehen können. Denn solche Veränderungen treten vor allem dann ein, wenn der Erfolg einer Tätigkeit als selbst bewirkt erlebt und nicht als zufallsbedingt oder von äußeren Einflüssen gesteuert wahrgenommen wird.

Kinder üben Vertrautes, erforschen aber auch gerne unbekannte Situationen und Räume und entwickeln darauf aufbauend neue Fähigkeiten. Die Realität wird nachgespielt, verändert und neu geformt. Im Spiel sind überraschende, ungewöhnliche Lösungen von Anforderungen und Aufgabenstellungen erlaubt, oftmals sogar erwünscht.

Bewegungsräume (vgl. Köckenberger, 2007, S. 29 ff.) sind vorstrukturierte Räume, in denen attraktives Material angeboten oder aufgebaut ist. Die Teilnehmer erobern selbstverantwortlich, zwanglos, in ihrem individuellen Tempo den Bewegungsraum. Sie spielen selbstständig nach eigenen Wünschen. Der Gruppenleiter bereitet diese entwicklungsfördernden Räume vor und betreut sie als begleitender Beobachter oder oft auch als Mitspieler. Bewegungsräume bieten somit Freiraum für eigene Ideen und Spielbedürfnisse, Raum für Bewegungsanlässe, die aufgrund von Bewegungsarmut dringend erforderlich sind. Sie schaffen Raum für Ressourcen, da nicht die Schwächen bewertet, sondern die Fähigkeiten gezeigt und gestärkt werden können. Dem Übungsleiter bieten sie Raum, die teilnehmenden Personen im freien Spiel zu beobachten. Der Übungsleiter greift ein: mit Spielideen, mit Situationswechsel, mit offenen Bewegungsaufgaben, mit einzelnen Hilfestellungen oder manchmal auch lenkend. Die Bewegungsräume leben von den attraktiven Materialien, die bestimmte Bewegungsformen, Spielstrukturen oder Themen nahelegen. Die Auswahl richtet sich nach dem Entwicklungsstand, den Bedürfnissen der Kinder und den spezifischen Eigenschaften des Materials.

Eine ähnliche Grundidee verfolgen *Bewegungslandschaften*. Auch diese sind einladend gestaltete Räume, die die Teilnehmer auffordern, sich seinen Interessen und Fähigkeiten gemäß in ihnen zu bewegen und zu spielen. In Bewegungslandschaften werden Großgeräte wie Kästen, Schaukeln, Bänke oder Weichböden mit kleineren Geräten (Rollbretter, Tücher, Bälle) oder mit Alltagsmaterialien kombiniert. Durch den Einsatz dieser Geräte lassen sich vor allem grobmotorische Bewegungserfahrungen ermöglichen, denn die Teilnehmer können klettern, balancieren, springen, rutschen, rollen, hangeln und schaukeln. Bewegungslandschaften sind für das Kind in vielen Teilen selbst veränderbar und bieten individuelle Leistungsanforderungen. Dies eröffnet dem Kind die Chance, intuitiv selbst zu entscheiden, mit welchem Entwicklungsthema es sich auseinandersetzen möchte. Das Kind kann sich durch eigene Variationen die Situation aneignen und Veränderungen in Spielsituationen einbauen. In den Bewegungslandschaften lassen sich gut Bewegungsgeschichten integrieren. Themen für diese Geschichten ergeben sich aus den Interessen der Kinder oder dem aktuellen Entwicklungsbezug.

Es gibt verschiedene Vorgehensweisen und Arten, die vorhandenen Geräte und Materialien zu einer Balancier- und Kletterlandschaft zu kombinieren, wobei die Offenheit der Stundengestaltung und die Einflussmöglichkeiten der Teilnehmer unterschiedlich hoch sein können. Das Angebot des Materials kann schon zu Beginn der Stunde eine bestimmte Richtung des weiteren Stundenverlaufs vorgeben. So kann das Material etwa im Raum oder in einer Ecke des Raumes verteilt liegen. Mit dem Material können auch einzelne Aufbauten bereits geschaffen und Spiel- und Bewegungsmöglichkeiten angedeutet sein. Das gesamte Material kann bereits aufgebaut sein, oder die Kinder wählen selbstständig aus dem Geräteraum ihre Materialien aus. Folgende Gerätelandschaften sind also möglich:

- fertig aufgebaute Bewegungslandschaften,
- unfertige Bewegungslandschaften, die von den Teilnehmern vervollständigt werden sollen,
- ein eigenständiger Aufbau nach Bereitstellen von Aufbauskizzen,
- selbstständiges Entwickeln des Geräteparcours, wobei ein Bewegungs-, Bau- oder Spielthema vorgegeben wird,
- selbstbestimmte Auswahl an Geräten und deren Aufbau.

Ein Geräteparcours lässt sich in vielfältiger Weise gestalten, und auch die Art der Aufgabenstellung kann immer wieder variiert werden:

- Geräte können in ihrer Höhe und Anordnung zueinander verändert werden, dabei sollen auch ungewöhnliche Kombinationen bedacht werden.
- Die Wahl der Fortbewegungsarten und Bewegungsformen kann variieren, z. B. kann man sich vorwärts oder rückwärts auf der Bahn bewegen. Die Teilnehmer können sich alle in eine Richtung bewegen oder auch in verschiedenen Richtungen, d. h., sie müssen auch auf Gegenverkehr achten. Die Geräte können paarweise mit Handfassung bewältigt werden oder sogar als Gesamtgruppe mit Handfassung.
- Je nach Gruppengröße können alle Stationen gemeinsam absolviert werden, oder es können jeweils im Wechsel einzelne oder mehrere Personen an Stationen spielen oder üben.
- Weitere Materialien/Kleingeräte können als Markierungen, als Hindernisse oder auch zum Tragen oder Balancieren hinzugenommen werden.
- Es sind auch besondere Aufgabenstellungen möglich, z. B. soll eine Gerätebahn gebaut werden, die es ermöglicht, durch die Halle zu kommen, ohne den Boden zu berühren. Oder die Gerätebahn soll mit verbundenen Augen bewältigt werden: allein an einem Seil entlanggehen, mit oder ohne Handführung durch einen Partner, mit oder ohne verbale Informationen des begleitenden Partners. Eine zusätzliche Herausforderung ist es, wenn der »Blinde« die Gerätelandschaft vorher nicht sehen konnte.

Bei der Betreuung von Gerätestationen kommen auf die Fachkraft wichtige Aufgaben zu: Sie muss für genügendes Aufwärmen der Muskulatur sorgen. Sie muss die Geräte und den Schwierigkeitsgrad so wählen (lassen), dass das Prinzip der Entwicklungsgemäßheit und der Grundsatz »vom Leichten zum Schweren« beachtet werden können. Sie muss Sicherheitsaspekte berücksichtigen und genügend Matten einsetzen. Sie muss die notwendige Sicherheits- und Hilfestellung gewährleisten können. An Grenzen herantasten geht nur, wenn die Personen sich sicher fühlen und die Situation auch sicher ist. Der Sicherheitsaspekt ist vor allem bei Bewegungsanlässen mit labiler Unterstützungsfläche, z. B. Wippe, zu beachten. Angst reduzierend wirken verschiedene Hilfe- und Sicherheitsstellungen und mögliche vorhandene Gebäudehilfen. Dies können beispielsweise Sporthallenwände sein, an denen man sich z. B. beim Pedalo-Fahren festhalten kann. Die Fachkraft muss darauf achten, dass genügend Platz zwischen den Geräten bleibt. Und sie muss berücksichtigen, was sie (allein) auf- und abbauen bzw. wer in welcher Weise mithelfen kann.

Es sind manchmal allerdings auch kleinere Risiken oder Unsicherheiten nötig, damit das Kind lernen kann, damit umzugehen. Kleine Gefahren in Kauf zu nehmen heißt, dem Kind zuzutrauen, dass es lernt, sich einzuschätzen und Risiken für sich abzuwägen. Kleinere Stürze oder eine kleine Beule können große Verletzungen vermeiden helfen; sie können dazu beitragen, dass das Kind lernt, sich abzustützen oder schnell zu reagieren.

> »Auch Misserfolge und Fehler ermuntern das Kind, aus eigenem Antrieb eine Lösung für sein Vorhaben zu suchen. Wenn wir das Kind immer vor Gefahren oder Fehlern bewahren, nehmen wir ihm die Chance, seine eigenen Wirksamkeit zu erleben und ein positives Selbstkonzept zu entwickeln.« (Bender u. a., 2013, S. 214)

6.2.3 Übungs- und Spielanregungen: Spielthemen, Bewegungsbaustelle

Abb. 6.5 und 6.6: Eine »Wippe« und ein »Tunnel« können Ausgangspunkt oder Bestandteil einer Bewegungslandschaft sein

Bewegungsräume oder Spielthemen können sich aus der Lebenswelt oder der Phantasie der zu betreuenden Personen ergeben und ausgestaltet werden:

- Für einen »Klettergarten« oder einen »Dschungel« können vielfältige Balancier-, Kletter- und Schaukelgelegenheiten gemeinsam entwickelt und aufgebaut werden.
- Es können Spring- und Hüpfstationen aus Kästen, Matten oder Bänken gebaut werden. Mit Tüchern oder Decken werden daraus geheimnisvolle Höhlen. Ein Tanz der »Gespenster« kann sich z. B. daraus ergeben.
- Weichbodenmatten und andere Turnmatten, unter denen Kleinmaterialien gelegt werden, können als »Sumpfgebiete« betrachtet und bewältigt werden.
- Die Teilnehmer machen eine Bergtour oder eine Expedition zu einem fremden Planeten.
- Die Gruppe begibt sich in ein Abenteuer zu ungewöhnlichen Lebewesen oder auf eine Schatzsuche.
- Aus Kästen, Tischen, Stühlen, Matten, Tüchern oder Bänken kann ein Labyrinth gebaut werden.
- Bälle sollen durch selbstgebaute Kugelbahnen rollen. Dazu gibt es Zielräume zum Umkegeln.
- Eine Brücke über einen breiten Fluss oder eine breite Schlucht muss konstruiert und überquert werden.
- Die Teilnehmer versuchen, einen steilen Abhang hinunter- oder hinaufzugelangen, einen Gipfel zu ersteigen, durch einen Tunnel zu kriechen oder sich durch eine enge Höhle zu winden.

Die Bewegungsbaustelle

Auch das Konzept der sogenannten Bewegungsbaustelle beinhaltet als wesentliche Kernidee die (Mit-)Gestaltung von Bewegungs- und Spielhandlungen durch die Teilnehmer; sie besteht hauptsächlich aus Bauelementen und Alltagsmaterialien. Diese Idee hat hohe Verbreitung durch Klaus Miedzinski gefunden, der 1983 in einer ersten Veröffentlichung das Grundkonzept darstellte. Die »Neue Bewegungsbaustelle« (Miedzinski/Fischer, 2006) ergänzt und erweitert diese Grundidee vom Bauen und Bewegen und dokumentiert bisherige Erfahrungen und Entwicklungen.

Die Bewegungsbaustelle (für die Sporthalle und vor allem auch für das Außengelände) versteht sich als Alternative und Ergänzung zu den bestehenden Gelegenheiten für großräumige Bewegungen der Kinder, die allerdings oft durch vorgefertigte Stationen gekennzeichnet sind. Die Bewegungssituationen der Bewegungsbaustelle sollen demgegenüber Gelegenheiten bieten, Geräte zu verändern und Gegenstände und Materialien in vielfältiger Weise zu kombinieren. Dieses selbstständige und fantasievolle Umgehen mit Materialien soll den Teilnehmern Kenntnisse und Funktionen der Materialien vermitteln, und die dabei gewonnenen

Erfahrungen können die Grundlage für zunehmende Bewegungssicherheit und Selbstvertrauen bilden.

Es werden bewusst Materialien und Bauelemente gewählt, die Bewegungen herausfordern und die Erstellung eigener Bewegungspläne provozieren. Die motorischen Problemlösesituationen haben einen hohen Aufforderungscharakter und sind meist mit hoher Bewegungsmotivation verbunden. Auch nach diesem Konzept ist das Bewegungshandeln immer in soziale Situationen und Spielhandlungen eingebettet. Es müssen gemeinsam Baupläne entworfen, Konstruktionen entwickelt und gemeinsam ausgehandelt werden. Bei der Verwirklichung von Bewegungsabsichten ist gegenseitige Hilfe oft unerlässlich. Aus den Deutungen der jeweiligen Bewegungsanlässe gehen oft Rollenspiele hervor. Damit ist die Bewegungsbaustelle aus psychomotorischer Sicht eine gute Möglichkeit, Bewegungssituationen altersgemäß zu bewältigen und über die handelnde Auseinandersetzung sowohl mit den Bauelementen als auch mit den anderen Teilnehmern Ich-, Sach- und Sozialkompetenzen zu erweitern. »Damit findet über das Bauen und Bewegen ein ganzheitliches Lernen mit Kopf, Herz, Hand und Fuß statt« (Miedzinski/Fischer, 2006, S. 26).

Es gibt also keine fertigen Bewegungssituationen, die Kinder schaffen sich ihre eigenen Bewegungsanlässe mithilfe der Bauelemente selbst. Hier bieten sich beispielsweise folgende einfache Materialien an: Bretter, Kanthölzer, Leitern, Balken, LKW-Schläuche, Autoreifen, große Papprollen, Walzen, PVC-Rohre, Plastikwannen, Teppichreste, Großwürfel aus Styropor, Drainagerohre, große Tücher, große Holzklötze. Mit den Geräten können beispielsweise folgende Bewegungsgelegenheiten gebaut werden: Wackelstege, Reifentürme, Höhlen und Hütten, Schlauchtramps (selbst hergestellte Trampolins aus LKW-Schläuchen und Rollladengurten), Schaukeln, Rutschen, Türme, Balancierstege, Treppen, schräge Ebenen, Kugelbahnen.

Die Kinder bauen und konstruieren, steigen auf selbst erbauten Treppen hinauf und hinab und überwinden Hindernisse. Sie können rutschen und gleiten, durch einen Tunnel kriechen, wippen, springen, schaukeln, Türme bauen, klettern und hangeln. Sie müssen dabei die Kraft gezielt einsetzen, sich behutsam und umsichtig bewegen, und ständig wird das Gleichgewicht auf die Probe gestellt. Die Teilnehmer lernen Eigenschaften und Gesetzmäßigkeiten der Materialien kennen. Im praktischen Umgang können sie erfahren, was Größe oder Gewicht bedeuten; sie können erkunden, was lang und kurz, beweglich und unbeweglich, stabil oder wackelig bedeuten.

»In diesem Zusammenhang werden Bewegungen herausgefordert, die direkt auf den Alltag übertragbar sind und sich somit ein deutlicher Bezug zur lebenspraktischen Realität ergibt. Die Materialien werden erfahren in ihrer Räumlichkeit, Schwere, in der unterschiedlichen Verwendbarkeit und situationsgemäßen Nutzung. Heben, Tragen, Stützen, Schieben sind Aktivitäten, durch die sich der Schatz der Erfahrungen über die Eigenschaften der Dinge ständig vergrößert. Diese materialen Erfahrungen können auch als ›Umgangsqualitäten‹ bezeichnet werden.« (Miedzinski/Fischer, 2006, S. 13)

6.3 Prinzip der Variation im spielerischen Handeln

»Variationsreiche Bewegungs- und Spielhandlungen mit vielseitigen Beanspruchungen und Herausforderungen ermöglichen individuelle und entwicklungsgemäße sowie -fördernde Zugänge.«

Sieht man kleine Kinder in ihrem Lebensalltag, dann stellt man fest, dass es für sie nichts Schöneres gibt, als zu spielen, herumzutoben, zu rennen, zu klettern oder zu springen. Sie lassen kaum eine Gelegenheit aus, auf Mauern zu klettern, über Bordsteinkanten oder über einen Baumstamm zu balancieren, von einer Stufe oder über einen Graben zu springen. Kinder bewegen sich, wo auch immer sie sind und was sie tun – wenn man sie lässt.

Und Kinder wiederholen gerne, probieren aber auch immer wieder etwas Neues aus. Sie werfen den Ball mit einer Hand oder mit beiden Händen, in die Luft oder gegen die Wand. Sie suchen sich selbst einen Zielpunkt aus, sie benutzen ein Holzbrett oder ein Stück Pappe als Rückschlaggerät.

Das Spiel verändert sich fortlaufend durch selbst erzeugte Ereignisse. Diese Veränderungsdynamik wird als spannend und lustvoll erlebt. Jede Spielhandlung beeinflusst die Person in ihren Gedanken, ihren Gefühlen und in ihren Verhaltensweisen. Damit bietet die Verbindung von Spiel und Bewegung ein breites Spektrum an pädagogischen wie therapeutisch wirksamen Anlässen.

6.3.1 Stellenwert des Spiels

Das Spiel nimmt in der Psychomotorik einen besonderen Stellenwert ein. Spiel und Bewegung gehören zu den elementarsten Ausdrucksweisen des Kindes. Spielerisch und mit viel Neugier erobert sich das Kind seine Welt. Im Spiel lernen Kinder die Verbindungen zur Welt kennen und erkennen spielerisch Zusammenhänge zwischen ihrem Körper und der Umwelt.

In der spielerischen Auseinandersetzung mit der Umwelt lernen auch Jugendliche und Heranwachsende, ihre Fähigkeiten und Fertigkeiten zu erweitern. Sie erforschen Neues, probieren unermüdlich Erlerntes bis zur völligen Beherrschung. Ebenso sind Erwachsene über Spielsituationen (vor allem in Mannschaftsspielen) zu begeistern und praktisch zu motivieren, und auch Ältere lassen eine höhere Beteiligungsbereitschaft an Bewegungen durch das Eingebundensein in einer Spielidee erkennen.

Von Anfang an zeichnet sich das Spiel des Kindes durch seinen hohen Anteil an Bewegung und Wahrnehmung aus. Über Bewegung und sensorischer Entdeckung erobert sich das Kind seine Welt. Über spielerisch bewegtes Ausprobieren erfährt das Individuum – vom Kind bis zum Senior – seine Selbstwirksamkeit und kann Bezüge zum eigenen Körper herstellen. In Spiel- und Bewegungssituationen werden Formen sozialen Handelns und der Aufbau von Beziehungen erprobt, wird Auseinandersetzung mit Gleichaltrigen und die Festigung der eigenen Identität unterstützt.

Das Spiel entsteht meist aus einer intrinsischen Motivation heraus. Intrinsische Motivation bedeutet, dass ein Individuum eine Aktivität durchführt, weil diese an sich reizvoll ist, und nicht, weil eine Bezugsperson dem Individuum sagt, dass es diese Aktivität durchführen solle. Der Prozess des Spielens, die Aktivität an sich, ist zumeist bedeutsamer als das Resultat; der Weg ist wichtiger als das Ziel.

Phasen/Formen des Spiels

Das Beobachten des Spiels eines Kindes gibt guten Aufschluss über seine Entwicklung, denn das Kind setzt sich seinem Entwicklungsalter entsprechend mit seiner Umgebung auseinander. Spielen und Spiele verändern sich im Laufe der Entwicklung.

- *Körperspiel:* Der erste Spielgegenstand des Kindes ist der eigene Körper und der der Bezugspersonen. Das Kind spielt mit seinen Händen und Füßen, entdeckt dabei seinen Körper als etwas zu ihm Gehörendes und Spürbares. Über das Spiel mit dem eigenen Körper wird spürbares Erleben ermöglicht, der Körper wird als Instrument für Ausdruck und Empfindung kennengelernt und mit allen Sinnen erfahren. Die Umwelt wird in diesem kleinkindlichen Spiel direkt im Bezug zum eigenen Körper erlebt. Im ersten Lebensjahr beginnen sich die Kinder auch für Spiele zur Merkfähigkeit zu interessieren und beginnen, den Zusammenhang von Ursache und Wirkung zu begreifen, z. B. mit Gegenständen so zu hantieren, dass sie Geräusche machen.
- *Funktionsspiel:* Im zweiten Lebensjahr nimmt das Interesse für die Funktionen von Dingen und Gegenständen zu, es wird konstruiert und gestaltet. Die Welt der Dinge und deren Funktionen hat eine hohe Anziehungskraft für Kinder. Von Beginn der Fortbewegung an ist das Kind daran interessiert, herauszufinden, wie die Dinge der Welt funktionieren und zusammenhängen. Dabei ist zum Spielen und Erkunden alles interessant, was die Lebensumwelt zu bieten hat. Dinge werden bewegt und Eigenschaften, z. B. das Roll- oder Flugverhalten von Gegenständen, bewegt erfahren. Das Kind sortiert und erkennt Regelmäßigkeiten, Gemeinsamkeiten und Unterschiede. Immer wieder werden gleiche Bewegungshandlungen durchgeführt, die sich dann in Erkenntnissen von Funktionen und Zusammenhängen niederschlagen. Das Umfeld stellt in dieser Zeit vor allem eine Vielfalt an alltagsbezogenen Gegenständen zur Verfügung, an denen das

Kind seine motorischen Fähigkeiten ebenso ausprobieren und reifen lassen kann, wie es auch Zusammenhänge der Welt zu ordnen lernt.
- *Symbolspiel oder »so tun als ob«:* Durch die Vielseitigkeit an Bewegungs- und Wahrnehmungserfahrungen kann das Kind seine Fähigkeiten entwickeln und ausprobieren. Die Gegenstände des Alltags werden im Spiel verfremdet und übernehmen symbolischen Charakter. Gegenstände werden symbolisch durch andere ersetzt: So ist der Bauklotz ein Auto oder der Pappkarton eine Schatzkiste. So wird ein Stein zum Hammer oder der Sand zum Nahrungsmittel. Die Kinder probieren symbolisch die Lebenswelt aus, Bewegungsangebote lassen sie spielerisch ausprobieren, was die Welt zu bieten hat. Im Symbolspiel werden Alltagssequenzen nachgeahmt, Handlungsmuster entwickelt und Handlungsabläufe verinnerlicht.

  Vor allem Kinder handeln in ganzheitlichen Sinnzusammenhängen und erleben eine Spielsituation als Ganzes. Sie spielen komplexe Szenen und wählen dabei meist Themen aus, die sie selbst betreffen und die für sie eine bestimmte Bedeutung haben. So wird das Bewegungsspiel zu einer symbolischen Handlung und Geräte und Spielsituationen erhalten eine symbolische Bedeutung. Das Rollbrett beispielsweise ist für Kinder natürlich kein Gerät, mit dem das Gleichgewicht oder die Raum-Lage-Wahrnehmung geübt wird. Diese Ziele setzen die Übungsleiter oder Erzieher. Das Rollbrett ist für das Kind im Spiel ein Auto, mit dem man durch den Raum flitzen kann, oder ein Lastwagen, mit dem man Gegenstände transportieren kann.
- *Rollenspiel:* Mit der Erweiterung des Sozial- und Sprechverhaltens können Kinder ihren Spielraum erweitern. Vertraute Personen und andere Kinder werden in das Spiel mit einbezogen, der Spielrahmen wird durch Worte, Dialoge und Geschichten erweitert, bis sich schließlich das Rollenspiel entwickelt. Das Kind lernt nicht nur, sich selbst im Spiel zu berücksichtigen, sondern auch andere Personen und Rollen. Es lernt, sich einzufühlen; Regeln werden konstruiert und bestimmt, die Voraussetzungen für soziales Miteinander erprobt und gelernt.

  So geht die Phase des Symbolspiels (ca. im Alter von zweieinhalb Jahren) in das Rollenspiel über, in dem Kinder sich mit der Lebenswelt, ihren Vorstellungen und Empfindungen, ihrem Erleben und ihren Erfahrungen spielerisch auseinandersetzen und diese verarbeiten. Das Kind probiert im Spiel Rollen aus, schlüpft in erwachsene Verhaltensweisen und imitiert damit oft die Welt der Erwachsenen.

  Mit einem umgedrehten Kasten auf dem Rollbrett kann ein Lastwagen oder ein Boot gebaut werden. Oder der Kasten ist eine Burg, die verteidigt werden muss. Kinder werden zum Ritter, zur Königin, zum Feuerwehrmann oder zur Polizistin.

  Die Spielanlässe tragen somit dazu bei, dass Kinder in ihrer motorischen, aber auch in ihrer sozialen, kognitiven, sprachlichen und emotionalen Entwicklung auf vielfältige Weise angeregt werden. Es ergeben sich vielfältige Rollen und Anforderungen: So muss sich beispielsweise der Lastwagenfahrer mit anderen über die Ladung und die Wegstrecke verständigen, er muss Dinge aufladen und verteilen; er muss fahren, steuern, bremsen und Hindernissen ausweichen. Die Spielsituation lässt Spielraum für eigene Spielimpulse und kreative Ideen. Und die Breite und Vielfalt der Handlungsmöglichkeiten führt zu einer Zunahme der Bewegungsgeschicklichkeit.

Spiel in der Förderung

Kinder wählen für ihre Bewegungsspiele zumeist Themen, die ihrer Lebens- und Fantasiewelt entstammen. Und auch unverarbeitete Eindrücke können zum Ausdruck gebracht werden. Im Spiel arbeiten die Kinder oft auch Vergangenes, Erlebtes auf, das Spiel dient ihnen als Medium der Äußerung und der – unbewussten – Verarbeitung von Konflikten. In verschiedenen Rollen können die Teilnehmer aufarbeiten, was sie sprachlich nicht äußern können oder vielleicht auch nicht wollen. Sie können Kontaktaufnahme üben, sie können Handlungen wagen, die sie sich in der Realität vielleicht nicht zutrauen würden und für die sie Anerkennung bekommen können (siehe auch »verstehender Ansatz«, Kap. 3).

Ein erster Schritt zur Verarbeitung belastender Erlebnisse ist oft schon getan, wenn diese im Spiel handelnd ausgedrückt werden. So kann auch spielerisches Handeln in Bewegungsvollzügen zur Lösung von Problemen beitragen und heilpädagogische Wirkungen entfalten.

> »So kann auch scheinbar fehlerhaftes, störendes Verhalten eines Kindes in einem neuen Sinnzusammenhang gesehen werden. In symbolischen Handlungen drücken Kinder ihre Probleme aus und schaffen dabei oft auch selbst Chancen, diese zu bewältigen. Und diese Ansätze muss die Pädagogin vor allen zu verstehen und zu begleiten versuchen.« (Zimmer, 2006, S. 82)

Spielsituationen in der Förderung aufzugreifen und Spielverhalten anzubahnen, erweist sich so als therapeutisch sehr wirkungsvoll. Ziel der Förderung ist es, Spielsituationen so zu gestalten, dass sie dem Entwicklungsstand des Kindes entsprechen und dass neue Entwicklungsschritte vorbereitet werden. Dies kann beispielsweise indirekt durch die Gestaltung des Raumes sowie durch eine gezielte Auswahl von Materialien und Spielgegenständen geschehen.

Durch eine Beeinträchtigung oder Behinderung sind Kinder oft nicht oder nur eingeschränkt in der Lage, mit Freude Funktionsspiele auszuüben. Ein Kind mit einer Tetraspastik hat beispielsweise Schwierigkeiten, einen Gegenstand mit den Händen zu ergreifen, zu halten und zielgerichtet zu bewegen. Häufig wirken Kinder mit schweren Beeinträchtigungen eher passiv und zeigen kaum erkennbare intrinsische Motivation zum Spielen. Sie brauchen deshalb besondere Förderung in Form von ausgeprägteren Anregungen und eine spezieller gestaltete Spiel- und Lernumgebung.

Gleichzeitig ist es aber sehr wichtig, nicht nur innerhalb der Förderung, sondern insbesondere im kindlichen Alltag die Spieltätigkeit des Kindes anzuregen und zu fördern. Kinder mit Behinderung haben häufiger Probleme, sich neue Fähigkeiten im Spiel anzueignen, weil sie rascher ermüden. Sie müssen einen höheren Aufwand leisten, um gleiche Erfahrungen wie nichtbehinderte Kinder zu machen. Spiele sollten auf ihre Komplexität und Anforderung hin überprüft werden, damit sie das behinderte Kind nicht überfordern; sie sollten seinem derzeitigen Entwicklungsstand und seinen Interessen sowie den körperlichen Voraussetzungen und Möglichkeiten entsprechen.

Auch Jugendliche oder Erwachsene mit einer Behinderung sind gut über altersgerechte Spielanlässe anzusprechen und zu motivieren. Das sind dann oft eher

Regelspiele oder Mannschaftsspiele, aber immer gibt es auch Raum für kreative Ausgestaltungen von Regeln und Spielbedingungen.

Um die genannten Prozesse in Gang zu setzen, muss die Spielsituation bestimmte Rahmenbedingungen erfüllen, die auch als konstituierend für psychomotorische Fördermaßnahmen gelten können (vgl. Zimmer, 2006, S. 84–88).

Ein erster wesentlicher Faktor ist die Freiwilligkeit und die Entscheidungsfreiheit. Kinder treffen im Spiel ihre eigenen Entscheidungen und erleben so die Wirksamkeit ihres eigenen Verhaltens. Dieser freie Wille gibt dem Kind auch die Sicherheit, ernst genommen und respektiert zu werden; die Kinder entscheiden sich für »ihre Sache«, es ist nicht der Erwachsene, der die Entscheidungen für andere trifft.

Bedeutungsoffenheit und damit einhergehend eine individuelle Sinngebung ist eine weitere Bedingung für spielerisches Handeln in der Psychomotorik. Im Spiel erhalten die Teilnehmer Gelegenheiten, fiktive Situationen zu schaffen; sie können den jeweiligen Spielsituationen einen individuellen Sinn geben und Handlungsalternativen ausprobieren. Sinn und Bedeutung von Verhaltensweisen sind im Spiel also immer vom individuellen Erleben, von Erinnerungen und Vorstellungen abhängig. Kinder ahmen besonders Bezugspersonen, Fantasiegestalten oder »ihre Helden« nach. In solchen Spielhandlungen sind häufig die üblichen Einfluss- und Machtbeziehungen umgekehrt. Im Spiel werden dem Kind Gelegenheiten zum Erproben neuer Verhaltensweisen geboten, die in der Realität kaum erreichbar wären. Das Kind kann »in eine andere Haut schlüpfen«. Wenn es beispielsweise »Superman« spielt, kann es den Mutigen spielen und Größe und Stärke erfahren, obwohl das Kind eigentlich klein oder ängstlich ist. Oder das Kind will auch mal schwach sein und behütet werden, wo es sonst immer der Starke sein muss. Mit solchen Spielsituationen kann das Kind sein seelisches Gleichgewicht stabilisieren; es kann Spannungen abbauen, Aggressionen abreagieren, unerfüllte und unerlaubte Wünsche in konkreter und symbolischer Form realisieren.

Die Motivation zur Beteiligung geht meist vom Erlebnisgehalt und der Spannung der Spielsituation aus. Damit ist eine weitere Bedingung gemeint, eine Art Widersprüchlichkeit oder Zwiespältigkeit, die mit Ambivalenz umschrieben werden kann. Das Spiel ist spannend, denn der Ausgang ist offen. Es besteht Unsicherheit, ob ein Problem bewältigt, eine Aufgabe gelöst werden kann. Die Spannung darf allerdings nicht zu groß sein, auch nicht zu lange andauern. Die Aufforderung darf das Kind weder über- noch unterfordern, sonst wird die Ambivalenz aufgehoben, das Spiel wird uninteressant und von den Kindern abgebrochen.

Bewegungsangebote sollten daher immer einen für die Teilnehmer passenden Schwierigkeitsgrad haben, der die Spannung des Gelingens, möglicherweise auch des Nicht-Gelingens oder des Noch-Nicht-Gelingens beinhaltet. In psychomotorischen Fördergruppen sind aber meist die Leistungsvoraussetzungen so heterogen, dass es nie einen für alle passenden Schwierigkeitsgrad geben kann. Deshalb sollten die Angebote unterschiedliche Fähigkeiten berücksichtigen und verschiedene Lösungsmöglichkeiten eröffnen.

6.3.2 Beispiele für Variationen

Das Prinzip der Variation soll an zwei motorischen Fähigkeiten verdeutlicht werden, die bei vielen Bewegungshandlungen eine entscheidende Bedeutung haben, nämlich die *Koordination* und das *Gleichgewicht*. An einigen Beispielen sollen Modifikationen von Übungsformen vorgestellt werden, die dazu beitragen können, Spiel- und Bewegungsabläufe abzuwandeln und damit Absichten und Ziele zu verändern.

Koordination

Das Ballprellen oder das Werfen und Fangen kann etwa in verschiedenen Formen variiert werden: z. B. im Stand, in der Fortbewegung, beim Laufen um Hindernisse oder durch den Umgang mit unterschiedlichen Bällen. Es kann auf Schnelligkeit oder Genauigkeit gespielt werden, zu zweit können Entfernungen oder Wurfarten vereinbart werden. Für das Zielwerfen oder Zielrollen können beispielsweise vorhandene Tore, der Basketballkorb, aufgestellte Keulen, Hütchen auf dem Kasten, aufgehängte Reifen oder Matten dienen. Die Aufgaben können der Entwicklung mehrerer Fähigkeiten der Gesamtkörperkoordination dienen. Welche Fähigkeit jeweils besonders angesprochen ist, hängt auch davon ab, wie der Übungsleiter eine Aufgabe hervorhebt.

»So wird bei der Aufgabe ›Ballprellen im eingegrenzten Spielfeld‹ hauptsächlich

- die Orientierungsfähigkeit verbessert, wenn es darauf ankommt, die Spielfeldmarkierungen nicht zu verlassen,
- die Reaktionsfähigkeit verbessert, wenn es darauf ankommt, nur auf Kommando zu prellen,
- die Differenzierungsfähigkeit verbessert, wenn es auf die Qualität des Prellens ankommt,
- die Rhythmusfähigkeit verbessert, wenn es darauf ankommt, im vorgegebenen Rhythmus zu prellen, und
- die Gleichgewichtsfähigkeit verbessert, wenn es darauf ankommt, sich beispielsweise nur auf vorhandenen Spielfeldlinien zu bewegen.« (Kosel, 1994, S. 10)

Feinmotorische Übungen oder Spiele, z. B. der Auge-Hand-Koordination, beinhalten kleinräumige, behutsame Bewegungen, die meist vorsichtig, langsam, mit wenig Kraftaufwand ausgeführt werden müssen. Sie beabsichtigen eine Förderung der Feinsteuerung und in der Folge davon auch eine verbesserte Konzentrationsfähigkeit und Selbstkontrolle. Viele Tisch- und Gesellschaftsspiele können in diesem Zusammenhang genannt werden, die in etlichen Variationen ausgeführt werden können:

- Klötze oder Karten behutsam aufeinanderbauen, z. B. Stapelmännchen, Turmbau zu Babel, Jenga
- Stäbe vorsichtig wegnehmen, z. B. beim Mikadospiel
- Gegenstände zielgenau handhaben, z. B. beim Murmelspielen oder Aufeinanderreihen von Holzperlen

- Objekte, z. B. aus Knete, formen oder Flugzeuge aus Papier falten
- Dinge mit der Schere ausschneiden
- Figuren (nach-)zeichnen oder frei malen
- Puste-Spiele, z. B. mithilfe eines Strohhalms einen Tischtennisball durch ein Ziel rollen lassen

Gleichgewicht

Wichtige Entscheidungs- und Variationshilfen für Gleichgewichtsangebote sind:

- der Untergrund: breit – schmal, stabil – labil, flach – gewölbt usw.
- die Körperlage: stehen, sitzen, knien, liegen
- die Bewegungsrichtung: vorwärts – rückwärts
- die Bewegungshöhe: auf dem Boden, auf niedrigen/hohen Geräten
- die Bewegungsform: krabbeln, gehen, laufen
- die Sozialform: allein, zu zweit, in der Gruppe
- das Objektmaterial: Auswahl der Sport-/Spielgeräte

Als spezielle Variation können Bewegungsmöglichkeiten gezielt und bewusst eingeschränkt werden, um dadurch die Bewegungserfahrungen zu intensivieren. Um beispielsweise die Fortbewegung im Raum zu verändern, binden sich die Teilnehmer ein Gummiband oder Tesakreppstreifen um die Füße; oder sie heften sich an einen Partner z. B. mit Wäscheklammern fest und bewegen sich gemeinsam fort. Eine deutliche Einschränkung ist es, den Sehsinn ganz auszuschalten, wenn beispielsweise ein Spieler seinen Partner, der die Augen geschlossen hat, durch den Raum führt. Mögliche Variationsformen sind:

- Kontakt der beiden Mitspieler über Schulterfassung
- die Handflächen oder nur die Fingerspitzen werden aneinander gelegt
- die Partner haben ein Tuch oder einen Stab in der Hand
- ein Holzstäbchen wird von beiden Mitspielern nur zwischen den Zeigefingern gehalten, ohne es zu umfassen
- Führen mit Hilfe eines Gymnastikreifens
- der »Blinde« läuft frei im Raum umher, der Sehende berührt nur bei notwendigem oder gewünschtem Richtungswechsel die rechte oder linke Schulter.

6.3.3 Übungs- und Spielanregungen: Heulrohr, Rollbrett

Heulrohr (Schleuderrohr)

Das Schleuderrohr bzw. Heulrohr ist ein Übungsgerät, das von seinen Verwendungsmöglichkeiten und Eigenschaften vermutlich nicht so bekannt ist. Der Umgang damit führt zu verschiedenen Erkenntnissen über dieses Gerät. Man erfährt, dass es sich um ein ca. 1 m langes Plastikrohr mit einem Durchmesser von ca. 3 cm handelt. Beide Enden sind offen. Wenn es geschwungen wird, wird ein Ton erzeugt.

Die Geschwindigkeit des Schwingens verändert den Ton. Man kann Gegenstände in das Rohr stecken, das Rohr verknoten oder mehrere miteinander verbinden. Damit werden vielfältige Spielerfahrungen ermöglicht.

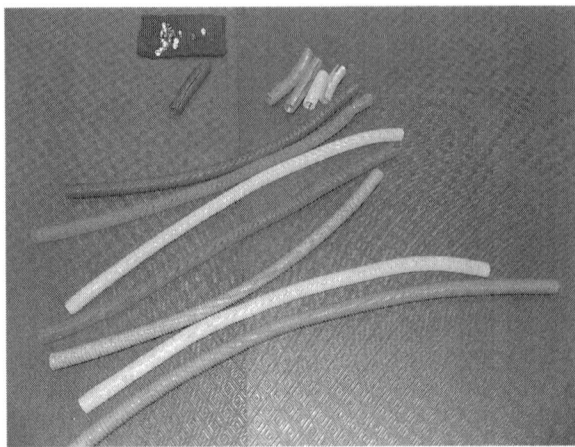

Abb. 6.7: Das Schleuder- bzw. Heulrohr bietet variationsreiche Übungsmöglichkeiten

Einzelübungen:

- Die Teilnehmer schwingen das Heulrohr auf unterschiedliche Art: langsam, schnell, aus dem Handgelenk, aus der Schulter, über den Kopf, abwechselnd mit der rechten und linken Hand. Die Teilnehmer halten das Heulrohr wie einen Gymnastikstab und steigen hindurch, ohne die Hände loszulassen. Dabei bewegen sie sich durch den Raum.
- Jeder Spieler hält das eine Ende des Rohres an seinen Mund, das andere Ende an das Ohr seines Mitspielers und erzählt etwas – leise reden, denn das Rohr hat Verstärkereffekt. Variation: Als »Stille Post« in der Kleingruppe im Sitzkreis.
- Die Spieler verknoten das Rohr und versuchen, eine Kugel mit den Augen zu verfolgen, die den Knoten durchlaufen soll.

Partnerübungen:

- Die Teilnehmer halten zu zweit einen Plastikschlauch in Kniehöhe und gehen durch die Halle – die Entgegenkommenden überwinden jeweils diese »Hindernisse«.
- Ein Spieler mit geschlossenen Augen wird von seinem Partner mit Hilfe des Schleuderrohres durch den Raum geführt.
- Mithilfe des Rohres können die Teilnehmer zu zweit (jeder hält ein Ende) den Rücken des Partners massieren, indem sie es hin- und herbewegen.
- Weitere Spiel- und Übungsvariationen ergeben sich, wenn der Schlauch mithilfe eines Verbindungsstückes zu einem Ring geschlossen wird (Verbindungsstücke:

dazu ca. 15 cm lange Stücke von dem Rohr abschneiden und längs einschneiden): Mit dem »Ring« werfen und fangen. Variationen: einzeln, zu zweit oder in der Gruppe; zielwerfen auf Stäbe oder andere Gegenstände; der Ring kann mit Murmeln gefüllt werden.

Gruppenspiele:

- Alle stellen sich im Kreis auf und halten jeweils ein Heulrohr mit dem rechten und linken Nachbarn. Die Teilnehmer »verknoten« sich, indem sie über Heulrohre drübersteigen, darunter kriechen oder sich drehen. Ein Gruppenmitglied, das diese Bewegungsabläufe nicht gesehen hat, versucht, die Gruppe wieder zu »entknoten«. Bei großen Gruppen Teilgruppen bilden.
- Aus allen Rohren wird mit den Verbindungsstücken eine lange Bahn gebildet.
- Im Kreis halten alle gemeinsam diese Bahn und lassen eine oder mehrere Kugeln durch diese Bahn rollen. Diese Übung kann dann auch mit geschlossenen Augen probiert werden.
- Die Gesamtgruppe erhält die Aufgabe, eine Kugelbahn so zu bauen, dass die Kugel ohne Unterbrechung die Bahn herunterrollt.

Rollbrett

Sicherheitshinweise: Nicht auf das Rollbrett stellen! Nicht gegeneinander fahren! Nicht die Hände an die Räder bringen! Lange Haare hochbinden! Immer gut schauen! Bremsen lernen!

Die Teilnehmer probieren aus, wie sie sich auf dem Rollbrett fortbewegen können. Es bieten sich viele Variationen an: z. B. sitzen, Bauchlage, Kniestand, vorwärts, rückwärts, drehen usw.; mit Füßen oder Händen abstoßen. Durch diese Übungsformen können sich vielfältige Spielanlässe entwickeln und Spielideen umgesetzt werden.

- Einige fahren mit dem Rollbrett, die anderen verteilen sich in der Halle, grätschen die Beine; durch diesen »Tunnel« fahren die anderen mit den Rollbrettern. Variation: »Wir bauen einen Tunnel«; dazu werden zwei Bänke im Abstand von ca. ein bis zwei Meter nebeneinander gestellt und Matten oder eine Weichbodenmatte darübergelegt. Über diesen Tunnel kann auch noch ein großes Schwungtuch gelegt werden.
- Wir schieben oder ziehen den Partner auf dem Rollbrett mit Schulter- oder Handfassung in verschiedenen Positionen (sitzen, liegen, knien). Variation: mit Hilfsmitteln (Stab oder Reifen) ziehen.
- Der Spieler auf dem Rollbrett wird vom Partner langsam durch den Raum geschoben, er hat dabei die Augen geschlossen und soll den gefahrenen Weg in Gedanken nachverfolgen; nach einer festgelegten Zeit soll er sagen, wo er sich befindet.
- Viele Rollbretter werden unter die Weichbodenmatte gelegt; die Mitspieler sitzen an den Längsseiten der Matte und bewegen diese leicht hin und her; ab-

wechselnd können einzelne Teilnehmer über diese Wackelmatte gehen oder auch krabbeln – erst mit geöffneten Augen oder auch mit geschlossenen Augen. Variationen:
  – Ein Spieler stellt sich in die Mitte der Matte, die von den anderen erst langsam, dann immer heftiger hin- und herbewegt wird, der Spieler auf der Matte versucht, möglichst lange das Gleichgewicht zu halten.
  – Eine oder mehrere Person(en) liegen auf dieser »rollenden Weichbodenmatte« und werden von den anderen ganz langsam durch den Raum gerollt. Ruhige Musik kann die Entspannung unterstützen.
- Es wird ein Hindernis- oder Slalom-Parcours aufgebaut, und die Teilnehmer fahren mit den Rollbrettern hindurch.
- Mit dem Rollbrett soll versucht werden, einen Kegel umzurollen oder genau in eine bestimmte Zone, z. B. den Mittelkreis zu treffen.
- Zwei Mannschaften, deren Spieler sich auf Rollbrettern fortbewegen, versuchen, einen Medizinball in das gegnerische Tor (umgedrehte Bank oder Kastenteil) zu rollen.
- Die Teilnehmer fahren mit dem Rollbrett durch eine von zwei Mitspielern gehaltene Zeitung oder werden dort hindurchgeschoben. Variation: gegen aufeinandergestapelte Kartons oder Schaumstoff-Bausteine fahren.

Abb. 6.8: Mit den Rollbrettern können auch viele andere Geräte kombiniert werden, z. B. Kästen, Bänke oder Matten

Es kann ein Rollbrett-Führerschein entwickelt werden, der von den Kindern oder Jugendlichen absolviert werden kann. Dazu werden entwicklungsgemäße Übungen ausgewählt, und ein entsprechendes Dokument wird nach Abschluss der Übungen ausgehändigt.

6.4 Ressourcenorientierung und Ermöglichung von Selbstwirksamkeitserfahrungen

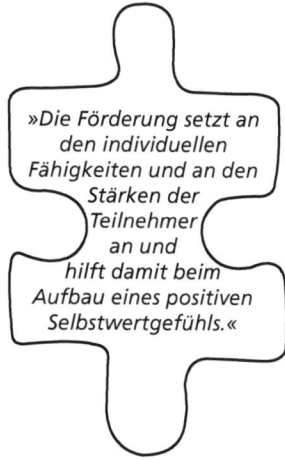

»Die Förderung setzt an den individuellen Fähigkeiten und an den Stärken der Teilnehmer an und hilft damit beim Aufbau eines positiven Selbstwertgefühls.«

Traue ich mich, die Bank hochzuklettern und vom Kasten herunterzuspringen – oder bleibe ich lieber unten? Versuche ich selbst, den Ball in das Ziel zu werfen, oder gebe ich den Ball lieber an den Mitspieler ab? Probiere ich über den Balken zu balancieren, oder gehe ich daran vorbei?

Halte ich mich für stark und geschickt oder für schwach und ungeschickt? Habe ich Vertrauen in meine Fähigkeiten? Gebe ich bei Schwierigkeiten schnell auf, oder fühle ich mich herausgefordert?

Die Antworten darauf sind abhängig von dem Bild, das die Person von sich selbst hat. In diesem Selbstbild spiegeln sich die Erfahrungen wider, welche die Person in der Auseinandersetzung mit ihrer sozialen und materialen Umwelt gewonnen hat, aber auch die Erwartungen, die von der Umwelt an die Person herangetragen worden sind.

Körper- und Bewegungserfahrungen spielen beim Aufbau des Selbstwertgefühls eine bedeutsame Rolle. Die Wirkung bei häufigen Erfolgserlebnissen mit aufbauenden Rückmeldungen im Umfeld ist sicherlich positiv. Aber auch gegenteilige Effekte können festgestellt werden. Kinder mit Beeinträchtigungen erhalten eben oft Rückmeldungen über ihr »Unvermögen« auf der persönlich-körperlichen Ebene durch Misserfolge und Niederlagen. Und auf der sozialen Ebene kommen abwertende Äußerungen und Verhaltensweisen anderer Kinder und Erwachsener hinzu. Diese Umstände führen dazu, dass sich ein negatives Selbstkonzept aufbaut und festigt. Die Kinder verlieren immer mehr an Selbstvertrauen, beziehen positive Erlebnisse nicht auf ihre Fähigkeiten, sondern auf die Umstände der vorliegenden Situation, wohingegen negative Erlebnisse auf sich selbst bezogen werden. Die einen reagieren mit Resignation und Rückzug, andere verstecken die eigenen

Minderwertigkeitsgefühle, indem sie durch aggressive Verhaltensweisen die vermeintlich fehlenden Fähigkeiten überdecken.

Mit dem Konzept der Psychomotorik sind günstige Chancen und Gelegenheiten verbunden, zu dem Aufbau eines realistischen, von der Grundtendenz positiven Selbstwertgefühls beizutragen. Das Medium Bewegung eignet sich hierfür besonders, weil ...

- ... Bewegung den Zugang zum Kind erleichtert.
- ... Spielmaterialien, Geräte und Bewegungssituationen das Kind zur Eigenaktivität auffordern, auch ohne die Lenkung des Pädagogen.
- ... durch Bewegungsaktivität die Kinder erleben, dass sie selber etwas bewirken und eigene Handlungsimpulse zu einer unmittelbaren Veränderung seitens der Umwelt führen.
- ... Erfolg und Misserfolg unmittelbar als selbst verursacht erlebt wird.

(vgl. Volkamer/Zimmer, 1986, S. 51)

6.4.1 Resilienz und Gesundheitsressourcen (Salutogenese)

Die Bezeichnung Ressourcen wird verwendet für alle physischen, psychischen sowie sozialen Faktoren (interne und externe Ressourcen), die in irgendeiner Weise dem jeweiligen Individuum für die Überwindung von Schwierigkeiten und Anforderungen zur Verfügung stehen. Damit erfüllen Ressourcen eine wichtige Hilfs-, Unterstützungs- und Entlastungsfunktion (vgl. Greving/Ondracek, 2009, S. 138).

Gesundheit

Wenn von der Bedeutung der Bewegung oder des Sports die Rede ist, wird häufig die Gesundheit angeführt. Als Motivation für Kinder spielt dieser Grund aber eine eher untergeordnete Rolle. Kinder bewegen sich nicht, weil es der Gesundheit dient, sondern weil sie dabei Spaß haben oder Erfolge erleben können.

Wichtig in diesem Zusammenhang sind die Fragestellungen, wie Bewegungsangebote zu gestalten sind, damit die positiven Auswirkungen zur Geltung kommen können und Ressourcen gestärkt werden können, oder wie diejenigen Kinder zu Bewegung zu motivieren sind, bei denen Beeinträchtigungen oder schwierige Bedingungen die Bewegungslust zerstört haben. Gesundheit kann dabei einerseits als individuelle Angelegenheit betrachtet werden, die den einzelnen Menschen betrifft. Es werden wünschenswerte Verhaltensweisen herausgestellt, die dem Einzelnen Gesundheit bringen bzw. diese wiederherstellen sollen. Andererseits kann die gesellschaftliche Bedingtheit von Gesundheit betont werden. Gesundheit und Krankheit werden als gesellschaftliches Phänomen betrachtet. Auf dieser Grundlage werden gesellschaftliche Bedingungen formuliert, die das Gesundbleiben fördern, oder solche, die krank machen.

In der Psychomotorik hat der Begriff »Gesundheit« in der bisherigen Fachdiskussion relativ wenig Beachtung gefunden. Jürgen Seewald (2003, S. 134) sieht dies als »Ergebnis der Theorie- und Problemgeschichte der Motologie, die traditionell stärker den

Störungs- und Krankheitspol im Blick hatte«. So beschäftigte sich die Psychomotorik zunächst hauptsächlich mit Störungen, Beeinträchtigungen, Fehlentwicklungen und deren Bedingungen und Zusammenhängen. Das Hauptaugenmerk wurde häufig auf krankmachende Faktoren gerichtet. In den aktuelleren Diskussionen werden nun verstärkt die Akzente in Richtung gesundheitserhaltende Faktoren verschoben.

Salutogenese

Die Frage zu stellen, wie Gesundheit entsteht, anstatt allein nach den Ursachen von Erkrankungen zu fragen, findet zunehmend Eingang in das (heil-)pädagogische Denken. Begründer dieser Denkrichtung ist Aaron Antonovsky (1923–1994) mit seinem Ansatz der Salutogenese.

Antonovsky hat die Fragestellung konsequent umgedreht: Er fragt nicht, was krank macht, welche Risikofaktoren unsere Gesundheit bedrohen, sondern was gesund hält, welche Schutzfaktoren dafür sorgen, dass wir trotz großer Belastungen gesund bleiben oder wieder gesund werden. Dabei gibt es nicht ein entweder Krank- oder Gesundsein, sondern jeder Mensch bewegt sich zwischen diesen beiden Polen, hat sowohl kranke als auch gesunde Anteile. Ein Mensch fühlt sich umso gesünder, je besser es ihm gelingt, die ständig auf ihn einwirkenden Stressoren auszubalancieren. Und es sind Schutzfaktoren, welche dazu beitragen, dass Menschen trotz bestehender gravierender Belastungen ihre körperliche und psychische Gesundheit erhalten. Die salutogenetische Sichtweise geht auch davon aus, dass Belastungen nicht immer schädigend sind.

Während unter Stressoren unendlich viele Belastungen erfasst werden können, sieht Antonovsky als eine Hauptressource den Kohärenzsinn. Dieser stellt die Grundeinstellung einer Person zum Leben dar und besteht nach Antonovsky (vgl. 1997, S. 34 ff.) aus drei Teilkomponenten:

- *Verstehbarkeit:* Zum einen ist wichtig, dass man das, was im Leben geschieht, versteht und Zusammenhänge im Leben erkennen kann, dass die Anforderungen aus der Umwelt strukturiert, vorhersehbar und interpretierbar sind (Gefühl der Verstehbarkeit).
- *Handhabbarkeit:* Der einzelne Mensch sollte weiterhin auch über notwendige Strategien und Fertigkeiten verfügen, um das eigene Leben selbstbestimmt gestalten zu können (Gefühl der Handhabbarkeit). Dieses Gefühl beinhaltet auch die Überzeugung, dass die eigenen Fähigkeiten ausreichen, die Anforderungen zu bewältigen.
- *Sinnhaftigkeit:* Die dritte Komponente des Kohärenzsinnes ist das Gefühl der Sinnhaftigkeit bzw. Bedeutsamkeit. Die Lebensbereiche und Anforderungen müssen für die Person sinnvoll sein. Dieses Gefühl beinhaltet die Motivation, die Anforderungen als Herausforderung zu sehen, Energien und Engagement zu investieren.

Vom Kohärenzsinn hängt es ab, wie eine Person die vorhandenen Ressourcen zum Erhalt der Gesundheit und des Wohlbefindens nutzt. Er bestimmt auch die subjektive Wahrnehmung und Bewertung der Belastungen bzw. der Stressfaktoren.

Der Kohärenzsinn, die persönlichen Erfahrungen und deren Bewältigung sowie die Ressourcen verändern sich kontinuierlich und wechselseitig. Auf diese Weise verändert der Mensch seinen Standort zwischen Gesundheit und Krankheit zu jedem Zeitpunkt des Lebens. Menschen mit hohem Kohärenzsinn reagieren auf fordernde Situationen seltener mit Spannung und ordnen sie nicht als Belastung ein, schätzen Stressoren nicht als gefährdend, sondern eher als positiv für das eigene Wohlbefinden ein, und sie nehmen Problemsituationen klarer und differenzierter wahr. Sie besitzen eine optimistisch orientierte Betrachtungsweise der Umwelt und wählen jeweils jene Bewältigungsstrategie, die ihnen für den Umgang mit Stressoren am geeignetsten erscheint.

> »Das Konzept der Salutogenese hebt also die Gegensätzlichkeit von Gesundheit und Krankheit (entweder/oder) zu Gunsten eines Kontinuums (sowohl als auch) auf. So haben z. B. schwer oder chronisch kranke Personen immer auch gesunde Züge, deren Förderung ihnen helfen kann, die Krankheit besser zu bewältigen. Folglich sucht man beim salutogenetischen Denkansatz nach Ressourcen, die den Menschen befähigen, mit belastenden Umständen so gut fertig zu werden, dass er im Kontinuum von Krankheit und Gesundheit dem gesunden Pol nahe bleibt.« (Greving/Ondracek, 2009, S. 168)

Somit kann das Konzept der Salutogenese als relevant für heilpädagogisches Handeln betrachtet werden. Es hilft dem heilpädagogisch Tätigen nicht nur bei der Orientierung und Einordnung der Inhalte von medizinischen Befunden und Empfehlungen. Auch die eigene heilpädagogische Denk- und Handlungsweise sowie die Strategie der Einflussnahme müssen salutogenetisch ausgerichtet sein. Das ist gerade bei schweren Schädigungen oder Behinderungen von wesentlicher Bedeutung. Es geht darum, herauszufinden, welche Ressourcen genutzt werden können und welche Bedingungen vorhanden sein müssen, damit der betroffene Mensch sich trotz seiner Beeinträchtigung wohler bzw. gesünder fühlt?

In diesem Klärungsprozess und in der Schaffung entsprechender Bedingungen kann die Psychomotorik einen nicht unerheblichen Beitrag leisten, und so gibt es in der Fachdiskussion der Psychomotorik zahlreiche Bemühungen, diesen Ansatz zu integrieren. Jürgen Seewald sieht in diesem Konzept zahlreiche Verbindungen zu Themen der Psychomotorik, etwa im Zusammenhang mit dem Selbstkonzept (Bedeutung der Selbstwirksamkeit) oder mit der Handlungskompetenz (Verfügen über genügend Wahrnehmungs- und Bewegungsmuster). Als Nachteil sieht er, dass das zentral gedachte Kohärenzgefühl in keinem Zusammenhang mit erlebter Leiblichkeit steht: »Der Körper taucht als erlebter, erlebbarer und dialogischer bei Antonovsky überhaupt nicht auf« (Seewald, 2003, S. 138).

Ruth Haas (vgl. 2003, S. 4) stellt die Auseinandersetzung mit Gesundheit als zentrales Entwicklungsthema im Erwachsenenalter heraus. Psychomotorik kann Belastungen vermindern helfen oder spezifische Widerstandsquellen zur Förderung des Wohlbefindens anbieten. Sie sieht darin auch Gelegenheiten, Erfahrungen von Handhabbarkeit und Selbstverwirklichung zu vermitteln sowie bedeutungsvolle und sinnhafte Erfahrungen im Spiel und Dialog zu ermöglichen.

Eisenburger (vgl. 2005, S. 20 f.) betont besonders die Bedeutung des Kohärenzkonzepts in der psychomotorischen Arbeit im Alter. Sie sieht den Beitrag der

Psychomotorik in der Stärkung der personalen Ressourcen und einer Vertiefung der generalisierten Widerstandsquellen. Mit größerer Selbstwirksamkeit und einem größeren Repertoire an Fähigkeiten und Reaktions- und Gestaltungsmöglichkeiten könnten die anstehenden Aufgaben besser angegangen und die Belastungen besser bearbeitet werden. In den psychomotorischen Angeboten könnten in geeigneter Weise Gefühle von Machbarkeit, Kontrollierbarkeit, Bewältigbarkeit und Sinnhaftigkeit erlebt werden. Dazu müssten die Menschen beschäftigt sein und tätig sein können – über Planung und Durchführung von Handlungsabläufen, über Bewegung und Körpererfahrungen, über den Umgang mit Materialien, über sinnliche Erfahrungen und über Begegnungen. So könne das Gefühl vermittelt werden, wertvoll und bedeutsam zu sein, etwas leisten zu können und zu etwas nützlich zu sein. Und zur Realisierung dieser Bedürfnisse können psychomotorische Angebote einen wichtigen Beitrag leisten. Aber so vielfältig wie die Bewegungs- und Handlungsmöglichkeiten der Menschen in der Turnhalle sind, so eingeschränkt sind sie für die älteren Menschen, die nur noch auf Stühlen oder im Rollstuhl sitzen.

»Und dennoch: wenn wir das verstanden haben und nicht mehr nach den großen, ins Auge fallenden Sensationen suchen, finden sich viele Anregungen, die die Menschen erreichen und sie – zeitweilig – aus ihrem Verstummen und ihrer In-sich-Gekehrtheit in die Welt holen – und damit zu einer salutogenen Quelle werden, aus denen sie schöpfen können.« (Eisenburger, 2005, S. 23 f.)

Resilienzforschung

In engem Zusammenhang mit der Gesundheitsdebatte werden die Ergebnisse der Resilienzforschung diskutiert. Dabei wird die Frage untersucht, wie Kinder es schaffen, unter schwierigen Umweltbedingungen nicht zu erkranken. Wer sich trotz widriger Umstände zu einem psychisch gesunden und aktiven Menschen entwickelt, gilt als resilient. Resilienz lässt sich mit »psychischer Widerstandsfähigkeit« übersetzen. Es geht um die Fähigkeiten und Kraft, auch großen Belastungen des Alltags zu widerstehen.

Resilienz ist also die Fähigkeit, belastende Lebensumstände ohne offensichtliche Schädigungen zu überstehen bzw. sich von der Belastung früherer Erfahrungen schnell zu erholen – also die Widerstandsfähigkeit gegen den Einfluss von Risikofaktoren. Sie liegt (vermutlich) in der frühen Kindheit noch nicht vor und bildet sich während der Entwicklung in der Auseinandersetzung mit der Umwelt heraus. Sie ist nicht zeitlich stabil, sondern kann sich im Entwicklungsverlauf auch ändern.

Auch Bewegungsangeboten wird ein bedeutender Beitrag dafür zugeschrieben, den Aufbau von Widerstandsressourcen (physische und psychosoziale Gesundheitsressourcen) zu unterstützen. Schutzfaktoren lassen sich innerhalb eines Dreiecksverhältnisses von personalen, sozialen und umfeldbezogenen Ressourcen beschreiben. Resilienzfaktoren liegen damit im Kind, innerhalb der Familie, der Gemeinde und in den Prozessen zwischen diesen Instanzen.

- Als *personale Ressourcen* können beispielsweise gelten: gute Impulskontrolle, Verkraften von Belohnungsaufschub, ausgeprägtes Neugierverhalten, Auf-

merksamkeit auch in unstrukturierten Situationen, positives Selbstwertgefühl, aktives Bewältigungsverhalten und stabile Selbstwirksamkeitsüberzeugungen.
- Als *soziale Ressourcen* können betrachtet werden: stabile emotionale Beziehung zu einer Bezugsperson, offenes, unterstützendes Erziehungsklima, familiärer Zusammenhalt, Modelle positiver Bewältigung.
- Als *umfeldbezogene Ressourcen* können etwa angesehen werden: soziale Unterstützung, positive Freundschaftsbeziehungen, positive Schulerfahrungen.

»Die Ermöglichung eines Resilienzprozesses sowie des Aufbaus eines positiven Kohärenzsinnes (Salutogenese) ist gebunden an Gestaltungsprozesse, die alle drei Ebenen von Widerstandsreserven ansteuern bzw. berücksichtigen. In diesen Prozess bringt die Psychomotorik erfolgreiche Angebote und Erfahrungen ein.« (Fischer, 2009, S. 256 f.)

So können durch die Psychomotorik Gesundheitsressourcen im physischen Bereich gestärkt werden, z. B. Leistungsfähigkeit des Herz-Kreislauf-Systems, Stärkung des Haltungs- und Bewegungsapparates, Kräftigung der Muskulatur, Stärkung des Immunsystems. Die Stärkung der Gesundheitsressourcen im psychosozialen Bereich umfassen z. B. den Aufbau eines positiven Selbstkonzepts, die Vermittlung von Selbstvertrauen auch bei schwierigen Aufgabenstellungen, den Umgang mit Erfolg und Misserfolg, soziale Unterstützung und das Gefühl des Angenommenseins in der Gruppe.

6.4.2 Entwicklung und Bedeutung des Selbstkonzepts

In ihrem »Handbuch der Psychomotorik« bezeichnet Renate Zimmer »Selbstkonzept« und »Identität« als Schlüsselbegriffe psychomotorischer Förderung (vgl. 2006, S. 51). Als Selbstkonzept wird die Gesamtheit der Annahmen bezeichnet, die ein Mensch von seiner Person hat, also wie eine Person sich selbst wahrnimmt, einschätzt und bewertet. Das Selbstkonzept einer Person zeigt sich in ihrer Fähigkeit, sich angemessen mit den Aufgaben und Herausforderungen ihres Lebens auseinanderzusetzen. Aus den Erfahrungen und Erkenntnissen aus der Interaktion mit der Umwelt konstruiert sich das Individuum sein Selbstkonzept. Dabei sind die Erfahrungen besonders relevant, die für die Person eine emotionale Bedeutsamkeit haben.

Zwischen Selbstkonzept und Handeln besteht eine wechselseitige Beziehung. Das Selbstkonzept hat Einfluss auf die Handlungen, und in Handlungssituationen erfährt die Person etwas über sich selbst. Körper- und Bewegungssituationen haben bei der Entstehung des Selbstkonzepts, besonders in jungen Jahren, eine wesentliche Bedeutung.

Das Selbstkonzept einer Person zeigt sich in ihrer Fähigkeit, sich angemessen mit den Anforderungen ihres Lebens auseinanderzusetzen. Jeder Mensch macht fortlaufend Erfahrungen mit sich und über die eigene Person. Aus den verarbeiteten Erfahrungen und Informationen über die eigene Person konstruiert sich das Individuum sein Selbstkonzept. Das Selbstkonzept ist ein sehr komplexes, dennoch aber durchaus geordnetes (hierarchisch strukturiertes) Gebilde; verschiedene Informationen sprechen den Menschen auf unterschiedlichen Ebenen an.

6.4 Ressourcenorientierung und Ermöglichung von Selbstwirksamkeitserfahrungen

Das Selbstkonzept besteht aus mehreren Teilbereichen, die jedoch nicht isoliert nebeneinanderstehen, sondern miteinander verknüpft sind. Das Selbstkonzept ist somit ein lebendiges System. Das Selbstkonzept ist grundsätzlich veränderbar, zeigt aber dennoch eine gewisse grundlegende Konstanz.

Körper- und Bewegungserfahrungen haben bei der Entstehung des Selbstkonzepts eine wesentliche Bedeutung. Um ein Bild von sich zu erhalten, greift das Kind dabei auf unterschiedliche Informationsquellen zurück (vgl. Zimmer, 2006, S. 61–75):

- *Informationen über die Sinnessysteme:* Das Kind lernt seinen Körper, seine Stimme, seine Körpergrenzen und seine Lage/Lageveränderungen im Raum kennen. Das Kind erfährt, erlebt, empfindet, es nimmt seinen Körper über die Sinne wahr, es sieht, hört, spürt, bewegt sich und wird bewegt, es wird passiv berührt oder ertastet aktiv im Spiel Gegenstände oder andere Personen.
- *Erfahrungen der Wirksamkeit der eigenen Handlungen:* Es entwickelt sich die subjektive Überzeugung, selbst etwas bewirken und verändern zu können (Selbstwirksamkeit), z. B. erlebt das Kind, dass es mit Gegenständen aktiv hantieren kann, dass Bälle durch sein Tun ins Rollen kommen. Es kann einen Turm bauen, etwas ausschneiden und aufkleben, es kann auf Geräte klettern oder darüber balancieren. Das Ergebnis wird mit der eigenen Anstrengung verbunden, die Erfahrungen geben Rückmeldung über die eigenen Fähigkeiten und das eigene Können. »Ich habe etwas geschafft, ich kann es« – dieses Gefühl stellt die Basis für das Selbstvertrauen bei Leistungsanforderungen dar. Die Selbstwirksamkeit ist daher ein wesentlicher Bestandteil des Selbstkonzepts. Wenn aber eine Person immer wieder die Erfahrung macht, dass sie keine Veränderungen bewirken kann, dass die Handlungen nicht die gewünschten Effekte erzielen, dass sie Situationen und Ereignisse nicht kontrollieren kann, entsteht ein Gefühl der Hilflosigkeit.

> »Gelernte Hilflosigkeit entsteht dann, wenn Personen auf nichtkontrollierbare Situationen oder Ereignisse treffen, wenn sie keine Möglichkeit haben, das Ereignis oder die Situation zu beeinflussen. Wiederholen sich diese Erfahrungen, dann besteht die Gefahr der Generalisierung, d. h., die Person wird auch tatsächlich kontrollierbare Ereignisse als gleichermaßen unkontrollierbar wahrnehmen. Sie baut eine generalisierte Erwartung der Nicht-Kontrollierbarkeit von Ereignissen durch eigenes Verhalten auf, sie lernt Hilflosigkeit.« (Zimmer, 2006, S. 68)

- *Sich vergleichen und sich messen mit anderen:* Das Kind sieht, ob es schneller oder langsamer ist, ob es in seiner Geschicklichkeit mit anderen mithalten kann. Die Bewertung der eigenen Handlungen und Leistungen wird also im Vergleich zu anderen vorgenommen.
- *Zuordnung von Eigenschaften durch andere:* Das Kind sieht sich in der Bewertung und Einschätzung durch Spielkameraden, Eltern oder Erzieher. Das Kind übernimmt fremde Wertmaßstäbe und richtet die eigene Bewertung danach aus (»sich selbst erfüllende Prophezeiung«).

Diese fremden Bewertungen (durch entsprechende Verhaltensweisen oder sprachliche Äußerungen) haben damit deutliche Auswirkungen auf den sozialen Status und die Position in der Gruppe. Die Auswirkungen des Selbstkonzepts können Konsequenzen in unterschiedlicher Ausprägung haben:

- für die Zufriedenheit mit sich und seinen Fähigkeiten
- für die Anstrengungsbereitschaft (wie schnell lasse ich mich entmutigen)
- für die Umgangsweise mit Problemen (Erwartungshaltung ist eher hoch oder eher gering)
- für die Auseinandersetzung mit neuen Situationen und Herausforderungen (ich entwickele eher hohe Energie bei neuen Aufgaben, oder ich erlebe neue Herausforderungen eher als bedrohlich)
- für die Erklärung des Erfolgs oder des Misserfolgs (Erfolge werden eher als Folge eigener Anstrengung bewertet oder eher dem Zufall zugeschrieben)

So sind bei einem eher positiven Selbstkonzept folgende Einstellungen und Verhaltensweisen zu beobachten:

- Die Erfolgserwartung ist eher hoch.
- Bei Misserfolgen ist die Person nicht so schnell zu entmutigen.
- Sie zeigt geringere Ängstlichkeit und größere Energie bei neuen Aufgaben.
- Erfolge werden als Resultat der eigenen Anstrengung und als Bestätigung der eigenen Leistungsfähigkeit bewertet.
- Misserfolge werden eher dem »Zufall« zugerechnet oder als »Pech« bezeichnet.

Bei einem eher negativen Selbstkonzept können wir beobachten:

- Die Erfolgserwartung ist eher geringer.
- Auf Kritik und Misserfolg reagieren diese Personen unangemessen empfindlich.
- Sie erleben neue Herausforderungen eher als bedrohlich, fühlen sich ihnen nicht gewachsen, geben leichter auf.
- Erfolge schreiben Personen mit eher negativem Selbstkonzept sich nicht selbst zu, sondern eher dem Glück oder Zufall.
- Misserfolge werden dagegen als Beweis für das eigene Unvermögen bewertet.

Diese Einstellungen führen oft auch zu unangemessenen Verallgemeinerungen, und die Betroffenen ziehen sich infolgedessen bei anderen Aktivitäten zurück.

Förderung eines positiven Selbstkonzepts

Ein sich früh ausbildendes negatives Selbstkonzept ist verhältnismäßig resistent gegenüber positiven Einflüssen und wirkt nicht nur auf die Erfolgserwartung, sondern auch auf Stimmungen und Gefühle negativ. Dennoch bietet eine psychomotorische Förderung unter Einbeziehung des Lebenskontextes die Chance, ein stabiles Selbstkonzept wirkungsvoll positiv zu beeinflussen. Wenn man davon

6.4 Ressourcenorientierung und Ermöglichung von Selbstwirksamkeitserfahrungen

ausgeht, dass das Selbstkonzept den meisten Menschen nicht oder nicht ausreichend bewusst ist, kann man trotzdem versuchen einige Schritte zu einer positiveren Erlebnisbasis zu schaffen. Emotional bedeutsame Ereignisse üben großen Einfluss auf die Konstruktion des Selbstkonzeptes aus, deshalb sollte man positive Erlebnisse schaffen, welche die Person wiederholt erleben kann. Und man kann versuchen, den negativen Erfahrungen durch positive Interpretationen der Vorgänge eine andere, bessere Deutung zu geben.

Vor allem sollte das Bedürfnis nach Selbstwirksamkeit und Kontrollüberzeugung verstärkt werden. Wie erläutert, gehören diese Erfahrungen zu den wichtigsten Grundlagen des Selbstkonzepts. Sie beinhalten die subjektive Überzeugung, selbst etwas bewirken und verändern zu können. Selbstwirksamkeitsüberzeugungen können für den Erfolg entscheidender sein als die objektiven Leistungsvoraussetzungen. Wer darauf vertraut, eine Aufgabe selbstständig bewältigen zu können, wird sich eher ein gewisses Schwierigkeitsniveau zutrauen. Selbstwirksamkeitsüberzeugungen haben daher auch einen stark motivierenden Effekt: Situationen, die kontrollierbar erscheinen, werden erneut aufgesucht. Ist dagegen die Erwartung eigener Handlungskompetenz nur gering ausgeprägt, ist mit Handlungsblockierung, negativen Selbsteinschätzungen oder Vermeidungsverhalten zu rechnen.

Die heilpädagogische Aufgabe besteht also darin, die Person darin zu unterstützen, dass sie sich selbstbewusst, leistungszuversichtlich und unabhängiger von der Bewertung durch die soziale Umwelt fühlt. Wie bereits erwähnt, treten Veränderungen des Selbstkonzepts nur dann ein, wenn der Erfolg einer Tätigkeit als selbst bewirkt erlebt wird und nicht als zufallsbedingt oder als von äußeren Einflüssen gesteuert wahrgenommen wird. Daher ist es wesentliche Vorbedingung, für die Entwicklung eines positiven Selbstwertgefühls Situationen bereitzustellen, in denen die Person selbst aktiv werden kann (Wirksamkeitserfahrungen).

In der psychomotorischen Förderung kann dies gut gelingen, da die Fachkräfte über großes diagnostisches Wissen verfügen, eine individuelle Perspektive in der Förderung einnehmen und ein großer Bestand an Bewegungsgelegenheiten vorhanden ist, der eigenständiges Lernen und Wirksamkeitserfahrungen ermöglicht. Die Psychomotorikerin hilft den Teilnehmern, eigene Vorzüge und Stärken zu erkennen, sie macht ihnen diese bewusst und gibt Rückmeldung darüber. Dadurch werden Könnenserfahrungen ermöglicht.

Der Übungsleiter bietet Gelegenheiten, durch eigene Handlungen Veränderungen vorzunehmen, z. B. die Gerätebahn zu verändern, die Höhe und Anordnung von Geräten zu variieren oder z. B. den Zwischenraum zwischen Matten selbst auszuwählen. So können Erlebnisse vermittelt werden, dass die Person selbst Verursacher ihrer Handlungen ist und dass eine erfolgreiche Übung auf die eigene Anstrengung zurückgeführt werden kann. Die Teilnehmer werden unabhängig von ihrer Leistung wertgeschätzt und akzeptiert. Vergleiche mit anderen werden zugunsten individueller Bezugsnormen möglichst vermieden.

Vorschnelle Hilfestellungen werden vermieden. Dadurch wird das Gefühl gestärkt, dass die Person eine Aufgabe selbst bewältigen kann. Denn voreilige Hilfeleistungen durch den Erwachsenen können dem Kind den Eindruck vermitteln, als traue er ihm nichts zu. Ein Kind, das man sofort an die Hand nimmt und über den Balancierbalken führt, hat keine Chance, die Erfahrung von selbstständiger

Bewältigung der Situation zu machen. Es lernt nicht, sich selbst zu helfen, sondern wird in seiner Einstellung (»Ich schaffe es nicht«) bestärkt. Hilfreicher wäre, mit dem Kind Balanciergelegenheiten aufzusuchen, die es allein bewältigen kann (Verringerung der Höhe oder breitere Balancierflächen), dabei allenfalls neben dem Kind herzugehen. Eine solche Aufgabe selbst gelöst zu haben, wirkt sich auch für die Einschätzung der eigenen Leistungsfähigkeit positiver aus.

Auch geht es darum, das soziale Umfeld für positive Bewertungen der Person zu sensibilisieren. Dietrich Eggert und Christina Reichenbach weisen in diesem Zusammenhang auf die systemische Sichtweise der Förderdiagnostik und der Psychomotorik hin. Dazu gehöre die schrittweise Einbeziehung von Eltern, Lehrern, Gleichaltrigen und anderen bedeutsamen Personen, soweit dies möglich ist (Vernetzung).

> »Selbstkonzepte positiver und negativer Art entstehen nämlich nicht im ›luftleeren‹ Raum, sondern in der ständigen emotionalen Auseinandersetzung zwischen Individuum und Umwelt im Lebenskontext.« (Eggert/Reichenbach, 2004, S. 11)

6.4.3 Übungs- und Spielanregungen: Schaumstoff-Bausteine

Schaumstoffbausteine gibt es im Fachhandel in den Maßen 5 × 20 × 40 cm oder 10 × 20 × 40 cm und in den Farben Rot, Grün, Gelb und Blau. Es können aber auch beliebige Reste von Schaumstoffmatten eingesetzt werden. Sie können z. B. als Wurfobjekt, Markierung, Hindernis, als Bau- oder Konstruktionsmaterial benutzt werden, aber auch als Hilfegerät bei Fangspielen dienen; der Fänger kann andere damit abschlagen oder Mitspieler mit dem »Zauberstab erlösen«.

Genaue Bewegungsabläufe sind mit diesem im Bewegungsunterricht eher unüblichen Material von vornherein nicht vorgegeben, vergleichende Bewertungen können deshalb erstmal nicht stattfinden. Auch frühere negative Erfahrungen werden mit dem Material in der Regel nicht verbunden, wie das etwa oft bei einem Gymnastikball der Fall sein kann (»ich bin immer sofort abgetroffen worden«; »oft habe ich mir weh getan«, »oft haben mich andere ausgelacht«).

Somit sind günstige Bedingungen zu Selbstwirksamkeitserfahrungen gegeben. Sie können sich beispielsweise entwickeln beim Tragen und Balancieren, wenn die Teilnehmer den Schaumstoffbaustein als Tablett benutzen, damit vorwärts und rückwärts laufen und auszuwählende Gegenstände transportieren. Die Teilnehmer können das Schaumstoffteil auf verschiedenen Körperteilen tragen, sie können es zwischen den Knien einklemmen und damit versuchen zu laufen. Teilnehmer erleben dabei, dass sie selbst durch ihre Handlungen Auswirkungen verursachen, z. B. wenn sie selbst herausgefunden haben, wie sie mit dem Schaumstoffteil Dinge transportieren können oder wie es eben auch nicht gut gelingt. Sie können erfahren, wie aus eigenen Ideen Bauwerke erstellt werden können und ein möglichst hoher oder stabiler Turm entsteht.

Ein Schaumstoffteil liegt z. B. in der Mitte des Kreises; jeder legt der Reihe nach ein Schaumstoffteil beliebig an; wenn alle Teile »verbaut« sind, betrachten alle das »Bauwerk«; was könnte es darstellen?

Auch in Partnerübungen können die Teilnehmer erfahren, wie es gelingen kann, in verschiedenen Körperpositionen mit verschiedenen Körperteilen einen oder mehrere Bausteine zwischen sich zu halten und sich fortzubewegen. Es ergeben sich Selbstwirksamkeitserfahrungen, wenn Bausteine von Kästen abgeworfen oder mit Bällen umgeworfen werden. Die Teilnehmer können aktiv und nach eigenen Planungen etwa eine Brücke bauen und hindurchkriechen, einen Hindernisparcours aufbauen und ihn bewältigen oder mit dem Rollbrett umfahren, eine Mauer oder Treppe bauen und darüber springen.

Abb. 6.9: Mit Schaumstoff-Bausteinen kann ein »Bauwerk« nach eigenen Vorstellungen erstellt werden

6.5 Hoher Stellenwert der (Körper-)Wahrnehmung

»Erfahrungen zur (Körper-)Wahrnehmung bieten wichtige Impulse zur Unterstützung der Entwicklung und tragen zur Verbesserung der Bewegungsabläufe bei.«

> **Beispiel**
>
> Die Mutter meldet ihren fünfjährigen Sohn Tom für eine psychomotorische Übungsgruppe an, die am Wohnort für Kinder im Vorschulalter neu eingerichtet werden soll.
> Sie habe schon früher, als der Junge noch kleiner gewesen sei, oft ein ungutes Gefühl gehabt, erzählt die Mutter beim Erstgespräch, und habe auch von ihren Sorgen dem Kinderarzt bei den Vorsorgeuntersuchungen erzählt. Der habe sie vertröstet, das sei wohl nicht so schlimm und würde sich wohl ergeben. Tom sei eben in der Entwicklung etwas langsamer. Als Säugling habe er dann eine Spreizhose und für mehrere Male Krankengymnastik bekommen, das sei es auch gewesen. Die Probleme hätten sich aber nicht erledigt, erzählt die Mutter beunruhigt. Die Mutter trägt Beispiele von Verhaltensweisen ihres Kindes vor, die sie ungewöhnlich findet und worüber sie sich Sorgen machen würde:
>
> »Alle seine Bewegungen wirken sehr steif und ungelenk, er fällt beim Laufen häufiger hin oder stößt irgendwo an. Er schlägt mit seinen Händen vor seinem Körper schnell hin und her, das kann ich mir gar nicht erklären. Wenn andere Kinder auf die Schaukel gehen, schaut er lieber zu. Insgesamt ist er sehr ruhig und zurückhaltend, er nimmt von sich aus kaum Kontakt zu anderen Kindern auf. An Ballspielen und Fangspielen will er sich auch nicht beteiligen. Malen kann er gar nicht gut, das macht er auch nicht gerne.«
>
> Die Mutter ergänzt Beispiele aus der frühkindlichen Entwicklung: Tom habe wenig gespielt und Bewegungen vermieden, die andere Kinder sehr gerne machen würden, z. B. sich hochheben oder schaukeln lassen, auf Mauern oder Baumstämmen balancieren, von Stühlen herunterspringen oder einen Purzelbaum ausprobieren. Es habe lange gedauert, bis das Kind Treppensteigen gelernt habe, und es habe sich lange am Geländer festgehalten. Tom habe sich oft an Ecken oder Kanten gestoßen. Er habe oft Gegenstände zerbrochen oder fallengelassen.

6.5.1 Körpernahsinne (sensorische Integration) und mögliche Störungen

In anderen Zusammenhängen wurde bereits generell die Bedeutung der Wahrnehmungsfähigkeit für eine gut koordinierte Bewegung angesprochen. Es muss ständig eine Vielzahl verschiedenartiger Informationen aufgenommen, weitergeleitet, ausgewertet, mit früheren Erfahrungen verglichen, sinnvoll geordnet und gespeichert werden. Und in der Folge finden dazu fortlaufend bestimmte Handlungen und mehr oder weniger angepasste Reaktionen statt, die immer wieder neu beurteilt werden. Eine genaue Verarbeitung der Wahrnehmungsinformationen ist also ein wichtiger Baustein für eine gelungene Bewegungshandlung.

Dabei wird die Motorik neural, d. h. über Nerven auf elektrischem Weg gesteuert. Einerseits empfängt das Nervensystem über zuleitende Nerven Erregungen, die als Sinnesreize aufgenommen werden (afferente Neuronen). Reize und Informationen werden durch Rezeptoren aufgenommen, diese können durch Sinnesorgane (z. B. Auge, Ohr) aus der Umwelt (sog. Exterorezeptoren) oder aus dem Körper selbst (z. B. Muskel- und Lagesinn) aufgenommen werden (sog. Propriozeptoren). Der Impuls zur motorischen Reaktion oder Handlung wird dann über efferente Bahnen zum Erfolgsorgan, den Muskeln geleitet.

Werden nervliche Übertragungswege häufiger genutzt, dann geschieht die Impulsleitung leichter: Der Weg ist gebahnt. Eine solche Bahnung liegt vielen eingeübten oder automatisierten motorischen Handlungen zugrunde, z. B. das Schalten beim Autofahren oder komplexe Leistungen wie die Gleichgewichts- und Bewegungskoordination beim Radfahren.

Neben gebahnter Weiterleitung ist auch die Hemmung ein wichtiges Prinzip neuraler Prozesse; Hemmung ist notwendig, um überflüssige und überschießende Bewegungen zu unterdrücken und Bewegungen zweckmäßig zu kanalisieren (vgl. Leyendecker, 2005, S. 53).

Unsere Sinne geben uns also Informationen über den Zustand unseres Körpers und über die Umwelt um uns herum. Zahllose Informationen der sinnlichen Wahrnehmung erreichen in jedem Augenblick unser Gehirn. Dabei steht uns eine Vielzahl von Wahrnehmungssystemen zur Verfügung (vgl. Zimmer, 1995).

Tab. 6.2: Übersicht über die Wahrnehmungssysteme

Wahrnehmung	Sinnestätigkeit	Sinnesorgan	Beispiele gewonnener Informationen
visuell	sehen	Auge	Helligkeit, Farben, Materialeigenschaften
akustisch	hören	Ohr	Töne, Geräusche, Sprache
taktil	tasten, berühren	Haut, Hand, Mund	Größe, Form, Oberfläche, Temperatur
kinästhetisch	Bewegungsempfindung/Tiefensensibilität	Muskel, Sehnen, Gelenke	Stellung der Körperteile zueinander, Muskelspannung, Kraftdosierung, Gewicht von Objekten
vestibulär	Gleichgewichtsregulation	Vestibularapparat im Innenohr	Lage und Orientierung im Raum, Beschleunigung, Gleichgewichtsempfinden
olfaktorisch	riechen	Nase	Nahrungskontrolle, Hygiene
gustatorisch	schmecken	Zunge, Gaumen	Nahrungskontrolle

Das Gehirn muss all diese unterschiedlichen Empfindungen ordnen. Das Gehirn lokalisiert, sortiert und ordnet die Empfindungen zu einem sinnvollen Ganzen (sensorische Integration). Wenn Informationen in einer gut organisierten, d. h. gut integrierten Weise dem Gehirn zufließen, kann es diese Empfindungen nutzen, um daraus adäquate Verhaltensweisen zu entwickeln. So werden vielfältige Lernprozesse vollzogen. Wenn der Fluss der Empfindungen unorganisiert erfolgt, besteht die Gefahr, dass auch die Verhaltensweisen ungeordnet ablaufen.

> **Beispiel**
>
> Markus will einen Luftballon in der Luft halten. Seine Körperbewegungen und seine Haltung müssen darauf abgestimmt sein; entsprechende Informationen, frühere Erfahrungen müssen gespeichert und blitzschnell abrufbar sein. Die Größe und Richtung des Ballons müssen gesehen und erkannt werden. Die Stellung der Gelenke zueinander, die Spannungszustände der beteiligten Muskelgruppen müssen beurteilt, fortlaufend verändert und angepasst werden. Er muss ständig sein Gleichgewicht den jeweiligen Bewegungen anpassen und den Luftballon zielgenau treffen können. Die Kraftdosierung muss dem Flugverhalten des Ballons angepasst werden.
>
> Würde Markus demgegenüber einen Medizinball werfen und fangen wollen, müssten die Bewegungsabläufe ganz anders aussehen, damit sie gelingen könnten.

In jedem Augenblick strömt also eine Unmenge an Eindrücken und Wahrnehmungen aus dem Körper und über die Sinne zum Gehirn. An der Weiterverarbeitung ist auch das Gedächtnis beteiligt: Erkennen ist vor allem Wiedererkennen von Gleichem und Ähnlichem. Ferner werden mit Hilfe des Gedächtnisses unvollständige Eindrücke ergänzt. Auf dieser Grundlage muss die Person reagieren, Veränderungen vornehmen, Handlungen planen und durchführen. Insbesondere an hochkomplexen Abläufen sind somit viele Bereiche des Gehirns beteiligt.

Natürlich können nicht all die Eindrücke und Wahrnehmungen, Lernerfahrungen und Informationen im Gehirn gespeichert werden. Vielmehr wird ausgewählt: Das Gehirn unterscheidet Wichtiges von Unwichtigem, bildet Kategorien, Muster und Hierarchien, ordnet Ereignisse in sinnvollen Sequenzen und stellt Beziehungen zu anderen Daten her. Ferner werden Eindrücke und Informationen leichter behalten, wenn sie mit Emotionen verknüpft sind, wenn sie neuartig, ungewöhnlich und besonders interessant wirken und wenn ein Lebens- bzw. Alltagsbezug gegeben ist.

Die genannten Wahrnehmungs- und Verarbeitungsprozesse haben Auswirkungen auf die Art und Weise der Bewegungsplanung, auf die qualitative Ausführung von Bewegungshandlungen und beeinflussen die zielgerichtete Bewegungssteuerung. Liegt eine Funktionsstörung der sensorischen Integration vor, so ist ein Mangel an Geschicklichkeit oder Bewegungsplanung zu beobachten. Damit besitzt diese Thematik eine enorme Relevanz für die Psychomotorik.

Für die Bewegungssteuerung haben besonders die drei Körpernahsinne eine hervorgehobene Bedeutung. Deshalb sollen diese hier nochmals genauer betrachtet werden.

Das *taktile System (Berührungssinn)* nimmt über spezialisierte Rezeptoren in der Haut Schmerz-, Temperatur- und Druckreize wahr. Es ermöglicht auch die Differenzierung von Form und Beschaffenheit von Oberflächen. Für viele gezielte Bewegungsabläufe oder Alltagshandlungen sind wir auf solche Informationen angewiesen. Das ist z. B. beim Krabbeln bereits von Bedeutung, wenn die Handinnenflächen die Beschaffenheit des Bodens ertasten. Und bei vielen Spiel- und Übungsformen sind Berührungen und Körperkontakt erforderlich bzw. nicht zu vermeiden.

> **Beispiel zur Eigenerfahrung**
>
> Wie wichtig die genaue Erfassung der taktilen Wahrnehmungsinformationen ist, lässt sich an einem praktischen Beispiel gut nachvollziehen: Stellen Sie sich vor, Sie müssten eine Schürze umbinden und dabei den Knoten auf dem Rücken machen. Das wird Ihnen vermutlich noch recht gut gelingen. Wenn anschließend diese Übung mit Handschuhen ausgeführt werden sollte, würden sich große Schwierigkeiten einstellen.

Unter *kinästhetischer Wahrnehmung* wird die Lage- und Bewegungsempfindung, die nicht durch das Sehen vermittelt wird, verstanden. Über diesen Sinn erfahren wir etwas über den Spannungszustand (Tonus) unserer Muskeln und die Stellung unserer Gelenke. Er wirkt mit an der Planung und Steuerung von Bewegung, indem er den Muskeltonus reguliert und den Krafteinsatz dosiert. Die Bewegungsempfindung ist uns meist nicht bewusst, wir können automatisch auf sie zurückgreifen, da wir sie oft geübt haben und ein inneres Bild über den Ablauf alltäglicher Bewegungen in uns tragen.

So finden wir auch mit geschlossenen Augen den eigenen Mund, wenn wir etwas essen möchten, und beim Klatschen müssen wir nicht ständig visuell kontrollieren, dass eine Handfläche auf die andere trifft. Oder beim Laufen müssen wir nicht ständig unsere Füße kontrollieren. Auch mit verbundenen Augen können wir z. B. über eine Bank laufen, weil wir uns die Ausrichtung, Länge und Breite der Bank merken können und weil ständig Informationen der Muskeln und Gelenke beim Balancieren verarbeitet werden. Die meisten dieser Prozesse vollziehen sich automatisch, ohne dass wir lange nachdenken oder planen müssen. Dafür bliebe sowieso keine Zeit.

Der *Gleichgewichtssinn* dient der Wahrnehmung von Lageveränderungen im Verhältnis zur Schwerkraft der Erde, die ständig auf unseren Körper einwirkt. Zusammen mit der visuellen und der kinästhetischen Wahrnehmung können die Wahrung des Gleichgewichts und die Kontrolle von Bewegungen gelingen. Das zuständige Sinnesorgan ist das Vestibulum im Innenohr. Vom Hirnstamm werden unwillkürliche Gleichgewichtsreaktionen durch automatische Muskelkontraktionen gesteuert. Die Muskelspannung muss den jeweiligen Erfordernissen angepasst werden, und insbesondere beim Gehen über unebene, bewegliche Untergründe müssen ständig Ausgleichsbewegungen stattfinden (z. B. mit den

Armen oder mit dem Oberkörper). Mit dem Gleichgewichtssinn haben wir die Möglichkeit, den umliegenden Raum und unsere Stellung im Raum wahrnehmen zu können.

Wahrnehmungsstörungen – Störungsmerkmale der Körpernahsinne

Die meisten Menschen, die von Wahrnehmungsstörungen hören, denken zuerst an schlechtes Hör- oder Sehvermögen. Diese durch Defekte an den Wahrnehmungsorganen bedingten Probleme sollen uns an dieser Stelle nicht weiter interessieren. Hier sollen »sensorische Integrationsstörungen« beschrieben werden, die mit den Körpernahsinnen, und zwar der taktilen, vestibulären und kinästhetischen Wahrnehmung, zusammenhängen, da diese – wie dargestellt – für die Bewegungssteuerung von besonderer Relevanz sind. Als Einstieg in die Thematik kurz zurück zum Fallbeispiel:

Fallbeispiel

Tom ist in eine psychomotorische Fördergruppe aufgenommen. In den ersten Wochen steht die Beobachtung seiner Verhaltensweisen in unterschiedlichen Anforderungssituationen im Vordergrund. Während der Übungsstunden werden Verhalten und Bewegungsabläufe festgehalten.

In einer Übungsstunde ist ein Geräteparcours aufgebaut. Was gemacht werden soll, wird nicht vorgegeben. Die Kinder können selbst Aktivitäten entwickeln und sich Anforderungen aussuchen. Folgende Merkmale im Bewegungsverhalten von Tom werden registriert:

- Nach dem Herunterspringen vom kleinen Kasten auf eine Weichbodenmatte fällt der Junge oft nach vorne bzw. lässt sich nach vorne fallen. Dabei zeigt er eine verspätete Auffangbewegung. Beim Abstützen sieht es manchmal so aus, als sei er überbeweglich in den Gelenken.
- Einen kleinen Mattenberg versucht er immer wieder zu erklettern, indem er mit dem angespannten Körper dagegen springt. Manchmal gelingt es ihm, indem er einfach hochkrabbelt.
- Sein Gangbild wirkt oft schlaksig mit wenig Muskelspannung in den Armen. Beim Rennen zeigt er aber auch eine übersteigerte Anspannung in den Armen und in der gesamten Körpermuskulatur und der Gesichtsmimik.
- Auf der schrägliegenden Weichbodenmatte vermeidet er Rollen um die Körperquerachse (Purzelbaum). Rollbewegungen um die Körperlängsachse probiert er manchmal aus.
- Drehbewegungen auf dem »Varussell« (Drehscheibe) lehnt er ab. Erst als ein großes Brett aufgeschraubt wird, macht er vorsichtige und langsame Drehbewegungen, wobei ein Bein immer Kontakt zum Boden hält.
- Auch beim Fahren mit dem Rollbrett verhält er sich sehr vorsichtig, er zeigt sich recht unsicher. Er fährt sehr langsam und hält im Sitzen mit einem Bein

> immer Kontakt zum Boden. Beim Ziehen durch den Übungsleiter mit einem Stab lässt er sofort los, wenn es ihm zu schnell wird. Bauchlage auf dem Rollbrett vermeidet er. Das Abstoßen mit beiden Armen oder beiden Beinen fällt ihm schwer.

Die drei für die Bewegungssteuerung entscheidenden Körpernahsinne sollen hier hinsichtlich der Störungsmerkmale genauer betrachtet werden. Es können beispielsweise folgende Verhaltensbesonderheiten in diesen Wahrnehmungsbereichen beobachtet werden (vgl. Kesper/Hottinger, 1992; Ayres, 2002).

- Taktile Wahrnehmung
  - *Überempfindlichkeit:* unangenehmes Gefühl bis Schmerz bei leichter Berührung durch Gegenstände bzw. zärtlicher Berührung durch Personen.
  Folgende Verhaltensreaktionen können sich zeigen: Abwehr- bzw. Vermeidungsverhalten gegen taktile Kontaktaufnahme, besonders wenn die Berührung von hinten erfolgt; der Austausch von Zärtlichkeiten mit den Eltern wird vom Kind bezüglich der Art der tolerierten Berührungen und der Dauer bestimmt, daher Missverständnis bei Beziehung Bezugsperson und Kind möglich; Ablehnung von Kleidung oder bestimmten Materialien möglich (z. B. weich, fellig, feucht, klebrig; Fingerfarben); Vermeidung des unangenehmen Gefühls führt zu eingeschränktem Tast- und Bewegungsverhalten und damit zu Einschränkungen wichtiger weiterer Lern- und Körpererfahrungen; Kinder können z. B. die Hände länger gefaustet haben, kommen deshalb später zum Stützen.
  - *Unterempfindlichkeit:* Nur sehr intensive und deutliche Reize werden wahrgenommen.
  Folgende Verhaltensreaktionen können sich zeigen: Differenziertes Erkennen ist erschwert, Kind lässt z. B. Gegenstände fallen, weil es sie nicht genügend spürt; wenig Differenzierungsvermögen bei Berührungen; Schwierigkeiten, Berührungen zu lokalisieren; reduzierte Schmerzwahrnehmung, Gefahr von Verletzungen.
- Kinästhetische Wahrnehmung
  - *Unterempfindlichkeit:* Körperbewegung, -stellung und Muskelkraft werden nicht präzise wahrgenommen.
  Folgende Verhaltensreaktionen lassen sich beobachten: Der Drang, den Körper zu spüren, kann zu hyperaktivem Verhalten führen; Schwierigkeit dosierter Bewegungen (meist zu fest), Gegenstände zerbrechen häufiger; subjektiv als sanft beabsichtigte Berührung, z. B. Schulterklopfen, wird vom Freund als schmerzhaft empfunden; Störungen des Muskeltonus; ungeschickte Bewegungen, häufiges Anstoßen und Hinfallen; Schwierigkeiten der Feinmotorik und auch beim Sprechenlernen; geringe motorische Planung, Nachahmen von Bewegungen erschwert; nicht altersgemäß entwickeltes Körperschema; schmerz- und druckunempfindlicher.

- Vestibuläre Wahrnehmung
  - *Überempfindlichkeit:* Kopf- und Körperbewegungen werden verstärkt und als unangenehm wahrgenommen.
  Folgende Verhaltensreaktionen sind z. B. zu beobachten: Verunsicherung führt zur Vermeidung von Kopf- und Körperbewegungen; diese Kinder mögen nicht gern bewegt, geschaukelt werden, bewegen sich selbst auch nicht sehr viel; neigen zur Selbstunterforderung oder Vermeidung; Höhenangst, vermeiden Höhenunterschiede, bleiben lieber am Boden; langsam und vorsichtig bei ungewohnten Bewegungen; das Kind reagiert heftig, wenn es zufällig angestoßen wird; schneller Schwindel oder Übelkeit bei Karussell- oder Autofahren.
  - *Unterempfindlichkeit:* Gleichgewichtsreize werden zentral nicht in voller Stärke registriert und verarbeitet.
  Folgende Verhaltensweisen sind zu beobachten: Hyperaktivität durch Senkung der Reizschwelle, das Kind braucht ständige vestibuläre Stimulation; Fehlen entsprechender Tonus- und Gleichgewichtsreaktionen sowie Schutzreaktionen, häufiges Fallen, Anstoßen ohne Vermeidungsverhalten; diese Kinder sind ständig in Bewegung; Selbststimulation durch Bewegung; sie können ausgiebig schaukeln oder sich im Karussell drehen, ohne dass ihnen schlecht wird; Einbeinstand erschwert; schlechte Koordination der Körperseiten.

Aber, Achtung: Nicht jedes Ablehnen bestimmter Materialien oder bestimmter Bewegungsabläufe ist gleich als Wahrnehmungsstörung zu bezeichnen. Jeder von uns hat Vorlieben oder auch Abneigungen für bestimmte Sinneseindrücke, mag bestimmte Reizsituationen gern, andere Bedingungen dafür gar nicht. Erst wenn mehrere der oben genannten Verhaltensreaktionen zu beobachten sind und dadurch wichtige Lernerfahrungen erschwert oder behindert werden, ist dies als Hinweis auf eine Entwicklungsstörung zu betrachten. Insgesamt ist jede extreme Suche oder Vermeidung bestimmter Wahrnehmungsreize als Anhaltspunkt einer möglichen Entwicklungsstörung zu werten. Nochmals zurück zum Fallbeispiel:

Fallbeispiel

Die Übungs- und Bewegungsbeobachtungen und die Aussagen der Mutter weisen darauf hin, dass bei Tom mit hoher Wahrscheinlichkeit eine sensorische Integrationsstörung vorliegt. Die Verhaltensweisen bei dem Jungen deuten einerseits auf eine vestibuläre Überempfindlichkeit hin, d. h. Gleichgewichtsreize werden als unangenehm oder gar bedrohlich empfunden, und auf Gleichgewichtsanforderungen wird nicht angemessen reagiert. Andererseits deuten viele Beobachtungen und Aussagen auf eine kinästhetische Unterempfindlichkeit hin, denn die Informationen aus Muskeln, Sehnen und Gelenken werden nicht präzise verarbeitet und führen als Folge zu einer der Situation nicht angemessenen Reaktion. Körperbewegung und -stellung, Muskelkraft werden nicht präzise wahrgenommen. So ist häufiger eine unangepasste Tonusregulation und Kraftdosierung zu beobachten, zielgerichtete Bewegungsabläufe gelingen häufig nicht.

Die Problematik im Sozialverhalten (die ruhige, zurückhaltende Art des Jungen) kann hauptsächlich als Auswirkung der motorischen Probleme bewertet werden. Der Junge wird oft beim Spiel Gleichaltriger die Rückmeldung erhalten haben, dass er zu langsam, vorsichtig und ungeschickt ist. Sein Rückzug wird dann die Bewegungsschwierigkeiten noch verstärkt haben.

6.5.2 Möglichkeiten zur Förderung der Körperwahrnehmung

Förderung im vestibulären Bereich ergeben sich schwerpunktmäßig durch jene Bewegungsabläufe, die mit Lageveränderungen des Kopfes und des Körpers zu tun haben und so Gleichgewichtsregulation erfordern, also Balance-Übungen und Schaukel-, Schwing- oder Drehbewegungen.

Jegliche Raumlageveränderungen in den verschiedenen Körperpositionen (z. B. liegen, sitzen, stehen) und in der Fortbewegung (z. B. kriechen, laufen) und die zahlreichen Auf- und Abbewegungen gehören in diesen Bereich. Wichtig ist hier besonders, eine Überstimulierung zu vermeiden. Sanfte Schaukelbewegungen um die Körperlängsachse scheinen am gewohntesten und einfachsten für die Kinder zu sein. Sinnvolle Gelegenheiten ergeben sich durch das Aufhängen einer Hängematte.

Beispiele

Eine einfache Hängeschaukel (an einem Punkt an der Decke befestigt und an den vier Eckpunkten am Schaukelbrett) bietet die Möglichkeit, verschiedene Bewegungsrichtungen zu kombinieren. Die gepolsterte Schwebeschaukel kann das Kind im Liegen benutzen, wobei es seine Arme und Beine herunterhängen lässt. Es kann sich auch auf die Schaukel setzen, kann dabei an den Seilen ziehen und damit die Schwebeschaukel hin- und herbewegen, oder aber der Pädagoge setzt die Schaukel in Bewegung. Der Pädagoge kann sich gemeinsam mit dem Kind auf die Schaukel setzen und dabei die Schwebeschaukel bewegen. Er hält das Kind an den Hüften fest, damit es nicht herabfallen kann. Er muss sehr gut beobachten und genau erfühlen, wie gut das Kind sein Gleichgewicht halten kann. Wenn sich die Gleichgewichtsreaktionen verbessern, lockert er langsam den Griff an der Hüfte des Kindes und überlässt es ihm allmählich, sich selbst zu kontrollieren. Das Kind muss seine Unabhängigkeit schrittweise lernen, und dafür braucht es die richtige Unterstützung zur rechten Zeit.

Vielfältige Auf- und Abbewegungen lassen sich auch auf einem Trampolin erzeugen. Es sollte sich dabei in der Regel aber nur um kleine Bewegungsausschläge handeln, ein hohes Loslösen von der Unterlage sollte nicht angestrebt oder beabsichtigt werden. Gerade auf dem Trampolin muss darauf geachtet werden, dass es nicht zu erheblichen Muskeltonussteigerungen kommt (Übungsbeispiele zum Trampolin siehe in Kap. 6.5.3).

Eine Förderung der kinästhetischen Wahrnehmung ist hauptsächlich zu realisieren durch Bewegungs- und Wahrnehmungsübungen mit Druck und Zug auf Muskeln, Sehnen und Gelenken. Wesentlicher Aspekt ist hier die Ausdifferenzierung des Körperschemas und der Körperwahrnehmung.

Beispiele

Die Hautwahrnehmung spielt eine große Rolle, etwa durch eine Massage. Der Händedruck ist dabei sicher und fest, jedoch nicht pressend, in keinem Fall aber nur leicht streichelnd. Die Teilnehmer sollen tief und ruhig atmen, Schmuck ablegen, um Verletzungen zu vermeiden; bei auftretenden Schmerzen sollte sofort Rückmeldung gegeben werden. Um Gelächter und Ablenkungen entgegenzuwirken, sollten Körperstellen, die zum Lachen führen, ausgelassen werden. Als Hilfe, sich besser auf die Übung einlassen zu können, und zur Motivationssteigerung können kleine Geschichten erzählt werden, wie z. B.:

Wettermassage: Dabei dienen Elemente des Wetters als Anregungen; leichter Regen = leichtes Klopfen; starker Regen = stärkeres Klopfen; Donner = Klopfungen; Sonne = Streichungen u. Ä.

Kuchen backen: Teig kneten, ausrollen, mit verschiedenen Zutaten belegen.

Besuch im Zoo: Über Tiere erzählen und dabei mit den Händen entsprechende Bewegungen auf dem Rücken des Kindes ausführen.
(weitergehende Angaben vgl. auch Kapitel 6.7.3)

Ein Einstiegsritual (z. B. akustisches Signal mit einer Triangel) sollte den Beginn der Entspannung ankündigen. Eine aktive Rückholung, bei der die Kinder ihre Arme und Beine ausschütteln sollen, schließt die Übung ab.
  Es besteht die Möglichkeit, die somatische Wahrnehmung durch unterschiedliches Material weiter zu differenzieren, z. B. durch eine Auswahl deutlich unterscheidbarer Materialien. Der Druck und die Berührung an vielen Seiten des Körpers vermitteln das eigentliche Körpergefühl, das mit dem Ansprechen der Tiefensensibilität verbunden ist.
  Ein Teilnehmer liegt beispielsweise entspannt auf dem Boden, die Psychomotorikerin (oder auch ein anderes Mitglied der Gruppe) massiert dessen Körper mit einem Igelball. Über den wünschenswerten Druck muss man sich verständigen, allerdings nicht über Knochenkanten und Wirbelsäule rollen. Der

Ball als Gegenstand lässt Berührung noch zu, wo die Hand als Grenzüberschreitung empfunden würde.

Abb. 6.10: Igelbälle gibt es in verschiedenen Größen

Vibration kann dem Kind helfen, sein Knochensystem zu spüren und damit ein Gefühl für Länge und Ausdehnung des eigenen Körpers zu bekommen. Bewährt hat sich ein Massagekissen an den Füßen, das nicht allzu starke Vibrationen produziert und entlang der langen Knochen Vibration bietet, wobei sich die Schwingung gut wahrnehmbar von Gelenk zu Gelenk ausbreitet. Diese Vibrationskissen sind auch wie ein Heizkissen erwärmbar, was die Handhabung noch angenehmer macht.

Weiter ist der Einsatz von »Vibrationswürfeln« geeignet, die die Möglichkeit bieten, Schwingung von Musik unmittelbar auf den Körper zu übertragen. Eine weiterentwickelte Form mit zusätzlichen Möglichkeiten stellt das schwingende Wasserbett dar, das auf einer weichen, nachgiebigen Unterlage ebenfalls Schwingungen von Musik oder Stimme verstärkt übermittelt. Auch Musikinstrumente bieten Möglichkeiten, Schwingungen unmittelbar zu übertragen. Dabei geht es darum, das Objekt unmittelbar an das Kind zu bringen, sodass sich die Schwingung über die Knochenleitung direkt auf das Kind überträgt, z. B. große Tonblöcke, Trommeln.

Vielleicht kennen manche noch das Spiel aus eigener Kindheit bzw. von Erzählungen: »Mutter, Mutter, wir haben uns verknotet«. Heute ist das Spiel unter der Bezeichnung »Gordischer Knoten« bekannt: Die Gruppenmitglieder stellen sich dazu eng beieinander, und alle strecken die Arme in die Höhe; jeder greift zwei Hände anderer Mitspieler. Diesen »Knoten« versuchen alle gemeinsam zu entknoten, ohne dass man die Hände loslässt. Meistens kann aus dem »Wirrwarr« ein Kreis gebildet werden. Die Kinder brauchen ein gutes Körperschema, um die notwendigen Bewegungen zu planen und zu realisieren.

Das gegenseitige Berühren und das enge Zusammenstehen der Kinder ist mit Körpernähe verbunden und kann (positive, aber auch negative) Reaktionen auslösen. Kinder müssen sich untereinander verständigen und dazu die Begrifflichkeiten des Körpers und seiner Teile nennen können und verstehen. Variation: Einer wird zum »Knotenlöser« bestimmt, nach dessen Anweisungen sich die Gruppe bewegt. Ausgangsstellung ist ein Kreis, und der »Knoten« wird, ohne dass der »Knotenlöser« dies sieht, durch mehrmaliges Drüberhersteigen, Drunterherkriechen, Drehen gebildet. Um die Berührungsintensität der Handfassung zu verringern, können auch Tücher oder Heulrohre gehalten werden.

Schaufensterpuppe: Die Hälfte der Gruppenmitglieder wird als »Schaufensterpuppe« in eine bestimmte Körperstellung gebracht, die eine kurze Zeit lang aufrechterhalten werden soll. Durch den Rest der Gruppe findet eine kurze Besichtigung der »Schaufenster« statt. Dabei können die »Puppen« verändert werden, indem eine bestimmte Körperstelle (ein Gelenkpunkt, z. B. Ellbogen oder Knie) berührt wird und die »Puppe« den entsprechenden Körperteil in eine andere Position bringen kann.

Vormachen – Nachmachen: Die Teilnehmer stellen sich zu zweit gegenüber. Ein Mitspieler macht einen bestimmten Bewegungsablauf vor, z. B. Fenster putzen, morgens waschen. Der andere Mitspieler versucht, die Bewegung möglichst exakt nachzumachen.

Bei taktilen Wahrnehmungsübungen wird das Erkennen von unterschiedlichen Größen, Formen, Oberflächen, Konsistenzen von Materialien, Gegenständen oder Geräten gefordert und gefördert. Ohne optische Kontrolle ist auch hier die Intensität der Wahrnehmung erhöht. Aufgabenstellung kann auch sein, durch Berührungen der Oberfläche der Haut den Körper taktil zu erfahren. Die Grenze zu kinästhetischer Wahrnehmung, die mehr in die Tiefe der Muskulatur geht, ist dabei fließend; deshalb wird auch von manchen Autoren von taktil-kinästhetischer Wahrnehmung gesprochen.

Beispiele

Maschine abstellen: Ein Spieler stellt eine »defekte Maschine« dar, indem er eine immer wiederkehrende einfache Bewegung auf der Stelle, im Sitz oder in der Fortbewegung macht. Sein Mitspieler (bzw. der Heilpädagoge) versucht, diese Maschine auszustellen. Dazu versucht er, durch Körperberührungen den »Ein/Aus-Knopf« zu finden, den sich der Spieler an einer Körperstelle ausgedacht hat.

Rückenmalen: Die Teilnehmer sitzen paarweise hintereinander; der Hintermann malt seinem Partner eine bestimmte Figur mit dem Finger auf den Rücken; dieser muss die Figur erspüren und auf einem Blatt nachmalen. Zu Anfang ist das Festlegen der Figuren auf einfache geometrische Formen, Zahlen oder Buchstaben sinnvoll. Variationen: Figur mit dem Seil nachlegen; vier bis fünf Mitspieler sitzen hintereinander und geben jeweils das Erspürte an den Vordermann weiter.

6.5 Hoher Stellenwert der (Körper-)Wahrnehmung

Wie viele Hände? Ein Teilnehmer liegt oder sitzt auf dem Boden; mehrere andere Mitspieler legen eine wechselnde Anzahl Hände auf den Körper ab; die Anzahl der Hände soll genannt werden. Variationen: zuerst mit geöffneten, dann mit geschlossenen Augen; Hände können nacheinander oder gleichzeitig aufgelegt werden; nicht nur die Anzahl, sondern die Körperstellen, auf denen die Hände liegen, sollen benannt werden; die Intensität des Druckes kann verändert werden; die Hände können auf dem Körper liegenbleiben oder nach Berührung sofort weggenommen werden; die Hände können unterschiedlich eng oder weit auseinander aufgelegt werden; die Berührung kann auch nur mit dem Finger ausgeführt werden.

Erkennen von Gegenständen: Es soll versucht werden, Alltagsgegenstände (z. B. Flaschenöffner, Löffel, Sektkorken, Geldstück, Legostein usw.) durch das Ertasten mit verbundenen Augen zu erkennen. Dazu sitzen die Teilnehmer im Kreis und geben die Gegenstände ohne Kommentar zügig an ihren Nachbarn weiter. Wenn alle Gegenstände herumgereicht wurden, nennt jeder die erkannten Dinge. Variationen: Im Beutel ertasten und an den Nächsten weitergeben; Paare bilden: Zwei gleiche Gegenstände sollen aus vielen anderen zugeordnet werden; verschiedene Materialien sollen auf der Haut, z. B. auf dem Handrücken oder Unterarm, erkannt werden, ohne dass sie umfasst werden (Watte, Fell, Zahnbürste, Pinsel, Holz, Plastik).

Körperstellen spüren und benennen: Ein Partner liegt auf dem Boden und hat die Augen geschlossen, der andere legt bestimmte Materialien auf verschiedene Körperstellen, die der Liegende spüren und/oder benennen soll; sinnvolle Materialien: Bierdeckel, Bleiband, Sandsäckchen u. Ä.

Waschstraße: Zwei Gruppen knien sich in einer Reihe gegenüber, jeweils ein Spieler rollt mit dem Rollbrett durch die gedachte »Waschstraße«; dazu können Materialien eingesetzt werden, z. B. Schaumstoff, Tücher, Bürsten, Luftpumpen u. Ä.

Barfußgang: Die Teilnehmer gehen barfuß über verschiedene Materialien; zuerst mit geöffneten, dann auch mit geschlossenen Augen; möglichst variationsreiche Materialien verwenden, z. B. Teppichstücke, Seile, Schaumstoff, Stäbe, verschiedene Matten, Sandsäckchen. Variationen: Materialien werden frei in der Halle verteilt oder z. B. zwischen zwei Bänken hingelegt.

Wäscheklammern: Einem sitzenden oder liegenden Teilnehmer, der die Augen geschlossen hat, werden Wäscheklammern an die Kleidung geheftet. Dieser versucht, die Wäscheklammern nachher »blind« wieder abzunehmen. Variation »Igel«: Das Verfahren läuft umgekehrt. Einem Teilnehmer, der auf dem Boden kauert oder liegt, werden zu Anfang viele Wäscheklammern an der Kleidung am Rücken festgemacht. Danach versuchen die Mitspieler, dem »Igel« die Klammern abzunehmen, ohne dass dieser etwas merkt. Spürt er etwas, kann er sich z. B. schütteln oder ein Geräusch von sich geben.

Körpermännchen: Ein 14-teiliges Körpermännchen wird aus Holz oder Pappe angefertigt (Kopf, Hals, Hände, Unterarme, Oberarme usw.). Aufgabe ist es dann, das Männchen richtig zusammenzusetzen und eine bestimmte Körperstellung des Pappmännchens mit dem eigenen Körper nachzulegen.

Für diesen Bereich lassen sich viele der erforderlichen Tastmaterialien mit geringem Aufwand auch selbst herstellen. Dazu einige Anregungen:

- Eine Kiste (alternativ eine einfache Schüssel) wird mit Erbsen, Bohnen oder Linsen gefüllt. Gegenstände, z. B. Glaskugeln, sollen mit geschlossenen Augen dort herausgefunden werden.
- In leicht aufgeblasene Luftballons werden kleine Gegenstände (z. B. Füllerpatrone, Sand, Mais, Knöpfe) gesteckt, die dann ertastet werden sollen.
- Bierdeckel werden mit verschiedenen Oberflächen beklebt (z. B. Folie, Sandpapier, Stoff usw.), diese sollen dann erkannt werden. Sind jeweils zwei Bierdeckel gleich, sollen sie zugeordnet werden.
- Dosen oder Schraubgläser, in die verschiedene Gegenstände gesteckt wurden, werden mit Strümpfen überzogen. Die Teilnehmer greifen durch die Strumpföffnung in die Gläser oder Dosen hinein und versuchen durch Ertasten die Gegenstände zu erkennen.
- In einen Schuhkarton werden zwei Löcher für das Durchstecken der Hände ausgeschnitten. Darin sollen dann Gegenstände ertastet werden.
- Einfache Formen bzw. Zahlen oder Buchstaben werden aus Sandpapier ausgeschnitten und auf Papier aufgeklebt. Die Formen sollen ertastet, erkannt oder zugeordnet werden.

Fortführung Fallbeispiel

In den psychomotorischen Förderstunden könnten für Tom etwa einfache Gerätestationen aufgebaut werden, die verschiedene Schwierigkeitsgrade beinhalten und das Gleichgewicht herausfordern. Dabei ist wichtig, dass der Junge sich die Anforderungen selbst aussuchen kann, damit eine Überforderung vermieden wird. Der Übungsleiter bietet Hilfe an, aber auch nicht voreilig und drängt sie auch nicht auf.

Übungen können sinnvoll sein, die Zug oder Druck auf die Muskulatur ausüben, damit die kinästhetische Wahrnehmung gezielter angesprochen wird. Das ist beispielsweise dann möglich, wenn er auf einem Rollbrett an den Händen gezogen wird, wenn er an einem Tau oder einem Klettergerüst hängend sein Körpergewicht tragen soll. Auch bei einer Massage mit deutlichem Druck kann in diesem Bereich die Körperwahrnehmung verbessert werden.

Zusätzlich können auch vielfältige Übungen und Spiele zur Handgeschicklichkeit eingebaut werden, etwa beim Bauen und Stapeln von Materialien, erst großräumig und dann erst behutsam auf kleinräumige Anforderungen wechseln. Denn genau an den Schwächen und Defiziten eines Kindes anzusetzen, ist eben oft mit Misserfolgserlebnissen verbunden und zu vermeiden.

6.5.3 Übungs- und Spielanregungen: Trampolin

In vielen Sport- und Gymnastikhallen ist das große Absprungtrampolin vorhanden. Es bietet neben den diagnostischen Zwecken (Kap. 4.4) auch vielfältige Gelegenheiten, die Körperwahrnehmung zu fördern und andere motorische Fähigkeiten zu verbessern. Da es sich doch um ein recht außergewöhnliches Übungsgerät handelt, sollen einige didaktisch-methodische Bemerkungen den praktischen Übungsbeispielen vorangestellt werden.

Im Sinne der Psychomotorik steht nicht das Trainieren von Leistungssprüngen und schwierigen Sprungkombinationen im Vordergrund. Das Trampolinspringen wird nicht als rein sportliche Fertigkeit betrachtet, die möglichst effektiv erlernt werden soll, vielmehr geht es um ganz einfache Bewegungsformen, leichte Lauf-, Sprung- und Landemöglichkeiten, vielseitige Spiel- und Übungsformen und um einen variationsreichen Einsatz verschiedenster Materialien.

Charakteristisches Merkmal dieses recht großen und schweren Übungsgerätes ist das Federtuch. Dadurch ergeben sich vielfältige Bewegungsmöglichkeiten, die in dieser Form an anderen Sportgeräten nicht möglich sind. Die kurzfristige Überwindung der Schwerkraft löst schnell ein lustbetontes Bewegungserlebnis aus. Der hohe Aufforderungscharakter und die starke Anziehungskraft ergeben sich durch die Leichtigkeit des Springens, durch die Wurfkraft des Sprungtuches, durch das Gefühl des Fliegens, Schwebens und der »Schwerelosigkeit«. Andererseits hat das Trampolin aber eine begrenzte, kleine Bewegungsfläche, und die ungewohnte, wackelige Beschaffenheit des federnden Untergrunds kann schnell zu einem Verlust der Bewegungs- und Körperkontrolle führen. Jede noch so kleine Körperbewegung kann den Teilnehmer aus dem Gleichgewicht bringen. So werden zwar Erfolg, aber auch Misserfolg der Bewegungshandlung unmittelbar durch das Gerät für alle sichtbar »mitgeteilt«.

Die Ausführungen belegen, dass die Wirkungen und Einflüsse recht unterschiedlich sein können. Mit dem Trampolin sind oft hohe Bewegungsfreude und rasche Erfolgserlebnisse verbunden. Vielfältiges Ausprobieren und Erproben verschiedenster Bewegungsmuster sind möglich; immer wieder können neue Herausforderungen gestellt werden. Teilnehmer können aber auch Angst zeigen, sich übervorsichtig bewegen, wenig Teilnahmebereitschaft zeigen, Gleichgewichtsprobleme treten verstärkt zutage. Es besteht zudem die Gefahr der Überstimulierung bei Überempfindlichkeit gegen Schaukel- und Drehbewegungen. Es können nicht viele Personen gleichzeitig üben, sodass für einige auch längere, vielleicht zu lange Ruhezeiten oder unangenehme Wartezeiten entstehen. Bei unangepassten Sprungkombinationen, zu komplizierten Sprüngen, Selbstüberschätzung des Springers und/oder der Hilfestellung, übertriebenem Ehrgeiz kann es zu Fehlverhalten, Überbelastung und als Folge zu Enttäuschungen oder sogar Verletzungen kommen.

6 Ausgewählte methodische Prinzipien

Durch Übungsangebote, die dem Leistungs- und Entwicklungsstand der Gruppenteilnehmer angemessen sind, durch eine realistische Einschätzung auch der eigenen Möglichkeiten und Fähigkeiten, durch intensives Beobachten, durch möglichst kleine Gruppen können die genannten Probleme vermieden werden.

Werden diese Faktoren bei der Gestaltung der Übungsstunde berücksichtigt, können viele Zielsetzungen im Bereich der Körperwahrnehmung erreicht werden: Verbesserung des Gleichgewichts, des Körper- und Bewegungsgefühls und Beeinflussung des Muskeltonus – durch die ständigen Lageveränderungen und notwendigen Ausgleichsreaktionen und durch das ständige Bemühen um sichere Körperkontrolle; Schulung des Körperschemas und der Orientierung im Raum – durch das Sich-Zurechtfinden in den einzelnen Bewegungsphasen.

Es dürfen nur diejenigen mit dem Trampolin arbeiten, die sich selbst mit dem Gerät vertraut gemacht haben und über ausreichende Eigenerfahrung verfügen. Durch eigene Praxis muss bekannt sein, welche Sicherheitsmaßnahmen beachtet werden müssen, wie das Trampolin gefahrlos auf- und abgebaut wird, wie es durch Matten abgesichert wird. Die notwendige Hilfe- und Sicherheitsstellung muss ausgeführt werden können. Auch muss man wissen bzw. sich Informationen beim Arzt einholen, bei welchen Beeinträchtigungen oder Behinderungen das Trampolin nicht eingesetzt werden sollte.

Kreis- und Landessportbünde bieten weiterführende Kurse und Lehrgänge zum Trampolinspringen an. Besondere, auf Behinderungen bezogene Kurse bieten die Behindertensportverbände oder z. B. der Aktionskreis Psychomotorik an.

Praktische Anregungen

Bewegt werden: Ein Teilnehmer liegt oder sitzt auf dem Trampolin (mit geöffneten oder auch geschlossenen Augen), der Heilpädagoge oder andere Mitglieder der Gruppe drücken das Tuch von außen herunter, oder ein Partner läuft über das Tuch (langsam oder schnell).

Von Seite zu Seite: Rollen um die Körperlängsachse, krabbeln auf allen »Vieren«, einzeln oder mehrere hintereinander; Fortbewegung als »Tiere«, z. B. Hase, Frosch, Elefant, Schlange.

Von Seite zu Seite laufen: Schnell oder langsam; allein, zu zweit oder dritt, dabei einer mit geschlossenen Augen oder rückwärts; an einem in Hüfthöhe gehaltenen Seil entlanglaufen; genau zwischen zwei längs gespannten Seilen laufen.

Von Seite zu Seite springen: Auf Teppichfliesen, die in einer Linie oder versetzt gelegt werden; in hintereinander liegenden Reifen; über Seile, die quer über das Tuch gespannt sind; mit Transport von Materialien.

Standsprünge: Strecksprünge in der Mitte des Tuches, Hocke, Grätsche, Drehsprünge um die Körperlängsachse; eine Kleingruppe wippt oder springt leicht mithilfe eines Reifens, den alle außen festhalten; ein Teilnehmer kann sich z. B. auch im Reifen befinden.

Andere Haltungen: »Banksprung« (Vierfüßlerstand); Sitzsprung (Langsitz) aus dem Stand; aus dem Schwung; bei entsprechenden motorischen Fähigkeiten kann Sitzsprung mit Drehung ausprobiert werden.

Zusätzliche Anforderungen: Springen und dabei Sandsäckchen oder z. B. einen Ball in ein Ziel werfen oder den anderen Teilnehmern zuwerfen; zu zweit (abwechselnd, jeder in einer Hälfte) auf dem Trampolin springen, sich dabei z. B. ein Kissen zuwerfen; zu zweit kann auch gleichzeitig gesprungen werden, indem man sich gegenübersteht und die Hände jeweils dem Partner auf die Schultern legt (auf geringe Sprunghöhe achten).

Anderer Untergrund: Schwungtuch über das Trampolin legen; Matten oder Kastenoberteil auf das Trampolin legen; im Schlauchreifen auf dem Trampolin sitzen.

Gemeinsam als Gruppe: Mit Handfassung im Kreis anschaukeln (Augen offen oder geschlossen), Spielidee »Bootsfahrt« (unterschiedlich heftig anschaukeln), Entspannung (Ruhelage auf dem Rücken liegend).

6.6 Vielseitiger, aber behutsamer Einsatz von geeigneten Materialien

»Merkmale und Charakter der Materialien und der Umgebung provozieren und ermöglichen bestimmte Bewegungshandlungen oder können diese erschweren bzw. verhindern.«

Überlegen Sie mal für sich:

- Welche Gefühle kommen in Ihnen hoch, wenn Sie eine Sporthalle betreten?
- Welche Übungsmöglichkeiten fallen Ihnen ein, wenn Sie an Gymnastikbälle oder Medizinbälle denken?
- Welche Assoziationen verbinden Sie mit Sprungbrett und Kästen?
- Welche Spielgelegenheiten kommen Ihnen in den Sinn, wenn Sie über Schwungtücher nachdenken?
- Was denken Sie, machen Kinder zuerst, wenn Sie Rollbretter zur Verfügung stellen?
- Wie werden die Teilnehmer reagieren, wenn Sie zu Beginn der Stunde einen Geräteparcours fertig aufgebaut haben?
- Warum, denken Sie, ist das so?

Die räumlichen Bedingungen und die Bereitstellung bestimmter Geräte und Materialien spielen in der Vorbereitung der Übungseinheit eine nicht zu unterschätzende Rolle. Viele motorische und pädagogische Prozesse lassen sich über ein sinnvoll strukturiertes Materialangebot auslösen und steuern. Wichtig dabei ist es, sich über den »Appellcharakter« und über die »Struktur der Dinge« im Klaren zu sein. Jeder Gegenstand hat einen eigenen »Charakter«, er beinhaltet eine Aufforderung, auf eine bestimmte Weise mit ihm umzugehen. Die Materialeigenschaften bestimmen jeweils mit, wie mit den Gegenständen hantiert wird. Ob Sie beispielsweise Bälle, Gymnastikreifen, Bierdeckel, Tücher, Rollbretter oder Sandsäckchen verteilen, die Teilnehmer werden damit jeweils bestimmte Aktionen beginnen.

Als Übungsleiter können Sie bei der Auswahl der Materialien und Geräte diesen Appellcharakter berücksichtigen. Das, was mit den Geräten gemacht wird, geschieht eben nicht vollkommen zufällig, sondern ist von ihren Eigenschaften abhängig. Alle Gegenstände haben eine äußere und innere Struktur (vgl. Eisenburger, 2011, S. 27f.). Die äußere Struktur bezieht sich auf die Beschaffenheit (z.B. Oberfläche, Form, Farbe, Gewicht, Konsistenz). Die Materialeigenschaften werden wahrgenommen, viele Verwendungsmöglichkeiten können aus früheren Erfahrungen abgeleitet werden. Gezielte Fragen können die Aufmerksamkeit auch auf diese Aspekte lenken. Jeder Gegenstand besitzt auch eine innere Struktur. Die Gegenstände (beispielsweise Sportmaterialien) sind zu einem bestimmten Zweck hergestellt, den wir im Laufe des Lebens kennengelernt haben. Aber auch weitere Verwendungsmöglichkeiten können in Bewegungsstunden angeregt werden, etwa durch die Frage: »Was kann man noch damit machen?«. Und es ist zu beachten, dass jeder Gegenstand (auch unbewusste) Gefühle und Assoziationen erweckt, die Einfluss auf den Ablauf in den Bewegungsstunden haben.

> »Sie können damit schon in der Auswahl der Gegenstände bestimmte Weichen legen für das, was wahrscheinlich geschehen wird. Und welche Themen sich besser mit welchen Materialien umsetzen lassen, bedarf eben dieses Wissens um den Appellcharakter der Materialien und der subjektiven inneren Struktur der Gegenstände.« (Eisenburger, 2011, S. 29)

Folgende Leitfragen können bei der Auswahl des Materials behilflich sein (vgl. Haas u. a., 2014, S. 51):

- Welche Assoziationen kann das Material hervorrufen, z. B. Wettkampf, bestimmte sportliche Aktivitäten oder eher ruhige, behutsame Handlungen?

- Wie werden Interaktionen gestaltet, wenn dieses Material genutzt wird, z. B. nahe oder distanzierte, spielerisch-leichte oder eher kraftvolle Interaktionen?
- Welche Gefühle kann das Material wecken, z. B. Angst, Freude, Aggressionen?
- Wie viel Platz wird zur Verwendung benötigt, z. B. beim Einsatz von Rollbrettern?
- Wie hoch ist die Verletzungsgefahr, und sind besondere (Sicherheits-)Regeln erforderlich, z. B. bei harten Materialien, beim Aufbau von Geräten?
- Welche symbolische Bedeutung kann das Material haben? Zum Beispiel können Decken oder Tücher zum Zudecken oder zum Bau von Höhlen anregen.

6.6.1 Psychomotorik-Materialien

Im Rahmen einer psychomotorischen Förderung können prinzipiell alle Sport- und Gymnastikmaterialien zum Einsatz kommen. Im Zuge der Entwicklung des psychomotorischen Konzepts sind auch sogenannte psychomotorische Übungsgeräte entwickelt worden, die als besonders geeignet gelten und sich durch folgende Merkmale auszeichnen:

- Sie ermöglichen eine aktive Beschäftigung, auch ohne ausgeprägte Technik- oder Bewegungsfertigkeiten.
- Sie haben eine ansprechende Form- und Farbgestaltung.
- Sie bieten vielseitige und variationsreiche Verwendungsmöglichkeiten zur Umsetzung vieler Spiel- und Übungsideen.
- Der Einsatz ist in der Einzelbeschäftigung, in der Partnerarbeit als auch in der Gruppe möglich.
- Die Anwendbarkeit ist sowohl in der freien eigenständigen Beschäftigung als auch in geplanten strukturierten Situationen möglich und sinnvoll.
- Viele Zielsetzungen der Psychomotorik in unterschiedlichen Bereichen, z. B. Grob- und Feinmotorik, Wahrnehmung, Fantasie, sind damit zu realisieren.

Einige Geräte wurden bereits in anderen Zusammenhängen genannt und beschrieben, wie Rollbretter, Schwungtücher, Sandsäckchen, Heulrohre, Schaumstoffbausteine. Zwei weitere psychomotorische Materialien sollen hier kurz vorgestellt werden.

Pedalo

Ein sehr bekanntes psychomotorisches Übungsgerät ist das Pedalo. Es steht in verschiedenen Variationen zur Verfügung:

- *Einerpedalo:* drei nebeneinander gelagerte gummibereifte Holzräder, die mit zwei Pedalen als Achsen verbunden sind.
- *Doppelpedalo:* sechs Holzräder, zwischen denen sich zwei Trittbretter befinden.
- *Tandempedalo:* die sechs Räder sind mit zwei langen Brettern verbunden.

Dazu gibt es Ergänzungsmaterialien, wie z. B. Schlaufen und Stützen. Besonders sinnvoll für die Arbeit mit Menschen mit Behinderung sind die Stützen, die vorn am Tandempedalo angeschraubt werden können und beim Fahren das Festhalten ermöglichen. Damit ist das Halten des Gleichgewichts deutlich erleichtert. Eine hohe Anziehungskraft genießen Doppel- und Tandempedalos. Das Einerpedalo stellt recht hohe Anforderungen an das Gleichgewichtsvermögen und die Koordinationsfähigkeit. Es kann für Jugendliche eine Herausforderung bieten, eignet sich in der Arbeit mit beeinträchtigten Kindern oder Erwachsenen jedoch weniger gut.

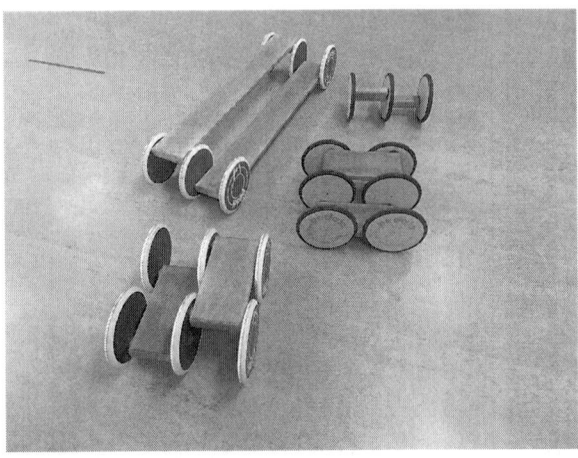

Abb. 6.11: Das Pedalo stellt hohe Anforderungen an das Körpergleichgewicht und die Körperkontrolle

Anfänger im Pedalofahren zeichnen sich häufig durch ruckartiges Fahren aus. Die Vorwärtsbewegung kommt durch starke Gleichgewichtsverlagerung auf den Trittbrettern zustande. Durch den kurzen, ungleichmäßigen Krafteinsatz kommt es zu großen Gleichgewichtsschwankungen und Unsicherheiten. Hier ist Hilfestellung durch ein oder zwei Helfer notwendig, z. B. durch Halten der Hände oder Unterstützung an den Armen. Mit zunehmender Erfahrung wird die Gewichtsverlagerung weniger stark, der Oberkörper bleibt recht stabil, durch den kontinuierlichen Krafteinsatz entsteht eine gleichförmige Geschwindigkeit.

Beim Aufsteigen auf das Pedalo sollte immer zuerst das untere Trittbrett belastet werden.

Es können zwei Stäbe als Stützen benutzt werden, oder die Übenden halten sich an einem gespannten Seil fest; auch die Sprossenwand oder eine Turnhallenwand kann zum Abstützen eingesetzt werden. Gymnastikstäbe können als Hilfe von anderen Personen waagerecht gehalten werden.

Kreisel

Kreisel gibt es in verschiedenen Ausführungen, die mit unterschiedlichen Schwierigkeitsgraden in der Benutzung verbunden sind. Der Kreisel hat oben eine Standfläche und ist unten abgerundet. Es gibt auch Konstruktionen mit zwei Kreiseln, auf denen ein Brett aufgeschraubt ist.

Der Kreisel eignet sich sowohl für Einzel- und Partnerübungen als auch für Gruppenspiele. Beim Erproben kann damit begonnen werden, die gerade Seite auf den Boden zu legen und auf der runden Seite zu balancieren. Zur weiteren Erleichterung kann der Kreisel mit der runden Seite nach unten auch erst auf eine Matte gelegt werden, der Kreisel ist dann weniger »wackelig«. Später kann er dann auf den harten Boden gelegt werden. Hilfe- und Sicherheitsstellung sollten je nach Gleichgewichtsvermögen angeboten werden.

Abb. 6.12: Durch das Balancieren auf dem Kreisel wird vor allem das statische und dynamische Gleichgewicht angesprochen

- Verschiedene Körperpositionen können auf dem Kreisel eingenommen werden (z. B. beidbeinig, einbeinig, sitzend).
- Es können auch verschiedene Aufgabenstellungen während des Balancierens gegeben werden, z. B. in die Hände klatschen, einen Ball werfen und fangen.
- Zwei Teilnehmer stehen oder sitzen sich auf zwei Kreiseln gegenüber. Sie fassen sich an der Hand und versuchen, gemeinsam das Gleichgewicht zu halten oder sich (leicht) aus dem Gleichgewicht zu bringen.
- Zwei oder auch mehrere Kreisel liegen hintereinander. Die Teilnehmer versuchen, von einem Kreisel auf den anderen zu steigen.
- Die Kreisel können auch als »Schläger« umfunktioniert werden. Mit der geraden Seite können sich die Teilnehmer beispielsweise einen Schaumstoffball zuschlagen.

6.6.2 Alltagsmaterialien

Neben den Sport- und Psychomotorikgeräten bieten auch die so genannten Alltagsmaterialien (die eigentlich nicht zur Bewegungserziehung hergestellt wurden, sondern anderen alltäglichen Zwecken dienen) viele Spiel- und Bewegungsmöglichkeiten und Gelegenheiten zum Experimentieren, Variieren, Kombinieren und Gestalten.

Alltagsmaterialien sind stets verfügbar, kosten meist wenig und sind aufgrund ihres Aufforderungscharakters vielfältig nutzbar. Alltagsmaterialien fördern durch die Möglichkeit, sie zu verändern oder zu verfremden, die Fantasie, Neugier und Kreativität. Es lassen sich vielfältige Spielideen ausprobieren und entwickeln, Bewegungsfreude, Wahrnehmung und Erfahrung physikalischer Gegebenheiten sind erlebbar und werden gerade von kleinen Kindern sehr intensiv ausprobiert. Und Kleinkinder sind noch nicht so auf Funktionen festgelegt und entwickeln oft eigenständig ungewöhnliche Ideen.

Durch den Umgang mit Alltagsmaterialien lernen die Kinder, ihre Handlungen und Bewegungen den Möglichkeiten anzupassen oder neue Bewegungs- und Handlungsmöglichkeiten damit zu entwickeln. Alltagsmaterialien stellen Kinder immer wieder vor Problemlöseaufgaben, die es notwendig machen, zu variieren, zu planen und sich gegebenenfalls mit anderen abzustimmen. Deshalb lassen sich auch viele Aktivitäten damit umsetzen: tragen und balancieren, werfen und fangen, zielwerfen, fühlen, ertasten und spüren, sehen und hören. Es lassen sich Zielbereiche wie Reaktion, Fantasie, Handgeschicklichkeit, Feinmotorik, Raumorientierung, Körperwahrnehmung oder Entspannung verfolgen.

Es ist sinnvoll, die methodische Vorgehensweise nach folgenden Grundsätzen aus zurichten:

- anfangs offene Aufgabenstellungen bieten, dann Ideen Einzelner aufgreifen und zum Nachahmen anregen;
- zunächst individuelle, dann soziale Erfahrungen ermöglichen;
- anfangs isolierter Materialeinsatz, dann können zusätzliche Materialien hinzugenommen werden.

Mögliche Alltagsmaterialien, die im Bewegungsunterricht und in der Förderung eingesetzt werden können, sind beispielsweise: Zeitung, Pappteller, Papprollen, Bierdeckel, Wäscheklammern, Tesakrepp, Pappkartons, Zollstöcke, Bleiband, Schaumstoffteile, Teppichstücke und vieles mehr. Auch können aus alltäglichen Gegenständen Übungs- und Spielgeräte selbst hergestellt werden.

6.6.3 Übungs- und Spielanregungen: Pappteller, Bierdeckel

Zu zwei ausgewählten Materialien, die leicht zu beschaffen sind, sollen im Folgenden jeweils exemplarisch einige Spiel- und Übungsformen angegeben werden.

Pappteller

Auch ein Alltagsgegenstand wie der Pappteller bietet eine Vielzahl an Lern- und Bewegungsmöglichkeiten. Nicht nur Kinder, auch ältere Menschen können mit diesem preisgünstigen Gegenstand experimentieren, variieren, gestalten und kombinieren.

- Einzelübungen:
  - Der Pappteller kann als eine Art »Frisbee« geworfen werden. Dabei können Ziele getroffen werden, z. B. auf dem Boden liegende Matten.
  - Die Teller können in verschiedener Weise und auf verschiedenen Körperteilen balanciert werden. Die Bewegungsmöglichkeiten des einzelnen Teilnehmers können eingeschränkt werden, wenn der Teller zwischen den Knien eingeklemmt wird.
  - Als »Kellner« können auch ausgewählte Materialien getragen werden.
  - Wäscheklammern können an die Teller geheftet werden.
  - Mit zwei Tellern unter den Füßen kann auf dem Boden wie auf einer »Eisfläche« geglitten werden.
  - Eine interessante Möglichkeit ist es, den Teller selbst zu gestalten, zu bemalen, zu bekleben oder ein Gesicht aufzuzeichnen. So kann jeder Teilnehmer auch »seinen« Teller mit nach Hause nehmen.
- Partner-, Gruppenübungen:
  - Die Partner können sich gegenseitig die Teller auflegen, um sie zu balancieren.
  - Teller können mit verbundenen Augen erspürt werden, die der Partner auf den Körper aufgelegt hat.
  - Der ganze Körper kann zu entspannender Musik mit den Tellern zugedeckt werden.
  - Interessante Spiel- und Übungsvariationen ergeben sich beispielsweise mit dem Tischtennisball: Der Ball kann mithilfe des Tellers hochgespielt werden, man kann ihn auf dem Teller rollenlassen oder sich den Ball zu zweit zuspielen.

Bierdeckel

Beispiele für Partner- und Gruppenübungen:

- Ein Mitspieler bedeckt seinen Partner mit fünf (die Anzahl kann variiert werden) Bierdeckeln, sodass seine Fortbewegung eingeschränkt ist. Die Bierdeckel müssen über eine festgelegte Strecke transportiert werden.
- Die Bierdeckel sollen als eine Art »Doppelklebeband« dienen. Ein Mitspieler klebt beide Hände seines Partners mit jeweils einem Bierdeckel an zwei verschiedenen Körperstellen fest. Eine Fortbewegung soll noch möglich, aber eingeschränkt sein. Variation: Die Teilnehmer »verkleben« sich zu zweit oder mit mehreren als Kleingruppe und bewegen sich gemeinsam fort. Können sie sich so »verkleben«, dass keine Fortbewegung mehr möglich ist? Ein Teilnehmer »verklebt« eine Gruppe von fünf bis sechs Mitspielern, z. B. als »Riesentier«.

6 Ausgewählte methodische Prinzipien

- Ein Partner legt sich auf den Boden und schließt die Augen. Der andere legt einige Bierdeckel auf den Körper ab. Die gespürten Stellen soll der Liegende zeigen oder benennen.
- Der eine Mitspieler setzt sich auf den Boden und »spielt eine Waage«, indem er seine beiden Hände zur Seite ausstreckt, er schließt die Augen. Der andere legt Bierdeckel (jeweils 5er-Packen) auf die Hände ab. Dieser soll erspüren, auf welcher Seite mehr Bierdeckel liegen, bzw. die Anzahl sagen.
- Die Teilnehmer versuchen, mit einer bestimmten Anzahl von Bierdeckeln möglichst häufig in eine Kiste oder auf eine Matte zu treffen. Oder sie versuchen, möglichst weit zu werfen (Achtung, Verletzungsgefahr: Aufstellung so wählen, dass die Teilnehmer sich nicht gegenseitig treffen können).
- Die Teilnehmer sitzen im Kreis. Die Spieler legen abwechselnd nacheinander jeweils einen Bierdeckel auf den vorhandenen Stapel ab. Das wird so lange gespielt, bis der Turm umfällt. Variationen: Kleingruppen versuchen in einer bestimmten Zeit einen möglichst hohen Turm zu bauen. Nach Ablauf der Zeit wird die Höhe verglichen. Oder der Turm soll so stabil gebaut werden, dass er einen vorher bestimmten Gegenstand tragen kann.
- Der eine Partner wird von seinem Mitspieler in entspannter Position und bei entspannender Musik mit Bierdeckeln belegt.

6.7 Wechsel von Spannung und Entspannung

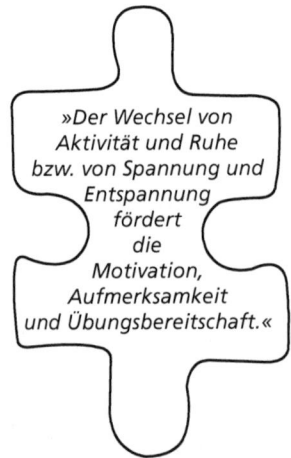

»Der Wechsel von Aktivität und Ruhe bzw. von Spannung und Entspannung fördert die Motivation, Aufmerksamkeit und Übungsbereitschaft.«

Jeder hat vermutlich als Kind die Geschichte vom Zappelphilipp gehört oder sie später mal gelesen. Und wer kennt sie nicht, die quirligen Wirbelwinde, die keinen

Moment stillhalten und ihrem unersättlichen Bewegungsdrang förmlich ausgeliefert zu sein scheinen. Eltern erzählen verzweifelt, das Kind habe anscheinend »Hummeln im Hintern« oder »Ameisen verschluckt«, so kribbelig und ungestüm sei es. Ihm fehle einfach die Bremse, es sei dauernd »auf Achse«, stehe dauernd »unter Strom«.

Eltern und Erzieherinnen berichten, dass sie schon alles versucht hätten, um das überaktive Kind dazu zu bringen, dass es wenigstens kurzzeitig seine Rastlosigkeit unterbricht und ruhig sitzenbleibt. Alle Ermahnungen und sogar Strafen seien erfolglos geblieben. So resignieren manche Eltern und Erzieherinnen über kurz oder lang und suchen Rat bei Ärzten, Psychologen oder Therapeuten. Und da die Problematik des Kindes zum Großteil in seinen scheinbar ungezielten Bewegungsproduktionen liegt, können auch Heilpädagoginnen und Motopäden Hilfe bieten.

6.7.1 Verlauf einer Übungseinheit

Durch den Wechsel von aktiven, lebhaften Übungsphasen mit eher ruhigeren, entspannenden Zeiten soll eine bewusstere Verhaltenssteuerung erreicht werden. Die unterschiedliche Intensität der körperlichen Belastung kann deutlich wahrgenommen und dadurch eine verbesserte Kontrolle der Bewegungsimpulse ermöglicht werden. Zudem können so genauer die konditionellen Voraussetzungen, die individuelle Herz-Kreislauf-Belastung und die Konzentrationsfähigkeit beachtet werden, bzw. so können Bedingungen geschaffen werden, dass die Teilnehmer diese Bedingungen selbst im Blick halten können.

Als Einstieg können sich die Teilnehmer beispielsweise zunächst frei bewegen, um akuten Bewegungsdrang ausleben zu können. Oder es wird mit einem Gruppenspiel (Fangspiel, Tanzlied) begonnen. Danach können sich die Teilnehmer im Sitzkreis für Begrüßungsrituale oder eine Befindlichkeitsrunde treffen.

Im Verlauf der Übungseinheit sollten immer auch Gelegenheiten bestehen, dass die Teilnehmer – vor allem Kinder – aktiv sein und in Bewegung kommen können; besonders grobmotorische, weiträumige Aktivitäten, wie rollen, drehen, laufen, klettern, springen, sollten ermöglicht werden. Dadurch kann der starke Bewegungsdrang der Kinder befriedigt werden. Die pädagogischen Fachkräfte sollten versuchen, ablenkende Reize zu vermindern, z.B. nicht gebrauchte Geräte, Materialien wegzuräumen, und eine gut strukturierte Umgebung zu bieten. Das bewusstere Planen und Handeln der Kinder kann gefördert werden, indem die Planungen und Handlungen durch die Übungsleiterin verbalisiert werden oder das Kind selbst zu einem solchen Schritt angehalten wird. Das kann vor, während oder nach der Bewegungshandlung geschehen.

Im Laufe der Übungseinheit wechseln sich dann entspannende und aktiv-lebhafte Übungsphasen ab. Eher ruhige und behutsame Übungen können gezielte Wahrnehmungsanforderungen sein, die eine gewisse Konzentration und Aufmerksamkeit in einer Ruheposition erfordern (vgl. Beispiele im Kapitel 6.5). Wenn die Teilnehmer die Bereitschaft zeigen, über eine bestimmte Zeitspanne eine ruhige Sitz- oder Liegeposition einzuhalten, können besondere Entspannungsverfahren oder Massage-Übungen in den Stundenablauf integriert werden. Um die Bereitschaft zur Teilnahme an solchen Angeboten zu erreichen, können Ruhephasen auch im Rahmen des jeweiligen Gerätearrangements realisiert werden. Wir können z. B. auf der Gerätebahn aktiv klettern, balancieren und uns zwischendurch auf einem ausgewählten Platz auch hinlegen und ausruhen. Oder wir können, wenn Übungen mit dem Gymnastikreifen gemacht werden, uns auf den Boden legen und dem Austrudeln des Reifens zuhören.

Wir können mit dem Schwungtuch aktiv schwingen und uns auf oder unter dem Tuch lebhaft bewegen, und zwischendurch legen sich einige unter das Tuch und können sich beruhigen und entspannen, während andere das Tuch langsam und behutsam hochschwingen und herunterschweben lassen. Mit Bierdeckeln kann die Übungseinheit eher aktive (werfen, balancieren) und eher ruhigere Phasen (zu ruhiger Musik den Körper mit Bierdeckeln belegen) beinhalten. Das Ende der Übungsstunde sollte eher einen ruhigen Ausklang oder eine kurze Entspannungsübung umfassen, damit die Teilnehmer ruhig und ausgeglichen den Übungsraum verlassen und nicht aufgewühlt herausstürmen, wenn beispielsweise ein lebhaftes Fangspiel stattgefunden hat.

6.7.2 Aufmerksamkeitsdefizit-/Hyperaktivitätsstörung

Die Aufmerksamkeitsdefizit-/Hyperaktivitätsstörung (ADHS) – umgangssprachlich wird häufiger auch vom Hyperkinetischen Syndrom oder einfach von Hyperaktivität gesprochen – ist eine häufige kindliche Entwicklungsstörung. Sie ist ein pädagogisches Problem von höchster Brisanz, an dem oft Eltern und Erzieher gleichermaßen verzweifeln. Übergreifend beschäftigen sich verschiedene Fachgebiete von der Medizin über die Pädagogik bis zur Psychologie mit diesem Thema. Menschen mit einer Aufmerksamkeitsdefizit-/Hyperaktivitätsstörung haben besondere Probleme der Bewegungssteuerung und in der Folge Probleme im sozialen Umfeld. Deshalb finden sich in vielen psychomotorischen Fördergruppen Kinder mit den genannten Verhaltensweisen, sodass die entsprechenden Fachkräfte gefordert sind, sich dieser Thematik zu stellen.

Zu Anfang ist der Hinweis wichtig, gerade mit der Charakterisierung »Hyperaktivität« oder » ADHS« sehr vorsichtig umzugehen. Denn die Bewertung der Bewegungsunruhe hat auch viel mit subjektiven Empfindungen zu tun. Der eine kann ein Kind als temperamentvoll, quicklebendig und aktiv bezeichnen, welches ein anderer als zu unruhig, als hyperaktiv, als verhaltensgestört bezeichnen würde. In diesen Bewertungen zeigt sich, dass eine Störung auch immer aus den Blickwinkeln des Betrachters entsteht (vgl. systemisch-konstruktivistische Sichtweise, Kap. 3).

Erscheinungsformen und Ursachen

Ein Blick in die Fachliteratur bietet eine Vielfalt an Verhaltensweisen, die als charakteristisch für Kinder mit ADHS gelten können. Auch in Berichten von Eltern werden bestimmte Merkmale immer wieder genannt:

- rastlos, dauernd in Bewegung,
- Drang zu großräumigen Bewegungen,
- geringe Feinsteuerung der Bewegungen, besonders bei Körperbalance und Handgeschicklichkeit,
- innere Unruhe, kann schlecht warten, macht alles schnell und hastig,
- leichte Ablenkbarkeit, keine Aufmerksamkeitsspanne,
- ungenaue Wahrnehmung,
- ungenaues Körperbewusstsein, Körpervorstellung,
- starke Impulsivität und Erregbarkeit,
- rasch enttäuscht,
- mangelnde Handlungsplanung,
- keine genügende Übersicht,
- schlechte Eingliederung in der Gruppe, stört oft, spielt den Klassenclown.

»Nach der international gebräuchlichen Klassifikation von Krankheiten werden unter dem Begriff ›hyperkinetische Störungen‹ Verhaltensauffälligkeiten mit folgenden charakteristischen Merkmalen verstanden:

- ein früher Beginn in der Vorschulzeit (gewöhnlich bereits in den ersten fünf Lebensjahren);
- eine Kombination von überaktivem, wenig gesteuertem Verhalten mit deutlicher Unaufmerksamkeit;
- ein Mangel an Ausdauer bei Aufgabenstellungen, die einen kognitiven Einsatz verlangen;
- eine Tendenz, nicht vorhersehbar von einer Tätigkeit zu einer anderen rasch zu wechseln, ohne etwas zu Ende zu bringen;
- eine desorganisierte, mangelhaft gesteuerte und überschießende motorische Aktivität, die sich sowohl im grobmotorischen Bereich als ständiges Herumlaufen, Aufstehen und Platzveränderung als auch im feinmotorischen Bereich in Form von Koordinationsproblemen wie krakeliger Schrift, Problemen bei allen zeichnerischen Tätigkeiten und beim Malen sowie allgemein in der Heftführung äußern kann.

Diese Schwierigkeiten bestehen gewöhnlich während der ganzen Schulzeit und manchmal sogar über das Jugendalter bis in das Erwachsenenalter hinein. Viele Betroffene zeigen allerdings eine graduelle Besserung, insbesondere von Hyperaktivität und Aufmerksamkeitsstörungen.« (Altherr, 1993, S. 11 f.)

Nähere Angaben zu den Merkmalen sind zu entnehmen aus: H. Dilling/W. Mombour/M. H. Schmidt: Weltgesundheitsorganisation: Internationale Klassifikation psychischer Störungen. ICD-10 Kapitel V (F). Bern/Göttingen/Toronto, 1992.

Es gibt auch Kinder, insbesondere eine große Zahl von Mädchen, die nicht durch hyperaktiv-störendes Verhalten auffallen, aber trotzdem die gleichen Probleme mit Aufmerksamkeit, Impulsivität und Sozialverhalten haben. Deshalb wird häufig auch von AD(H)S geschrieben und gesprochen, also von einer Aufmerksamkeitsstörung mit oder ohne Hyperaktivität (H).

Auch diese Kinder finden keine länger andauernden Freundschaften, erscheinen oft unzufrieden und verstimmt. Sie zeigen ungenügende Leistung trotz Anstrengung und sind vergesslich und verspäten sich häufiger. Trotz bester Vorsätze versinken sie beispielsweise schnell im Unterricht in ihren Träumen; sie wissen dann nicht mehr, um was es geht, und werden ausgelacht.

»Ihre plötzlichen Stimmungsschwankungen oder Wutausbrüche sind für die Gleichaltrigen nicht nachvollziehbar und führen damit häufig zur Ablehnung. In der Schule können sie sich nicht auf das Wesentliche konzentrieren, sie sind mit ihren Gedanken ständig abwesend, machen viele Fehler bei Aufschreiben oder Abschreiben und lassen gedankliche Ordnung oft vermissen.« (Skrodzki, 2002, S. 191)

Besondere Bedeutung für uns als Bewegungsfachleute haben die Störungen der Bewegungskoordination. Die meisten hypermotorischen Kinder können ihre Körperbewegungen zwar grob steuern, sie haben aber große Schwierigkeiten bei Aufgaben, die eine Feinsteuerung verlangen. Ihre innere Unruhe und Ablenkbarkeit, ihre Fahrigkeit und Zappeligkeit machen es ihnen unmöglich, ihre Bewegungen genügend präzise zu steuern und zu kontrollieren, beispielsweise beim Balancieren über eine schmale Bank. Mangelndes Gleichgewichtsvermögen wird oft über eine erhöhte Geschwindigkeit der Bewegungsabläufe ausgeglichen.

»Der geschilderte feinmotorische Kontroll- und Koordinationsmangel hat sowohl eine dynamische als auch räumliche und zeitliche Komponente. Es fehlt einmal an der Fähigkeit zur situationsadäquaten Kraftabstufung und Impulsdosierung der Bewegungsaktionen und -reaktionen. Zum anderen verfehlen konzentrationsgestörte Kinder oft ihr Ziel oder schießen weit darüber hinaus.« (Kiphard, 1989, S. 149)

Aufgrund der ungenauen Wahrnehmung gelingt diesen Kindern oft auch die räumliche Zielgenauigkeit nicht in erforderlichem Maße. Sie ecken mit ihrem Körper überall an. Das liegt zum Teil auch an der mangelhaften Körpervorstellung, an dem lückenhaften Körperbild oder Körperschema, das sie von sich haben. Es weist deshalb Lücken und Unvollständigkeiten auf, weil die Kinder, die unter motorischer Unruhe leiden, kaum in der Lage sind, sich zu entspannen und ihren Körper bewusst wahrzunehmen.

Über die Ursachen gibt es wenig eindeutige und gesicherte Erkenntnisse. Gerade bei dieser Verhaltensauffälligkeit gilt die Aussage von der Bedingungsvielfalt für das Auftreten kindlicher Störungen. Das Wichtigste ist eine sorgfältige, ausführliche und genaue Anamnese dieser Kinder und ihrer Familien. Im Sinne der systemischen Sichtweise müssen zusätzlich Befunde und Informationen von Außenstehenden, wie Großeltern, Erziehern, Lehrern, Therapeuten, zusammengetragen werden, um ein möglichst breites und genaues Bild des Verhaltens und der Entwicklung zu erhalten. Unverzichtbar ist weiterhin eine sorgfältige pädiatrische, neurologische und insbesondere motoskopische Untersuchung, da eine Vielzahl dieser Kinder Auffälligkeiten im Bewegungsverhalten und in der Steuerung ihrer motorischen Aktivitäten zeigen.

Im Kapitel über Wahrnehmungsstörungen (Kap. 6.5) sind Verarbeitungsstörungen der vestibulären oder kinästhetischen Wahrnehmung als eine mögliche Ursache für Bewegungsunruhe genannt. In diesem Zusammenhang ist als Ursache auf die Möglichkeit einer neurochemischen Störung im Transmitter-Haushalt des Gehirns hinzuweisen. Transmitter sind chemische Überträgerstoffe für Nervenimpulse im Gehirn. Diese Funktionsstörung führt wahrscheinlich zu einer Dysbalance von erregenden und hemmenden Zentren im Gehirn, wobei die hemmenden Zentren weniger aktiv sind und dadurch die erregenden Zentren ein Übergewicht bekommen, was sich nach außen im Bild der Hyperaktivität zeigt.

Es gibt auch die These, dass diese Kinder hirnphysiologisch untererregt sind und sich durch die Hyperaktivität selbst anregen und stimulieren, um diesen sensorischen Mangel auszugleichen. Darüber hinaus kann bei einem Teil der Kinder eine genetisch-familiäre Ursache angenommen werden, die sich auf die Beobachtung stützt, dass Eltern und Verwandte solcher Kinder oft ähnliche Störungen zeigen (vgl. Altherr, 1993, S. 16 f.).

Andere Autoren betonen mehr die Erziehungsbedingungen, sozio-kulturelle oder zivilisatorische Einflüsse, die mit der Entstehung dieser psychomotorischen Störungen in Verbindung zu bringen sind. Hyperaktivität wird dabei als Zivilisationsstörung beschrieben, verdeutlicht wird diese Erscheinung an neuen ökologischen Belastungen, Veränderungen der Familienverhältnisse, Professionalisierung und Perfektionierung der Erziehung, Veränderungen des Wohnens und Spielens, Veränderungen des Raumerlebens, Mediatisierung der Kinderwelt im Sinne einer zunehmenden Verwendung von beispielsweise Spielkonsolen, Computer oder Smartphones. »Hyperaktivität kann auch als Reaktion auf eine orientierungslose, beziehungsverarmte, bewegungsarme und reizüberflutete Umwelt interpretiert werden« (Greving/Ondracek, 2009, S. 99).

Wichtige Grundeinstellung bei den helfenden Berufen ist es, nicht nur den beschriebenen negativen Verhaltensweisen der Kinder Beachtung zu schenken. Da die unruhigen Verhaltensimpulse besonders deutlich für alle Beteiligten registriert und beachtet werden, ist man eher geneigt, störungsorientiert zu denken und zu beobachten. Dabei geht oft der Blick fürs Positive verloren. Es ist aber ganz wichtig für die Entwicklung der Betroffenen, dass negative Verhaltensweisen weniger beachtet und positive verstärkt werden. Oft wird zu wenig berücksichtigt, dass diese Kinder besondere Fähigkeiten anderer Art haben.

Zu den häufig zu beobachtenden positiven Merkmalen gehören Spontaneität, Kreativität und Innovation, aber auch eine Vielzahl von Eigenschaften, die ungewöhnlich sind. Durch ihre Filterschwäche nehmen sie viel mehr auf, auch Unwichtiges, sodass ihr Spektrum größer ist. Sie zeigen Begeisterungsfähigkeit, erfrischendes Neugierverhalten und bringen oft originelle Problemlösungen und damit »Leben in die Bude«.

»Mit ungewöhnlichen Verhaltensweisen und anders strukturierter Sensibilität sind sie oft so fantasiereich, dass Gleichaltrige neben ihnen alt wirken. Sie lassen sich nicht in ein enges Schema von Gleichförmigkeit pressen, sondern zeigen ein buntes, vielfältiges, manchmal auch sehr skurriles Bild.« (Skrodzki, 2002, S. 199)

Fördergrundsätze

Die Therapie einer solchen komplexen Entwicklungsstörung kann sich nicht in einer einzelnen Maßnahme erschöpfen. Es wird immer ein komplexes, vielschichtiges Konzept notwendig sein, um den verschiedenen Problembereichen gerecht zu werden. Dazu gehören ein klares Erziehungskonzept – z. B. klare

Strukturen und Regeln vorgeben, Grenzen deutlich aussprechen und konsequent handeln – und das Einhalten von Regelmäßigkeit in Alltagsabläufen. Eine medikamentöse Behandlung ist zu erwägen bei erheblichen Problemen im psychosozialen Bereich und in der Verhaltenssteuerung. Sie ist aber nicht unumstritten und sollte immer durch pädagogisch-therapeutische Angebote ergänzt werden. Wesentlich sind Elternberatung und -training, zudem entsprechende Fördermaßnahmen oder Therapien zur Behandlung spezifischer Teilleistungsstörungen.

Insbesondere durch die Förderung der Bewegung können diese Kinder lernen, Aktivität und Kraft angemessen einzusetzen und zu dosieren und sich sinnvoll an Gruppenaktivitäten beteiligen zu können. Dafür ist der angesprochene Wechsel von Belastungs- und Entspannungssituationen besonders bedeutsam, damit die Kinder intensiv und bewusst ihren Körper spüren können. Es kann ihnen weiterhin dabei geholfen werden, Handlungen zielgerichtet zu Ende zu führen. Wiederholungen von Übungen und Spielen oder bestimmten Ritualen geben Sicherheit; eine klare Strukturierung der Übungsstunde und ein gleichmäßiger Stundenaufbau helfen bei der Orientierung. Es sollten aber auch Bewegungsaktionen variiert und durch unterschiedliche Anforderungen gekennzeichnet sein, damit keine Eintönigkeit oder Langeweile auftritt. Ein Wechsel von offenen und engeren Unterrichtssituationen ist angebracht, der aber für das Kind klar erkennbar sein muss. Nicht zuletzt ist ein ruhiges und geduldiges Verhalten des Übungsleiters (im Sinne von Lernen am Modell) notwendig.

Die Übungs- und Spielformen, die sich aus den genannten Grundsätzen ableiten lassen, sollten zusammenfassend folgende Schwerpunktsetzungen beinhalten:

- Neben vielfältigen Fang- und Bewegungsspielen und grobmotorischen Bewegungsaktivitäten sollten behutsame Bewegungserfahrungen (langsame, vorsichtige Ausführung) ermöglicht werden.
- Das Ausschalten der visuellen Kontrolle (Übungen mit verbundenen Augen) kann helfen, die Konzentration und Aufmerksamkeit zu verbessern.
- Das Erlernen und Aushalten der Ruhelage muss bei vielen Teilnehmern langsam und durch stetiges Wiederholen geübt werden.
- Brems-, Abstopp-, und Reaktionsübungen führen zum allmählichen, vorsichtigen Kanalisieren der ungebremsten Bewegungsaktivität.
- Spezielle Übungen zur Körperwahrnehmung können helfen, das eigene Körperbild genauer zu erfassen und damit Bewegungen genauer zu steuern.
- Übungen und Spiele zur Feinmotorik und Handgeschicklichkeit tragen dazu bei, präzise die Kraft und das Ausmaß der Bewegungshandlung zu dosieren.

6.7.3 Übungs- und Spielanregungen: Entspannungsübungen

Entspannung kann die Lebensbedingungen von Kindern nicht verändern, sie kann aber dazu beitragen, dass Stressfaktoren besser verarbeitet werden und emotionale Spannungen abgebaut werden können. Vielfältige Entspannungsübungen können zu Ausgeglichenheit, positiveren Gedanken und einer Verbesserung der Körperwahrnehmung führen. Denn Entspannung zeichnet sich aus durch eine bewusste, sanfte und gelassen-aufmerksame Hinwendung auf die Vorgänge des eigenen Körpers.

Die *progressive Muskelentspannung* (nach Edmund Jacobson) bedient sich der bewussten Wahrnehmung von Muskelanspannungen. Das bewusste Spüren von Anspannungen dient als Hilfsmittel, die Qualität der Entspannung von Muskeln zu erleben und eine dauerhafte Achtung darauf zu erzielen. Die progressive Muskelrelaxation beruht auf der Anspannung bestimmter Muskelgruppen und dem Spüren der anschließenden Entspannung. Man nimmt also zunächst die Anspannung und dann im Unterschied dazu das Gefühl der Entspannung wahr. So wird man sensibel für verschiedene körperliche Spannungszustände und soll diese dann durch bewusstes Entspannen lösen lernen. Die Übungen werden in einem möglichst ruhigen, leicht abgedunkelten Raum durchgeführt. Die Übungen können aber im Grunde überall und zu jeder Zeit durchgeführt werden. Für die Übungen wird eine bequeme Sitzgelegenheit benötigt, oder es kann auch im Liegen geübt werden.

Für die Durchführung der Übung im Sitzen sollte ein bequemer Stuhl mit Rückenlehne, möglichst aber ohne Armstützen genommen werden. Die Lehne sollte den Rücken angenehm unterstützen, und die Füße sollten bequem den Boden erreichen. Die Füße werden hüftbreit auseinandergestellt, die Arme ruhen auf den Oberschenkeln, ganz locker, gelöst und entspannt. Wer lieber im Liegen üben möchte, nimmt eine bequeme Rückenlage ein. Die Arme liegen gelöst neben dem Körper, ganz locker, gelöst und entspannt, die Handflächen zeigen nach unten, die Füße fallen leicht nach außen.

Die Anspannung der einzelnen Muskelpartien erfolgt ca. fünf bis zehn Sekunden lang, wobei mit leichter Anspannung begonnen und dann immer stärker bis zur maximalen Spannung angespannt werden kann. Die Entspannung kann ca. 20 bis 40 Sekunden dauern, wobei die Lösung der Anspannung nicht allmählich, sondern unmittelbar (abrupt) erfolgt. Der Übungszyklus des Anspannens und Entspannens soll mit jeder Muskelgruppe zweimal wiederholt werden, bevor die Aufmerksamkeit auf die nächste Muskelgruppe gerichtet wird. Wenn beim Anspannen bestimmter Muskeln Beschwerden auftreten, können diese Partien ausgelassen werden. Wichtig ist, beim Üben den Atem nicht anzuhalten, sondern gleichmäßig und ruhig weiterzuatmen.

Mögliche Übungsanweisungen:

- Lenken Sie Ihre Konzentration auf Ihre rechte Hand, spüren Sie, wie sie sich anfühlt, spüren Sie das Gewicht Ihrer Hand. Machen Sie nun eine ganz leichte Faust. Atmen Sie dabei ruhig weiter und achten Sie auf das leichte Spannungsgefühl im Unterarm, in der Hand, in den Fingern. – Dann öffnen Sie die Faust wieder und entspannen. Lassen Sie die Finger ganz locker und spüren Sie Entspannung in Ihrem Unterarm, in der Hand, in den Fingern. Die Hand ist nun vollkommen entspannt, ganz locker und gelöst.

- Richten Sie die Aufmerksamkeit auf Ihren rechten Oberarm. Winkeln Sie den Ellbogen so weit an, dass Ihre Hand fast die rechte Schulter berühren kann. Spannen Sie den Oberarm leicht an, und atmen Sie dabei ruhig weiter. Achten Sie auf das Gefühl der ganz leichten Anspannung. – Dann legen Sie den Arm wieder ab und lassen vollständig los. Spüren Sie die Entspannung. Ihr Arm ist jetzt vollkommen locker, gelöst und entspannt.
- Dieselbe Übung absolvieren Sie nun mit der linken Hand und dem linken Arm.
- Richten Sie Ihre Aufmerksamkeit auf die Schultern. Machen Sie sich bewusst, wie die Schultern aufliegen. Ziehen Sie nun beide Schultern hoch in Richtung der Ohren. Beachten Sie das leicht ziehende Gefühl in der Schultermuskulatur. – Dann lassen Sie die Schultern wieder sinken und entspannen. Genießen Sie das angenehme Gefühl der Lockerung in den Schultern und im ganzen Kopf- und Nackenbereich. Ihre Schultern sind jetzt ganz weich und entspannt.
- Wenden Sie sich Ihrem Rücken zu. Spüren Sie, wie er aufliegt. Spannen Sie nun Ihre Rückenmuskeln an, indem Sie die Schultern nach hinten ziehen und die Brust ganz leicht nach vorne schieben. Spüren Sie, wie die Muskelspannung ein ganz leichtes Hohlkreuz erzeugt. – Dann lassen Sie wieder los und entspannen. Lösen Sie die Schultern, und lehnen Sie den Rücken wieder bequem an. Ihr Rücken ist jetzt wieder völlig entspannt, ganz locker und gelöst.
- Gehen Sie weiter zur Bauchmuskulatur. Bauen Sie nun an der Bauchdecke eine leichte Spannung auf, indem Sie den Bauch etwas einziehen. Spüren Sie das leichte Gefühl der Anspannung im Bauchbereich. Halten Sie den Atem aber nicht an, atmen Sie ganz ruhig und regelmäßig weiter. – Dann lassen Sie den Bauch wieder los und entspannen. Spüren Sie, wie die Spannung aus dem Bauchbereich entweicht und weniger und weniger wird. Lassen Sie innerlich ganz locker, und fühlen Sie jeden Atemzug bis tief in den Bauch hinein.
- Richten Sie Ihre Aufmerksamkeit auf den rechten Unterschenkel. Spannen Sie die rechte Wade an, indem Sie den Fuß zum Gesicht ziehen. Achten Sie auf die leichte Spannung in der Wadenmuskulatur. Spüren Sie das leichte Ziehen im rechten Unterschenkel. – Dann lassen Sie wieder los und entspannen. Der rechte Unterschenkel findet wieder in seine bequeme und lockere Position zurück. Ihre Wadenmuskulatur ist ganz locker, gelöst und entspannt.
- Machen Sie nun weiter mit dem rechten Fuß. Spannen Sie den Fuß an, indem Sie die Zehen leicht nach unten krümmen. Spüren Sie das ganz leichte Spannungsgefühl im Fuß und in den Zehen. Atmen Sie dabei ruhig und tief weiter. – Dann lassen Sie die Zehen wieder los und entspannen. Genießen Sie das angenehme Gefühl der Lockerung; der rechte Fuß ist nun wieder ganz entspannt, locker und gelöst.
- Dieselben Übungen machen Sie dann mit dem linken Unterschenkel und dem linken Fuß.
- Wandern Sie nun noch einmal gedanklich durch Ihren gesamten Körper. Erleben Sie das Gefühl der Entspannung im ganzen Körper, in den Fingern, den Händen, in den Armen, dem Nacken, in den Schultern, dem ganzen Oberkörper, im Rücken vom Hals bis zum Gesäß, im Bauch, in beiden Beinen, den Ober-

schenkeln, den Waden und in den Füßen bis zu den Zehen. Ganz locker, gelöst und entspannt. Atmen Sie tief weiter, und halten Sie die Augen noch einen Moment geschlossen. Beenden Sie aber für sich die Entspannung mit der Rücknahme.
- Durch die Rücknahme stellen sich Ihre vegetativen Körperfunktionen wieder auf den normalen Ruhebetrieb ein. Fangen Sie nun langsam an, die Füße und die Hände etwas zu bewegen. Strecken Sie die Hände und die Füße von sich, und recken Sie sich immer mehr und mehr. Beginnen Sie sich langsam zu dehnen und zu rekeln, so wie nach dem Aufstehen. Strecken und rekeln Sie sich immer weiter und fangen Sie an, Arme und Beine mehr und mehr zu bewegen. Drehen Sie sich noch ein wenig hin und her, bis Sie das Gefühl haben, dass Sie jetzt wieder ganz klar und wach sind. Öffnen Sie die Augen, stehen Sie langsam auf und strecken sich noch einmal so richtig durch. Und jetzt, Augen weit auf und tief durchatmen. Sie sind jetzt wieder frisch und bereit für den Tag.

Der vorgegebene Text ist als Anregung zu verstehen. Sie können auch für bestimmte Personengruppen vereinfachte Formulierungen wählen.

Für Kinder bzw. für Anfänger z. B. ist es hilfreich, bei der Formulierung mit bildhaften Vergleichen zu arbeiten, um eine gezielte Anspannung zu erreichen. So könnten sich die Teilnehmer beispielsweise vorstellen,

- mit der Hand einen nassen Schwamm auszudrücken und dann fallenzulassen,
- mit dem Arm als »Muskelmann« den Bizeps zu zeigen,
- mit der Hand ein Loch in den Boden zu drücken,
- sich zu ducken und den Kopf einzuziehen, um einen niedrigen Gang entlangzulaufen,
- ein Telefon zwischen Ohren und Schultern einzuklemmen,
- mit dem Gesicht eine Grimasse zu ziehen,
- mit der Stirn zu runzeln und angestrengt über etwas nachzudenken,
- mit dem Bauch, der Brust so tief Luft zu holen, als ob die Knöpfe abspringen,
- dass sich das Bein in ein Gips- oder Holzbein verwandelt,
- dass der ganze Körper steif wie ein Brett wird, sodass er weggetragen werden könnte,
- dass man daliegt wie ein nasser Sandsack oder sich entspannt am Kamin einrollt.

Das *Autogene Training* (nach Johannes-Heinrich Schultz) ist ein weiteres bekanntes Verfahren zur Entspannung, es lenkt die Aufmerksamkeit auf die bewusste Vorstellung von Bildern und Körpererfahrungen wie Ruhe, Wärme und Schwere, um einen Zustand der Entspannung zu bewirken. Die Vorstellung wird selbstredend erlernt und bewirkt eine sich entspannende Körperregulierung. Und es gibt eine Vielzahl von Märchengeschichten und Fantasiereisen, in denen Elemente dieses Trainings eingebaut sind (z. B. Else Müller, 1999; 2003).

Auch sind Übungen geeignet, die mit *sanften Körpermassagen* bzw. Körperstreichungen verbunden sind (Kap. 6.5.2). Die Teilnehmer bilden dazu Paare. Einer legt sich in entspannter Position in Bauchlage auf den Boden oder auf eine Matte. Er kann während der Übung die Augen schließen. Der andere Mitspieler macht jeweils die zu der Geschichte passenden Bewegungen mit der Hand oder den Fingern auf dem Rücken seines Partners.

> **Beispiele**
>
> *Kuchen backen:* Das Backblech sauber machen (Finger imitieren fließendes Wasser durch Wellenbewegung von oben nach unten). Das Blech sauber rubbeln (mit Fäusten sanft den Rücken rubbeln oder mit fünf Fingern). Wieder etwas Wasser darüber laufen lassen. Das nasse Blech abtrocknen (mit beiden Händen flach drücken). Etwas Mehl nehmen (mit beiden Händen aufhäufen, verstreichen). Und Zucker (s. o.). Und Eier (erst Fingerspitzen, dann Finger nach außen drücken).
> Eine Prise Salz (s. o.). Jetzt muss der Teig kräftig geknetet werden (Knetbewegung auf dem Rücken imitieren). Jetzt wird das Backblech mit Butter eingestrichen (mit Fingern über den Rücken gehen). Den Teig mit Nudelholz ausrollen (Unterarm rollt aus). Apfelstücke eindrücken (mit mehreren Fingern leicht drücken). Streusel darauf verteilen (leichte Fingerklopfungen). Den Kuchen im Ofen backen (Hände aneinanderreiben und mit etwas Druck auflegen, etwas liegen lassen). Den fertigen Kuchen in Stücke teilen (mit der Handkante). Zuletzt wieder das Blech abrubbeln.
>
> Auch zu den beiden nachfolgenden Geschichten können ausgewählte Massagebewegungen mit den Händen auf dem Rücken des Partners ausgeführt werden.
>
> *Gartenarbeit:* Die Sonne scheint, Erde lockern, Unkraut herausziehen, wieder Erde lockern, weiter Unkraut herausziehen, ausheben und Erdklumpen zerbröseln, Rillen für die Samen schaufeln, Samen einstreuen, Blumen pflanzen. Erde darüber streuen, Wasser gießen, Sonne scheint.
>
> *Herbstregen:* Die Sonne scheint, der Boden ist warm, Wolken ziehen auf, werden langsam größer. Es beginnt, leicht zu regnen, einzelne Tropfen. Es regnet immer fester, der Regen wird stärker. Jetzt platscht es richtig vom Himmel herab. Donner und Blitz, starker Wind. Der Regen wird weniger, es tröpfelt nur noch, die Wolken verschwinden, die Sonne scheint wieder.

6.8 Beachtung kooperativer und sozialer Prozesse im Gruppengeschehen

»Gruppenerfahrungen bieten die Gelegenheiten zu vielfältigen Interaktionen und ermöglichen kooperative und positive soziale Lernprozesse. Diesen Gruppenprozessen ist besondere Beachtung zu schenken.«

Wir alle kennen vermutlich diese Erfahrungen aus vielen Spielabläufen und vor allem aus dem herkömmlichen Sportunterricht: Lauf- und Fangspiele, die nicht nur eine Zurschaustellung mangelnder Ausdauerleistung mit sich bringen, sondern darüber hinaus dazu führen, dass leistungsschwache Kinder hier häufig in soziale Außenseiterpositionen geraten. Von den schnelleren Mitspielern werden sie in diesen Spielen kaum beachtet, weil es nicht als besondere Leistung gilt, einen von ihnen einzuholen oder abzutreffen. Oder aber sie werden sofort abgeschlagen, und infolge des häufigen Übernehmens der Fängerrolle stellt sich dadurch eine Überbelastung dar, die zur Verweigerungshaltung führen kann.

Und bei Ballspielen wie dem Völkerball weiß schon zu Spielbeginn der ungeschickte, ängstliche Spieler, dass er wieder eines der ersten Opfer sein wird.

Auch bei Gruppeneinteilungen können ähnlich belastende Erfahrungen immer wieder diejenigen treffen, die sowieso »am Rand stehen«. So werden z. B. beim Wählen leistungsschwache Kinder vor allen anderen bloßgestellt, weil sie als Letztes gewählt werden oder zum Schluss zu einer Mannschaft »hingeschoben« werden. Ihr geringer Wert wird so extrem deutlich und bei jeder Wahl aufs Neue bescheinigt.

In den psychomotorischen Förderstunden muss es ein klares Anliegen sein, Situationen und Abläufe zu vermeiden, in denen solche negativ belastenden Erlebnisse möglich bzw. wahrscheinlich sind (Kap. 2.4 und 6.4).

6.8.1 Soziale Lernprozesse

Soziale Lernprozesse zählen zu den wesentlichen Erfahrungsbereichen der Erziehung, Bildung und Begleitung von Menschen. Auch für die Bewegungserziehung und -förderung werden solche Zielsetzungen immer wieder formuliert. Aber sie gehören gleichzeitig zu den am wenigsten planbaren und steuerbaren Aufgaben. Erziehungsziele wie Hilfsbereitschaft, Kooperation, Toleranz und Einfühlungsvermögen sind nicht so einfach zu messen und zu überprüfen.

Dennoch gibt es aber in der heilpädagogischen Arbeit viele Anlässe und Situationen, die gerade diese Fähigkeiten fördern (können). Soziale Lernprozesse können sich hierbei durch Imitation und Beobachtung, Erfahrung und Einsicht, Reflexion und Erklärung vollziehen bzw. dadurch unterstützt werden. Sozialerfahrungen ergeben sich immer dort, wo mindestens zwei Teilnehmer getrennt für sich oder gemeinsam Übungsabläufe oder Spielhandlungen ausführen. Auch wenn sie parallel Übungen ausführen, beeinflussen sie sich gegenseitig, denn es kann z. B. das Gelingen oder Misslingen des anderen beobachtet werden, Abläufe werden von dem Einzelnen kommentiert und vom Anderen wahrgenommen. Manches kann man sich von anderen Teilnehmern abschauen, das können erwünschte Effekte sein, aber auch unerwünschte Verhaltensweisen können nachgeahmt werden.

Positive und negative Auswirkungen

Folgende soziale Grundqualifikationen können durch Bewegung und Spiel erworben werden:

- soziale Sensibilität/Einfühlungsvermögen,
- Regelverständnis, -einhaltung,
- Kontakt- und Kooperationsfähigkeit,
- Frustrationstoleranz,
- Toleranz und Rücksichtnahme.

Damit sind die positiven Auswirkungen herausgestellt, die durch Bewegung und Spiel erreicht werden können. Ob dies aber immer der Fall ist und die gewünschten Ziele erreicht werden, muss allerdings auch hinterfragt werden.

Durch Bewegungsspiele in einer Gruppe werden zwar immer soziale Lernprozesse in Gang gesetzt, diese müssen jedoch nicht immer auch zu Rücksichtnahme und Toleranz und damit zu einer Verbesserung der sozialen Kompetenzen führen. Man kann eben nicht davon ausgehen, dass bei einem Spiel sich quasi automatisch positive soziale Prozesse einstellen oder dass das Spielen immer von Spannungen befreit und die Atmosphäre fröhlich ist.

»Vielleicht treffen in der Gruppenstunde zwei Teilnehmerinnen aufeinander, die sich eigentlich nicht leiden können – und jetzt sollen sie freundschaftlich miteinander spielen. Oder vielleicht ist in der Gruppe jemand, der gerne das große Wort führt, einer anderen damit auf die Nerven geht, ohne dass diese sich traut, etwas zu sagen. Die positiven

Wirkungen, die den Spielen zugeschrieben werden, können sich ergeben, müssen aber nicht.« (Eisenburger, 2011, S. 64)

Manche Bewegungsspiele provozieren auch geradezu das Entstehen von Konkurrenzverhalten und Rivalität, und sie verhindern die Integration Schwächerer. Solche Auswirkungen können dann auftreten, wenn Bewegungsspiele hohen Wettkampfcharakter haben und zu direkten Leistungsvergleichen führen. Diese Spiele enthalten Konkurrenzsituationen (Wettläufe, Spiele mit Ausscheiden, Reaktionsspiele). Hier können die Mitspieler eindeutig erkennen, wer der Schnellste oder Geschickteste und auch wer der Langsamste ist, wer bei einem Wettlauf als Letzter ankommt oder bei einem Spiel mit Ausscheiden sich als Erster auf die Bank setzen muss. Zwar ist es meist nicht möglich und auch nicht erforderlich, auf alle Spiele, bei denen Sieger oder Verlierer ermittelt werden, zu verzichten. Die Gruppenleiterin muss jedoch beachten, dass häufiges Verlieren das Selbstwertgefühl erheblich schwächen und die Leistungsbereitschaft und -zuversicht mindern kann. Oder Kinder reagieren bei Misserfolg mit Rückzug oder kompensieren Leistungsschwächen mit Störverhalten.

Spiele mit einem möglichen Ausscheiden von Mitspielern (Fangspiele, Ballspiele) können so verändert werden, dass lange Wartezeiten verhindert werden. Regelergänzungen können dafür sorgen, dass abgetroffene Mitspieler schnell wieder am Spielgeschehen teilnehmen können. Deshalb sollten Möglichkeiten des Wiedereinstiegs angeboten werden.

Beispiele

Beispielsweise kann der abgetroffene Mitspieler wieder teilnehmen, wenn ein »freier« Spieler durch die gegrätschten Beine des Abgetroffenen hindurchkriecht, einen vereinbarten Zauberspruch vor ihm aufsagt, um den stehenden Mitspieler herumläuft, dem abgetroffenen Mitspieler einen Hut oder eine Mütze aufsetzt oder ihn mit der Hand an einer vereinbarten Körperstelle berührt. Und weitere Möglichkeiten des Wiedereinstiegs können sich dadurch ergeben, wenn immer nur ein Abgeworfener auf der Bank sitzen darf bzw. mit einer Zone gespielt wird, in der man nicht abgeworfen werden darf. Oder die Abgeworfenen gehen zu einer Matte und können sich durch Würfeln mit dem großen Schaumstoffwürfel (eine »6« würfeln) wieder befreien.

Mannschafts- und Gruppenbildung

Wenn die heilpädagogischen Fachkräfte es mit größeren Gruppen zu tun haben, ist es manchmal erforderlich, Teilgruppen oder auch Mannschaften zu bilden. Zur Sozialerfahrung gehört auch die Mannschaftsbildung und Gruppeneinteilung, denn soziales Lernen findet auch bereits vor dem eigentlichen Spiel statt. Es müssen Spielgruppen eingeteilt, Mannschaften gebildet oder Partner gesucht werden.

Dabei werden häufig noch Methoden angewendet, die Schwächere in ihrem Selbstwertgefühl sehr verunsichern, z. B. beim Wählen. Dies geschieht aus organisatorischen Gründen, aus Tradition oder aus fehlendem Einfühlungsvermögen, also weil es schnell geht, es für den Übungsleiter wenig Aufwand bedeutet, es immer schon so gemacht wurde und auch nicht weiter darüber nachgedacht wird. Für R. Zimmer ist in Bezug auf Gruppeneinteilungen das Wählen »die schlechteste, unsozialste und unpädagogischste Methode« (Zimmer/Cicurs, 1995, S. 113). Andere Verfahren und Wege sind da sicherlich geeigneter, etwa Fang- oder Bewegungsspiele, in denen sich Partner oder Gruppen eher zufällig finden müssen, einfaches Abzählen, die zufällige Zuordnung der Mitspieler zu verschiedenfarbigen Luftballons oder Teppichfliesen. Eine weitere Möglichkeit besteht darin, dass sich die Teilnehmer selbst in Gruppen zusammenstellen, oder der Leiter die Gruppe einfach in der Mitte aufteilt.

Durch verschiedene Maßnahmen können der Umgang der Kinder untereinander, ihr Verständnis füreinander und die gegenseitige Toleranz und Hilfeleistung bewusst gefördert werden. Zusammengefasst sind eine entsprechende Auswahl der Spielinhalte und ein bewusstes und reflektiertes Übungsleiterverhalten bedeutsam. Bei der Auswahl der Spielinhalte kann beispielsweise berücksichtigt werden:

- ein behutsamer Umgang mit Wettspielen,
- das Vermeiden von schnellem oder langem Ausscheiden,
- das Anbieten von Spielen mit verschiedenartigen Anforderungen und von Kooperationsspielen,
- das Ermöglichen von Eigenaktivität und
- das freie Wählen von Erholungspausen.

Der Übungsleiter kann durch die Beachtung folgender Verhaltensweisen dazu beitragen, dass positive soziale Gruppenprozesse sich vollziehen können:

- eigenständige Konfliktlösungen der Teilnehmer zulassen,
- diese aber genau beobachten und bei regelmäßiger Benachteiligung einzelner Kinder eingreifen,
- selbst positives Lernmodell bieten,
- Sieger/Verlierer nicht besonders herausstellen,
- direkte Leistungsvergleiche einzelner Mitspieler vermeiden,
- nicht einseitig oder vorschnell Partei ergreifen,
- Partner- und Gruppenwahl so gestalten (lassen), dass keiner bloßgestellt wird.

6.8.2 Abbau von Bewegungsängsten

Bei Kindern, die häufig mit den beschriebenen, negativ belastenden Erfahrungen, was Bewegung und Spiel angeht, konfrontiert wurden, ist die Gefahr groß, dass sie Verhaltensunsicherheiten oder Ängste entwickeln. Erinnerungen werden wachgerufen, und Angstsymptome zeigen sich, wenn sie z. B. die Halle betreten, der Ball als Spielgegenstand geholt wird oder der Kasten als Hindernis aufgebaut wird. Solche Ängste abzubauen, die in hohem Ausmaß die Entwicklung blockieren können, gehört zu den wichtigen Intentionen psychomotorischer Förderung. »Angst – auf eine Situation bezogen – kann als ein mit Gefühlserregung verbundener Besorgtheitszustand bezeichnet werden, der durch das Erwarten einer Bedrohung gekennzeichnet ist« (Kiphard, 1989, S. 121).

Angst ist in gewissem Maße auch existenziell notwendig, zum Beispiel, um sich vor Gefahren zu schützen, aber um diese Angst geht es hier nicht. Es geht vielmehr um diffuse Ängste, die die Bewegungs- und Lebensfreude einschränken, zum Vermeidungsverhalten führen, die Verwirklichung von Wünschen blockieren oder als Bedrohung empfunden werden. In Bewegungsspielen kann es viele solcher Bedrohungen geben, die wir zu vermeiden suchen. Dabei können wir verschiedene Formen der Bewegungsangst unterscheiden:

- Angst vor Misserfolg (Angst vor Fehlern, Blamage, Ablehnung, Auslachen o. Ä.),
- Angst vor Schmerzen (objekt- und situationsgebundene Verletzungsangst, z. B. beim Ballspielen, am Barren, im Wasser, oft durch negative Vorerfahrungen bedingt),
- Angst vor Orientierungsverlust (z. B. beim schnellen Drehen, beim nach unten Hängen, bei Rotationen um die Körperachse, rückwärtigen Drehbewegungen, Übungen mit verbundenen Augen, großen Höhen),
- Angst vor dem Unbekannten (z. B. neue, ungewohnte Geräte, unbekannte Bewegungs- oder Spielsituationen).

Kinder mit gehemmter Motorik bewegen sich verkrampft, kleinschrittig und unsicher. Spontane motorische Reaktionen sind selten, das Interesse an Bewegung ist gering. Bei Bewegungsspielen (z. B. in der Turnhalle) stehen sie bewegungsarm an den Raumseiten. Sie lassen gerne andere vor und schauen oft aus der Ferne zu. Bei motorischen Anforderungen täuschen sie manchmal Verletzungen oder Unwohlsein vor. Diese Antriebsarmut äußert sich vornehmlich im grobmotorischen Bereich, ist aber auch bei feinmotorischen Bewegungsabläufen (z. B. in der Schreibmotorik) zu beobachten. Es handelt sich in der Regel um ein erlerntes, psychogenes Verhalten. Zwei Verursachungsmomente (in Bezug auf Entwicklungsstörungen, nicht im Rahmen einer Behinderung) lassen sich unterscheiden:

- überbehütende und andere einengende Erziehungsmaßnahmen sowie Überforderung und daraus resultierende Bewegungsangst
- sekundäre Folge traumatischer Erfahrungen (Unfallschäden, lange Krankenhausaufenthalte und andere Hospitalisierungen)

Ein so gelerntes motorisch gehemmtes Verhalten hat meistens eine günstige Prognose. Besonders im Erwachsenenalter ist es nicht mehr so bedeutsam: nicht weil die Schwierigkeiten grundsätzlich nachgelassen hätten, sondern weil motorische Geschicklichkeit und Spontaneität nicht mehr den zentralen Stellenwert einnehmen, die sie in Kindheit und Jugend innehatten. Deswegen ist motorisch gehemmtes Verhalten in der Kindheit aber nicht leicht zu nehmen. Motorisch gehemmtes Verhalten hat Auswirkungen auf das Selbstvertrauen, führt zu Unsicherheiten und zur Vermeidung von sozialem Kontakt (vgl. Leyendecker, 2005, S. 114).

Hochängstliche Kinder versuchen von vornherein, jede ihnen bedrohlich erscheinende Situation zu vermeiden, indem sie z. B. die Übung oder das Spiel gänzlich verweigern. Es ist einleuchtend, dass eine solche Grundhaltung die Entwicklung erheblich einschränkt. Sie tritt nachweislich häufiger bei Kindern mit Bewegungsbeeinträchtigungen auf. Die Reaktionen der Kinder sind nachvollziehbar. Sie versuchen nämlich, in der bedrückenden Situation Misserfolgen auszuweichen, und schützen so ihr Wohlbefinden und ihr schon »angekratztes« Selbstwertgefühl.

Während ein mittleres Angstpotenzial, z. B. als »Lampenfieber«, der Mobilisierung aller verfügbaren Kräfte dient, wirken sich hohe Angstpotenziale leistungs- und antriebsblockierend aus. Damit schränken die Ängste die Freude an der Bewegung ein, verhindern Bewegungs- und Spielerfahrungen und dadurch soziale Kontakte zu Gleichaltrigen. Dem aufmerksamen Sportpädagogen fallen diese hochgradig ängstlichen Schüler – abgesehen von ihrem Rückzugsverhalten – durch eine Reihe körperlicher und motorischer Ausdrucksphänomene auf.

> »Der Gesichtsausdruck ist ängstlich verkrampft, die Augen sind aufgerissen, die Kinder sehen blass aus, zitterig, der Puls ist beschleunigt, ebenso die Atmung. Ihre Muskeln sind oft bis zur Versteifung starr, der ganze Körper verharrt bewegungslos oder bewegt sich nur ruckhaft, eckig, hölzern und steif. Der leicht rückgeneigte Oberkörper deutet den Konflikt zwischen dem Vorwärtsmüssen und der ängstlichen Zurückhaltung an. Die Schultern werden als Ausdruck der Hilflosigkeit und Ängstlichkeit hochgezogen, die Arme an den Körper gepresst, die Daumen in den Fäusten versteckt.« (Kiphard, 1989, S. 121 f.)

Pädagogisches Verhalten

Die heilpädagogische Aufgabenstellung ist, herauszufinden, was das Kind braucht und was ihm fehlt, damit sich seine große Angst reduziert oder auflöst. Sie brauchen sicherlich Schutz und Bedingungen, unter denen ihre körperliche Unversehrtheit gewährleistet ist. Mögliche Verletzungen und Schmerzen müssen unbedingt vermieden werden, z. B. durch eine entsprechende Materialauswahl oder durch Mattenabsicherung. Auch das Blamieren oder Bloßgestelltwerden muss vermieden werden.

Schon die Verbalisierung furchtauslösender Faktoren kann zu einer kritischen Distanz führen, von der aus das Kind mit in mögliche Bewältigungsstrategien einbezogen werden kann. Das Kind könnte zum Beispiel gefragt werden: Was würdest du tun, wenn die Situation, vor der du dich fürchtest, tatsächlich eintreten würde? So können Situationen beschrieben und Lösungsoptionen erwogen und abgewogen werden. Auf diese Weise können resiliente Kräfte erwachsen, weil das Kind besser auf diese Gegebenheiten eingestellt ist und sich eher herausgefordert fühlen würde, sie zu bewältigen. Der Blick richtet sich auf die eigenen Kräfte und Handlungskompetenzen: Ich weiß, was ich in solchen Fällen tun würde, und ich fühle mich stark, dies zu tun. Das Handlungswissen sollte immer mit dem Gefühl des Zutrauens verbunden sein, damit diese Verknüpfung verinnerlicht bleibt. Und dieses Gefühl kann durch Ermutigung und Lob erreicht werden. »Allerdings hat ein Lob die effektivste Wirkung, wenn das Kind selber von seiner lobenswerten Tat überzeugt ist. Insofern soll ein Lob nur eine Verstärkung des Selbstwertgefühls, der selbst so attributierten, geglückten Leistung sein (Lotz, in: Greving/Ondracek, 2009, S. 102).

Um Ängsten entgegenzuwirken oder bereits vorhandene Angstreaktionen abzubauen, sind zudem folgende methodische Maßnahmen bei der Gestaltung von Bewegungs- und Spielsituationen zu berücksichtigen:

- Den Teilnehmern sollte genügend Zeit zum Kennenlernen der Umgebung, der Geräte und Materialien und zum Üben eingeräumt werden, damit Bewegungssicherheit entwickelt werden kann. Es sollte kein Zeitdruck entstehen, auch nicht durch andere Teilnehmer.
- Die Orientierung am Leistungsvergleich und Wettkampfgedanken sollte vermieden werden; auch ist darauf zu achten, dass dieser durch andere Gruppenmitglieder nicht in den Vordergrund gerückt wird.
- Es können Bewegungsgelegenheiten und Aufgaben gegeben werden, in denen die Gruppenleistung gefordert ist. Oder es werden Bewegungsaufgaben mit gestaffeltem Schwierigkeitsgrad angeboten, damit nicht alle dieselbe Übung machen müssen. Das Vormachen von Einzelnen vor der Gruppe sollte nicht aufgedrängt werden.
- Auch geringe Leistungsfortschritte sollten beachtet und verstärkt werden.
- Das eigene Verhalten sollte kritisch reflektiert werden (Selbstwahrnehmung): Enthalten beispielsweise die Formulierungen diskriminierende Aussagen, oder zeigt die Körpersprache vorwurfsvolle oder gar bedrohliche Formen?

6.8.3 Übungs- und Spielanregungen: Dreier-Übungen

Soziale Lernprozesse werden besonders bei Kooperationsübungen in den Blick gerückt. Diese Übungen kommen allerdings eher bei solchen Kindern oder Jugendlichen in Betracht, die ein Grundpotenzial an motorischen Fertigkeiten mitbringen; auch bestimmte kognitive Fähigkeiten sind erforderlich, da es hierbei auch viel auf gemeinsame Absprachen und Problemlösungen ankommt. Einige der folgenden Übungen sind deshalb für Heranwachsende mit deutlichen Behinderungen nur eingeschränkt möglich.

> **Beispiele**
>
> In diesen Kooperationsspielen sind die Teilnehmer gefordert, sich gut aufeinander einzustellen. Voraussetzung für ein gutes Gelingen dieser Übungen ist es, wenn jeder aufmerksam ist und die Handlungen des Anderen verfolgt, um seine eigenen Reaktionen darauf abzustimmen.
> Wenn bestimmte motorische Fähigkeiten vorhanden sind, können diese Übungen vor allem mit älteren Kindern und Jugendlichen auch als »Dreier-Circuit« absolviert werden. Es werden dazu bestimmte Übungsstationen festgelegt, die alle Dreier-Gruppen in einer bestimmten Reihenfolge absolvieren müssen. Die Anzahl der Wiederholungen in einer bestimmten Zeit können gezählt und notiert werden. Sie können auch miteinander verglichen werden,

wenn sich dadurch nicht eine zu hohe Konkurrenzsituation ergibt. Auf jeden Fall zählt aber nicht die Leistung des Einzelnen, sondern nur das Ergebnis der Gruppe.

Rollball: Zwei Teilnehmer stehen hintereinander, der Dritte steht in einem bestimmten Abstand gegenüber. Der erste Spieler der Zweiergruppe wirft dem dritten Mitspieler den Ball zu und läuft zu diesem Teilnehmer und stellt sich hinter ihm. Dieser Ablauf wiederholt sich dann fortlaufend. Variationen: Der Ball wird nicht zugeworfen, sondern mit dem Fuß zugespielt. Oder der Ball wird über eine Bank gerollt, die zwischen den Teilnehmern steht.

Zielwurf: Ein Mitspieler hält den Gymnastikreifen vor sich senkrecht in der Luft und bewegt sich langsam vorwärts. Die beiden anderen Mitspieler werfen sich einen Ball durch den Reifen fortlaufend so oft wie möglich zu. Variation: Der Ablauf findet ohne Vorwärtsbewegung, aber mit Positionswechsel statt. Nach dem Wurf wechselt der Werfer zum Reifen; der Teilnehmer, der den Reifen gehalten hat, wird zum Fänger; der Fänger zum Werfer usw.

Personentransport: Zwei der Mitspieler sollen die dritte (kleinste) Person über eine festgelegte Strecke tragen. Am Ende der Strecke findet ein Rollenwechsel statt. Die Teilnehmer können selbst ausprobieren, wie es gehen kann. Variationen: Die Art des Tragens kann vorgegeben werden. Oder der Mitspieler muss nicht getragen, sondern gezogen werden, z. B. auf einer umgedrehten Teppichfliese sitzend.

Springen und Kriechen: Es werden von zwei Teilnehmern zwei Seilchen parallel gehalten. Der Dritte springt über die Seilchen (oder auch nur über ein Seil) und kriecht dann unter die Seile (oder das andere Seil) hindurch. Die Durchführung kann auch mit Rollenwechseln absolviert werden.

Bälletransport: Ein Teilnehmer der Dreiergruppe trägt einen Tennisball (oder eine Holzkugel) auf einer Papprolle (oder einen Balltragestab) und muss dabei eine kurze Hindernisbahn (Kasten, Bank) oder einen kurzen Slalom-Parcours überwinden. Am Ende der Strecke muss der Ball an den nächsten Mitspieler mit Papprolle (ohne Benutzung der Hände) übergeben werden.

Stab ergreifen: Die drei Mitspieler stehen im Kreis und stellen jeweils ihren Gymnastikstab senkrecht auf den Boden. Auf Kommando lassen alle gleichzeitig ihren Stab los und fangen den nächsten Stab auf.

Reifenwurf: Drei Reifen werden in Dreiecksform auf den Boden gelegt. Die drei Mitspieler stellen sich zwischen den Reifen. Sie werfen ihren Mitspielern den Ball so zu, dass er vorher im Reifen aufspringt.

6.9 Zusammenfassung der Prinzipien

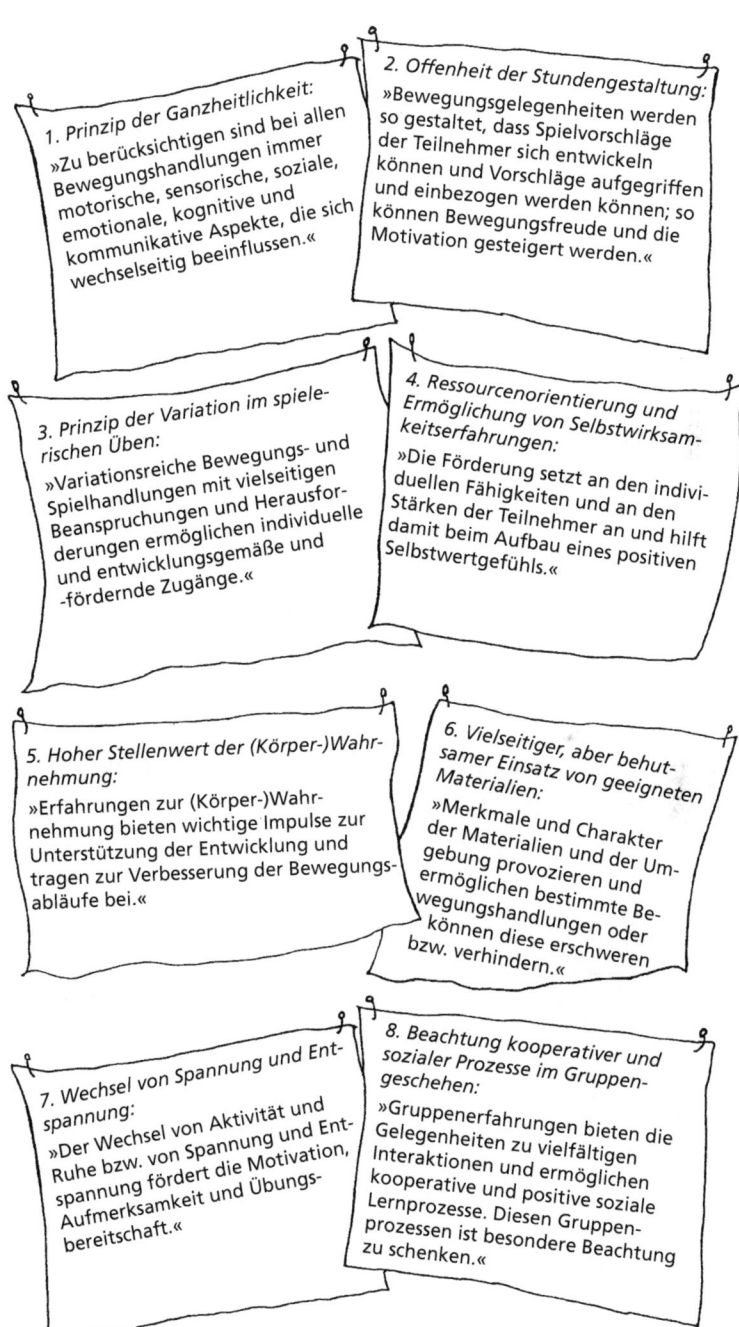

1. Prinzip der Ganzheitlichkeit:
»Zu berücksichtigen sind bei allen Bewegungshandlungen immer motorische, sensorische, soziale, emotionale, kognitive und kommunikative Aspekte, die sich wechselseitig beeinflussen.«

2. Offenheit der Stundengestaltung:
»Bewegungsgelegenheiten werden so gestaltet, dass Spielvorschläge der Teilnehmer sich entwickeln können und Vorschläge aufgegriffen und einbezogen werden können; so können Bewegungsfreude und die Motivation gesteigert werden.«

3. Prinzip der Variation im spielerischen Üben:
»Variationsreiche Bewegungs- und Spielhandlungen mit vielseitigen Beanspruchungen und Herausforderungen ermöglichen individuelle und entwicklungsgemäße und -fördernde Zugänge.«

4. Ressourcenorientierung und Ermöglichung von Selbstwirksamkeitserfahrungen:
»Die Förderung setzt an den individuellen Fähigkeiten und an den Stärken der Teilnehmer an und hilft damit beim Aufbau eines positiven Selbstwertgefühls.«

5. Hoher Stellenwert der (Körper-)Wahrnehmung:
»Erfahrungen zur (Körper-)Wahrnehmung bieten wichtige Impulse zur Unterstützung der Entwicklung und tragen zur Verbesserung der Bewegungsabläufe bei.«

6. Vielseitiger, aber behutsamer Einsatz von geeigneten Materialien:
»Merkmale und Charakter der Materialien und der Umgebung provozieren und ermöglichen bestimmte Bewegungshandlungen oder können diese erschweren bzw. verhindern.«

7. Wechsel von Spannung und Entspannung:
»Der Wechsel von Aktivität und Ruhe bzw. von Spannung und Entspannung fördert die Motivation, Aufmerksamkeit und Übungsbereitschaft.«

8. Beachtung kooperativer und sozialer Prozesse im Gruppengeschehen:
»Gruppenerfahrungen bieten die Gelegenheiten zu vielfältigen Interaktionen und ermöglichen kooperative und positive soziale Lernprozesse. Diesen Gruppenprozessen ist besondere Beachtung zu schenken.«

Literaturverzeichnis

Ackermann, Andreas/Oswald, W.-D.: Selbständigkeit erhalten, Pflegebedürftigkeit und Demenz verhindern, In: Oswald, Wolf-D./Gatterer, Gerald/Fleischmann, Ulrich M.: Gerontopsychologie. Grundlagen und klinische Aspekte zur Psychologie des Alterns, Springer-Verlag, Wien, 2008, S. 129–140

Altherr, Peter: Das Hyperkinetische Syndrom des Kindesalters aus kinderpsychiatrischer Sicht: Diagnostik und Therapiemöglichkeiten im Überblick, in: Passolt, Michael (Hrsg.): Hyperaktive Kinder. Psychomotorische Therapie, München, Ernst Reinhardt Verlag 1993, S. 11–22

Amft, Susanne/Boveland, Brigitta/Hensler Häberlin, Kathrin/Uehli Staufer, Beatice: Kann Psychomotoriktherapie zur Förderung sozio-emotionaler Kompetenzen beitragen?, in: Praxis der Psychomotorik, 38. Jg., 2013, H. 3, S. 134–139

Antonovsky, Aaron: Salutogenese. Zur Entmystifizierung der Gesundheit, hrsg. und übersetzt von Alexa Franke, Tübingen, Deutsche Gesellschaft für Verhaltenstherapie, 1997

Ayres, Anna Jean: Bausteine der kindlichen Entwicklung. Die Bedeutung der Integration der Sinne für die Entwicklung des Kindes, 4. Aufl., übersetzt von Inge Flehmig und Rolf W. Flehmig, Berlin/Heidelberg, J. Springer, 2002

Balgo, Rolf: Systemische Positionen im Kontext der Motologie, in: Köckenberger, Helmut/ Hammer, Richard (Hrsg.): Psychomotorik – Ansätze und Arbeitsfelder. Ein Lehrbuch, Dortmund, verlag modernes lernen, 2004, S. 187–222

Beckmann, Ulrike/Bollmeyer, Elke/Eggert, Dietrich: Eine Untersuchung zur Wirksamkeit psychomotorischer Förderung in Vorschulklassen, in: Praxis der Psychomotorik, 28. Jg., H. 1, 2003, S. 4–13

Bender, Silvia/Martzy, Fiona/Schache, Stefan: Psychomotorik – arbeiten mit Kindern von 0 bis 3 Jahren. Ein Lehrbuch für sozialpädagogische Berufe, 1. Aufl., Bildungsverlag Eins, Köln, 2013

Biskup, Lothar u. a.: Wirksamkeit der von MotopädInnen erbrachten therapeutischen Leistungen, in: Praxis der Psychomotorik, 29. Jg., Heft 3, 2004, S. 223–224

Bundschuh, Konrad/Heimlich, Ulrich/Krawitz, Rudi (Hrsg.): Wörterbuch Heilpädagogik. Ein Nachschlagewerk für Studium und pädagogische Praxis, 2. Aufl., Bad Heilbronn/Obb, Klinkhardt, 2002

Cárdenas, Barbara: Diagnostik mit Pfiffigunde. Ein kindgemäßes Verfahren zur Beobachtung von Wahrnehmung und Motorik (5 – 8 Jahre), Dortmund, Borgmann, 1992

Dordel, Sigrid/Breithecker, Dieter: Zur Lern und Leistungsfähigkeit von Kindern, in: Praxis der Psychomotorik, 29. Jg., Heft 1, 2004, S. 50–60

Eggert, Dietrich/Ratschinski, Günter: DMB. Diagnostisches Inventar motorischer Basiskompetenzen bei lern- und entwicklungsauffälligen Kindern im Grundschulalter, 3. Aufl., Dortmund, Borgmann, 2000

Eggert, Dietrich/Reichenbach, Christina/Bode, Sandra: Das Selbstkonzept Inventar (SKI) für Kinder im Vorschul- und Grundschulalter. Theorie und Möglichkeiten der Diagnostik, Dortmund, Borgmann, 2003

Eggert, Dietrich/Reichenbach, Christina: Was kann Psychomotorik heute leisten? Eine ökosystemische Sicht auf Theorie und Praxis, in: Praxis Psychomotorik, 29. Jg., Heft 2, 2004, S. 99–108

Eggert, Dietrich/Reichenbach, Christina: Die Bedeutung des Selbstkonzepts für Sprachentwicklung und Kommunikation, in: motorik, 27. Jg., H. 1, 2004, S. 8–15

Eggert, Dietrich (unter Mitarbeit von Lütje-Klose, Birgit u. a.): Theorie und Praxis der psychomotorischen Förderung, Textband und Arbeitsbuch Borgmann publishing, Dortmund, 7. Aufl., 2008

Eisenburger, Marianne: Psychomotorik im Alter, in: Köckenberger, Helmut/Hammer, Richard (Hrsg.): Psychomotorik – Ansätze und Arbeitsfelder. Ein Lehrbuch, Dortmund, verlag modernes lernen, 2004, S. 531–570

Eisenburger, Marianne: »Zuerst muss die Seele bewegt werden...«, Psychomotorik im Pflegeheim – Ein theoriegeleitetes Praxisbuch, verlag modernes lernen, Dortmund, 2005

Eisenburger, Marianne/Gstöttner, Elisabeth/Zak, Thesi: In Bewegungsrunden aktivieren – Ideen und Anregungen aus der Psychomotorik, Hannover, Vincentz Network, 2008

Eisenburger, Marianne: Aktivieren und Bewegen – von älteren Menschen, 6. Aufl., Aachen, Meyer & Meyer, 2011

Eisenburger, Marianne: »Nehm' Se »n Alten!«? – Über die Möglichkeiten, in der Psychomotorik (neue) Wege zu gehen, in: Krus, Astrid (Hrsg.): Ein bewegtes Leben. Psychomotorisches Arbeiten mit älteren Menschen und Menschen mit Demenz, Bd. 11, Verlag Aktionskreis Psychomotorik, Lemgo 2012, S. 10–25

Fischer, Klaus: Einführung in die Psychomotorik, 3. Aufl., München, Reinhardt, 2009

Fischer, Klaus: Konzept und Wirksamkeit der Psychomotorik in der Frühförderung, in: Frühförderung interdisziplinär, 30 Jg., Heft 1, 2011, S. 2–16

Flehmig, Inge: Normale Entwicklung des Säuglings und ihre Abweichungen, 4. Aufl., Stuttgart, Thieme, 1990

Greving, Heinrich/Ondracek, Petr: Heilpädagogisches Denken und Handeln – Eine Einführung in die Didaktik und Methodik der Heilpädagogik, Verlag W. Kohlhammer, Stuttgart, 2009

Greving, Heinrich/Ondracek, Petr (Hrsg.): Spezielle Heilpädagogik – Eine Einführung in die handlungsorientierte Heilpädagogik, Verlag W. Kohlhammer, Stuttgart, 2009

Greving, Heinrich/Ondracek, Petr: Handbuch Heilpädagogik, 3. Aufl., Bildungsverlag Eins, Köln, 2014

Greving, Heinrich/Schäper, Sabine (Hrsg.): Konzepte und Methoden der Heilpädagogik – Orientierungswissen für die Praxis, Verlag W. Kohlhammer, Stuttgart, 2013

Greving, Heinrich: Heilpädagogisches Handeln in kontingenten Handlungsfeldern, in: Greving/Schäper: Heilpädagogische Konzepte und Methoden. Orientierungswissen für die Praxis, Verlag W. Kohlhammer, Stuttgart, 2013, S. 15–30

Gröschke, Dieter: Praxiskonzepte der Heilpädagogik, UTB, Stuttgart, 2. Aufl., 1997

Grunwald, Volker: »Menschen in Bewegung«. Psychomotorik mit geistig behinderten Erwachsenen, in: Wendler, Michael/Irmischer, Tilo/Hammer, Richard: Psychomotorik im Wandel, Schorndorf, Hofmann, 2000, S. 95–108

Grunwald, Volker/Kuntz, Stefan: Lehrbrief Körpererfahrung des Aktionskreises Psychomotorik e. V., Lemgo, 1989

Haas, Ruth: Wirksam sein. Ein Basisthema einer entwicklungsorientierten Psychomotorik mit Erwachsenen, in: Wendler, Michael/Irmischer, Tilo/Hammer, Richard: Psychomotorik im Wandel, Lemgo, Verlag Aktionskreis Literatur und Medien, 2000, S. 89–94

Haas, Ruth: Spiel- und Dialogräume für erwachsene Menschen. Eine theoretische und praxeologische Betrachtung, in: motorik, 26. Jg., Heft 1, 2003, S. 2–11

Haas, Ruth: Multiples Ich in einer sich wandelnden Welt. Psychomotorik als integrative Kraft im Erwachsenenleben, in: Köckenberger, Helmut/Hammer, Richard (Hrsg.): Psychomotorik – Ansätze und Arbeitsfelder. Ein Lehrbuch, Dortmund, verlag modernes lernen, 2004, S. 510–530

Haas, Ruth/Golmert, Corinna/Kühn, Claudia: Psychomotorische Gesundheitsförderung in der Praxis – Spiel- und Dialogräume für Erwachsene, Hofmann-Verlag, Schorndorf, 2014

Hachmeister, Bernd: Psychomotorik bei Kindern mit Körperbehinderungen. Entwicklung und Förderung, München/Basel, Ernst Reinhardt Verlag, 1997

Häfele, Alexander: »Trau ich mich?« – Abenteuersport in der Turnhalle, Erlebnispädagogische Persönlichkeitsförderung mit Schülern der Schule für Geistigbehinderte, verlag modernes lernen, Dortmund, 2007
Hammer, Richard: Bewegte Jugend. Ein neues Arbeitsfeld in der Psychomotorik, in: Köckenberger, Helmut/Hammer, Richard (Hrsg.): Psychomotorik – Ansätze und Arbeitsfelder. Ein Lehr buch, Dortmund, verlag modernes lernen, 2004, S. 494–509
Höhne, Manfred: Inklusive Bewegung – Inklusion und Psychomotorik, in: motorik, 34. Jg., 2011, Heft 3, S. 150–151
Hölter, Gerd (Hrsg.): Mototherapie mit Erwachsenen. Sport, Spiel und Bewegung in Psychiatrie, Psychosomatik und Suchtbehandlung, Schorndorf, Hofmann, 1993
Kesper, Gudrun/Hottinger, Cornelia: Mototherapie bei Sensorischen Integrationsstörungen. Eine Anleitung zur Praxis, München, Ernst Reinhardt Verlag, 1992
Kiesling, Ulla: Sensorische Integration im Dialog, Borgmann, Dortmund, 1999
Kiphard, Ernst J./Schilling, Friedhelm: Körperkoordinationstest für Kinder (KTK), Manual, Weinheim, Beltz, 1974
Kiphard, Ernst J.: Bewegungs- und Koordinationsschwächen im Grundschulalter, 4. Aufl., Schorndorf, Verlag Karl Hofmann, 1982
Kiphard, Ernst J.: Mototherapie, Teil 1, Dortmund, verlag modernes lernen, 1983
Kiphard, Ernst J.: Psychomotorik in Praxis und Theorie. Ausgewählte Themen der Motopädagogik und Mototherapie, Gütersloh, Flöttmann, 1989
Kiphard, Ernst J.: Hilfen für das sportängstliche Kind, in: Turnen und Sport, 1989, S. 121–122
Kiphard, Ernst J.: Mototherapie, Teil 2, 4. Aufl., Dortmund, verlag modernes lernen, 1994
Kiphard, Ernst J.: Psychomotorik als »Meisterlehre«, in: Wendler, Michael/Irmischer, Tilo/Hammer, Richard: Psychomotorik im Wandel, Schorndorf, Hofmann, 2000, S. 9–14
Kiphard, Ernst J.: Motopädagogik, 9. Aufl., Dortmund, verlag modernes lernen, 2001
Kiphard, Ernst J.: »Man sieht nur mit dem Herzen gut«. Mein Weg zur Psychomotorik, in: Mertens, Krista (Hrsg.): Psychomotorik. Grundlagen und Wege der Förderung, Dortmund, verlag modernes lernen, 2002, S. 19–32
Kiphard, Ernst J.: Wie weit ist ein Kind entwickelt? Eine Anleitung zur Entwicklungsüberprüfung, 11. Aufl., Dortmund, verlag modernes lernen, 2002
Kiphard, Ernst J.: Entstehung der Psychomotorik in Deutschland, in: Köckenberger, Helmut/Hammer, Richard (Hrsg.): Psychomotorik – Ansätze und Arbeitsfelder. Ein Lehrbuch, Dortmund, verlag modernes lernen, 2004, S. 27–43
Klein, Joachim/Knab, Eckhard: Evaluation. Ein notwendiges Mittel zur Unterstützung von Qualitätssicherung in der psychomotorischen Arbeit, in: motorik, 27. Jg., Heft 2, 2004, S. 73 ff.
Klein, Joachim/Knab, Eckhard/Fischer, Klaus: Forschungsbericht zur Evaluation psychomotorischer Effekte, in: motorik, 28. Jg., 2005, Heft 1, S. 64–66
Knab, Eckhard/Klein, Joachim/Eisenburger, Marianne/Fischer, Klaus: Dokumentation und Qualitätsentwicklung in der Motogeragogik. Psychomotorische Effektesicherung als Problemstellung, in: Krus, Astrid: Ein bewegtes Leben. Psychomotorisches Arbeiten mit älteren Menschen und Menschen mit Demenz, Bd. 11, Verlag Aktionskreis Psychomotorik, Lemgo 2012, S. 143–164
Kobi, Emil E.: Grundfragen der Heilpädagogik. Eine Einführung in heilpädagogisches Denken, 6. Aufl., Haupt-Verlag, Bern, 2004
Köckenberger, Helmut: Bewegtes Lernen. Psychomotorik im Klassenzimmer, in: Köckenberger/Hammer (Hrsg.): Psychomotorik – Ansätze und Arbeitsfelder. Ein Lehrbuch, Dortmund, verlag modernes lernen, 2004, S. 448–472
Köckenberger, Helmut: Psychomotorik in der Schule für Körperbehinderte, in: Köckenberger/Hammer (Hrsg.): Psychomotorik – Ansätze und Arbeitsfelder. Ein Lehrbuch, Dortmund, verlag modernes lernen, 2004, S. 339–380
Köckenberger, Helmut: Bewegungsräume – Entwicklungs- und kindorientierte Bewegungsangebote und -landschaften, Verlag Borgmann publishing, Dortmund, 3., erw. Aufl., 2007
Köckenberger, Helmut/Hammer, Richard (Hrsg.): Psychomotorik – Ansätze und Arbeitsfelder. Ein Lehrbuch, Dortmund, verlag modernes lernen, 2004

Kosel, Andreas: Schulung der Bewegungskoordination, Schorndorf, Verlag Karl Hofmann, 1994

Krombholz, Heinz: Bewegungsförderung im Kindergarten. Ergebnisse eines Modellversuchs, in: motorik, 27. Jg., Heft 4, 2004, S. 166–182

Krombholz, Heinz: Wie gesund und fit sind unsere Kinder?, in: Praxis der Psychomotorik, 36 Jg. 2011, Heft 3, S. 156–157

Krus, Astrid (Hrsg.): Ein bewegtes Leben. Psychomotorisches Arbeiten mit älteren Menschen und Menschen mit Demenz,, Bd. 11, Tagungsband zur Fachtagung 2012, Verlag Aktionskreis Psychomotorik, Lemgo

Leyendecker, Christoph: Motorische Behinderungen – Grundlagen, Zusammenhänge und Förderungsmöglichkeiten, Verlag W. Kohlhammer, Stuttgart, 2005

Lotz, Dieter: Heilpädagogische Unterstützung von Familien und Kindern bei Erziehungsproblemen, in: Greving/Ondracek (Hrsg.): Spezielle Heilpädagogik, Kohlhammer Verlag, Stuttgart, 2009, S. 83–106

Lütke-Klose, Birgit: Psychomotorik als Methode integrativer Sprachförderung im Kindergarten, in: motorik, Nr. 17, 1994, S. 10–17

Majewski, Andrzej/Majewska, Jolanta: Kinder stärken. Ein Leitfaden durch die psychomotorische Entwicklungsförderung – Theorie und Praxis, Hofmann-Verlag, Schorndorf, 2012

Mertens, Krista (Hrsg.): Psychomotorik. Grundlagen und Wege der Förderung, Dortmund, verlag modernes lernen, 2002

Miedzinski, Klaus/Fischer, Klaus: Die Neue Bewegungsbaustelle – Lernen mit Kopf, Herz, Hand und Fuß, Modell bewegungsorientierter Entwicklungsförderung, Verlag Borgmann Media, Dortmund, 2006

Möllers, Josef: Psychomotorik – Methoden in Heilpädagogik und Heilerziehungspflege, 4. Aufl., Köln, Bildungsverlag Eins, 2013

Müller, Else: Du spürst unter deinen Füßen das Gras. Autogenes Training in Phantasie- und Märchenreisen, Frankfurt am Main, Fischer Taschenbuch Verlag, 1999

Müller, Else: Inseln der Ruhe. Ein neuer Weg zum Autogenen Training für Kinder und Erwachsene, 2. Aufl., Frankfurt am Main, Fischer Taschenbuch Verlag, 2003

Neuhäuser, Gerhard: Frühförderung und Psychomotorik – erfolgreiche Integration und feste Koalition, in: Frühförderung interdisziplinär, 30 Jg., 2011, Heft 1, S. 48–58

Ohlmeier, Gertrud: Frühförderung behinderter Kinder, 3. Aufl., Dortmund, verlag modernes lernen, 1997

Olbricht, Ingrid: Sprache und Bewegung unter sonderpädagogischem Aspekt. Psychomotorik in der Rehabilitation sprach- und lernbehinderter Kinder, in: motorik, Nr. 1, 1978, S. 42–52

Ondracek, Petr: Bewusste Personenzentriertheit im heilpädagogischen Berufsalltag, oder – Was kann man von einem Navigationsgerät lernen, in: Greving/Schäper (Hrsg.): Konzepte und Methoden der Heilpädagogik. Orientierungswissen für die Praxis, W. Kohlhammer Verlag, Stuttgart, 2013, S. 54–70

Oswald, Wolf-D.: SimA®-basic-Gedächtnistraining und Psychomotorik. Geistig und körperlich fit zwischen 50 und 100, Hogreve, Göttingen, 2005

Panten, Detlev: Effekte der Psychomotorischen Therapie und Förderung aus Sicht der Eltern – eine Katamnesestudie, in: Praxis der Psychomotorik, 30. Jg., 2005, Heft 1, S. 4–12

Passolt, Michael (Hrsg.): Hyperaktive Kinder. Psychomotorische Therapie, München, Ernst Reinhardt Verlag, 1993

Passolt, Michael/Pinter-Theiss, Veronika: »Ich hab eine Idee…«. Psychomotorische Praxis planen, gestalten, reflektieren, Dortmund, verlag modernes lernen, 2003

Peters, Annegret: Bewegungsanalysen und Bewegungstherapie im Säuglings- und Kleinkindalter. Beispiele zur Förderung der sensomotorischen Entwicklung, 4. Aufl., Stuttgart, Fischer, 1988

Philippi-Eisenburger, Marianne: Bewegungsarbeit mit älteren und alten Menschen. Theorie und Praxis der Motogeragogik, Reihe: Motorik, Band 10, Schorndorf, Verlag Karl Hofmann, 1990

Piaget, Jean: Das Erwachen der Intelligenz beim Kinde, übersetzt von Hans Aebli, Stuttgart, Klett, 1975

Pikler, Emmi: Lasst mir Zeit. Die selbstständige Bewegungsentwicklung des Kindes bis zum freien Gehen, zusammengestellt und überarbeitet von Anna Tardos, 2. Aufl., München, Pflaum, 1997

Reichenbach, Christina: Bewegungsdiagnostik in Theorie und Praxis – Bewegungsdiagnostische Verfahren und Modelle, Bedeutung für Praxis und Qualifizierung, Verlag Borgmann media, Dortmund, 2006

Reichenbach, Christina: Psychomotorik, München, Reinhardt Verlag, 2010

Schache, Stefan: Die Buntheit der Psychomotorik – Profilbildung, in: Bender,Silvia/Martzy, Fiona/Schache, Stefan: Psychomotorik – arbeiten mit Kindern von 0–3 Jahren, Bildungsverlag Eins, Köln, 2013, S. 9–48

Schäper, Sabine: Heilpädagogische Unterstützung von alten Menschen mit Demenzerkrankung, in: Greving/Ondracek: Spezielle Heilpädagogik, Kohlhammer, Stuttgart 2009, S. 199–236

Schäper, Sabine: Heilpädagogische Ethik unter dem Primat der Praxis, in: Greving/Schäper (Hrsg.): Heilpädagogische Konzepte und Methoden. Orientierungswissen für die Praxis, W. Kohlhammer Verlag, Stuttgart, 2013, S. 31–53

Schilling, Friedhelm: Grundlagen der Motopädagogik, in: Förderung entwicklungsgefährdeter Kinder und behinderter Heranwachsender, hrsg. von Clauss, Armin, Erlangen, Perimed, 1981, S. 184–194

Schilling, Friedhelm: Motodiagnostik und Mototherapie, in: Irmischer, Tilo/Fischer, Klaus: Psychomotorik in der Entwicklung, Schorndorf, Verlag Karl Hofmann, 1989, S. 55–60

Schönrade, Silke/Pütz, Günter: Die Abenteuer der kleinen Hexe, in: Praxis der Psychomotorik, 28. Jg., Heft 3, 2003, S. 156–161

Schönrade, Silke/Pütz, Günter: Die Abenteuer der kleinen Hexe. Bewegung und Wahrnehmung beobachten, verstehen, beurteilen, fördern, 4. Aufl., Dortmund, Borgmann, 2004

Seewald, Jürgen: Entwicklung in der Psychomotorik, in: Praxis der Psychomotorik, 18. Jg., Heft 4, 1993, S. 188–193

Seewald, Jürgen: Der »Verstehende Ansatz« und seine Stellung in der Theorielandschaft der Psychomotorik, in: Praxis der Psychomotorik, Heft 1, 1997, S. 4–15

Seewald, Jürgen: Zwischen Pädagogik und Therapie – Entwicklungsförderung als Paradigma der Psychomotorik, in: Praxis der Psychomotorik, 23. Jg. 1998, H. 3, S. 136–143

Seewald, Jürgen: Gesundheit. Ein Thema für die Motologie?, in: motorik, 26. Jg., Heft 3, 2003, S. 134–142

Seewald, Jürgen: Gesundheitsförderung als neues Paradigma der Motologie?, in: Fischer/Knab/Behrends: Bewegung in Bildung und Gesundheit, hrsg. Vom Aktionskreis Psychomotorik, Lemgo 2006, S. 282–290

Sinnhuber, Helga: Sensomotorische Förderdiagnostik. Ein Praxishandbuch zur Entwicklungsüberprüfung und Entwicklungsförderung für Kinder von 4 bis 7 ½ Jahren, 2. Aufl., Dortmund, verlag modernes lernen, 2002

Skrodzki, Klaus: Bewegung und Bewegungsstörung bei Kindern und Jugendlichen mit Aufmerksamkeits-Defizit-Hyperaktivitäts-Störung (ADHS), in: Mertens, Krista: (Hrsg.): Psychomotorik. Grundlagen und Wege der Förderung, Dortmund, verlag modernes lernen, 2002, S. 189–204

Speck, Otto: System Heilpädagogik. Eine ökologisch reflexive Grundlegung, 5. Aufl., Ernst Reinhardt Verlag, München 2003

Stäbler, Michael: Bewegung, Spaß und Spiel auf dem Trampolin, Schorndorf, Verlag Karl Hofmann, 3. Aufl., 2006

Theunissen, Georg/Wüllenweber, Ernst (Hrsg.): Zwischen Innovation und Tradition. Konzepte und Methoden in der Heilpädagogik und Behindertenhilfe, Marburg, 2009

Theunissen, Georg/Plaute, Wolfgang: Empowerment und Heilpädagogik. Ein Lehrbuch, Freiburg, Lambertus, 1995

Volkamer, Meinhart/Zimmer, Renate: Kindzentrierte Mototherapie, in: motorik, Heft 2, 1986, S. 49–58

Wüllenweber, Ernst: Handlungskonzepte und Methoden in Heilpädagogik und Behindertenhilfe und ihre Bedeutung für die Professionalität, in: Teilhabe – Die Fachzeitschrift der Lebenshilfe, 48 Jg., 2009, Heft 2, S. 75–81

Zimmer, Renate/Volkamer, Meinhart: Motoriktest für vier- bis sechsjährige Kinder, MOT 4–6, Manual, Weinheim, Beltz, 1984

Zimmer, Renate: Handbuch der Bewegungserziehung, Freiburg, Herder, 1993

Zimmer, Renate: Handbuch der Sinneswahrnehmung. Grundlagen einer ganzheitlichen Erziehung, Freiburg, Herder, 1995

Zimmer, Renate/Cicurs, Hans: Psychomotorik. Neue Ansätze im Sportförderunterricht und Sonderturnen, 4. Aufl., Schorndorf, Verlag Karl Hofmann, 1995

Zimmer, Renate: Kreative Bewegungsspiele. Psychomotorische Förderung im Kindergarten, 8. Aufl., Freiburg, Herder, 1996

Zimmer, Renate: Handbuch der Psychomotorik. Theorie und Praxis der psychomotorischen Förderung von Kindern, Freiburg, Herder, 9. Aufl., 2006

Zimmer, Renate: Handbuch Sprachförderung durch Bewegung, Freiburg i. Br., Herder Verlag, 4. Aufl., 2010

Zimmer, Renate (Hrsg.): Psychomotorik für Kinder unter 3 Jahren –Entwicklungsförderung durch Bewegung, Verlag Herder, Freiburg i. Br., 2. Aufl., 2012

Zinke-Wolter, Petra: Spüren – Bewegen – Lernen, 4. Aufl., Dortmund, verlag modernes lernen, 2000

Sachwortverzeichnis

A

»Abenteuer der kleinen Hexe« 95
ADHS 214
Alltagsmaterial 137, 210
Altersmotorik 132
Autogenes Training 221

B

Balancieren 86, 164
Beobachtungsbogen 93
Bewegtes Lernen 115
Bewegungsbaustelle 167
Bewegungsbeobachtung 92
Bewegungsgeschichten 65, 157, 161
Bewegungslandschaften 155, 164
Bewegungsräume 163
Beziehung 20, 67, 162, 184
Bierdeckel 211

C

cephalo-caudal 75
cerebrale Bewegungsstörung 109
Chiffon-Tücher 139

D

Demenz 13, 133
Diagnostisches Inventar motorischer Basiskompetenzen (DMB) 97
»Diagnostik mit Pfiffigunde« 94
Dialog 22, 69, 162
Dreier-Übungen 229

E

Elternarbeit 103
Elternfragebogen 99
emotionaler Aspekt 45, 65, 150
Empathie 21, 129, 163
Entspannung 198, 218

Entwicklung 25, 40, 73
Erlebnispädagogik 122, 130

F

Fachkompetenz 20
Fangspiele 223
Feinmotorik 83, 154, 207
Förderdiagnostik 89
Fördereffekte 52
Funktionsspiel 170

G

Gerätestationen 165
Gesundheitsförderung 126, 180
Gleichgewicht 86, 175
Gleichgewichtsprobleme 88
Grafomotorik 95, 113
grobmotorische Koordinationsschwäche 85
Großgeräte 164
Gruppe 48
Gruppeneinteilung 223, 225

H

Handgeschicklichkeit 86
Heulrohr 175
Humanismus 15, 57
Hypertonie 108
Hypotonie 108

I

Ich-Kompetenz 41
Identitätsentwicklung 21, 64

K

kinästhetische Wahrnehmung 44, 86, 193
Kognition 116

Kohärenzsinn 181
Kommunikation 22, 111, 152
Konstruktivismus 15, 68
Konzentration 213
Kooperationsspiele 229
Koordination 83, 174
Körperbegriff 44
Körpererfahrung 42
Körpergefühl 45
Körperkoordinationstest für Kinder (KTK) 32, 96
Körpernahsinne 194
Körperschema 43, 80
Körperspiel 170
Körpersprache 22, 30, 45
Körperwahrnehmung 42, 197
Kreisel 209

L

Langsamkeit 129, 133
linguistische Kompetenzen 153

M

Massage 198, 221
Materialerfahrung 45
Methodenkompetenz 20
Motodiagnostik 37, 73
Motogeragogik 134
Motologie 33–34, 37
Motometrie 91, 96
Motopädagogik 37
Motopäde 33
Motorikquotient 96
Motoriktest für Kinder (MOT 4–6) 97
Motoskopie 91
Mototherapie 38, 124
Muskeltonus 78, 83, 87

N

Neuromotorik 29
non-verbale Kommunikation 22, 151

P

Pappteller 211
Paradoxien 22
Pedalo 207
Personenzentriertheit 17
Phaseneinteilung 144
Praxiserfahrungen 143
Professionalität der Heilpädagogik 19
progressive Muskelentspannung 219

propriozeptive Stimulation 60
Prosodie 153
proximo-distal 75
Psychomotorik 32, 34
Psychomotorik-Materialien 207
Psychomotorikvereine 120
Psychomotorische Übungsbehandlung 59

Q

Qualitätssicherung 49

R

Reflexionsfragen 66, 141
Resilienz 183
Ressourcen 23, 152, 180
Robben 79
Rollbrett 177
Rollenspiel 171
Rollstuhl 112, 137, 161

S

Sachkompetenz 41
Salutogenese 125, 181
Sandsäckchen 156
Schaumstoff-Bausteine 188
Schwungtuch 159
Selbstkompetenz 20
Selbstkonzept 63, 184
Selbstwertgefühl 52, 179
Selbstwirksamkeitserfahrungen 129, 161, 185
Sensomotorik 29
Sensomotorisches Entwicklungsgitter 93
Sensorische Integrationsbehandlung 60
Sozialerfahrung 48, 224
Sozialkompetenz 20, 41
Soziomotorik 30
Spastik 109
Spielthemen 67, 163
Sprachförderung 53, 153
Symbolspiel 171
System Psychomotorischer Effekte-Sicherung 50
Systemtheorie/systemische Sichtweise 67, 90

T

Taktile Wahrnehmung 43, 195
tonische Reaktionen/Haltemuster 78, 109
Trampolin 203

Trampolinkoordinationstest für Kinder (TKT) 32, 93

U

UN-Behindertenrechtskonvention 117

V

Variation 169, 174
Vermeidungsverhalten 195, 227

Verstehen 21, 65
vestibuläre Wahrnehmung 43, 88, 194
Vierfüßlerstand 78

W

Wahrnehmungsstörung 194
Wahrnehmungssysteme 191
Wirksamkeitserfahrungen 125, 187
Wirksamkeitsüberprüfung 50

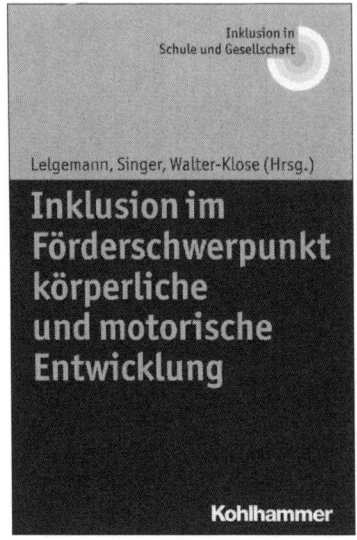

Lelgemann/Singer/Walter-Klose (Hrsg.)

Inklusion im Förderschwerpunkt körperliche und motorische Entwicklung

2015. 276 Seiten mit 28 Abb. und 9 Tab. Kart.
€ 29,99
ISBN 978-3-17-024283-8

auch als EBOOK

Inklusion in Schule und Gesellschaft

Schülerinnen und Schüler mit körperlichen und mehrfachen Behinderungen nehmen in der Diskussion über Inklusion bisher nur eine Randposition ein. Sie werden als Zielgruppe inklusiver Schulentwicklungsprozesse nur pauschal in den Blick genommen, wobei die bloß motorische Behinderung als leicht zu kompensieren erscheint. Anhand unterschiedlicher Zugänge greift das Buch wesentliche Aspekte dieser Diskussion in systematischer Weise auf. Einführend wird die historische Entwicklung dieses Prozesses nachgezeichnet und auf die gegenwärtige Situation Bezug genommen. Neben einem grundlagentheoretischen sowie einem pädagogischen Beitrag zur Inklusion dieser Schülergruppe werden anschließend aktuelle praxisrelevante Forschungsergebnisse vorgestellt. Anhand zahlreicher schulpraktischer Beispiele finden sich abschließend hilfreiche Instrumente für die Weiterentwicklung inklusiver Schulstrukturen.

Professor Dr. Reinhard Lelgemann, Diplom-Pädagoge Philipp Singer und Dr. Christian Walter-Klose sind am Lehrstuhl Körperbehindertenpädagogik der Universität Würzburg tätig.

Leseproben und weitere Informationen unter www.kohlhammer.de

W. Kohlhammer GmbH · 70549 Stuttgart
vertrieb@kohlhammer.de

Kohlhammer

Heinrich Greving/Sabine Schäper (Hrsg.)

Heilpädagogische Konzepte und Methoden

Orientierungswissen für die Praxis

2013. 208 Seiten. Kart.
€ 29,90
ISBN 978-3-17-023076-7

Praxis Heilpädagogik –
Konzepte und Methoden

Aus der kaum überschaubaren Anzahl an Konzepten und Methoden heilpädagogischer Tätigkeit fußen nur wenige auf einem spezifischen heilpädagogischen Bildungsverständnis. Vor dem Hintergrund dieses pluralen Methodenspektrums gehört es zu den zentralen Herausforderungen der Disziplin, die Einheit von Praxis, Profession und Wissenschaft immer wieder neu auszuweisen. Der erste Teil des Buches stellt sich der Aufgabe der theoretischen und ethischen Grundlegung heilpädagogischer Praxiskonzepte. Diese werden im zweiten Teil konkretisiert: Die Palette reicht dabei von den klassischen Handlungskonzepten wie der Heilpädagogischen Übungsbehandlung bis zu aktuellen personzentrierten und beziehungsorientierten Ansätzen, der Kunsttherapie, der Biographiearbeit, der Syndromanalyse im Kontext heilpädagogischer Diagnostik sowie sexualpädagogischer Konzepte.

Prof. Dr. Heinrich Greving lehrt an der Katholischen Hochschule Nordrhein-Westfalen, Abteilung Münster, Allgemeine und Spezielle Heilpädagogik sowie an der Universität Hamburg Behindertenpädagogik. Prof. Dr. Sabine Schäper lehrt dort, in Münster, Heilpädagogische Methodik und Intervention.

Leseproben und weitere Informationen unter www.kohlhammer.de

Astrid Krus/Christina Jasmund (Hrsg.)

Psychomotorik in sozialpädagogischen Arbeitsfeldern

2015. 251 Seiten mit 37 Abb. und 4 Tab. Kart.
€ 29,99
ISBN 978-3-17-022684-5

auch als EBOOK

Grundwissen Soziale Arbeit, Band 13

Psychomotorik ist heute ein etabliertes Handlungskonzept in der Sozialen Arbeit, das eine Vielzahl von Interventionsmöglichkeiten auf den verschiedensten Arbeitsfeldern bietet. Das Buch liefert zunächst das Basiswissen für eine bewegungsorientierte Entwicklungs- und Persönlichkeitsförderung. Die Autorinnen behandeln dann entlang anschaulicher Beispiele die praktische Umsetzung psychomotorischer Ansätze in breitgefächerten Handlungs- und Aufgabenfeldern, die sich über die gesamte Lebensspanne von der Frühförderung bis zur Arbeit mit demenzkranken älteren Menschen ziehen. Zusammen mit den grundlegenden Fakten und einer profunden Methodenkenntnis liefert das Buch das notwendige Wissen für mehr Handlungskompetenz beim Einsatz der Psychomotorik.

Professor Dr. Christina Jasmund, Sozialpädagogin, und Professor Dr. Astrid Krus, Diplom-Motologin, lehren mit dem Schwerpunkt Bildung und Erziehung in der Kindheit (Kindheitspädagogik) im Fachbereich Sozialwesen an der Hochschule Niederrhein.

Leseproben und weitere Informationen unter www.kohlhammer.de

W. Kohlhammer GmbH · 70549 Stuttgart
vertrieb@kohlhammer.de